朝鮮前期(정종 2년 ~ 선조 24년)의 議政府와 政治

韓 忠 熙

계명대학교출판부

머 리 말

나의 학문연구는 1979년 계명대학교 대학원 역사학과 석사과정에 입학하면서 시작되었고, 1983년 계명대학교 사학과 전임강사로 부임하면서 본격화되었으며, 이러한 생활이 2011년 현재까지 이어지고 있다.

「朝鮮初期 議政府研究」는 1981년도 계명대학교대학원 석사학위청구논문이면서,[1] 최초의 연구성과이다. 서툰 한문실력으로 『조선왕조실록』을 읽고 자료를 정리하면서 글을 마무리 한 것이 엊그제 같은데, 벌써 30여년이 경과되었고 정년을 눈앞에 두게 되었다.

지난 30여년의 연구생활을 돌이켜 보니 연구의 가장 중심이 되었던 것이 바로 이 '의정부연구'와 고려대학교 대학원 박사학위청구논문인 '朝鮮初期 六曹研究'였다.[2] 그간 지속적이고도 중

1) 1980, 1981년에 『韓國史研究』 31, 32집에 게재.

2) 육조연구는 1982년에 「朝鮮初期 六曹研究 - 制度의 確立과 實際機能을 중심으로-」(『大丘史學』 20 · 21합호)를 발표하면서 시작되었고, 이후 「朝鮮初期 六曹屬衙門의 行政體系에 대하여」(『(계명대학교)韓國學論集』 12, 1983), 「朝鮮初期 六曹研究 添補 - 六曹와 統治機構와의 關係를 중심으로 -」(『대구사학』 33), 「朝鮮初期 六曹 正郎 · 佐郎의 官人的 地位 - 그 歷官과 機能의 分析

점적으로 연구한 과제가 조선초기의 정치제도와 그 운용이었고, 지금까지 발표한 80여 논저 중 50여 논저가 이 의정부 및 육조연구와 관련되었다.[3)]

'朝鮮前期 議政府'를 두고 1990년대부터 「朝鮮初期 議政府硏究」를 보완하여 단행본으로 발간할 계획 하에 「朝鮮初期 議政府舍人·檢詳의 官人的 地位 - 舍人·檢詳의 歷官과 그 機能의 分析을 중심으로 -」,[4)] 「朝鮮初期 議政府堂上官硏究」,[5)] 「朝鮮 成

을 중심으로 -」(『한국학논집』 17, 1990)를 통해 계속되었다가 1992년 박사학위논문(「朝鮮初期 六曹硏究」)으로 종합되었다. 이 박사학위논문이 1998년에 그간의 육조관련 연구업적을 수렴하고 부분적으로 보완된 후 『朝鮮初期 六曹와 統治體系』(계명대학교출판부)로 간행되었다.

3) 그 대표적인 논저는 다음과 같다.

1998, 『朝鮮初期 六曹와 統治體系』, 계명대학교출판부.

2006, 『朝鮮初期의 政治制度와 政治』, 계명대학교출판부.

2007, 『朝鮮初期 官衙硏究』, 國學資料院.

2008, 『朝鮮初期 官職과 政治』, 계명대학교출판부.

1987, 「朝鮮初期 承政院硏究」, 『韓國史硏究』 59.

1991, 「朝鮮前期(太祖 ~ 宣祖 24)의 權力構造硏究 - 議政府·六曹·承政院을 중심으로 -」, 『國史館論叢』 30.

1995, 「朝鮮初期 蔭敍의 實際와 役割 - 樞要職歷任者와 鉅族出身仕官者의 歷官傾向과 通婚圈을 중심으로 -」, 『한국사연구』 91.

2001, 「중앙 정치기구의 정비」, 『세종문화사대계』 3, 세종대왕기념사업회.

2001, 「중앙 관부의 구성과 기능」, 위 책.

2005, 「朝鮮初期 國政運營體制와 國政運營〉, 『朝鮮史硏究』 14(2007년 『정부혁신과제 발굴을 위한 옛 제도 연구』(임민혁 외, 한국학술정보[주])에 재수록).

2007, 「朝鮮初期 京職 文官 正1 ~ 從6品職의 官職地位」, 『啓明史學』 18.

2007, 「朝鮮初期 議政府堂上官硏究」, 『대구사학』 87.

2009, 「朝鮮 成宗代 議政府硏究」, 『계명사학』 20.

2010, 「朝鮮中期 議政府政治活動硏究」, 『대구사학』 100.

2010, 「朝鮮中期 議政府堂上官硏究」, 『한국학논집』 41.

4) 1990, 『(경북대학교)歷史敎育論集』 13·14합호.

5) 2007, 『대구사학』 87.

宗代 議政府硏究」,[6] 「朝鮮中期 議政府政治活動硏究」,[7] 「朝鮮中期 議政府堂上官硏究」,[8] 「朝鮮中·後期 議政府制의 變遷硏究」[9]를 발표하여 조선전기 의정부제의 성립과 변천, 의정부관원의 성분·관력·기능, 의정부 기능과 의정부가 당시의 국정운영체계와 정치에 끼친 영향, 조선중·후기 의정부의 직제와 기능의 변천 등을 규명하였다. 또 '육조' 등을 주제로 하거나[10] 그 외에 '정치제도'를 주제로 한[11] 연구에서도 의정부·의정부구성원의 기능, 의정부가 당시의 권력구조·정치운영에서 담당한 역

---

6) 2009,『계명사학』20.
7) 2010,『대구사학』100.
8) 2010,『한국학논집』41.
9) 2011,『한국학논집』43.
10) 1983,「朝鮮初期 六曹屬衙門의 行政體系에 대하여」,『한국학논집』10, 1987,「朝鮮初期 六曹硏究 添補 - 六曹와 統治機構와의 關係를 중심으로 -」,『대구사학』33, 1990,「朝鮮初期 六曹 正郎·佐郎의 官人的 地位 - 그 歷官과 機能의 分析을 중심으로 -」,『한국학논집』17, 1996,「朝鮮初期 六曹參議 硏究」,『한국학논집』22, 2001,「朝鮮初期 六曹屬衙門硏究 1 - 官員의 性分·官歷과 官人的 地位를 중심으로 -」,『조선사연구』10,「朝鮮初期 六曹屬衙門硏究 2 - 官職의 整備를 중심으로 -」,『계명사학』12.
11) 그 대표적인 연구는 다음과 같다.
1985,「朝鮮初期 判吏·兵曹事硏究」,『한국학논집』11.
1987,「朝鮮初期 承政院硏究」,『한국사연구』59.
1991,「朝鮮前期(太祖 ~ 宣祖 24년) 權力構造硏究 - 議政府·六曹·承政院을 중심으로 -」,『國史館論叢』30.
1994,「관직과 관계」,『한국사』23.
1994,「정치구조의 정비와 정치기구」,『한국사』23.
2001,「중앙 관부의 구성과 기능」,『세종문화사대계』3, 세종대왕기념사업회.
2001,「중앙 정치 기구의 정비」, 위 책.
2002,「朝鮮 成宗代 三司官員의 性分·官歷과 官職的 地位 1 - 堂上官과 正品職을 중심으로 -」,『朝鮮의 政治와 社會』, 集文堂.
2002,「朝鮮初期 官衙構造硏究」,『계명사학』13
2003,「朝鮮初期 官職構造硏究」,『대구사학』75.
2007,「朝鮮初期 集賢殿官硏究」,『조선사연구』16.

할 등이 논급되면서 의정부·의정부구성원의 실체를 규명하고 그에 대한 이해도를 높였다.

본서는 이러한 의정부를 주제로, 특히 「朝鮮初期 議政府研究」를 토대로 하고, 그 외의 의정부를 주제로 하거나 논급한 연구성과를 수용하고 의정부관련 자료를 검토하면서 단행본의 체제로 재정리 한 것이다. 본서에 토대가 된 논문은 다음과 같다.

序章

제1장 朝鮮初期 議政府制의 成立과 整備(「朝鮮初期 議政府研究」 2 議政府의 設置 보완)

제2장 朝鮮中·後期 議政府制의 變遷과 革去(「朝鮮中·後期 議政府制의 變遷研究」재정리).

제3장 朝鮮初期 議政府官員의 性分과 議政府官職의 性格·地位(「朝鮮初期 議政府堂上官研究」, 「朝鮮初期 議政府 舍人·檢詳의 官人的 地位」, 「朝鮮 成宗代 議政府研究」 종합 재정리)

제4장 朝鮮初期 議政府의 政治活動과 國政總管(「朝鮮初期 議政府研究」, 「朝鮮 成宗代 議政府研究」 종합 재정리)

제5장 朝鮮初期 議政府官員의 機能과 國政運營(「朝鮮初期 議政府研究」, 「朝鮮 成宗代 議政府研究」 종합 재정리)

제6장 朝鮮初期 議政府構成員과 議政府機能(「朝鮮初期 議政府研究」, 「朝鮮 成宗代 議政府研究」 종합 재정리)

제7장 朝鮮中期 議政府堂上官의 性分과 官職의 性格·地位(「朝鮮中期 議政府 堂上官研究」 재정리)

제8장 朝鮮中期 議政府의 政治活動과 國政指揮(「朝鮮中期 議政府政治活動硏究」 재정리)

제9장 朝鮮中期 議政府堂上官의 機能과 國政運營(「朝鮮中期 議政府堂上官硏究」 재정리)

제10장 朝鮮中期 議政府堂上官과 議政府機能(「朝鮮中期 議政府堂上官硏究」 재정리)

제11장 朝鮮前期 議政府와 六曹 (「六曹와 統治体系上의 地位」 제1절 六曹와 議政府의 關係, 『朝鮮初期 六曹와 統治体系』[12] 소수) 수정 · 보완)

제12장 朝鮮前期 議政府와 政治機構(위 논문, 제2 ~ 제4절 수정 · 보완)

結　論 朝鮮前期 議政府의 官衙的 性格과 政治的 役割

본서가 오늘에서야 출판되게 된 것은 필자의 게으른 탓도 있지만, 그 간 집중적으로 연구한 朝鮮初期의 政治制度,[13] 官職,[14] 官衙를[15] 주제로 하거나 관련연구를 보완 · 종합하면서 단행본으로 간행한 것과 방대한 의정부관련 사료와 기존연구의 검토에서 기인되었다. 늦게나마 이렇게 간행되어 조선전기 의정부가 중심이 된 정치제도, 권력구조, 정치운영의 연구에 도움을 주게 되어 기쁘게 생각한다.

본서가 이처럼 출간을 보게 된 것은 대학 재학 이래로 오늘

12) 1998, 『朝鮮初期 六曹와 統治體系』, 계명대학교출판부.
13) 2006, 『朝鮮初期의 政治制度와 政治』, 계명대학교출판부.
14) 2008, 『朝鮮初期 官職과 政治』, 계명대학교출판부.
15) 2007, 『朝鮮初期 官衙硏究』, 국학자료원.

날까지 필자로 하여금 학문의 길을 걷도록 깨우쳐 주시고 이끌어 주신 崔承熙 서울대학교 명예교수님, 주위에서 늘 지도해 주시고 격려해 주신 李秉烋 경북대학교 명예교수님, 박사학위 논문을 지도해주신 閔賢九 고려대학교 명예교수님, 그리고 수시로 조언해 준 계명대학교 사학과 교수들의 도움이 있기에 가능하였다. 평소의 은덕에 진심으로 감사의 말씀을 드린다. 영문초록을 작성한 殷銀基 교수, 편집과 교열에 수고한 김봉숙, 임삼조 외래교수에게도 고마운 마음을 전한다.

끝으로 어려운 여건 속에서 본서를 기꺼이 출판해 준 申一熙 총장님과 실무를 담당한 계명대학교출판부 여러분께 감사의 말씀을 드린다.

2011년 6월

계명대학교 영암관에서

明齋 韓忠熙 근서

차 례

차 례

차 례

표 및 도 차례

표 및 도 차례

표 및 도 차례

序論

제1절 旣存硏究의 檢討

조선왕조를 개창한 태조 이성계와 그를 추대한 개혁파들은 비록 새 왕조를 개창하였지만 그에 따른 사회적 혼란과 민심의 수습을 위하여 새로운 제도와 문물을 마련하지 못하고 한결같이 고려의 그것을 계승하였다. 그러므로 개국초에는 고려말 이래의 都評議使司가 최고의 정치기관이었고, 정종 2년의 관제개혁으로 도평의사사가 議政府로 개편되면서는 의정부가 최고의 국정기관이 되었다. 이후 의정부(제도)는 조선 전시기로 계승되면서 시대에 따라 기능의 성쇠는 있지만 정치·경제·사회·군사 등의 국정에 중심이 되는 기관으로 기능하였다.

즉 정종 2년 ~ 태종 13년, 세종 18년 ~ 단종 3, 중종 11년 ~ 28년에는 의정부가 六曹를 지휘하면서 국정을 총관하거나 주도하였다. 태종 14년 ~ 세종 17년, 세조 1년 ~ 14년, 성종 7년 ~ 중종 10년, 중종 29년 ~ 선조 24년, 고종 3년 ~ 16년에는 육조가 국정을 주도하였고, 의정부(당상관)는 왕명을 받고 대소 국정논의에 참여하면서 국정을 지휘하거나 영향력을 발휘하였다.

예종 1년 ~ 성종 6년, 연산군 이후의 역대의 국왕 즉위초에는[16] 國葬 등과 관련되어 議政 등이 겸대한 院相이 六曹·承政院을 지휘하면서 국정을 총관하였다. 선조 25년 ~ 고종 2년에는 備邊司가 육조를 지휘하면서 국정을 총관하였고, 의정부는 비변사의 대두로 領·左·右議政이 備邊司都提調를 의례히 겸대(例兼)하면서 국정운영에 큰 영향력을 발휘하기는 하나 그 관아기능은 儀禮 등을 담당하는 것으로 축소되었다.

의정부와 관련된 연구는 이러한 의정부의 기능에도 불구하고 의정부를 주제로 한 연구는 많지 못하고, 그나마 조선초기와 중기의 연구에 집중되었다. 의정부를 주제로 한 연구는 1954년에 末松保和가 「朝鮮議政府攷」(『朝鮮學報』 9)를 발표하면서 시작되었다. 이 연구로 의정부의 기원, 의정부의 변천과정, 의정부의 법제적인 기능이 규명되었다. 그러나 그 내용을 보면 의정부의 기원과 직제변천은 소략하기 때문에 구체적인 내용을 알기 어렵다. 또 기능은 법제적인 시말을 중심으로 조선 전시대를 다루었기에 실제적인 기능은 검토되지 못하였다.[17]

---

16) 연산군 즉위 이후에는 대행왕의 국장과 관련하여 국왕이 정사를 재결하지 않았기 때문에 의례히 원상에 제수된 의정 등이 국정을 총관하였다. 연산군 즉, 위초 이후에 원상제가 운영된 시기는 다음과 같다(한충희, 1991, 「朝鮮前期(태조 ~ 선조 24년)의 權力構造研究 - 議政府·六曹·承政院을 중심으로 -」, 『國史館論叢』 30, 87쪽 주348)에서 전재).

연산군대; 즉위년 12월 ~ 1년 11월　명종대; 즉위년 7월 ~ 3년 5월
중종대; 즉위년 9월 ~ 3년 5월　선조대; 즉위년 9 ~ 11월
인종대; 즉위년 11월 ~ 1년 1월

17) 말송보화의 「조선의정부고」를 보면, 의정부의 기원은 도평의사사로서만 설명하였고 周官과의 관계는 논급하지 않았다. 직제는 의정·찬성·참찬을 중심으로 하여 개략적인 변천과정을 논하였고, 사인·검상은 항목만을 제시하였으며, 사록 및 녹사·서리·조예 등의 변천은 전혀 논급하지 않았다. 기능에 있어서는 조선전시대에 걸쳐 장황하게 자료를 제시하면서 법제적인

이어 한충희는 1980, 1981년에 「朝鮮初期 議政府研究」(『韓國史研究』 31, 32)를 발표하여 末松교수의 「조선의정부고」를 검토하고 비판하면서 조선 정종 2년 ~ 성종 9년의 의정부를 『朝鮮王朝實錄』과 『國朝人物考』 등 의정부와 의정부재직자 관계 자료를 광범하게 검토하면서 의정부의 실체를 체계적이고도 깊이 있게 검토하였다. 즉, 70쪽에 걸쳐 의정부의 설치배경·직제·기능, 정치활동, 권력구조의 변동과 의정부권력과의 관계, 의정부구성원의 재직기간과 권한·활동과의 관계, 의정부구성원의 성분과 의정부의 권한·활동관계 등을 정리하였다. 이로서 조선초기 의정부에 대한 종합적이면서도 깊이 있는 이해가 가능하게 되었다.

한충희는 계속하여 1990년에 「朝鮮初期 議政府 舍人·檢詳의 官人的 地位」(『(경북대)歷史教育論集』 13·14합호)를 발표하여 의정부의 실무를 관장하였던 사인·검상의 관력, 실제기능, 인사행정·관직체계와 사인·검상의 관력을 검토하면서 사인·검상이 동품에서 가장 우월한 관직적 지위를 누렸음을 규명하였다. 2007년에 「朝鮮初期 議政府堂上官研究」(『大丘史學』 87)를 발표하여 의정부를 지휘하였던 議政·贊成·參贊의 성분, 관력, 기능, 이들이 국정운영에 끼친 역할을 검토하여 그 모두는 법제적인 '總百官 平庶政 經邦國 理陰陽'[18]의 기능과 관련되어 능력이 출중하고 국왕의 신임이 깊은 인물이 제수되어 국정을 주도하거나 국정전반에 큰 영향력을 발휘하였고, 각각 동품직에

면을 중심으로 그 시말만을 다루었기 때문에 실제적인 것은 규명하지 못하였다. 그리고 기능변천의 구체적인 배경이나 과정도 논급하지 않았다.

18) 『경국대전』 권1, 이전 의정부.

서 가장 우월한 지위를 누렸음을 규명하였다. 2009년에 「朝鮮成宗代 議政府研究」(『啓明史學』 20)를 발표하여 성종대 의정부의 기능과 권력구조·정치운영에서의 역할, 의정부구성원의 성분·활동상과 그 활동이 의정부기능·정치운영에 끼친 역할을 고찰하여 1980, 1981년에 발표된 「조선초기 의정부연구」에서 제외되었던 성종 10년 ~ 25년의 의정부연구를 보충하였다.

다시 2010년에는 「朝鮮中期 議政府政治活動研究」(『대구사학』 100)에서 「조선초기 의정부연구」를 계승하여 조선중기인 연산군 1년 ~ 선조 24년의 의정부의 정치활동과 정치활동분야를 검토하고, 이러한 활동이 의정부기능·정치운영에 끼친 역할을 검토하여 조선중기 의정부가 최고 국정기관으로서의 기능과 지위를 토대로 국정운영을 주도하거나 국정전반에 큰 영향력을 발휘하였음을 규명하였다. 2010년에는 또 「朝鮮中期 議政府堂上官研究」(『韓國學論集』 41)에서 연산군 1년 ~ 선조 24년의 의정·찬성·참찬역임자의 성분, 관력, 기능, 이들이 국정운영에 끼친 역할을 검토하여 그 모두는 법제적인 기능과 관련되어 능력이 출중하고 국왕의 신임이 깊은 인물이 제수되어 국정을 주도하거나 국정전반에 큰 영향력을 발휘하였고, 의정, 좌찬성, 좌참찬은 각각 동품직에서 가장 우월한 지위를 누렸고, 우찬성과 우참찬은 행판서와 판서 다음의 지위를 누렸음을 규명하였다. 계속하여 2011년에는 「朝鮮中·後期 議政府制의 變遷」(『한국학논집』 43)에서 연산군 1년으로부터 고종 2년까지의 의정부의 직제와 기능의 변천을 의정부·비변사기능, 정치운영 등과 관련시켜 검토하여 법제적인 직제와 기능은 큰 변동이 없었지만 그 기능은 의례 등을 관장함에 그쳤고, 이와 관련되어 찬성·참찬은 유명무실한 관직이 되었음을 규명하였다. 이러한 연구를 통하여 조선전기에 최고 정치기구로 존속하였던 의정부의 성립과 운영, 의정 이하 구성원이 발휘한 기능과 관직적 성격·지위, 의정부·의정부구성원이 국정운영에 끼친 영향 등이 규명되었다. 나아가 이 연구는 朝鮮前期 의정부에 대한 깊이 있고도 체계적인 이해를 심화하면서 의정부를 중심한 조선전기 정치운영체계와 실상에 대한 이해를 증진하고 이 분야 연구를 천착하는 토대를 제공하였다.

한편 金泳謨는 1964년에 「李朝 三議政의 社會的背景」(『韓國社會學』 1)에서 조선시대에 영·좌·우의정을 대상으로 역임자, 출사로, 피임년령, 4조(부·조·증조·외조)와 장인의 출사로·부의 역임관직, 4조의 사관율과 문과합격률, 3의정과 그 외조·장인의 성관을 통계로 제시하고 간략히 분석하면서 그 특징을 제시하였다.[19]

그리고 의정부를 주제로 한 연구는 아니나 한충희는 1991년에 「朝鮮前期(태조 ~ 선조 24년) 權力構造研究 - 議政府·六曹·承政院을 중심으로 -」(『國史館論叢』 30)에서 조선전기 의정부가 중심이 된 권력구조, 1998년에 「六曹와 議政府의 關係」(『朝鮮初期의 六曹와 統治體系』 제6장 제1절 소재, 啓明大學校出版部)에서 의정부와 육조의 권력관계, 2005년에 「朝鮮初期 國政運營體制와 政治運營」(『朝鮮史研究』 14)에서 의정부가 국정운영체제와 정치운영에 끼친 역할 등을 검토하였다. 그 결과로 의정부가 국정운영에 끼친 역할과 통치체계상의 역할과 지위가

19) 1977년에 『朝鮮支配層研究』(一潮閣)에 「三議政의 社會的 背景」으로 재수록.

규명되었다. 또 2007년에 「朝鮮初期 京職 文官 正1 ~ 從6品職의 官職地位」(『계명사학』 18)에서 인사제도·관력·관아기능을 분석하고 이를 통하여 議政·贊成·參贊·舍人·檢詳이 각각 동품직에서 가장 우월한 지위를 누렸음을 규명하였다.

선조 25년 이후의 조선후기 의정부에 있어서는 의정부를 주제로 한 연구는 전무하고 단지 정치권력구조, 비변사, 대원군의 통치정책, 『議政府謄錄』 해제 등의 연구와 관련되어 그 직제의 변천과 기능 등이 논급되었다. 즉 정홍준은 1996년에 「16·17세기 권력구조의 개편 방향」(『조선중기 정치권력구조 연구』, 영남대학교 민족문화연구소 소재)에서 1516년(중종 11) ~ 1591년(선조 24)에는 의정부가 의정부서사제의 부활을 토대로 시기별로 차이는 있지만 국정을 총관하였고, 1592년(선조 25) ~ 1710년(숙종 46년)에는 비변사가 의정부를 제치고 정치·군사·외교·경제 등 모든 국정을 총관하였음을 검토하였다. 潘允洪은 『朝鮮時代 備邊司研究』(2003, 景仁文化社)에서 비변사가 임시군사기구로 설치된 1510년(중종 5)으로부터 의정부를 제치고 최고 정치기구로 기능하다가 폐지되는 1865년(고종 2)까지를 대상으로 관아의 치폐, 조직, 관원의 직무범위와 운영, 군사·외교·재정·주도적으로 처리한 국방사, 운영시기별 특징과 정치적 위상 등 비변사의 전모를 총체적이고도 구체적으로 검토하였다. 李在喆은 『朝鮮後期 備邊司研究』(2001, 集文堂)에서 17세기 즉 1609년(광해군 1) ~ 1674년(현종 15)의 비변사를 중심으로 그 운영, 기능, 권력구조에서의 위상, 치폐논의 등을 체계적이고도 깊이 있게 고찰하였다.[20] 金炳佑는 「議政府의 復活과 支配勢力構成의 變化」(『大院君의 統治定策』 4장 1절 소재,

2006, 도서출판 혜안)에서 대원군의 통치정책과 관련하여 1865년(고종 2) 최고의 정치기관이던 비변사가 폐지되고 의정부 기능이 부활되는 배경, 의정부구성원의 변화를 검토하였다. 한충희는 「議政府謄錄 解題」(『의정부등록』, 1989, 保景文化社)에서 『의정부등록』의 내용검토를 통하여 1646년(인조 24, 추측상으로는 1592년, 선조 25) ~ 1859년(철종 10)의 의정부는 최고 정치기구로서의 기능, 즉 '백관을 총령하고 서정을 고르게 하고 음양을 조화시키며 나라를 다스린다(總百官 平庶政 理陰陽 經邦國)'는 기능 중 '總百官 平庶政 經邦國'의 기능을 상실하고 '理陰陽'과 연관된 '諸儀禮'[21] 등을 주로 담당하는 유명무실한 관아가 되었다고 하였다. 이러한 연구를 통하여 의정부는 조선 중기에는 의정부서사제의 복구에 따라 시기적으로 차이는 있지만 국정운영을 총관하였고, 조선후기(1592년 선조 25 ~ 1865년, 고종 2)에는 비변사의 대두에 따라 법제적으로 규정된 최고정치기구로서의 기능을 행사하지 못하고 의례기구로 존속되었음이 규명되었다.

그 외에 『大典通編』·『大典會通』에는 '祖宗成憲主義'의 법전 편찬방침과 관련되어 『경국대전』 이후에 개변된 의정부관련 내용이 덧붙여지는 형태로 정리되어 있고,[22] 『增補文獻備考』 직관고 의정부조와 『燃藜室記述』 별집 의정부조에는 의정부의 연혁

---

20) 서술상 17세기 이전, 즉 15 ~ 16세기에 비변사가 설치되고 비변사가 최고의 정치기관으로 정착되게 된 배경이 검토되었고, 부록에서는 「숙종대 비변사의 성격과 운영」을 첨부하였다. 이점에서 17세기를 중심으로 비변사가 성립된 1510년(중종 50 ~ 1710년(숙종 46)까지가 정리되었다고 하겠다.

21) 『의정부등록』에 적기된 주요 정사는 뒤 제2장 제2절 참조.

22) 『속대전』, 『대전통편』, 『대전회통』에 덧붙여진 내용은 다음의 표와 같다.

과 운영상 등이 연대순으로 정리되어 있다.[23] 이러한 연구와 의정부관련 자료를 통하여 개략적이기는 하나 연산군 ~ 고종대의 의정부직제와 기능의 변천, 의정 등의 겸직활동, 의정부가 통치체제와 정국운영에서 점하는 역할과 기능 등이 파악되었다.

제2절 研究의 課題

위에서 검토된 末松保和의 「朝鮮議政府攷」와 韓忠熙의 「朝鮮

	『경국대전』	보충내용
『속대전』	① 總百官平庶政理陰陽經邦國 堂下官并用文官 舍人有缺 以檢詳不計仕數陞差, ② 正1品 領議政·左·右議政 各1 從1品 左·右贊成 各1 正2品 左·右參贊 各1 正4品 舍人 2 正5品 檢詳 1, ③ 正8品 司錄 2.	
『대전통편』	동상	③ 正8品 司錄一員〈原〉二員〈增〉一員權減.
『대전회통』	동상	② 公事官十一員 從六品 原係備邊司郎廳〈補〉移置 ○文二員以侍從啓差武九員參上五員 參外四員 參外則仕滿二十朔陞六品, ③ 正8品 司錄一員 〈原〉二員〈增〉一員權減.

23) 『증보문헌비고』 직관고 의정부조에는 의정부의 전신이 된 태조 1년에 고려제를 계승하여 설치된 도평의사사, 정종 2년의 도평의사사의 혁파와 의정부의 설치, 태종 14년 의정부제의 개변, 의정이 겸대한 판육조사, 삼의정의 시무절차, 조선초기 이래로 주목된 의정부·의정 관계기사, 의정제수(복상) 등사가 연대순으로 수록되어 있다. 『연려실기술』 별집 의정부조에는 고려의 재부였던 문하부·삼사·추밀원과 최고의 합의기구였던 도평의사사·도병마사, 의정부의 전신이 된 개국초의 도평의사사로부터 의정부제의 설치, 의정부서사제, 3의정의 시무절차, 의정제수, 의정겸직, 부자·형제 의정역임자, 연소·연로 의정제수자 등이 수록되어 있다.

初期 議政府研究」 이후 현재까지의 의정부를 주제로 하거나, 의정부를 논급한 연구를 통하여 의정부의 설치배경, 직제정비와 변천, 실제기능, 구성원의 권한과 활동, 국정운영체계와 국정에 끼친 역할 등 의정부의 전모가 체계적이고도 깊이 있게 규명되었다.

또 의정부연구에 활용된 자료를 보면 초기에는 『朝鮮王朝實錄』·『增補文獻備考』 등에 국한되었고, 후기에는 이들 자료는 물론 『備邊司謄錄』·『議政府謄錄』·『문집』·「墓誌銘(神道碑)」·「年譜」·『國朝文科榜目』·『族譜』·『燃藜室記述』 등이 검토되면서 활용되었다. 그러나 그 연구성과와 관련되어 의정부구성원의 성분과 의정부·의정부구성원이 통치체계·육조 등 제정치기구와 관련되면서 발휘한 기능 등의 검토가 미흡하였다. 또 논문으로 발표된 관계로 조선시대를 통하여 최고의 정치기관으로 존속되었던 의정부의 전모가 일목요연하게 정리되었다고 보기 어렵다. 여기에서 의정부를 체계적이고도 종합적으로 정리할 필요가 있다.

본서에서는 지금까지에 걸친 의정부연구가 정종 2년 ~ 선조 24년, 즉 조선초·중기에 집중되기도 하였지만, 조선후기(1592, 선조 25 ~ 1879, 16)의 의정부는 이를 주제로 한 연구가 없고 또 그 시기가 장기간이고 이와 관련된 자료가 방대하여[24] 개인으로서 검토하기가 어렵다. 이점에서 불가피하게 朝鮮前期, 즉 조선초기의 의정부를 주로하고 조선중기의 의정부(직제의 변천에 있어서는 조선후기 포함)를 덧붙이면서 정리해야 되는 한계

24) 대표적인 자료로는 『朝鮮王朝實錄』 선조 25년 ~ 철종 14년, 『高宗純宗實錄』 상, 고종 1 ~ 16년조, 『備邊司謄錄』 『日省錄』, 『議政府謄錄』 등이 있다.

를 면할 수 없었다.

본서에서는 필자가 발표한 「朝鮮初期 議政府研究」, 「朝鮮初期 議政府堂上官研究」, 「朝鮮初期 議政府 舍人·檢詳의 官人的地位」, 「朝鮮 成宗代 議政府研究」, 「朝鮮 中·後期 議政府制의 變遷」, 「朝鮮中期 議政府政治活動研究」, 「朝鮮中期 議政府堂上官研究」를 토대로 하고, 조선시대의 정치제도, 정치체제, 정치운영 등을 정리한 필자와 선학들의 연구성과, 議政府·議政 등 관련자료를 검토하고 보충하면서 서론, 본론 12장, 결론의 총 14장으로 구성하여 검토하기로 한다.

서장에서는 본서의 주제와 관련된 연구성과, 연구의 과제와 본서의 서술방향을 제시하기로 한다.

제1장 朝鮮初期 議政府制의 成立과 整備에서는 의정부제가 어디에서 연원되었고, 언제 어떻게 설치되었으며, 어떻게 정비되었다가 『경국대전』에 법제화되었는가를 검토한다.

제2장 朝鮮中·後期 議政府制의 變遷과 革去에서는 『경국대전』에 법제화된 의정부직제·기능이 이후 비변사의 대두로 기능이 유명무실 해졌다가 비변사의 폐지로 다시 복구된 고종 2년, 즉 중기인 연산군 1년 ~ 선조 24년, 후기인 선조 25년 ~ 고종 2년까지에 걸쳐 직제와 기능이 어떻게 변천되면서 운영되었는가를 검토한다.

제3장 朝鮮初期 議政府官員의 性分과 議政府官職의 性格·地位에서는 의정부에 편제된 관직, 즉 堂上官인 議政·贊成·參贊과 堂下官인 舍人·檢詳에 재직하였던 인물의 출사로·성관·부조의 관력 등 성분, 각 관직역임자의 제수직전·체직·최고 관직을 분석하고, 이를 토대로 의정 등의 관직적 성격과 지

위를 검토한다.

제4장 朝鮮初期 議政府의 政治活動과 國政總管에서는 議政府·六曹·院相이 중심이 된 국정운영체계와 관련시켜 의정부가 발휘한 정치활동과 이 활동이 국정운영과 어떻게 연관되었는가를 검토한다.

제5장 朝鮮初期 議政府官員의 機能과 國政運營에서는 議政 등 의정부관원이 발휘한 기능이 어떠하였고, 이 기능이 의정부·육조·원상이 중심이 된 국정운영과 어떻게 연관되었는가를 검토한다.

제6장 朝鮮初期 議政府構成員과 議政府機能에서는 의정 등 의정부구성원이 발휘한 기능이 어떠하였고, 이 기능이 의정부 기능과 어떻게 연관되었는가를 검토한다.

제7장 朝鮮中期 議政府堂上官의 性分과 官職의 性格·地位에서는 堂上官인 議政·贊成·參贊에 재직하였던 인물의 출사로·성관·부조의 관력 등 성분, 각 관직역임자의 제수직전·체직·최고 관직을 분석하고, 이를 토대로 의정 등의 관직적 성격과 지위를 검토한다.

제8장 朝鮮中期 議政府政治活動과 國政指揮에서는 議政府·六曹·院相이 중심이 된 국정운영체계와 관련시켜 의정부가 발휘한 정치활동과 이 활동이 국정운영과 어떻게 연관되었는가를 검토한다.

제9장 朝鮮中期 議政府堂上官의 機能과 國政運營에서는 의정부 당상관인 의정·찬성·참찬이 발휘한 기능이 어떠하였고, 이 기능이 의정부 기능과 어떻게 연관되었는가를 검토한다.

제10장 朝鮮中期 議政府堂上官과 議政府機能에서는 의정부당

상관인 의정·찬성·참찬이 발휘한 기능이 어떠하였고, 이 기능이 의정부 기능과 어떻게 연관되었는가를 검토한다.

제11장 朝鮮前期 議政府와 六曹에서는 정종 2년 ~ 선조 24년의 의정부가 국왕(6조)과 의정부를 중심한 국정운영체계의 추이가 어떠하였고, 의정부가 육조를 어떻게 지휘하고 육조정사에 관여하였는가를 고찰한다.

제12장 朝鮮前期 議政府와 政治機構에서는 정종 2년 ~ 선조 24년의 의정부가 원상, 한성부·승정원·삼사·육조속아문·도와 어떻게 연관되면서 국정을 총관하거나 지휘하였는가를 고찰한다.

결론에서는 1장 ~ 12장의 내용을 정리하고, 특히 11·12장의 내용을 중심으로 朝鮮前期 의정부가 누리고 행사하였던 관아적 성격과 정치적 역할을 정리하면서 의정부의 관아적 특징과 역할을 정의해 본다.

본서는 처음에는 '朝鮮時代 議政府와 政治' 라는 주제로 제1부 朝鮮初期의 議政府(5장), 제2부 朝鮮中·後·末期의 議政府(5장), 제3부 朝鮮時代 議政府의 統治體系上의 地位(2장)로 정리하고자 하였으나 파악시기가 장기간이고 검토할 사료가 방대하며, 더욱이 조선후기는 선행연구가 빈약한 관계로 부득이 朝鮮前期(태조 1년 ~ 선조 24년)를 중심으로 하고 조선중·후기의 직제와 기능의 변천을 2장에 덧붙이면서 고찰할 수밖에 없었다.

본서는 이러한 한계는 있지만 조선초기를 중심한 조선전기 의정부의 직제정비·변천과 그 운영, 의정 이하 의정부 관직역임자의 성분과 의정 등의 관직적 지위, 의정부·의정부구성원의 기능, 의정부와 육조·도 등 정치기구 및 의정부·육조 등이 중심이 된 국정운영체계와의 관계, 의정부구성원의 기능과 의정부 기능과의 관계, 의정부가 조선전기 통치체계에서 차지한 지위 등이 구체적이고 체계적이면서도 종합적으로 이해하는 토대가 되리라고 생각한다. 나아가 조선시기 관아·관직과 국정운영체계·권력구조·국정운영의 실상을 깊이 있게 이해하고 연구하는 데 도움을 줄 것으로 생각한다. 부록으로 의정 이하 조선전기 의정부 재직자(당하관은 조선초기)의 성분과 관력을 표로 작성하여 제시한다.

제 1 부　朝鮮時代 議政府制의 成立과 變遷

제1장 朝鮮初期 議政府制의 成立과 整備

제1절 議政府制의 淵源과 設置

1. 議政府의 淵源

議政府는 1400년(정종 2) 고려후기 이래로 당시까지 계승된 都評議使司를 개칭하면서 성립되었고, 이후 1907년(순종 융희 1) 근대식 관제개혁으로 內閣制로 개편되면서 폐지(1895 ~ 1896년에 일시 폐지)되기까지 직제의 운영과 기능의 발휘는 변동이 있었지만 조선최고의 정치기관으로 운영된 관아였다. 조선왕조를 개창한 太祖 李成桂와 그를 추대한 개혁파들은 비록 새 왕조를 개창하였지만 그에 따른 사회적 혼란과 민심의 수습을 위하여 새로운 제도와 문물을 마련하지 못하고 한결같이 고려의 그것을 계승하였다.[25] 그러므로 개국초는 고려말 이래의 都評議使司가 최고의 정치기관이었고, 정종 2년의 관제개혁으로 도평의사사가 議政府로 개편되면서는 의정부가 최고의 국정기관이 되었다. 이후 의정부(제도)는 조선 전시기로 계승되면서 시대에

25) 『태조실록』 권1, 1년 7월 정미.

따라 성쇠는 있지만 정치·경제·사회·군사 등의 국정에 중심이 되는 기관으로 기능하였다. 그러면 의정부제도는 어디에서 기원이 되었겠는가? 그 구체적인 내용을 역대 중국과 한국의 관아명·관아기능·소속관직으로 구분하여 살펴본다.

1) 官衙名

의정부와 관련된 관아명을 역대 중국과 우리나라의 최고 정치기구와 비교해 보면 중국은 다음의 〈표 1〉과 같이 周 ~ 西

〈표 1〉 역대 중국 최고 정치·합좌기구[26]

왕조	관아	기능	소속관직	비고
周	三公	論道經邦燮理陰陽	3公*1-3孤*2	
	冢宰	總百官		
秦	丞相府	輔佐國君總理政務	丞相	
	3公		3공*3	
前漢	丞相府	丞天子助理萬機	丞相-司直·長史·丞相徵事·丞相史·丞相少史	
	3公	典調和陰陽	3공*3	
後漢	3공	分掌兵事民事水土事	3공*4	
魏	相國府	總軍國之事	相國-中尉·驍騎將軍·長史·司馬·從事中郎·主簿·參軍	
	3公		3공*5	
西晉	3공	論道經邦燮理陰陽	3공*6	
隋·唐	尚書省	總領百官儀刑端揆受命施行	令-左·右僕射, 左·右丞, 左·右司郎中, 左·右司員外郎, 主事.	
	中書省	總軍國政令(詔命)	令-侍郎, 舍人, 右散騎常侍, 右諫議大夫, 右司諫, 右正言, 中書舍人, 起居舍人 등.	

왕조	관아	기능	소속관직	비고
隋·唐	門下省	審勀封駁出納帝命總典吏職贊相禮儀判省事	侍中-侍郎, 給事中, 左散騎常侍, 左諫議大夫, 左補闕, 左拾遺, 起居郎 등.	
北宋	中書省	總百官平庶政	令-侍郎, 右散騎常侍, 右諫議大夫, 右司諫, 右正言, 中書舍人, 起居舍人 등.	
	尙書省	佐天子議大政奉所出命令而行之	令-左·右僕射, 左·右丞, 左·右司郎中, 左·右司員外郎, 都事, 主事.	
	門下省	佐天子議大政審中外出納之事	侍中-侍郎, 左散騎常侍, 左諫議大夫, 左司諫, 左正言, 給事中, 起居郎, 符寶郎, 錄事, 主事.	
元	中書省	總百官政務	令-右·左丞相, 平章政事, 右·左丞, 參知政事, 參議中書省事, 議事平章, 右·左司郎中·員外郎, 都事 등.	
明	內閣	備顧問	大學士, 學士.	
	6部	總(分掌)庶務	尙書- 左·右侍郎·司務廳司務, 4司郎中·員外郎·主事.	
朝鮮 정종 2년	議政府	總軍國重事	門下左·右政丞-門下侍郎贊成事, 參贊門下府事, 政堂文學, 知門下府事, 門下舍人, 檢詳條例司檢詳·錄事.	
朝鮮 태종 1년	의정부	總百官平庶政理陰陽經邦國	領議政府事·左政丞·右政丞-參贊事, 文學, 參知事, 舍人, 檢詳條例司檢詳·錄事.	
朝鮮 세종 19년	의정부	동상	領議政府事·左議政·右議政-左·右贊成, 左·右參贊, 舍人, 檢詳, 司錄.	

*1 太師, 太傅, 太保　　*4 太尉, 司徒, 司空
*2 少師, 少傅, 少保　　*5 太傅, 太保, 司徒
*3 丞相, 太尉, 御史大夫　　*6 太宰, 太傅, 太保

26) 『사기』·「한서』·「후한서』·『삼국지』·「진서』·『수서』·『신당서』·『송사』·『원사』·『명사』 직관지, 姜文奎, 1987, 『中國歷代政制考』, 國立編譯館, 汪鍾霖撰, 『九通分類總纂」, 藝文印書館, 한충희, 앞「조선초기 의정부연구」 상에서 종합.

晉代에는 관아로서 보다는 최고 관직인 3公, 丞相, 相國이 국정을 총괄하였다. 隋·唐代에 비로소 尙書省·中書省·門下省이 재상관아로 등장하여 宋代까지 계승되었고, 元代에는 상서성·문하성이 폐지되고 중서성이 단일 宰相府로 운영되었으며, 明代에는 재상부인 중서성이 혁거되고 육부가 황제의 지휘를 받으면서 국정을 총관하였다.

우리나라는 〈표 2〉와 같이 고구려·백제·신라와 통일신라에는 관아보다 최고 귀족합의체나 귀족회의의 대표자(관직)가 재상부의 기능을 수행하였다. 발해와 후고려 때에는 政堂省·宣詔省·中臺省과 廣評省이 재상부의 기능을 수행하였을 것으로 추측되나 구체적인 내용은 명확하지 못하다.[27] 고려시대에는 당·송의 3성제가 수용되고 이를 토대로 정착된 중서문하성이 재상부가 되었고,[28] 동시에 중서문하성과 중추원의 최고위 관직자로 구성된 都兵馬使와 都評議使司가 최고의 국정기관으로 기능하였다.[29]

---

27) 한규철, 1996, 「중앙통치조직」, 『한국사』 10, 141 ~ 142쪽.
28) 『高麗史』 권76, 백관1.
29) 邊太燮, 1971, 「高麗都堂考」, 『高麗政治制度史硏究』, 一潮閣.

〈표 2〉 역대 우리나라 최고 정치 · 합좌기구30)

왕조	관아	기능	소속관직	비고
高句麗	諸加會議	국정총괄	國相 -	
百濟	諸率會議	국정총괄	佐平 -	
新羅	和白	최고회의기구	諸干 - 典事	
	執事部	掌機密事務 (王命出納)	中侍-典大等, 大舍, 舍知	
	上大等	摠知國事		
統一新羅	執事省	국정총괄	侍中-典大等, 大舍, 舍知, 史.	
	上大等	국정총괄		
渤海	政堂省	국정총괄	大內相 - 左 · 右司正, 左 · 右尹.	
	宣詔省		左相-左平章政事, 侍中, 左常侍, 諫議.	
	中臺省		右相-右平章事, 內史, 詔誥, 舍人	
後高麗	廣評省	국정총괄	侍中-	
高麗 前期	中書門下省	掌百揆庶務諫諍封駁	門下侍中 · 中書令-門下侍郎 · 中書侍郎 · 門下 · 中書平章事, 知門下省事, 參知政事, 政堂文學, 左 · 右散騎常侍, 直門下, 左 · 右諫議大夫, 給事中, 中書舍人, 起居郎, 起居舍人, 左 · 右補闕, 左 · 右拾遺, 門下錄事, 中書注書.	
	尙書省	總領百官	令-左 · 右僕射, 知尙書都省事, 左 · 右丞, 左 · 右司郎中 · 員外郎, 都事.	
高麗	都評議使司	總軍國重事	判事*1 - 使*2, 副使*3, 經歷 · 錄事.	

30) 『三國史記』 職官志, 『高麗史』 百官志, 盧重國, 1979, 「高句麗國相考」 상, 『韓國學報』 16, 20 ~ 24쪽 · 1988, 『百濟政治史硏究』, 일조각, 103 ~ 107쪽, 朱甫暾, 1997, 「(신라)중앙통치조직」, 한국사 7, 국사편찬위원회, 李基白, 1974, 「新羅 執事部의 成立」, 『新羅政治社會史硏究』, 일조각, 151 ~ 153쪽 · 「上大等考」, 위 책, 100 ~ 101쪽, 申瀅植, 1998, (통일신라)중앙통치조직의 정비」, 『한국사』 9, 변태섭, 앞 논문, 한충희, 앞 논문 등에서 종합.

왕조		관아	기능	소속관직	비고
高麗	後期(공민왕대)	中書門下省	掌百揆庶務	고려전기와 비슷	
		都僉議府	장백규서무	領都僉議, 僉議左·右政丞 - 僉議贊成事, 僉議評理, 知都僉議事, 左·右常侍, 直都僉議, 左·右司議大夫, 內書舍人, 左·右獻納, 僉議錄事, 僉議主事.	
		門下府	장백규서무	領門下, 門下左·右侍中-門下贊成事, 參知門下府事, 知門下府事, 左·右散騎常侍, 直門下, 左·右諫議大夫, 門下舍人, 左·右司諫, 門下錄事, 門下注書.	
		三司	掌總中外錢穀出納會計	判事, 左·右使, 左·右尹, 副使, 判官, 都事.	
朝鮮	정종 2년	議政府	총군국중사	判門下, 門下左·右政丞-門下侍郎贊成事, 參贊門下府事, 政堂文學, 知門下府事, 門下舍人, 檢詳條例司檢詳·錄事.	
	태종 1년	의정부	總百官平庶政理陰陽經邦國	領議政府事·左政丞·右政丞-參贊事, 文學, 參知事, 舍人, 檢詳條例司檢詳·錄事	
	세종 19년	의정부	동상	領議政府事·左議政·右議政-左·右贊成, 左·右參贊, 舍人, 檢詳, 司錄.	

*1 문하시중, 평장사, 참지정사, 지문하성사
*2 판중추사
*3 중추사 이하 중추학사 이상

조선 태종 1년 이후에 정착된 議政府는 정종 2년에 조선 개국과 함께 고려말의 都評議使司를 그대로 계승하면서 門下府·三司·中樞院 최고위직으로 구성된 합좌기구에서 의정부 관직자로만 구성된 즉, 고려적인 도평의사사에서 조선적인 의정부로 전환되면서 단일의 재상부-최고 국정기관으로 정착되었다.[31)]

이를 볼 때 의정부의 관아명은 역대의 중국은 물론 우리나라의 어느 나라에서도 찾아지지 않는다. 아마도 '議政府'가 국정을 논의하는 (최고의) 관청이라는 의미를 지녔고, 고려말 이래로 최고의 정치기관이던 도평의사사를 개편하면서 성립되었음에서 역대 중국이나 우리나라의 관아명에서 보다 그 관아기능에시 유래된 것으로 생각된다.

2) 官衙機能

정종 2년 의정부 성립 때의 기능으로 규정된 '總軍國重事'를 역대 중국 재상관아의 기능과 관련시켜 보면 앞의 〈표 1〉과 같이 魏 相國府의 직장인 '總軍國之事'·隋와 唐 中書省의 직장인 '總軍國政令'과 비슷하고, 우리나라 역대의 경우에는 위의 〈표 2〉와 같이 고려후기 都評議使司의 직장인 '總軍國重事'와 같고, 고구려의 諸加會議·백제의 諸率會議의 직장인 '국정총괄' 및 신라 上大等의 직장인 '總知國事'와 비슷하다.

또 고려후기 이래의 도평의사사의 성격을 탈피하고 조선적인 의정부로 정착된 태종 1년 이후 의정부의 기능으로 규정된 '總百官 平庶政 理陰陽 經邦國'을 역대 중국 재상관아의 기능과 관련시켜 보면 앞의 〈표 1〉과 같이 '總百官'은 중국 周 冢宰의 직장인 總百官·北宋 中書省의 직장인 '總百官平庶政' 중의 總百官·元의 중서성의 직장인 '總百官政務' 중의 總百官과 같고 唐 尙書省의 직장인 '總領百官 儀刑端揆 受命施行' 중의 總領百官과 비슷하였다. '平庶政'은 북송 중서성의 직장인 '總百官平庶政' 중의 平庶政과 같고 明 6部의 '總庶務'와 비슷하였다. '理陰

---

31) 『태종실록』 권2, 1년 7월 경자.

陽'은 주 三公의 직장인 '論道經邦 燮理陰陽' 중의 섭리음양 · 전한 삼공의 직장인 '典調和陰陽' · 서진 삼공의 직장인 '論道經邦 燮理陰陽' 중의 섭리음양과 비슷하였다. '經邦國'은 주와 서진 삼공의 직장인 '論道經邦 燮理陰陽' 중의 논도경방과 비슷하였다. 역대 우리나라 재상관아와 관련시켜 보면 위의 〈표 2〉와 같이 '總百官'은 고려 전 · 후기 상서성의 직장인 '總領百官'과 비슷하였고, '平庶政'은 고려전 · 후기 中書門下省의 직장인 '掌百揆庶務 諫諍封駁' 중의 장백규서무와 비슷하였다. '理陰陽'과 '經邦國'은 어느 나라에서도 용례가 비슷한 직장이 확인되지 않는다.

한편 조선개국초에는 숭유억불이 국시로 정착됨에 따라 유교가 숭상 및 장려되었다. 태조대에 정치를 주도하였던 鄭道傳이 『朝鮮經國典』에서 "총재에 합당한 사람이 임명되면 육조와 백관이 원활하게 국정을 수행하게 된다. 이런 까닭으로 국왕의 직무는 한 사람의 재상을 임용하는데 있다고 하였으니 (곧) 총재를 일컫는 것이다. 총재는 위로 국왕의 뜻을 받들고 아래로는 백관을 거느리고 모든 백성을 다스리는 자이다"[32] 라고 하였듯이 주대의 정치를 이상으로 삼아 왕도정치 · 재상이 중심이 된 정치를 실현하려는 경향이 제기되었다.[33] 이와 관련되어 周의 재상부를 보면, 위에서도 언급되었지만 주관의 3공제는 殷代에 시작되어 '調陰陽'을 직무로 하였으며,[34] 삼공은 천문의

---

32) 『朝鮮經國典』, 권1, 治典 總序 冢宰得其人 六典擧而百職修 故日 人主之職在論一(宰)相 冢宰之謂也 上以承君父 下而統百官治萬民(()필자보).

33) 韓永愚, 1973, 『鄭道傳 思想의 研究』, 한국문화연구소, 107 ~ 108쪽.

34) 『通志』 권52, 三公總序 記日 虞夏商周 有師保 有疑丞 設四輔及三公 (중략) 伊尹日 三公調陰陽 (하략). 여기에서 우 · 하도 삼공이 있었다고 하나 역사시

天極星을 둘러싼 三星에서 유래된 것으로 보인다.[35] 周의 三公은 '太師 · 太傅 · 太保'로서 '論道經邦 · 燮理陰陽'을 직무로 하였고, 삼공의 아래로 '少師 · 少傅 · 少保'의 三孤가 있어 삼공을 보좌하였으며,[36] 그 아래로 '宰士'가 있어 실무를 담당하였다.[37] 그리고 周公은 太師로서 六卿의 머리인 天官의 太宰(冢宰)를 겸하고 국정을 총괄하였는데,[38] 이 주공에 의한 冢宰와 三公 · 三孤制度가 의정부제도의 기원이 아닌가 한다. 그러한 방증으로 성종 8년 7월에 경연이 끝난 후 大司諫 孫比長이 "임금이 노고를 다하여 어진이를 구하면 그에게 정사를 맡겨야 합니다. 오늘의 3의정은 곧 옛적의 3공입니다"[39] 라고 한 등에서[40] 찾

대가 상(은)으로부터 전개됨으로 상을 시초로 보았다. 그리고 동조에 "紂王時에 箕子가 太師였고, 太甲時에 이윤이 太保였다"고 하였음에서 은대에도 주대와 같은 삼공제가 있었을 것으로 추측된다.

35) 『史記』 권27, 天官書 中宮天極星 其一明者 太一常居也 旁三星三公.

36) 『통지』 권52, 삼공총서.

37) 『增補文獻備考』 권126, 議政府 李克堪舍人司題名記日 (중략) 而相之所日與圖國政者 僚佐耳 周有宰士 漢有丞相長史 是其職也.

38) 『文獻通考』 권48, 太宰條.

39) 『성종실록』 권82, 8년 7월 정축.

40) 그 외의 몇 예증을 보면 다음과 같다.

㉠ 『세종실록』 권1, 즉위년 9월 갑자 大司憲許遲言於知申事河演日 議政府論道經邦.

㉡ 위 책 권72, 18년 4월 무신 敎日 唐虞之際 百揆統九官十二牧 成周之時 冢宰通六卿六十屬 而冢宰實三公兼之 (중략) 我太祖開國之初 設都評議使司 以摠一國之政 後改爲議政府 其任如初 歲在甲午 禮曹啓 以大臣不宜親小事 軍國重事 議政府會議以聞 其餘令六曹 各以所職直啓施行 自是以後 事無輕重大小 皆歸於六曹 而不關於政府 政府所與聞 唯論決死囚而已 有違古者任相之意 (중략) 今依太祖成憲 六曹各以所職 皆先稟於議政府 議政府商度可否然後 啓聞取旨 還下六曹施行 (중략) 如此則庶合古者專任宰相之意.

㉢ 『세조실록』 권2, 1년 8월 임자 御思政殿 兵曹判書李季甸 (중략) 工曹參議朴山靑啓日 臣等伏覩傳旨 六曹各以其職 直啓施行 臣等意謂 我朝自太祖開國 事無大小 悉令政府擬議以啓 至甲午年 太宗罷之 世宗朝復立 以至于今

을 수 있다.

또 우리나라의 경우도 『三國史記』에 의하면 首相에 해당되는 관직으로 '國相 · 大對盧(고구려), 內臣佐平(백제), 伊伐湌 · 中侍 · 侍中(신라), 匡治奈(태봉)' 등이 있었고, 관부로는 '稟主 · 執事府(신라), 廣評省(태봉)' 등이 있었다. 그 외에 발해도 政堂省 · 宣詔省 · 中臺省의 삼성과 大內相 · 左相 · 右相이 있었다. 그러나 이러한 관직이나 관부가 구체적으로 어떤 기능을 가졌고, 어떻게 중국의 그것과 연관이 되었으며, 고려에 영향을 끼쳤는가를 명백하게 규명하지 못한다. 그 후 고려에 이르러 당 · 송의 영향을 받은 2省 6部나 合坐制인 도평의사사와 의정부제도가 연관이 있음은 추지할 수 있다. 즉 고려말기의 도평의사사는 국정에 대한 최고 의결 · 집행기관의 기능을 가졌으므로[41] 결국 中書門下省(門下府)의 '百揆庶務'와 尙書省의 '總領百官'의 기능을 포괄하였다고 보겠다. 도평의사사는 門下府 · 三司 · 中樞院의 2품직 이상으로 구성되었고,[42] 그 중에서도 문하부 직제가

請仍舊 召承旨朴元亨 傳于季甸等 古者三公論道經邦 六卿分職 (중략) (河)緯地啓日 周制 三公論道經邦 三孤貳公弘化 六卿分職 三公三孤 雖不與事 冢宰實兼治之 臣願從周制.

㉣ 『성종실록』 권70, 7년 8월 병신 大司憲尹繼謙等上疏日 (중략) 又聞書日 三公論道經邦燮理陰陽 今之政府 卽古論道燮理之地也.

41) 邊太燮, 앞 논문, 104 ~ 105쪽. 실제로 전제 · 세 · 녹봉 · 화폐 · 형옥 · 의례 · 전주 · 군사 · 사대문서 · 진공 · 대외관계 · 기타 내외제사를 합의 · 시행하였음을 일일이 예시하면서 설명하였다.

42) 여말선초 도평의사사의 구성은 매우 복잡하였다. 각 시대별로 보면 도평의사사가 성립된 충렬왕 5년에는 僉議府와 密直司로서만 구성되었다. 그 후에는 이 두 계통을 계승한 관아 이외에 三司 · 資政院의 正職과 商議職까지 참여하였고, 창왕시에는 開城府 · 厚德府 · 慈惠府의 判事 · 尹까지도 참여하였다. 그리거 공양왕시에 크게 정비되어 門下府 · 三司 · 密直司의 정원만이 구성원으로 되었다가 조선으로 계승되었다(밀직사는 中樞院으로 개칭).

정종 2년에 성립된 의정부제의 중심을 이루었다.

이를 볼 때 정종 2년 성립 때 의정부의 기능은 당·송 중서성·문하성·상서성의 기능에서 연원되었고, 고려후기에 당·송의 3성을 계승하여 성립된 중서문하성·상서성의 기능이 포괄된 도평의사사의 기능에서 기원 되었다고 하겠다. 조선적인 의정부로 정착된 태종 1년 이후 의정부의 기능은 주관 3공의 기능에서 연원되고 이것에 도평의사사의 기능이 용해되어 간명하고 포괄적인 용어로 정리되면서 성립되었다고 하겠다.

3) 所屬官職

정종 2년 의정부가 성립될 때 소속관직에는 議政府의 判門下府事·門下左政丞·門下右政丞 이하와 三司의 判事 이하가 있었고, 태종 1년 고려적인 도평의사사에서 조선적인 의정부로 정착된 때에는 領議政府事·左政丞·右政丞 이하가 있었으며,[43) 『경국대전』의 원형이 정립된 세종 19년에는 領議政府事·左議政·右議政, 左·右贊成, 左·右參贊, 舍人·檢詳·錄事가 있었다.

이에 따라 정종 2년 성립시 의정부 소속관직과 『경국대전』에 규정된 의정부 소속관직의 원형이 된 세종 19년 의정부관직의 연원을 살펴 본다. 먼저 정종 2년 의정부 소속관직을 중국 재상부의 관직과 비교하여 보면 判門下府事·門下左政丞·門下右政丞은 앞의 〈표 1〉과 같이 명칭이 같은 관직은 없었고, 元代 中書省의 차관인 우·좌승상이 비슷하였다.[44) 侍郎贊成事·參贊

43) 그 외의 관직은 뒤 〈표 7〉 참조.

44) 원 중서성의 장관인 令은 황태자가 제수되었다. 이점에서 우·좌정승은 명의로는 차관이나 실질적으로는 平章政事 이하를 지휘하면서 장관의 기능을

事·政堂文學·知府事는 명칭이 같은 관직은 없었고, 시랑찬성사는 唐·宋 門下省의 侍郎과 비슷하였다. 舍人·檢詳·錄事는 사인은 당·송 중서성의 사인이 같았고, 녹사는 송 문하성의 녹사가 같았으며, 검상은 같은 관직이 없었다. 역대 우리나라 재상부의 관직과 비교하여 보면 판문하부사·문하좌정승·문하우정승은 〈표 2〉와 같이 발해의 大內相·左相·右相 및 고려 공민왕 때 都僉議府의 領都僉議·僉議左政丞·僉議右政丞과 門下府의 領門下府事·門下左侍中·門下右侍中과 비슷하였고, 찬성사·참찬사·지부사는 고려전기 中書門下省의 門下侍郎·中書侍郎平章事, 고려후기 도첨의부의 僉議贊成事·知都僉議, 문하부의 門下贊成事·知門下府事와 같고 參知門下府事와 비슷하였으며, 정당문학은 고려전기 중서문하성의 政堂文學과 같았다. 사인·검상·녹사는 사인은 고려전기 중서문하성의 中書舍人·고려후기 도첨의부의 內書舍人과 문하부의 門下舍人과 같았고, 녹사는 고려전기 중서문하성의 門下錄事와 고려후기 도첨의부의 僉議錄事·문하부의 門下錄事와 같았으며, 검상은 명칭이 같은 관직이 없었다.

다음으로 세종 19년 의정부 소속관직을 중국 재상부의 관직과 비교하여 보면 〈표 1〉과 같이 領議政府事·左議政·右議政은 원 중서성의 令·左丞相·右丞相과 비슷하였다. 左·右贊成과 左·右參贊은 명칭이 비슷한 관직이 없었고, 舍人·檢詳·司錄은 사인·검상은 정종 2년의 그것과 같았으며, 사록은 직명이 같은 관직이 없었다. 우리나라 경우는 〈표 2〉와 같이 영의정부

수행하였다고 하겠다(『원사』 직관지 중서성).

사·좌의정·우의정은 고려후기 도첨의부의 영도첨의·첨의좌정승·첨의우정승, 문하부의 영문하부사·문하좌정승·문하우정승, 조선 정종 2년 의정부의 판문하부사·문하좌정승·문하우정승, 태종 1년의 영의정부사·좌정승·우정승과 비슷하였다. 좌·우찬성은 조선 정종 2년 의정부의 문하시랑찬성사와 비슷하였고, 좌·우참찬은 태종 14년의 左·右參贊과 같고[45] 정종 2년의 參贊門下府事와 비슷하였다. 사인·검상·사록은 사인·검상은 정종 2년의 그것과 같았고, 사록은 직명이 같은 관직이 없었다.

한편 조선개국초에는 숭유억불이 국시로 정착됨에 따라 유교가 숭상 및 장려되었고, 周代의 정치를 이상으로 삼고 이를 실현하려는 기풍이 진작되면서 고려초 이래의 吏·兵·戶·刑·禮·工曹의 서열을 周官에 따라 吏·戶·禮·兵·刑·工曹로 조정하는[46] 등 주대의 관제 등 고제가 연구되고 정치에 반영되었다. 이와 관련시켜 주관의 '三公·三孤制'를 보면 "3공제는 殷代에 시작되어 '調陰陽'을 직무로 하였으며, 삼공은 천문의 天極星을 둘러싼 三星에서 유래된 것으로 보인다. 주 3공은 '太師·太傅·太保'로서 '論道經邦·燮理陰陽'을 직무로 하였고, 삼공의 아래로 '少師·少傅·少保'의 三孤가 있어 삼공을 보좌하였다"고 하였다.[47] 이러한 주의 3공·3고제는 비록 명칭은 다르나 그 기능이 조선 의정부의 3의정 및 찬성·참찬과 같다.

그 외에도 정종 2년 성립때 의정부는 門下府 判門下 이하의 관직이 중심이 된 三司의 判事·左使·右使의 합좌기관이었

45) 『태종실록』 권27, 14년 4월 경신(뒤 〈표 7〉).
46) 『세종실록』 권1, 즉위년 12월 경진.
47) 앞 주 34) ~ 36) 참조.

고,[48] 곧 예문춘추관이 대학사·학사와 3군부의 중·좌·우군총제가 추가로 구성원이 되었다가 태종 1년에 판문하부사 이하 문하부적인 명칭이 領議政府事 이하 의정부적인 명칭으로 개칭되고 의정부 관원만의 단독기구가 되었다. 이러한 의정부의 구성과 운영을 볼 때 의정부는 고려후기의 문하부의 그것에서 크게 영향되었다고 하겠다.

이를 볼 때 정종 2년 의정부 성립 때 의정부 관직은 고려후기에 문하부 領門下·左侍中·右侍中 이하 모든 관직과 삼사 판사·좌사·우사에서 연원되었고, 세종 19년의 의정부 관직은 고려후기 문하부 관직과 태종 1년의 의정부 관직에서 기원되었다고 하겠다. 즉, 조선적인 의정부 -『경국대전』의 원형이 된 의정부관직은 태종 1년에 문하부를 혁파하고 문하부적인 관직명을 의정부적인 관직명으로 개칭한 것에서 기원되었다고 하겠다.

이상에서 의정부의 관아명은 역대 중국·우리나라의 관아명보다도 국정을 총관하는 기능에서 기인되었고, 조선적인 의정부로의 정착 때의 의정부 관직은 고려후기의 문하부의 관직에서 연원되었으며, 기능은 주관 3공의 직장에서 연원되고 이것에 고려후기 상서성·문하부의 기능이 융합된 것에서 기인되었다고 하겠다. 즉 조선적인 의정부는 가까이는 고려 충렬왕 이래의 도평의사사를 계승하였다고 하지만, 실제적으로는 중국의 周官에서 기원을 찾을 수 있다. 즉 도평의사사(문하부)의 기능과 직제가 개혁파 유신들에 의하여 '周官三公制'를 유교정치의 이상으로 받아들임으로서 성립된다고 하겠다. 조선 의정부의 관직·기능

48) 정종 2년에 성립된 의정부구성원은 문하부 10명과 삼사 3명이었다. 구체적인 관직은 뒤 〈표 7〉 참조.

의 연원을 표로 재정리하여 제시하면 다음과 같다.

〈표 3〉 의정부 관아 · 관직 · 기능 연원

<table>
<tr><td rowspan="2"></td><td colspan="2">중국</td><td>우리나라</td><td colspan="3">조선</td><td>비고</td></tr>
<tr><td>주</td><td>북송</td><td>고려후기</td><td>정종2년</td><td>태종1년</td><td>세종14년</td><td>(연원)</td></tr>
<tr><td>관아</td><td></td><td></td><td>都評議使司</td><td>議政府</td><td>좌동</td><td>좌동</td><td>고려</td></tr>
<tr><td>관직</td><td></td><td></td><td>門下左 · 右政丞 등, 三司 判事 · 左使 · 右使 등</td><td>좌동</td><td>領議政府事 · 左政丞 · 右政丞 등</td><td>領議政府事 · 左議政 · 右議政 등</td><td>고려</td></tr>
<tr><td rowspan="3">기능</td><td></td><td></td><td>總軍國重事(도평의사사)</td><td>좌동</td><td></td><td></td><td rowspan="3">고려 · 주(송)</td></tr>
<tr><td></td><td></td><td>總領百官(尙書省), 百揆庶務(門下府)</td><td></td><td rowspan="2">總百官 平庶政 理陰陽 經邦國</td><td rowspan="2">좌동</td></tr>
<tr><td>總百官(총재),論道經邦燮理陰陽(3공)</td><td>總百官平庶政(중서성)</td><td></td><td></td></tr>
<tr><td>기타</td><td></td><td></td><td>합좌기구
門下府
三司
中樞院</td><td>
→
→
三軍府</td><td>단독기구
議政府</td><td>좌동</td><td>고려</td></tr>
</table>

2. 議政府의 設置

1) 設置의 機緣

議政府는 都評議使司를 혁파하고 설치하였다. 따라서 의정부 설치의 기연을 살피려면 먼저 도평의사사의 실제와 왕권과의 관계를 살펴야 하겠다. 고려말의 도평의의사사를 계승한 선초의 도평의사사는 門下府 · 中樞院 · 三司의 2품직 이상으로 구성된 최고의 국정기관으로서 정치는 물론 경제·군사에 이르는 전국사를 총괄하였다. 그 구성을 표로 보이면 다음과 같다.

〈표 4〉 도평의사사 구성[49)]

判事	2	侍中
同判事	11	門下府·三司 정2품 이상
使	1	判中樞院事
副使	15	中樞使 이하 中樞學士 이상
經歷	1	
都事	1	
六房錄事	각1	
典吏	6	7品去官
檢詳	2	타관겸
錄事	3	삼관겸

〈표 5〉 도평의사사 구성원 관직[50)]

	관직과 정원 및 직질						비고
門下府	左·右侍中*	각1	정1품	知事	1	정2품	* 태조 3년 10월 병자 左·右政丞
	侍郎贊成事	2	종1	政堂文學	4	정2	
	參贊事	4	정2				
三司	判事	1	종1	左·右僕射	각1	정2	
中樞院	判事	1	정2	簽書事	1	종2	
	使	1	종2	副使	6	종2	
	知事	2	종2	學士	1	종2	
	同知事	4	종2				
합계		29					

49) 末松保和, 앞 논문, 6쪽.
50) 『태조실록』 권1, 1년 7월 정미조에서 발췌.

〈표 6〉 태조 즉위초 도평의사사 재직자[51)]

관직(본직)		성명	겸직	공신구분	비고
문하부	좌시중	裵克廉		開國1등공신	
	우시중	趙浚	京畿都統使	〃	
	시랑찬성사	金士衡	判八衛事	〃	
	〃	鄭道傳	義興親軍衛節制使	〃	
	참찬사	崔永沚		原從功臣	
	〃	慶儀			
	〃	鄭熙啓	八衛上將軍	개국1등	
	〃	李之蘭	義興親軍衛節制使	〃	
	지사	金立堅		원종공신	
	정당문학	權仲和		〃	
삼사	판사	尹虎		개국1등	
	좌복야	李居仁			
	우복야	李恬			
중추원	판사	南誾	義興親軍衛同知節制事	개국1등	
	사	金仁贊	〃	〃	1년 7월 기유졸 (→趙琳)
	지사	皇甫琳			
	〃	張思吉	의흥친군위동지절제사	개국1등	
	〃	趙胖		개국2등	
	〃	盧嵩			
	동지사	趙琦	의흥친군위동지절제사	개국2등	1년 11월 기묘 上鎭撫
	〃	朴永忠		원종공신	
	첨서사	鄭摠		개국1등	
	부사	趙仁沃		〃	
	〃	金稛		개국3등	
	〃	李懿		원종공신	
	〃	金乙貴		〃	
	〃	李承源			
	〃	柳爰廷		개국3등	
	학사	南在	大司憲	개국1등	
합계		29명	군직 9, 대사헌 1	개국 17, 원종 6	

51) 태조 1년 7월부터 裵克廉이 병으로 사직하는 태조 1년 11월 신축까지의 인

이 〈표 4 ~ 6〉을 보면 도평의사사는 都評議使司·經歷司·檢詳條例司의 3부분으로 구성되었다. 이중에서 실권을 장악한 것은 門下府·三司·中樞院의 2품직 이상으로 구성된 도평의사사 즉 3司 합의체였다. 도평의사사 구성원은 29명으로, 이들의 면모를 보면 開國功臣 17명·原從功臣 6명으로 공신이 23명이나 되었고, 이 공신 가운데 10명이 도평의사사와는 별개인 軍職과 大司憲職을 겸대하였다. 이 겸직중에서 특히 義興親軍衛는 조선개국초 군제의 핵심이 되는 것인데,[52] 이 의흥친군위의 節制使·同知節制事를 개국공신이 독점하였다. 결국 조선개창에 공이 큰 개국공신은 도평의사사를 주도하고 군직까지 겸대하면서 국정의 실권을 장악하였고, 왕권은 미약하여 이들의 결의를 재가하였다고 하겠다.[53] 그리고 이러한 현상은 다소의 차이가 있을지언정 정종대까지 계속되었다.[54]

이 때의 구성원은 태조 1년 12월에 이르러 門下府商議府事(2직), 中樞院商議院事(3), 藝文春秋館 大學士·學士(각2), 開城府判事·尹(각2)이 추가됨으로써[55] 종래의 29명에서 42명으로 증

사이다(『조선왕조실록』 인사제수 및 전후의 기사에서 종합).

52) 千寬宇, 1979, 「朝鮮初期 五衛의 形成」, 『近世朝鮮史研究』, 一潮閣, 62쪽에서 『태조실록』 권1, 1년 7월 정유에 "立義興親軍衛 罷都摠中外諸軍事府"라고한 기사를 제시하면서 의흥친군위가 군사의 중추가 되었다고 하였다.

53) 최승희는 「太祖의 王權과 政治運營」(『震壇學報』 64, 1997)에서 태조가 개국공신과 원종공신의 책록을 주도하였음을 토대로 강력한 왕권을 행사하였다고 하였다.

54) 정도전일파가 복주되는 태조 7년 8월 기사 직후에 행한 정사공신의 분포를 보면 총 29명 가운데 도평의사사 구성원이 16명이나 되었다. 이 16명 중 10명이 군직·판육조사(3명), 군직(5), 기타직(2)을 겸직하였고, 조준·김사형 등 13명은 개국·정사공신이었다.

55) 『태조실록』 권2, 1년 12월 기미.

가되었다. 그후 『조선왕조실록』에 뚜렷한 기술은 없지만 구성원은 계속 증가되어 태조 7년 4월에는 56명이나 확인되었다.[56] 그러면 이러한 구성원의 증가를 가져온 계기는 무엇이겠는가? 『태조실록』에 기록된 당시의 국내외 정세를 종합 할 때 다음의 몇 가지가 그 배경이 되었을 것이라고 추측된다.

① 開國功臣의 우대[57]

② 明과의 외교를 위한 사신파견[58]

③ 國都經營[59]

④ 明·女眞과의 관계악화로 인한 국경방어[60]

⑤ 宰樞의 군직겸대[61]

⑥ 檢校職의 남설[62]

⑦ 都評議使司 구성관직이 아닌 관직자의 도평의사사직 겸대[63]

그리고 이러한 구성원과 아울러 兵權의 문제가 또한 국가의 중대사로 등장하였다. 조선초의 군제는 고려의 2軍 6衛를 거의

---

56) 위 책 권13, 7년 4월 기묘.

57) 앞 〈표 6〉, 주54) 참조.

58) 개국초의 生釁·表箋問題를 둘러싼 명과의 불화는 외교관계를 복잡하게 하였다. 『조선왕조실록』에 의하면 태조 1년 ~ 정종 2년 4월까지 총 58회의 각종 사신이 파견되었는데 이 중 46회를 도평의사사 구성원이 담당하였다.

59) 『태조실록』 권6, 3년 9월 무술·3년 10월 신묘. 신도궁궐조성도감의 판사는 재추로 임명되었고, 한양으로 천도한 후에는 개경에 分都評議使司를 설치·운영하였다.

60) 위 책 권5, 3년 3월 병인, 권9, 5년 3월 갑자.

61) 앞의 〈표 6〉에서도 그러한 경향을 볼 수 있지만 도평의사사구성원은 중앙의 군직 이외에도 왜구의 방어를 위한 節制使·察理使·都巡問使·點兵使 등으로 파견되었다.

62) 韓佑劤, 1966, 「勳官檢校考」, 『震檀學報』 29·30합집, 98 ~ 100쪽.

63) 태조 2년 2월 병술에 安景恭은 大司憲으로서 도평의사사를 겸하였고, 동왕 6년 12월 갑오에 金師幸은 判敬興府事로서 都評議使司同判事를 겸하였다.

답습하여 확대시킨 10衛로 된 중앙군, 고려말 이래의 成衆愛馬로 호칭된 사병과 지방군의 다원적인 군제를 운영하였다.[64] 이때 이러한 군사 중에서 중심이 된 것은 왕실의 사병적인 성격을 지닌 10위 중의 義興親軍 左·右衛와 宗親·勳臣 개인에 의하여 통솔된 사병이었다.[65] 특히 앞 〈표 3〉이나 이제까지 살핀 군직·사병 이외에도 종친·훈신은 諸道의 군사를 分領하고[66] 지방 말단에 심복을 배치하는[67] 등으로 강력한 군사기능을 보유하였다. 이때 이러한 종친·대신의 군사기능은 개국초 '人心未定 當備不虞之變'[68]에서 비롯된 것이지만 국가권력을 분산시키고 왕권을 약화시킨 가장 큰 요인이 되었다.

이러한 상황 아래서 개국공신을 중심한 도평의사사의 지나친 권력을 축소·분산하고 개인적인 군사를 국가에 집중시켜 국가의 기능을 정상화할 것이 요청됨은 너무나도 당연하였다. 그리하여 이 사업은 먼저 孟子의 왕도정치사상·민본이념 그리고 주례에 입각한 재상 중심의 정치를 이룩하려는 鄭道傳을 중심으로 하여 추진되었다.[69]

---

64) 車文燮, 1974, 「조선초 군사조직」, 『한국사』 10, 68 ~ 75쪽. 10위는 義興親軍左·右衛와 鷹揚·金吾·左右·神虎·興威·備巡·千牛·監門衛이고, 成衆愛馬는 都府外·忠勇四衛·近侍四衛 등의 근시병이다.

65) 위 논문 69쪽.

66) 『태조실록』 권1, 1년 7월 정유, 『정종실록』 권2, 1년 11월조.

67) 金成俊, 1964, 「宗親府考」, 『史學硏究』 18, 22 ~ 25쪽. 각도의 都節制使는 직접 지방의 군사를 장악한 것이 아니고 지방에 있는 兵馬使·知兵馬使·兵馬副使·判官 등을 통하여 군사권을 행사하였다. 이 때 병마사 이하는 도절제사의 심복으로 구성되었다.

68) 동상조.

69) 한영우, 1973, 『鄭道傳 思想의 硏究』, 韓國文化硏究所, 107 ~ 118쪽. 동서에서 정도전은 "국왕은 재상을 선택·임명하는 권한과 재상과 정사를 협의·결정하는 권한을 가진다. 정사를 협의하는데 있어서는 모든 문제를 재상과

鄭道傳·南誾은 왕조 개창에 끼친 공이 지대하였을 뿐만 아니라 태조와 왕비 康氏의 신임이 대단하였다. 이들은 이러한 배경 아래에서 개국초의 문물제도를 집대성하였고, 判尙瑞司事, 世子師傅, 義興三軍府判事 등을 겸직하면서 재상정치의 구현을 기도하였다.[70] 그러나 당시의 정치에 영향력을 행사한 여타의 개국공신이 중심이 된 도평의사사나 사병이 엄존하는 상황에서 그들

협의하고 처결하는 것이 아니라, 큰 문제에 관해서만 협의해야 하며 작은 일들은 재상의 독자적인 처리에 맡겨야 한다. 재상은 최고 정책결정자로서의 권한과 백관을 통솔하고 백성을 총괄하는 최고 정책집행권자로서의 권한을 가진다. 재상의 권한에는 인사권·군사권·재정관리권·작상형벌권·음양을 조화시키는 책임을 지는 것이 있다. 재상과 중친과의 관계는 재상은 다만 도와 의리로서 사리를 도량하여 통치권의 대강만을 장악하고 세부적인 일은 9경 이하의 백사백료가 처결해야 한다. 재상의 이상적인 형태는 주관의 천관 즉 총재제도이다." 라고 하면서 재상중심의 정치를 역설하였다. 그리고 실제의 재상권을 보면 정도전 당시에는 아직 의정부가 성립되지 않았지만 정도전·남은 등이 국정의 실권을 장악하였고, 의정부가 성립된 이후에는 3의정이 중심이 된 정치가 운영되었음에서 이러한 정도전의 사상이 큰 영향을 끼쳤음을 볼 수 있다. 또 태종 1년에 의정부의 법제적인 기능이 된 총백관·평서정·이음양·경방국은 정도전이 재상의 기능으로 예시한 바로 그것이라고 추지된다.

70) 아래에 제시된 정도전·남은의 태조대 경력은 이들의 정치력이 어떠하였는가를 잘 보여 준다고 하겠다(『태조실록』).

	본직	겸직	기타
정도전	1.7 門下侍郞贊成事 2.9 判三司事 3.7 奉化伯	1. 7~6.3 判尙瑞司事 1. 8~ 世子師 3. 1~ 判義興三軍府事 3. 3 慶·全·楊廣道都統制使 6.10 有備庫提調 6.12~7.3 東北面都按撫巡察使 7. 4 成均館提調	新宮·城門명명, 陣圖·蒐狩圖·經國典·經濟 文鑑·樂歌 찬진, 고려국사수찬, 병권집중 추진
남은	1.7 判中樞院事 2.9 知門下府事 3.3 三司右僕射 4. 지문하부사 6. 宜山君	2. 9~ 義興三軍府節制使 1. 8~ 世子傅 5.12~ 判尙瑞司事	병권집중 추진

이 의도하는 바를 일방적으로 구사할 수 없었다. 그리하여 도평의사사를 약화시키면서 병권을 집중하는 방향으로 모색되었다.

정도전 등은 태조 2년 9월에 重房을 폐지하고 三軍都摠制府를 義興三軍府로 고치면서 도평의사사가 장악한 군사적인 기능을 여기에 귀속시켜 군사지휘계통의 확립을 도모하였다.[71] 이 의흥삼군부에는 장관으로 판사를 두고 그 밑에 中·左·右軍節制使를 두었으며, 또 한편으로는 鎭撫所를 두었다.[72] 그러나 아직도 중추부·병조와의 관장관계는 모호하였다.[73] 이어 태조 3년 2월에 판의흥삼군부사 정도전 등의 상서를 좇아 4년 2월에는 10衛가 개편된 10司를 의흥삼군부에 分屬시켰다.[74] 그후 태조 3년 11월에 이르러 兵曹正郎 李薈와 대화를 나눈 적이 있는 殿中卿 卞仲良이 그 내용을 두고 종실인 宜安大君 李和에게

> 자고로 정권과 병권은 한 사람이 겸해서는 안되는 것이다. 병권은 종친이 관장하고 정권은 재상이 관장해야 되는 것이다. 지금 趙浚, 鄭道傳, 南誾 등은 이미 정권을 관장하고 있는데 다시 병권을 관장하는 것은 실로 옳지 못합니다.[75]

---

71) 차문섭, 앞 논문, 81쪽.

72) 동상조.

73) 동상조. 그런데 한영우는 1974년에 「조선왕조의 정치·경제기반」(『한국사』 9)에서 "정도전을 수반으로한 의흥삼군부가 설치되고 군정이 여기에 귀속되면서 중추원의 군정기능은 유명무실해지고 도평의사사의 기능 가운데서 군정이 탈락되어 오로지 정무만을 관장하는 기관으로 그 기능이 축소되었으며, 정무기관과 군정기능이 분리·독립되었다"고 하였다. 그러나 후술되는 동기의 도평의사사 활동을 볼 때 군사에 대한 활동도 상당하므로 차문섭의 견해를 따랐다.

74) 차문섭, 앞 논문, 69쪽 및 천관우, 앞 논문, 67쪽.

75) 『태조실록』 권6, 3년 11월 경자.

라고 말함으로서 대신의 병권겸직에 대한 문제가 제기되었다. 이때 이러한 정·병권 분리는 당연한 일이었지만 태조는 오히려 "이 몇 사람은 모두 내가 가장 믿는 신하이고 처음부터 끝까지 한 마음으로 나를 섬겨온 자다. 만일 이들을 의심한다면 누구를 믿을 수 있겠는가?"[76] 라고 하면서 변중량을 수금하고 국문하게 하였다. 이것은 결국 개국초의 왕권과 민심이 안정되지 못한 상황에서 연유된 것이고 태조는 이들 훈신에게 정권과 병권을 맡김으로서 안주할 수 있었음을 보이는 것이라고 하겠다.

정도전 일파는 또 明과의 表箋問題를 기해 대명 강경노선을 취하여 비상군비를 준비하고 陣法訓練을 강화하면서 요동진출을 기도하였고, 왕자·훈신이 거느린 사병을 혁파하여 이를 국가의 군대로 삼고자 하였다. 이러한 상황은 태조 7년 3월에 남은이 태조에게

> 전하께서 잠저에 계실 때 군사를 관장하지 못하셨다면 어찌 오늘이 있었겠습니까? 지희와 같은 신하들도 또한 목숨을 보전할 수 없었을 것입니다. 개국의 초창기에는 여러 공신에게 명하여 군사를 맡기는 것이 옳겠지만 지금은 즉위한지도 오래되었으니 여러 節制使를 없애고 그들이 거느린 군사를 관군으로 편입하는 것이 만전을 기하는 일입니다.[77]

라고 進言한데서 잘 읽을 수 있다. 그러나 정도전일파의 기도는

76) 동상조.
77) 『태조실록』 권13, 7년 3월 정묘.

최종적인 순간에서 좌절되었다. 즉 왕권약화, 정도전 일파의 독주로 인한 여타 훈신의 반발, 정도전 일파의 북진책으로 인한 명과의 관계악화 그리고 훈신·종친의 사병혁파기도에 대한 반발 등에서 靖安君 李芳遠이 주동이 된 제1차 왕자의 난으로 정도전 일파가 복주당하였기 때문에 그 결실을 맺지 못하였다.

다음으로 수십 명에 달하는 도평의사사는 왕권을 위축시키면서 국정에 큰 영향력을 끼쳤고, 동시에 정무의 번잡과 관기의 문란을 초래하였다. 여기에서 왕권이 약한 위에 훈신의 우대에서 도평의사사를 혁파하지 못하지만 이의 시정책을 추구하게 되었다. 그리하여 태조 7년 4월에 諫官 朴信 등이

> 고려말에 벼슬이 남수되면서 문하부와 중추원의 재상수가 70명의 다수가 되었습니다. 전하께서 즉위한 후 그 수를 크게 줄였습니다. 그러나 10년이 지나지 않아 그 수가 56명이 되었습니다. 원하건대 商議職과 添設職을 없애소서.[78]

라고 한 상소를 가납하여 태조 7년 5월에 商議 10·漢城尹 1·藝文春秋館의 大學士와 學士 각 2원이 감원되면서[79] 40여명으로 축소되었다. 이 때의 40여명이 정종 2년 4월까지 그대로 계승되었고,[80] 이 인원을 두고 門下府에 의해 고려의 제도에 따라 상의직 모두와 한성부 판사의 혁거가 제기되었지만 "지금은 초창기인 만큼 시행할 수 없다"[81] 는 이유로 실행되지 못하였다.

---

78) 위 책 권13, 7년 4월 기묘.
79) 위 책 권14, 7년 5월 정묘.
80) 『정종실록』 권4, 2년 4월 계축.
81) 위 책 권4, 2년 4월 신축.

그런데 이때는 태조대와 달리 태조 7년 8월과 정종 2년 1월의 양차에 걸친 왕자의 난을 계기로 하여 정안군의 정치·군사력이 정종의 왕권을 뒷받침하였음에도 불구하고 여전히 실행되지 못하였다.

그러나 정안군의 정치·군사적 실권장악, 차기 왕위계승자로서의 왕권강화 그리고 정치안정과 중앙집권을 위한 도평의사사의 약화와 병권의 집중은 너무나도 당연하였다. 그리고 정안군이 비록 정도전을 비롯한 개국공신의 일부를 제거하였지만 그것은 정도전 등의 정치이상에 대한 반대라기보다 장차의 왕권강화를 위한 준비 작업이었다고 본다. 그것은 정안군이 득세한 후에 정도전이 주장한 재상 중심의 정치나 병권집중책을 따르고 있는 것으로도 명백히 드러난다.

이어 정종 1년 11월에는 宗親·勳臣의 典兵이 크게 축소되었다.[82] 다시 정종 2년 4월에는 兼大司憲 權近 등이

> 원컨대 지금으로부터 수도에 머물러 있는 각도의 절제사를 모두 없애고 수도와 지방의 군사는 모두 삼군부에 소속시켜 국가의 군사로 삼으소서. 그렇게 한다면 조정의 체통이 서고 국기가 안정되고 민심이 안정될 것입니다. 大殿과 世子殿을 숙위하는 군사를 제외한 개인을 숙직하는 군사는 모두 금지하소서.[83]

라고 한 상소를 계기로 일체의 사병을 혁파하고 내외의 군사를 義興三軍府에 집중함으로써 병권을 일원화하였다. 그리고 같은

---

82) 위 책 권2, 1년 11월조. 이 때 靖安公·益安公·懷安公·李佇·李居易·趙英武·趙溫·李天祐 만이 전병에 참여하였고, 나머지는 모두 전병이 혁파되었다.
83) 『정종실록』 권4, 정종 2년 4월 신축.

날에 臺省에서

> 원컨대 지금으로부터 中樞院을 폐지하고 三軍府를 祿官으로 삼고, 문반 재상으로 군사를 지휘하기에 합당한 사람은 兼節制使에 제수하소서. 그 녹관은 중추원의 예에 따라 知三軍府使·同知三軍府使·添書學士 각 1인을 두고, 그들은 문관 이거나 무관이거나를 물론하고 지략이 있고 일을 판단할 수 있는 인물로 제수하여 도평의사사직을 겸하고 합좌하여 군국중사를 토의하게 하소서. 무릇 軍事가 있으면 도평의사사로 하여금 왕에게 보고하고 승인을 받아 삼군부에 공문을 보내어 처리하게 하면 재상이 명령을 내려서 국정을 처리하는 법에 합치될 것입니다.[84]

라고 올린 交章도 관련되어 門下侍郎贊成事 河崙에게 관제 개정의 명이 내려졌다. 그에 따라 하륜 등이

> 都評議使司를 議政府로 고치고, 中樞院을 三軍府로 고친다. 삼군부를 관장하는 자는 三軍府事에 전임하고 의정부에 참여하지 못한다. 三司 左·右僕射를 左·右使로 고치고 다시 藝文館에 大學士 1인·學士 2인을 두고 中樞院承旨를 承政院承旨로 고치고 都評議使司錄事를 의정부녹사로 고치며, 中樞院堂後를 승정원당후로 고친다.[85]

라고 올린 상소에 따라 의정부가 성립되었다. 그리고 이 개혁으로 법제적인 면에서 의정부와 삼군부의 기능 및 직제가 완전

---

84) 동상조.
85) 동상조.

히 분리되어 의정부는 정치를 총관하고 삼군부는 군정을 총관하게 되었다.

결국 의정부가 성립된 근본배경은 정권과 병권을 장악한 대신·종친·도평의사사의 지나친 권력을 약화하고 왕권을 강화하는 방향에서의 권력기구 개편이었고, 이로써 국왕은 왕권을 강화하고 중앙집권을 이룩할 수 있는 토대를 구축하였다고 하겠다.

제 2 절 議政府制의 整備와 定立

1. 議政府制의 整備

정종 2년 4월에 성립된 議政府는 門下府·三司의 2품 이상과 舍人[86] 그리고 檢詳條例司 檢詳·錄事로 구성되었다.[87] 이중에서 국정의 실권을 장악한 것은 문하부인데 그 구성원으로는 左·右政丞(각1직, 정1품), 侍郎贊成事(2, 종1), 參贊事 4·知事 1·政堂文學 1(각 정2)의 10직이 있었다.[88] 그리고 삼사에는 判事(1, 종1), 左·右使(각1, 정2)의 3직이 있었다.[89] 그 후 의정부

86) 사인의 연원에 있어서 1980년 본고의 발표시에는 도평의사사의 경력사 경력·도사 로 파악하였지만(「조선초기 의정부연구」 상, 『한국사연구』 31, 100쪽 주52)), 문하부에 사인이 있고 또 문하부관이 그대로 의정부관으로 계승되었음에서 문하사인이 계승된 것으로 파악한다.

87) 『정종실록』 권4, 2년 4월 신축.

88) 위 책 권4, 2년 4월 계축.

89) 정종 2년 4월의 의정부 성립시에는 중추원이 개정된 삼군부만이 참여하지 못한 것으로 되어있고, 또 주92)에서의 '承樞司平者 或兼或不得兼'이라고 한 것에서 삼사는 구성원이 된 것으로 추측된다.

직제는 세조대에 이르기까지 왕권 및 의정부 기능과 밀접히 관련되면서 10여 차의 변천이 있어고, 이러한 변천을 통하여 점진적으로 조선의 독자적인 제도로 확대되었다.

의정부는 성립된 10여일 후에 최초의 변개가 있었다. 藝文春秋館의 大學士(2)·學士(2)와 三軍府의 中·左·右軍摠制 각2인이 새로 의정부 구성원이 되었고,[90] 이로써 의정부 구성원은 종래의 문하부·삼사 관원과 합하여 22명으로 증가되었다. 이 구성원은 종래의 도평의사사와 비슷한 것으로 비록 도평의사사가 의정부로 개편되기는 하였지만 아직 도평의사사적인 성격에서 완전히 벗어나지 못하였음을 보여주는 것이라고 하겠다.

제2차 변혁은 태종의 즉위와 함께 단행되었다. 태종은 왕 1년 7월에 河崙 등의 상소를 따라 門下府를 혁파하면서 門下左·右政丞을 議政府左·右政丞으로, 門下侍郎贊成事를 議政府贊成事로, 參贊門下府事를 參贊議政府事로, 政堂文學을 議政府文學으로, 知門下府事(1)를 參知議政府事(2)로 고치고 증원하면서 이들만이 의정부에 참여하게 하였다. 동시에 門下府郎舍는 司諫院으로, 三司는 司平府로, 義興三軍府는 承樞府로, 藝文春秋館은 藝文館과 春秋館으로 분리시켰다.[91] 이 변혁으로 의정부 관직이 문하부적인 명칭에서 의정부적인 것으로 개정되었을 뿐만 아니라 종래의 잡다한 인원이 제외되면서 좌·우정승 이하 11

---

90) 『정종실록』 권4, 2년 4월 신축. 삼군총제의 정원은 그 수가 불명하지만 『조선왕조실록』 상의 인사와 전후의 기술에서 중·좌·우군의 3군과 각군에 2인의 총제가 언급됨에서 추정하였다.

91) 『태종실록』 권2, 1년 7월 경자.

직으로 구성되게 되었다.[92] 그리고 동일의 『태종실록』에는 언급되지 않았지만 領議政府事도 이 때에 설치되면서 구성원이 된 것으로 추측된다.[93]

정1품 左·右政丞 각 1직,
종1품 贊成事 2,
정2품 參贊議政府事 4·參知議政府事 2·議政府文學 1.[94]

그런데 이 때 의정부 구성원은 비록 종전에 비하여 크게 감소되었지만 아직도 12명의 많은 인원이었다. 이는 아직 의정부가 국정을 주도하였기 때문인 것으로 보인다. 결국 이 개편으로 의정부는 고려적인 관제에서 조선적인 관제로 이행되었고, 타사와의 합의기관에서 의정부만의 합좌기관이 되었다고 하겠다.

그러면 이 관제개변의 배경은 무엇이겠는가? 근본적으로는 태종의 왕권이었고, 부차적으로는 유명무실한 문하부를 혁파하여 제도를 정비하는 것이었다. 그리고 큰 영향을 끼쳤다고 보

92) 위 책 권2, 1년 7월 경자 河崙等上疏 改官制 上覽之 至司平府掌錢穀 承樞府掌軍事 日 議政府果爲何事乎 又至兼參贊議政府事 日 爲承樞司平 或兼或不得兼 則不得兼者不武恨矣 兼除之.

93) 영의정부사는 태종 1년 7월 경자에 李舒가 처음으로 임명되었고, 또 태종 14년 4월 경자의 관제개혁시에 영의정부사도 언급되는 것으로 보아 이 태종 1년 7월의 개혁시에 判門下府事가 영의정부사로 개칭되면서 의정부 구성원이 된 것으로 보인다.

94) 참찬문하부사의 정원은 불명하나 태종 1년 7월에 참찬의정부사로 개편되었고, 태종 14년 4월에 참찬 1원이 혁파되었음에서 태종 1년 7월 ~ 14년 4월의 어느 시기에 4명에서 1명으로 감소된 것으로 추측된다. 그런데 『태종실록』을 보면 왕 13년까지는 4 ~ 2명이, 13년말 ~ 14년초에는 1 ~ 2명이 각각 확인됨에서 13년말 ~ 14년초에 1명으로 조정된 것처럼 보인다. 따라서 태종 1년 7월에는 이전의 4명이 그대로 계승된 것으로 생각된다.

기는 어렵지만 태종 1년 6월에 문하부가

> 청컨대 인사를 신중히 하고 용관을 혁거하소서. (중략) 원컨대 지금으로부터 모두 고려가 省5樞7로 한 것에 따라 나머지는 모두 혁거하소서. 의정부를 혁파하여 각각 본사에서 시무하게 하고, 대사가 있을 경우에 합좌하여 의논하게 하게 함으로서 재상의 직임을 중하게 하소서.[95)]

라고 한 상소를 계기로 비록 의정부를 혁파하지 않았지만 '各坐本司'란 건의가 의정부만의 합좌기관을 이루는데 영향을 주었을 것으로 추측된다.

제3차의 개변은 태종 1년 12월에 있었는데, 議政府文學이 知議政府事로 개칭되었다.[96)] 지의정부사는 그 후 태종 4년 6월에 1원에서 2원으로 증가된 듯하다.[97)]

제4차의 개변은 태종 14년 4월에 의정부가 관장한 '庶事(庶務)'를 나누어서 육조에 귀속시킨 의정부 기능의 축소에 수반되어 행해졌다. 이 개변으로 左·右政丞과 議政府贊成事(2)가 判府事(2)와 同判府事(2)로 개칭되면서 이 관직이 領議政府事와 함께 의정부를 구성하였고, 參贊·知議政府事·參知議政府事는 혁파되었다.[98)] 그리고 舍人은 종전과 같이 의정부의 실무를 담

---

95)『태종실록』권1, 1년 6월 계유.

96) 위 책 권2, 1년 12월 계해.

97) 태종 1년 7월 관제에서는 1원이었으나 태종 14년 4월의 관제에서는 2원이 혁파되었다. 따라서 태종 1년 ~ 14년에 1원이 증가된 것으로 보인다. 인원 변천에 대한 구체적인 설명은 없지만 태종 4년 6월 을해의 인사로부터 2인이 임명됨에서 이를 전후한 시기에 2인이 된 것으로 추측된다.

98)『태종실록』권27, 14년 4월 경신.

당하였으나 부속의 檢詳條例司는 혁파되고 檢詳·錄事는 예조에 이속되었다.99)

제5차의 개변은 태종 14년 6월에 행하여 졌다. 4차 개변 때에 개칭된 명칭이 다시 고쳐지면서 判府事(2)와 同判府事(2)가 左·右議政(각1)과 左·右參贊(각1)이 되었다.100)

제6차의 개변은 태종 15년 1월에 행하여 졌다. 左·右參贊을 贊成(1)과 參贊(1)으로 구분하면서 그 직질을 각각 종1품과 종2품으로 정하였다.101) 이 개변으로 비록 그 인원은 다르지만 뒤에 확립될 의정·찬성·참찬의 직명과 직질의 원형이 성립되었다.

제7차의 개변은 태종 15년 12월에 행하여 졌는데 參贊 1원이 2원으로 증가되었다.102)

제8차의 개변은 세종 18년 4월에 議政府署事制 부활로 인한 의정부기능의 강화와 함께 행해졌다. 태종 14년에 六曹直啓制의 실시와 함께 예조에 이속되면서 혁거된 검상조례사 검상이 별립되면서 의정부의 관원이 되었다.103)

---

99) 동상조.

100) 『태종실록』 권27, 14년 6월 계축.

101) 위 책 권29, 15년 1월 을축.

102) 위 책 권30, 15년 12월 경오.

103) 『세종실록』 권74, 18년 7월 정유. 그러나 그 내용 중에 "檢詳前此屬禮曹 但令文臣參外二人治之 別無官號 自議政府署事以後 別立檢詳之官 屬於議政府"라고하였음에서 세종 18년 4월 의정부서사와 함께 부활된 것으로 보인다.

2. 議政府制의 定立

세종 18년 의정부서사제의 부활에 따라 개변된 의정부관제는 세종 19년 10월에 의정부의 상계를 좇아 다시 贊成 1인이 증치되면서 찬성도 참찬과 같이 좌·우(각1)로 체계화되었다.[104] 이 개변은 세종 18년의 의정부서사제의 부활로 인한 의정부 기능의 강화에서 비롯된 것이었고, 이로써 조선의 의정부는 거의 정립되게 되었다.

최종적으로 세조 12년 1월에 領議政府事를 領議政으로, 檢詳條例司 錄事를 司錄으로 개칭하는 조치가 행해졌다.[105] 이로써 의정부는 총12명의 녹관이 '議政 - 贊成 - 參贊 - 舍人 - 檢詳 - 司錄'의 상하관계 및 '左·右議政 - 左·右贊成 - 左·右參贊'의 좌·우관계로 체계화되고 세분화되면서 정립되었다. 그리고 이것이 마지막 반포된 『경국대전』에 법제화되면서 1894년(고종 31) 甲午更張 직전까지 계속되었다.

정1품	領·左·右議政	각1직,	정4품	舍人	2직,
종1품	左·右贊成	각1,	정5품	檢詳	1,
정2품	左·右參贊	각1,	정8품	司錄	2.

그 외에 의정부와 의정부 구성원에 대한 대우를 『경국대전』에서 뽑아 적기하면 다음과 같다.

① 의정부 구성원은 각각 科에 따라 1년에 中米 14석·糙米 48석·田米 1석·黃豆 23석·小麥 10석·紬 6필·正布 15필·楮

104) 위 책 권79, 19년 10월 경진.
105) 『세조실록』 권38, 12년 1월 무오.

貨 10장(영 · 좌 · 우의정, 1과) ~ 중미 2석 · 조미 12석 · 전미 1석 · 황두 4석 · 소맥 2석 · 정포 4필 · 저화 2장(사록, 15과)을 받았다.[106] ② 영 · 좌 · 우의정은 각각 110結의 職田과 15負의 택

〈표 7〉 조신초기(정종 2년 ~ 성종 15년) 의정부관 직제 변천
(『조선왕조실록』 · 『경국대전』)

		정종		태종			
		2년 4월 신축	2.4.계축	1.7.경자	1.12.계해	14.4.경신	14.6.계축
의정부	議政府	(判門下 1)	→	領議政府事 1	→	→	→
		門下左政丞 1	→	議政府左政丞1	→	判府事 2	左議政 1
		門下右政丞 1	→	議政府右政丞1	→		右議政 1
		門下侍郎 贊成 事 2	→	議政府贊成事2	→	同判府事 2	左參贊 1 右參贊 1
		參贊門下府事 4	→	議政府參贊事4	→	혁	
		政堂文學 1	→	議政府文學 1	→	혁	
		知門下府事 1	→	參知議政府事2	知府事 2	혁	
		門下舍人	→	議政府舍人 2	→	잉구	→
		檢詳條例司					
		檢詳	→	→	→	혁	
		錄事	→	→	→	혁	

		정종		태종			
		2년 4월 신축	2.4.계축	1.7.경자	1.12.계해	14.4.경신	14.6.계축
	三司	判事 1 左使 1 右使 1					
	藝文春秋館		大學士 1 學士 2				
	三軍府		中軍摠制2 左軍摠制2 右軍摠制2				

106) 『경국대전』 권2, 호전 녹과조.

		태종		세종		세조	『경국대전』
		15.1.을축	15.12.경오	18.7.정유	19.10.경진	12.1.무오	
의정부	(영의정부사 1)	→	→	→	→	領議政 1	領議政 1
	(좌의정 1)	→	→	→	→	→	左議政 1
	(우의정 1)	→	→	→	→	→	右議政 1
	(좌참찬 1)	贊成(종1) 1	→	贊成事 2	左贊成 1	→	左贊成 1
					右贊成 1	→	右贊成 1
	(우참찬 1)	參贊(정2) 1	참찬 2	→	左參贊 1	→	左參贊 1
					右參贊 1	→	右參贊 1
	(사인)	→	→	→	→	사인 2	舍人 2
				檢詳條例司			
				檢詳	→	검상 1	檢詳 1
				錄事	→	사록 1	司錄 2

지를 받았고, 좌·우찬성 ~ 사록도 직전 105결·택지 15부 ~ 직전 15결·택지 2부를 받았다.[107] ③ 의정부는 差備奴 24인·根隨奴 36인을 배정받았고, 의정·찬성은 각각 근수노 5인·반당 6인을, 사인·검상은 각각 근수 1인을 배정받았다.[108] ④ 의정부는 方 2寸 9分의 職印을 사용하였고,[109] 의정부 구성원은 그 직질에 해당되는 의장·관·복 등을 착용하였다.[110] 지금까지 살펴본 의정부관의 직제 변천을 표로 재정리하여 제시하면 앞과 같다.

3. 機能

조선초 의정부의 법제적인 기능이 언제 어떻게 규정되었는가

107) 위 책 권2, 호전 직전·전택.
108) 위 책 권5, 형전 제사차비노·근수, 권4, 병전 반당.
109) 위 책 권4, 예전 용인.
110) 『경국대전』 권3, 예전 의장관복.

는 명확하지 않다. 그러나 의정부제는 周官의 三公制에서 기원되었고 都評議使司를 개편한 기관임으로 주관의 삼공과 도평의사사의 기능에서 추지할 수 있다. 실제로 『경국대전』에 의정부 기능으로 규정한 '總百官 · 平庶政 · 理陰陽 · 經邦國'은 도평의사사의 최고 국정의결기관으로서의 기능과 주관 삼공의 직장인 '論道經邦 · 燮理陰陽'이 융합된 것이 아닌가 한다. 그리고 이것은 전술한 정도전의 재상중심 정치체제와 재상의 기능에서 제시된 그것이라고 하겠다.[111)]

그러면 이것들은 언제 법제적인 기능으로 융합되었겠는가? 동기의 『조선왕조실록』에는 기술되지 않았지만 후대의 『增補文獻備考』와 『燃藜室記述』에 "태종 1년에 또 문하부를 혁파하고 의정부에 병합하였고, 백관을 총령하고 서정을 고르게 하고 음양을 다스리며 나라를 경륜하였다"[112)] 고 하였다. 이를 볼 때 태종 1년 7월 경자에 문하부가 혁파되면서 의정부에 병합될 때 사실상 규정된 것이라고 추측된다. 그런데 이 태종 1년 7월은 의정부가 성립된 1년 3개월 후이고 『경국대전』이 편찬되는 세조말 ~ 성종초 보다는 80여년이나 앞서며, 이 법제적인 기능은 통괄적이기 때문에 의정부의 실제적인 기능변천과 관계없이 그대로 유지될 수 있었다고 추측된다. 따라서 앞에 제시된 자료에서는 태종 1년으로만 적기되었으나 이는 7월 경자일로 보아도 무방할 것이다. 그렇다면 의정부의 법제적인 기능은 의정부가 성립된 초기에 규정되었고, 이것이 『경국대전』의 편찬으로 확정되었다고 하겠다.

---

111) 앞 주69) 참조.

112) 『증보문헌비고』 권216, 직관고 3 의정부, 『연려실기술』 별집 권6, 의정부.

그 외에도 의정이하 의정부 구성원은 의정부의 기능과 관련되어 수많은 관직을 겸대하고 그 관아의 일을 지휘하였고, 엄선되면서 재직기간이 차면 승자되면서 체직되는 등의 우대를 받았다.『경국대전』에 규정된 의정 이하의 겸직과 제우대는 다음과 같다.

① 의정부 구성원은 經筵領事(3, 의정)·弘文館領事(1, 의정)·藝文館領事(1, 의정)·春秋館의 領事(1, 영의정)와 監事(2, 좌·우의정)·承文院都提調(3, 의정)·觀象監領事(1, 영의정), 世子侍講院의 師(1, 영의정)와 傅(1, 의정) 및 貳師(1, 찬성)를 예겸하였고,[113] 의정부당상관은 정1 ~ 종2품직이 겸하게 되어 있는 奉常寺·司饔院·內醫院·軍器寺·軍器監·司譯院·修城禁火司·典艦司·宗廟署·社稷署의 都提調·提調를 수시로 겸하였다.[114]

② 의정부와 육조의 당하관인 舍人·檢詳·司錄은 재직기간이 만료되면 모두 높은 지위로 승진되었다.[115]

③ 의정부·육조 등의 관원에 결원이 있을 때에는 久任員[116] 외에 비록 재직기간이 만료되지 아니한 자라도 뽑아 임용하고, 贓汚의 죄를 범한 贓吏의 아들과 손자는 의정부·육조 등의 직에 임명되지 못하며, 무릇 임명한 후의 3품 이하 관원 및 無祿官은 이조에서 그 내력을 조사하여 주달하고 의정부·사헌부·

113)『경국대전』 권1, 경관직 각사조.

114) 동상조.

115)『경국대전』 권1, 이전 경관직. 재직기간은 종6품 이상은 2.5년이고, 정7품은 1.5년이다.

116) 구임원은 특수한 경험이나 기술을 요하는 관직은 임기에 구애되지 않고 장기간에 걸쳐 재직한 관원이다. 그 관직에는 봉상시·내섬시·군자감·제용감의 주부 이상 등이 있다(韓㳓劤, 1986,『譯註 經國大典』註釋篇, 이전 17쪽).

사간원에 이첩하여 조사·규명한다.[117)]

④ 당하관은 모두 문관을 임용하고, 사인이 결원이 있을 때에는 검상을 재직기간을 따지지 아니하고 승진시킨다.[118)]

⑤ 藝文館奉敎 이하 관원의 초임시는 의정부·이조 등의 侍講후에 임용한다.[119)]

⑥ 成均館博士 이하는 議政府司錄 1원이 겸한다.[120)]

⑦ 春秋館의 修撰官 이하는 의정부사인·검상도 겸한다.[121)]

⑧ 校書館의 박사 이하는 사록 1원이 겸한다.[122)]

⑨ 의정부·이조 등 관원의 임명시에는 친가·외가의 4조 및 본인의 허물을 고찰한 후 署經한다.[123)]

⑩ 의정부·의금부 등의 관원은 相避한다.[124)]

⑪ 중앙·지방의 동·서반 3품 이상 관원은 매 3년마다 봄의 첫달에 각각 3인을 천거하고, 동반의 3품 이상과 서반의 2품 이상은 매년 봄의 첫달에 각각 3인 이내에서 수령이나 만호가 될만한 자격이 있다는 지를 추천하며, 의정부·육조의 당상관과 사헌·사간원의 관원은 매년 봄의 첫달에 각각 관찰사·절도사가 될만한 자격이 있는 자를 추천한다.[125)]

이상에서 의정부는 최고 정치기관으로서의 법제적인 기능을

---

117) 『경국대전』 권1, 이전 경관직.
118) 위 책 권1, 이전 경관직 의정부.
119) 위 책 권1, 경관직 예문관.
120) 위 책 권1, 이전 경관직 성균관.
121) 위 책 권1, 이전 경관직 춘추관.
122) 위 책 권1, 이전 경관직 교서관.
123) 위 책 권1, 이전 고신. 4조는 부, 조, 증조, 외조이다.
124) 위 책 권1, 이전 상피.
125) 위 책 권1, 이전 천거.

가졌음을 볼 수 있다. 그러나 이를 구체적으로 보면, 의정부의 주기능으로 규정한 '총백관 · 평서정 · 이음양 · 경방국'은 극히 통괄적이며, 의정부당상의 각종의 영사 · 도제조 · 제조의 겸대는 국가백사를 형식적으로 의정부에 귀속시킨 것이다. 그리고 여타의 ② ~ ⑪에 있어서는 ④의 사인에 결원이 있을 때에 한하여 검상을 재직기간을 따지지 아니하고 승진시킨다는 규정만이 의정부의 독자적인 것이고 그 외의 모두는 육조나 기타 제사와의 공동기능으로 되어있다.

반면에 뒤에서 언급될 개국 이래 『경국대전』의 편찬 때까지 議政(侍中 또는 政丞) · 贊成 · 參贊이 判尙瑞司事로서나 判吏 · 兵曹事로서 장악하였던 동 · 서반에 대한 銓注權이 형식적인 薦擧로만 규정된 것은 실질적인 의정부기능이 크게 약화된 것으로 간주된다.[126] 그 외에도 세조 13년 ~ 성종 7년에 걸쳐 실질적으로 국정을 주도하였던 院相制가[127] 규정되지 않은 것은 세조대의 대전체제가 예 · 성종대에 많이 수정되었다고 하지만 육조를 중심으로 한 세조대의 그것이 근본적으로 수정되지 않았음을 보이는 것이라고 하겠다.

그러나 의정부는 법제적으로 최고의 국정기관이었고, 또 최고위관과 최다의 인원으로 구성되었기 때문에 항시 실질적인 기능을 행사할 여건이 구비된 셈이고 이로써 조선 전시기에 영향력을 발휘할 수 있었다고 생각된다.

---

126) 매년 봄에 3인이내의 수령 · 만호(동반3품이상 · 서반2품이상)와 관찰사 · 절도사(의정부 · 6조 당상관과 대간), 매 3년 봄에 3인(경 · 외 동 · 서반 3품 이상)을 추천하는 것으로 규정되었다(위 책 권1, 이전 천거).

127) 金甲周, 1973, 「院相制의 成立과 整備」, 『東國史學』 12.

제2장 朝鮮中·後期 議政府制의 變遷과 革去

제 1 절 議政府職制의 變遷과 議政府의 革去

1. 職制의 變遷

『경국대전』에 규정된 의정부관원에는 당상관에는 議政 이하 7직, 참상관에는 舍人 이하 3직, 참하관에는 司錄 2직이 있었다.[128)]

이 중 당상관인 의정·찬성·참찬과 참상관인 사인·검상은 『續大典』, 『大典通編』, 『大典會通』에 그대로 재록되었듯이[129)] 조선중기와 후기로 변동 없이 계승되었다. 참하관인 사록은 『대전통편』에 "司錄一員 正八品 原二員 〈增〉一員權減"[130)] 이였고,

---

128) 앞 〈표 7〉 참조.

129) 『속대전』 권1, 이전 경관직 의정부, 『대전통편』 권1, 이전 경관직 의정부, 「대전회통」 권1, 경관직 의정부조 正一品 領議政, 左·右議政 各一員, 從一品 左·右贊成 各一員, 正二品 左·右參贊 各一員, 正四品 舍人 二員, 正五品 檢詳 一員. 『續大典』은 1746년(영조 11)에, 『大典通編』은 1785년(정조 9)에, 「大典會通」은 1865년(고종 2)에 각각 편찬되어 반포되었다(『續大典』·『大典通編』·『大典會通』 序, 景仁文化社 편집부, 『朝鮮王朝法典集 1』 解題(경인문화사, 1972)에서 종합).

130) 『대전통편』 권1, 이전 경관직 의정부.

1785(정조 9)년에 반포된 『대전통편』이 1744년(영조 20)에 편찬되어 1746년에 반행된 『속대전』 이후의 수교·조례를 수보하면서 편찬되었음에서 1785년 이전에 사록 1직이 감소되었을 것이라고 추측된다.

그러면 사록 1직이 삭감된 명확한 시기는 언제일까? 사록 1직이 삭감된 명확한 시기는 연대기인 『朝鮮王朝實錄』·『議政府謄錄』·『備邊司謄錄』·『日省錄』과 관직을 종합적으로 정리한 『增補文獻備考』·『燃藜室記述』 別集 등에 이를 언급한 기록이 없어 알 수 없다. 그런데 『조선왕조실록』 기사와 『의정부등록』 座目을 보면 선조 25년 ~ 인조 24년 11월까지는 사록재직자가 거의 확인되지 않았다.[131] 인조 24년 12월 ~ 영조 20년에는 1인씩의 재직자만 확인되었는데,[132] 이 경우에 확인된 1명 외에 확인되지 않은 1명이 동시에 재직하였는가는 불명하지만, 다음의 현종 8·14년과 숙종 14년의 예를 볼 때 1인만이 재직하였던 것으로 추측된다. 또 『의정부등록』은 수명의 掌務書記가 교대로 근무하면서 기록하였다.[133]

① 현종 8년 2월 21일에 李璛가 파직되었고, 이후 8년 4월 9일 이전에 趙時瑗이 제수될 때까지는 사록이 제수되지 않았다.[134]
② - ㄱ) 현종 10년 12월 5일에 成虎徵이 30삭의 임기만료로 체직되자 權俞를 제수하였고,[135] ㄴ) 숙종 14년 10월 8일에 蔡

131) 확인된 사록은 孫暲(광해군 3년 12월 신사)에 불과하였다(『조선왕조실록』 선조 25년 ~ 인조 24년조·『의정부등록』 인조 24년조에서 종합).
132) 『의정부등록』 인조 24년 ~ 영조 20년조에서 종합.
133) 위 책, 인조 24년 ~ 철종 10년조에서 종합.
134) 위 책, 현종 7년 9년 5일 ~ 8년 4월 9일조.

成胤이 注書에 승직되면서 체직되었고 그 4일후에 朴見善이 제수되었다.[136]

그렇지만 "현종 14년 2월 28일에 南垕가 典籍에 승직되면서 체직되었고, 14년 3월 5일에 安如石이 左司錄에 제수되었다"[137]고 하였음에서 右司錄이 상정되고, 이를 감안하면 좌사록과 우사록 즉 2인의 사록이 동시에 재직하였다고도 생각된다. 한편 조선후기에는 비변사가 의정부를 제치고 육조를 지휘하면서 국정을 총관한 관계로 의정부는 국정총관의 기능을 상실하고 주로 '總百官·理陰陽'과 관련된 제 의례를 담당하는 등 그 기능이 크게 약화되었다.[138] 또 『의정부등록』은 사록의 지휘아래 장무서기가 작성하였는데, 의정부기능의 약화와 관련되어 그 기록의 중요성이 약화되었다.

이를 볼 때 조선후기의 사록은 의정부 기능의 약화, 장무서기가 중심이 된 『의정부등록』의 작성 등과 관련되어 그 기능이 약화되면서 1명이나 2명의 제수가 반복되었고, 이런 실정이 감안되어 영조 20년 『대전통편』의 편찬 때에 1직이 삭감되면서 1직으로 법제화되었다고 하겠다.

그 후 의정부는 고종 2년에 종6품직의 公事官 11원이 설치되었는데, 이것은 『대전회통』에

公事官十一員 從六品 原係備邊司郎廳 〈補〉移置[139]

135) 위 책, 현종 10년 12월 5일조.
136) 위 책, 숙종 14년 10월 8일·12일조.
137) 위 책, 현종 14년 2월 28일·3월 5일조.
138) 한충희, 앞 「의정부등록」 해제. 제의례의 구체적인 내용은 뒤 8장 참조.

라고 하였듯이 대원군의 의정부기능 복구방침에 따라 비변사가 의정부에 합병되면서 혁거되고 공사관이 의정부에 이속되었기 때문이었다.

한편 사록과 달리 당상관인 領·左·右議政(각1직, 정1품), 左·右贊成(각1, 종1), 左·右參贊(각1, 정2)과 당하관인 舍人(정4, 2)·檢詳(정5, 1)은 직제의 변동이 없이 조선말까지 계승되었다. 그러나 조선후기의 인사를 보면 영·좌·우의정은 비변사의 대두로 인한 의정부기능의 쇠퇴에도 불구하고 최고 관직이고 국왕의 신임이 깊고 재식이 탁월한 인물이 최종적으로 진출하는 관직이었기에 상시로 제수되었다.

그러나 찬성·참찬·사인·사록은 의정부기능의 약화에 따라 기능이 쇠퇴하고 관직의 중요도가 떨어지면서 궐직 또는 1명이나 2명이 운영되었고, 검상은 대개는 제수가 되었지만 때때로 궐직이 되었다. 예컨대 인조 1 ~ 3년의 경우에 좌·우찬성은

> 좌찬성은 인조 즉위로부터 李貴가 2년 1월 제수되기까지 궐직이었고, 다시 2년 2월 李貴가 府院君에 체직된 후 2년 7월 金瑬가 제수되기까지 궐직이었으며, 3년 1월 김류가 吏曹判書에 체직된 후 3년 4월에 李廷龜가 제수되기까지 궐직이었다. 우찬성은 인조즉위로부터 이귀가 1년 7월 제수되기까지 궐직이었고, 이어 李時彦(2년 1월 ~ 곧?), 張晩(2.3 ~ 2.8 이전)에 이어 2년 8월 이전에 이귀가 제수되었다가 3년 3월 이전에 부원군에 체직된 후 3년 5월 이귀가 다시 제수되기까지 궐직이었다.[140]

---

139) 『대전회통』 권1, 이전 경관직 의정부.

라고 하였듯이 인조 1년 3월 ~ 3년 12월의 2년 10개월 간에 좌찬성은 1년 6개월이, 우찬성은 7개월이 각각 궐직이었다.

좌·우참찬은

> 좌참찬은 즉위로부터 2년 3월 李晬光이 제수되기까지 궐직이었고, 이어 2년 9월에 이수광이 우참찬에 체직된 후 2년 12월 이수광이 다시 제수되기까지 궐직이었으며, 3년 8월 이수광이 工曹判書兼同知經筵弘文館提學에 체직된 후 4년 3월 金尙容이 제수되기까지 궐직이었다. 우참찬은 즉위와 함께 尹昉이 제수된 후 鄭光績(1년 1월 ~), 徐渻(1.윤10 ~), 李時彦(2년 1월 경오 이전 ~), 정광적(2년 1월 경오 ~)이 재직하였고, 2년 9월에 제수된 이수광이 2년 12월 좌참찬에 체직된 이후 3년 12월 朴東善이 제수되기까지 궐직이었다.[141]

라고 하였듯이 인조 1년 3월 ~ 3년 12월의 2년 10개월간에 좌참찬은 1년 7개월이, 우참찬은 9개월이 각각 궐직이었다. 특히 1년 3월 ~ 1년 7월까지는 좌·우찬성과 좌참찬이 모두가 궐직이고 우참찬만 제수되었는데(좌찬성과 좌참찬은 2년 1월

---

140) 『인조실록』 1년 3월 을사 ~ 3년 5월 경신조에서 종합. 그 인사내용은 다음의 표와 같다.

	1년3월 을사	곤	1.4병술 이전	1.7 무신	1.10 병술	1.윤10 정유	2.1 무오	2.1경오 이전	2.1 경오	2.2 병신	2.2무신 이전	2.3 기미
좌찬성	결						이귀				부원군 결	
우찬성	결			李貴			결		이시언	?		張晩
좌참찬	결											
우참찬	尹昉	우의정 결	閔聖徵		鄭光績	대사헌 徐渻		李時彦		정광적		

과 2년 3월까지 계속 궐직) 이것은 당시의 찬성과 참찬이 의정부 기능의 약화와 함께 유명무실한 관직이었음을 잘 보여준다고 하겠다.

또 2년 1월에 우찬성에 제수된 李時彦은 80세의 고령으로 우참찬에서 우찬성에 승직되었고[142] 宋時烈은 현종 3년 4월 우찬성에 제수되어 9년 2월 우의정에 제수되기까지 향리인 懷德에 머무르고 부임하지 않았으며,[143] 尹拯은 숙종 21년 12월 이전 ~ 22년 6월 · 22년 8월 ~ 23년 1월 · 24년 5월 ~ 24년 8월 이전과 24년 2월 ~ 24년 5월에 우참찬과 좌참찬에 재수되었지만 향리에 머무르고 부임하지 않았다.[144] 이 점도 찬성과 참찬이 의정부기능의 약화와 함께 유명무실한 관직이었음을 잘 보여주는 예라고 하겠다.

	2년3월 기묘	2.7기사 이전	2.8무술 이전	2.9 임술	2.12 기축	3.1 무오	3.3계해 이전	3.4 정미	3.5 경신	3.7 경오	3.8 병술	비고
좌찬성	결	金瑬				이판 결		이정구				
우찬성	(장)		이귀				부원군 결		이귀	김유		
좌참찬	李睟光			결	이수광						공판 결	
우참찬	(정)			공판 이수광	결							

141) 인사내용은 위 주) 참조.

142) 나이 80세로서 우참찬에 재직 중 吳允謙이 경연에서 "이시언은 先朝에 청백리에 제수되기도 하였지만 그 청백이 비할 자가 없으니 법전에 따라 승질시켜야 한다"(『인조실록』 권4, 2년 1월 경오)라고 한 상언에 따라 우찬성에 승직되었다.

143) 『조선왕조실록』·『의정부등록』 현종 3년 4월 ~ 9년 2월조에서 종합.

144) 『숙종실록』·『의정부등록』 숙종 21년 12월 ~ 24년 5월조에서 종합.

사인 · 검상에 있어서도 현종 4 ~ 6년의 경우에 사인은

> 현종 4년 9월 이전부터 南九萬 · 李敏迪이 재임하다가 4년 11월 이전에 이민적이 체직된 이후 후임이 제수되지 않았고, 5년 2월 이전에 남구만이 체직된 뒤에는 5년 10월에 吳始壽가 제수되기 까지 2직 모두가 궐직이 되었으며, 5년 12월 이전 오시수가 체직된 후 6년 1월 閔維重이 제수되기까지는 다시 2직 모두가 궐직되었다.[145)]

라고 하였듯이 현종 4 ~ 6년의 3년간에 2인이 제수된 경우는 3개월에 불과하였고, 1년은 2인 모두 궐직이고 1년 9개월은 1직만 제수되었다. 이후로도 1직만 제수되거나 그마저도 궐직이 되는 경우가 많았다.

---

145) 『현종실록』·『의정부등록』 현종 4년 9월 ~ 6년 1월조에서 종합. 이점은 『의정부등록』 현종 6년 10월 1일조에 "兩舍人檢詳 俱闕"이라고 하거나 7년 11월 7일조에 "左右舍人檢詳 未差"하고 한 것은 이를 잘 입증하는 예라고 하겠다.

	4년 1월	4.9.5 이전	4.9.22 이전	4.11.4	4.12.11	5.2.4	5.3.12	5.4.8	5.10 신사	5.12.25
사인	洪宇遠?	南九萬	李敏迪	미차	(남구만) 결	미차	미차	미차	吳始壽	미차
검상	결							미차		미차

	6년1월 경인	6.2 경오	6.5 정미	6.6 임술	6.7 갑신	6.10 임술	6.11 을유	7.1 계사	비고
사인	閔維重	金萬基	사간 결	오시수	피핵체 미차	김만기	부응교 미차	이민적	
검상	결								

검상은

> 睦兼善이 현종 1년 2월에 제수되었다가 1년 6월 사인에 승직되면서 궐직이 되었고, 이후 10년 9월 이전에 모(성명불명)가 제수되기까지 제수되지 않거나 제수여부가 불명하였다.[146)]

라고 하였듯이 현종 1 ~ 10년간에 1명만 재직이 확인될 뿐 이었다. 이러한 사인과 검상의 궐직은 의정부기능의 약화에 따라 그 기능이 약화된 것에서 기인된 것으로 추측된다.

이러한 찬성·참찬의 궐직기간, 년로자 제수, 부임하지 않고 장기간 향리에 머무르는 인물을 교체하지 않고 잉임하게 한 것, 사인·검상의 장기간에 걸친 궐직 등에서 『東國通志』에

> 인조 즉위 (초에) 사람들이 말하기를 "비변사가 설치된 이후로부터 찬성과 참찬은 養病을 하는 관직이 되었고, 사인과 검상의 집무소는 기생들이 연락하는 장소가 되었다" 라고 하였다.[147)]

라고 적기 되었듯이 찬성·참찬은 물론 사인·검상도 유명무실한 관직으로 변모되었고, 그에 따라 관직적 중요성이 크게 하락된 것으로 추측된다.

---

146) 『현종실록』·『의정부등록』 현종 1 ~ 10년조에서 종합.
147) 『東國通志』 권22, 百官志 13 上 相府 仁祖卽位有言 自備局之設 贊成參贊爲養病之坊 舍人檢詳爲妓樂之司.

2) 議政府의 革去

의정부는 고종 2년에 군국기무를 총령하면서 조선후기의 국정을 총관하던 비변사가 폐지되고 그 기능이 이관됨에 따라 명목상의 최고 정치기관에서 조선전기의 명실상부한 최고 정치기관으로 복구되었다. 이 의정부가 이후 1907년 內閣으로 개칭되면서 완전히 혁거되기까지 정치개혁에 수반된 관제개편 등과 관련되어 관아명이 내각과 교차되고, 관직이 증감·직명이 개칭되는 변화를 겼으면서 운영되었다.

1865년(고종 2)에 의정부는 비변사의 혁파로 그 기능이 귀속됨에 따라 다시 조선초 이래의 국정을 총관하는 최고 정치기관이 되었고(법제적인 기능은 그대로 계승), 동시에 비변사의 행정실무를 담당하던 公事官 11원(종6, 문관 2원, 무관 9원 〈참상 5, 참외 4〉)이 이속되어 군국에 관한 실무를 담당하였다.[148]

1880년 12월에 1876년 일본과의 병자조약 체결로 인한 개항 이후의 정세변화에 대응하기 위하여 새로이 군국사무를 총령할 근대식 관아인 정1품 統理機務衙門이 설치되고, 그에 편제된 總理大臣(1, 정1품겸)·都相(시·원임대신겸)·堂上(10)·郎廳이 외교·통상·경제·군사 등을 관장하였다.[149] 이에 따라 의정부는 영·좌·우의정이 도상을 겸하면서(처음에는 영의정 李最應이 총리대신) 통리기무아문의 운영을 지휘하지만 그 기능의 발휘가 약화되었다. 이 통리기무아문은 1882년 6월에 임오군란으로

---

148) 『고순종실록』 고종 2년·『대전회통』 권1, 이전 경관직 의정부.
149) 김필동, 1992, 「갑오경장 이전 朝鮮의 近代的 官制改革의 추이와 새로운 官僚機構의 성격」, 『한국사회사학사논문집』 33, 문학과 지성사.

집권한 대원군의 지시로 폐지되었지만, 그 관아적 기능은 이후 1894년 7월까지 軍國機務處(1882년 7월 ~), 統理衙門(1882년 11월 ~), 統理交涉通商事務衙門(1882년 12월 ~)으로 계승·운영되다가 혁거되었다.[150)]

1894년 6월 갑오개혁의 실시에 수반된 근대식 관제개혁으로 당시까지의 모든 관아가 일반 정무를 관장하는 의정부와 궁중 정무를 관장하는 궁내부 체제로 개편되었다. 이에 따라 의정부의 장관인 총리대신은 좌·우찬성 이하의 속관과 軍國機務處, 都察院, 中樞院 등 부속기관과 그에 소속된 관원을 지휘하면서 정무를 총관하였다.[151)]

1895년에 의정부는 內閣制로 개편되면서 혁거되었다.[152)] 1896년(고종 건양 1) 9월에 의정부는 내각제가 다시 의정부로 개편됨에 따라 복치되어 이후 1907년(고종 광무 11, 순종 융희 1) 6월에 다시 의정부가 내각제로 개편되면서 영파될 때까지 議政(議政大臣)이 贊政(參政大臣) 이하를 지휘하면서 국정을 총령하였다.[153)] 그러나 1905년 11월 이후에 을사조약으로 일본에게 외교권을 빼앗기고 일본이 동 조약에 따라 統監府를 설치하고 통감이 외교는 물론 조선의 정치전반에 큰 영향력을 행사하였기에 국채·국제조약 등에 대한 기능을 상실함은 물론 그 외의 정치에 있어서도 기능행사가 크게 약화되었다.[154)]

---

150) 신용하, 1999, 「개화파의 형성과 활동」, 『한국사』 38, 국사편찬위원회.
151) 柳永益, 1990, 『甲午更張研究』, 일조각.
152) 『고순종실록』 고종 32년 1월 11일.
153) 위 책, 건양 1년 9월 ~ 광무 11년 6월.
154) 윤병석, 1999, 「국권의 제약」, 『한국사』 42, 228 ~ 247쪽.

이처럼 조선중·후기 의정부관직은 법제적으로는 1785(정조 9)년 이전에 司錄이 2직에서 1직으로 삭감되었을 뿐 1894년 갑오개혁 때까지 영·좌·우의정(정1, 각1직) 등은 그대로 계승되었다. 그러나 의정 등의 관직제수는 3의정은 의정부기능의 약하에도 불구하고 그 관직적 지위·성격과 관련되어 상시로 제수되었지만 좌·우찬성(종1, 각1), 좌·우참찬(정2, 각1), 사인(정4, 2직), 검상(정5, 1)은 의정부 기능의 약화에 따라 그 기능과 관직적 중요성이 약화되면서 1직만 제수되거나 궐직이 되는 등 유명무실한 관직적 경향이 점증되면서 계승되었다. 조선 중·후기를 통해 법제적인 '總百官 平庶政 理陰陽 經邦國'의 기능과 최고 정치기관의 지위가 그대로 계승되었지만, 그 실제 기능은 조선중기에는 최고 정치기관으로서의 기능을 발휘한 반면에 1492년(선조 25) ~ 1864년(고종 1)에는 備邊司가 중심이 된 국정운영에 따라 의례 등을 관장하는 명목상의 기구로 전락하였다.

1865년 이후의 의정부관직은 1865년에 비변사의 혁거에 따라 그에 소속된 公事官이 이속되었고, 1894년 갑오개혁 이후는 의정 이하가 總理大臣(議政, 議政大臣, 각1) 이하로 관직명이 개칭되고 관원수가 조정되면서 재차 의정부가 내각제로 개편되면서 영파될 때까지 운영되었다. 『경국대전』이 반포된 1485년(성종 16) 이후 1907년까지의 의정부제 변천을 표로 재정리하여 제시하면 다음과 같다.

〈표 8〉 조선후 · 말기 의정부제 변천

	관아명	기능	관직	비고
『경국대전』	議政府	總百官 平庶政 理陰陽 經邦國	領 · 左 · 右議政 각1(정1), 左 · 右贊成 각1(종1), 左 · 右參贊 각1(정2), 舍人 2(정4), 檢詳 1(정5), 司錄 2(정8).	
『속대전』	동상	동상	司錄 1 삭감.	
고종 2년 (1865)	동상	동상	公事官 11(종6 이하) 신치.	
고종 31	동상	동상	總理大臣 1(勅任官), 左 · 右贊成 1(칙임관), 司憲 1 · 參議 5(奏任官), 秘書官 1(判任官).	
고종 32	內閣	국정총령?:		혁거
고종 건양1 (1896)	의정부	國政總領?	議政 1, 贊政 5, 參贊 1.	복치
고종 광무9 (1905)	동상	동상	議政大臣 1, 參政大臣 1, 參贊 1 등	
광무11(순종 융희 1, 1907)	내각		동상	영파

제 2 절　議政府機能의 變遷

1. 中期(연산군 즉위 ~ 선조 24년)

조선중기 의정부는 최고의 정치기관으로 규정되었고, 실제로도 시기별로 왕권, 국정운영체계, 정치상황 등과 관련되어 다소의 차이는 있었지만 형정과 노비 · 인사 · 군사 · 외교 · 의례와 복제 · 진제와 구료 · 교육과 과거 · 제도 등 국정전분야에 걸쳐 활발한 활동을 전개하였고,155) 다음의 표와 같이 육조의 활동

155) 조선중기 의정부의 정치활동분야와 그 활동수는 다음의 표와 같다(한충

을 능가하면서 국정을 주도하거나 국정운영에 큰 영향력을 발휘하였다.

〈표 9〉 조선중기(연산군 1년 ~ 선조 24년) 의정부 · 육조 정치활동 대비[156)]

		연산군 1~12년	중종 1~10	중종 11~28	중종 29 ~인종 1	명종 1~22	선조 1 ~24	합계	비고
의정부	건수	912	885	1,744	1,054	979	245	5,819	
	%	55	56	57	59	55	49.7	56	
육조	건수	757	688	1,303	725	812	248	4,533	
	%	45	44	43	41	45	50.3	44	
합계	건수	1,669	1,573	3,047	1,779	1,791	413	10,352	
	%	100						100	

또 조선중기 의정부의 정치활동을 보면, 조선초기와 같이 議政府署事制가 실시될 때에는 육조를 직접으로 지휘하면서 국정을 총관하는 강력한 기능을 발휘하였고, 六曹直啓制가 실시될 때에는 의정부서사제가 실시될 때에 비해서는 기능이 다소 약

희, 앞 「조선중기 의정부정치활동연구」, 200 ~ 203쪽 〈표 2〉에서 발췌, 년도별 경향은 좌동 표 참조).

	형정 · 노비	인사	군사	외교	의례 · 복제	진제 · 구료	교육 · 과거	제도	경제	기타	계
연산군	258	207	112	47	58	63	21	30	48	68	912
중종	776	766	384	367	227	154	168	170	112	464	3,588
인종	7	20	3	8	13	1	0	1	0	42	95
명종	178	160	102	86	46	24	38	25	173	303	979
선조1 ~ 24년	11	111	7	11	11	6	4	7	3	74	245
계	1,230	1,264	608	519	355	248	227	231	180	951	5,819

156) 위 논문, 217쪽 〈표 4〉에서 전재.

화되나 왕명을 받아 대소국정논의에 활발하게 참여(육조를 간접으로 지휘)하면서 국정운영에 큰 영향력을 발휘하였다.[157] 즉 육조직계제가 실시된 연산군 1년 ~ 중종 10년 · 중종 29년 ~ 명종 22년에는 가장 적극적인 활동인 擬議活動을 중심으로 啓聞 · 受命活動을 전개하였다.[158] 의정부서사제가 실시된 중종 11 ~ 28년에는 조선초기와는 달리 署事權을 행사하지 못하였지만 의의활동이 중심이 되면서 계문 · 수명활동이 전개되었다.[159]

그런데 조선중기의 국정운영체제를 보면 연산군 ~ 선조 즉위초에는 원상이 六曹 · 承政院을 지휘하면서 국정을 총관하는 院相制, 중종 11 ~ 28년에는 의정부가 육조를 지휘하면서 국정을 총관하는 議政府署事制, 그 외의 시기에는 육조가 국정을 주관하는 六曹直啓制가 운영되었다.[160]

---

157) 위 논문, 204 ~ 211쪽.

158) 수명활동은 국왕으로부터 명을 받아 정사를 수행한 활동이고, 계문활동은 국왕에게 상언 · 상소 등을 통하여 의견을 개진함으로써 정사에 참여한 활동이며, 의의활동은 국왕의 명을 받아 현안사나 육조 등이 계문한 정사를 다시 논의하는 활동이다(한충희, 위 「조선초기 의정부연구」 상, 112쪽).

159) 조선중기 의정부 정치활동은 다음의 표와 같다(한충희, 앞 「조선초기 의정부정치활동연구」, 206쪽 〈표 3〉에서 발췌, 조선초기 의정부 정치활동은 한충희, 앞 「조선초기 의정부연구」. 113 ~ 115쪽 〈표 8〉 참조).

	수명		계문		의의		계	
	활동수	%	수	%	수	%	수	%
연산군 1 ~ 12년	70	8	245	27	597	65	912	100
중종 1 ~ 10	27	3	271	31	587	66	885	
중종 11 ~ 28	48	3	502	29	1,164	67	1,744	
중종 29 ~ 인종 1	20	2	225	21	809	77	1,054	
명종 1 ~ 19	34	4	387	43	477	53	898	
명종 20 ~ 선조 24	13	4	155	48	158	48	326	
합계	212	4	1,785	31	3,822	66	5,819	

이에 따라 조선중기의 의정부는 조선초기와 같이 원상제가 운영된 신왕 즉위초를 제외한 모든 시기에 걸쳐 즉, 의정부서사제가 운영된 중종 11 ~ 28년에는 육조활동을 능가하면서 국정을 주도하였고, 육조직계제가 운영된 연산군 1년 12월 ~ 12년 · 중종 3년 6월 ~ 39년 · 인종 즉위년 12월 ~ 1년 · 명종 3년 6월 ~ 22년 · 선조 즉위년 12월 ~ 24년에도 육조활동을 능가하면서 국정을 주도하였다고 하겠다.

이를 볼 때 조선중기(연산군 즉위 ~ 선조 24) 의정부 기능은 법제적으로 국정총관기관으로 규정되었고, 실제로도 원상제가 운영된 신왕즉위초를 제외한 모든 시기에 걸쳐 서정을 분장한 육조를 직, 간접으로 지휘하면서 최고 정치기관으로서의 지위를 유지하고 국정운영을 주도하거나 당시의 정치에 큰 영향을 끼쳤다고 하겠다.

2. 後期(선조 25년 ~ 고종 1년)

조선후기의 의정부는 조선초 이래의 '總百官 平庶政 理陰陽 經邦國'[161] 의 기능이 계승되면서 '總領中外軍國機務'[162] 로 규정된 비변사와 함께 최고의 정무기관으로 존속되었다. 그러면 조선후기 의정부가 전개한 실제기능은 어떠하였겠는가?

조선후기의 국정운영을 보면 왜란직후에, 명종 10년에 정식

---

160) 한충희, 앞 「조선중기 의정부정치활동연구」, 204쪽. 그 중 원상제 운영시기는 뒤 〈표 57〉 참조. 원상의 근무상황과 기능은 金甲周, 1973, 「院相制의 成立과 機能」, 『東國史學』 12, 60 ~ 70쪽 참조.

161) 『대전회통』 권1, 이전 경관직 의정부.

162) 위 책 권1, 이전 경관직 비변사.

아문으로 성립되어[163] 계승되어 온 備邊司가 왜란의 극복과 관련되어 관아의 기능이 軍國機務를 총령하도록 규정되고 그에 따라 서정을 분장한 육조를 지휘하면서 정치·군사·외교 등 모든 국정을 총관하였다. 비변사는 이후 1864년(고종 2) 興宣大院君의 의정부를 중심한 국정운영도모에 따라 혁파되기까지 국정을 총관하였다.[164]

조선후기의 의정부는 이러한 비변사의 국정총관과 비변사가 중심이 된 국정운영에 따라 동기의 『조선왕조실록』에 의정부 활동이 거의 적기되지 않았음에서 추측되듯이 비변사에 '평서정·경방국'의 기능 즉 국정총관의 기능을 빼앗기고 유명무실한 정치기구로 전락하였다. 한편 조선후기에는 의정부의 활동을 기록한 『議政府謄錄』이 현존하고 있는데,[165] 동서에는 의정부(구성원)가 수행한 정치, 외교, 인사, 형정, 각종 의례, 구성원의 동정 등이 기록되어 있어 의정부의 활동을 구체적으로 확인할 수 있다.

『의정부등록』에 기록된 의정부의 활동을 보면, 정치활동으로 파악할 수 있는 정사에는 외교·인사·형정에 관한 활동이 있지만 그 수가 적고, 대부분이 의정 등이 참가한 각종 의례와 의정

163) 임시기구로 설치된 중종 5년으로부터 정식관아 정착되는 명종 10년까지의 설치·변천과정은 한충희, 1992, 「朝鮮 中宗 5年 ~ 宣祖 24年(成立期)의 備邊司에 대하여」, 『西巖趙恒來教授華甲紀念 韓國史學論叢』, 논총간행위원회, 195 ~205쪽 참조.

164) 李在喆, 2001, 『朝鮮後期 備邊司研究』, 集文堂, 127 ~ 212쪽, 潘允洪, 2003. 『朝鮮時代 備邊司 研究』, 景仁文化社, 175 ~ 386쪽, 金炳佑, 2006, 『大院君의 統治政策』, 혜안. 205 ~ 219쪽.

165) 의정부에 관한 일기식 기록이다. 1646년(인조 24) ~ 1859년(철종 10)에 걸친 의정부·의정부관원의 활동과 동정 등을 담고 있다. 그 개략적인 내용은 한충희, 앞「의정부등록」해제 참조.

이하 관원의 동정에 관련된 활동이다.[166] 또 정치활동에 포괄되는 외교활동 등을 보면, 다음에 제시된 예와 같이 대명사행 감검(① ㄱ)·칙사지대(ㄴ), 감·병사추천(② -ㄱ)과 홍문관후보자 선발·승문원관 포폄(ㄴ), 상복과 추국감검(③) 등 이었다. 그런데 이들 활동은 '理陰陽'과 관련되어 의정부의 고유한 기능으로 규정된 것(③)이거나 의정부정사의 3공합의제(② -ㄱ) 卜相), 백관의 수반(감·병사추천), 의정이 당연직으로 겸대(例兼)한 承文院·弘文館 都提調(①·② -ㄴ))로서 수행한 활동이었다. 이 점에서 이들 외교, 인사, 형정활동은 엄밀히는 조선중기까지 의정

166) 의정부의 활동경향을 『의정부등록』 현종 5·12년, 숙종 30년, 영조 4·38년, 정조 1년, 순조 7년조를 표집하여 정리하면 다음의 표와 같다. 정치상황과 관련되어 차이가 있기는 하나 그 모두에서 조선전시기를 통해 의정부의 고유활동인 監·兵使 등 추천, 三覆, 使行勘檢 등을 제외하면 대부분이 왕·왕실과 관련된 문안·하례와 제례에 관한 활동이다. 의정부의 정치활동 즉, 상계·수명활동은 연평균 2건에 불과하고, 그나마 왕명을 받아 求言敎旨를 반포한 것(『의정부등록』 현종 5년 10월 18일), 상계하여 사인·검상이 결원되어 공사를 행할 수 없으니 司錄을 署經이 완료되지 않았지만 출사시켜 공사를 담당하게 할 것을 청하는 것(위 책, 현종 5년 12월 4일) 등이었다(의정 등 사직 등 신상에 관한 것 제외).

	현종		숙종	영조		정조	순조	연평균	비고
	5년	12	30	4	38	1	8		
구언교지 반포 등	1	4	2	2	2	2	0	2	
왕·대비 등 문안·하례 등 참가	27	23	26	30	41	20	8	24	
제헌관 등	1	13	14	6	20	23	4	12	
감·병사 추천 등	13	7	14	10	9	9	6	10	
삼복·추국 등	2	2	6	36	8	14	8	11	
사행감검 등	5	3	4	4	5	3	2	4	
기타	1	1	5	2	3	5	1	3	
합계	50	53	71	96	88	66	29	64	

부가 전개하였던 '평서정 · 경방국'의 정치활동으로 보기 어렵다.

① - ㄱ) 현종 5년 2월 9일에 領議政 鄭太和와 右議政 洪命夏가 謝恩兼陳奏使가 가지고 갈 方物을 점검하고 2월 14일에는 영의정과 左議政 元斗杓가 사은겸진주사 表文과 單子를 점검하였으며,[167] 현종 11년 11월 2일에 좌의정과 3재(좌참찬)가 冬至使가 가지고 갈 방물을 점검하였고 11월 5일에 동지사 표문을 점검하였다.[168] ㄴ) 현종 11년 7월 12일에 좌의정이 칙사를 영접하였고, 7월 22일에 칙사를 환송하였다.[169]

② -ㄱ) 현종 5년 1월 29일에 관례에 따라 관찰사와 절도사를 천거하였고, 9월 3일에 후임의정을 천거하였다.[170] ㄴ) 현종 5년 2월 11일에 備邊司에서 3의정이 弘文錄圈點을 행하였고, 5년 3월 26일과 4월 8일에 訓練院都試 개장과 종장에 참가하였으며, 12월 12일에 承文院官員을 褒貶하고 翰林取才를 주재하였다.[171]

③ 현종 11년 12월 7일에 좌의정이 初覆에 참가하였고, 5년 12월 10일에 영 · 우의정과 3재(좌참찬)가 詳覆에 참가하였으며, 11년 10월 29일에 좌 · 우의정과 4재(우참찬)가 備邊司 刑決에 참가하였다.[172]

그 반면에 의례활동에는 왕 · 왕실과 관련된 각종 활동이 망

---

167) 『의정부등록』 현종 5년 2월 9일.
168) 위 책, 현종 11년 11월 2일 · 5일.
169) 위 책, 현종 11년 7월 12일 · 22일.
170) 위 책, 현종 5년 1월 29일 · 9월 3일.
171) 위 책, 현종 5년 2월 11일 · 3월 26일 · 4월 8일 · 12월 18일.
172) 위 책, 현종 11년 12월 7일, 5년 12월 10일, 11년 10월 29일.

라되었는데, 그 활동을 보면 다음에 제시된 예와 같이 백관의 수반으로서 백관을 거느리고 왕·왕대비 등에게 문안·하례를 올리거나(①) 祭獻官으로 제례에 참여(②) 및 왕의 내외행차 때에 隨駕한 것(③) 등이었다. 이러한 의정의 활동은 의정부의 기능으로 규정된 '총백관'과 관련되기도 하겠지만, 그 성격상 정치활동이 아니고 의례활동에 국한된 것이라고 하겠다.

① -ㄱ) 조선후기를 통해 3의정(1-2 의정)이 왕비·세자책봉, 정조·동지, 왕·왕비·대비·세자 탄일 등 각종 길사 때에 2품 이상이나 백관을 거느리고 하례하였다.[173] ㄴ) 왕·대비 등 질병(치료)이나 대비·왕비·세자·공주 등 졸서 때에는 의정이 2품 이상이나 백관을 거느리고 문안하고 위로하였다.[174]

② 국가·왕실과 관련된 각종 祭禮, 成均館 春享大祭, 祈雨祭 등 때에 의정이 제례를 감검하고 初·亞·終獻官이 되어 헌작하였다.[175]

③ 왕이 궐내를 행차할 때, 선대릉에 제사를 지내거나 신병을 치료하기 위하여 외방에 행차할 때 의정이 백관을 거느리고 수종하였다.[176]

---

173) 위 책, 현종 8년 1월 22일(세자), 현종 5년 1월 1일(정조)·11월 5일(동지), 12년 2월 4일(왕)·5년 5월 17일(왕비)·5년 11월 7일(대비)·11년 9월 15일(세자).

174) 위 책, 현종 5년 3월 4일(왕)·10월 3일(대비), 15년 7월(효종비 장씨)·12년 1월 10일(현종녀 경숙공주).

175) 위 책, 영조 6년 4월 2일(영의정, 종묘하양대제 초헌관)·숙종 29년 2월 20일(우, (경령전 한식제 헌관)·숙종 14년 5월 4일(영, 남별전 태조영정 봉안제 헌관), 숙종 29년 1월 4일(우, 기곡제 헌관)·30년 5월 21일(좌, 선농단 기우제 아헌관).

176) 위 책, 현종 5년 2월 4일(궐내), 5년 9월 15일(광릉)·6년 4월 17일(온양).

그 외에 숙종 30년에 領議政 申琓과 左議政 李畬가 혹심한 한발을 기해 사직서를 제출하였듯이[177] 의정은 혹심한 가뭄이나 홍수 등 천재지변이 발생하면 그에 대해 자책하고 책임을 지고 사직서를 제출하였다. 이것은 바로 의정부의 기능으로 규정된 '이음양'에서 기인된 것이었다.

이를 볼 때 조선후기 의정부는 비변사가 중심이 된 국정운영에 따라 조선초·중기와 달리 '평서정·경방국'의 기능은 유명무실하였고, '총백관'의 기능은 왕·왕실과 관련된 문안·하례 때에 백관을 거느리고 참가하는 것에 한정되었으며, 상징적인 '이음양'의 기능만이 제대로 발휘되었다. 즉 조선후기의 의정부는 비변사가 국정을 총관하면서 국정운영을 주도함에 따라 정치기능을 상실하고 형식적인 최고 기관으로 존속되었다고 하겠다.

제 3 절 議政府構成員機能의 變遷

1. 朝鮮中期

1) 堂上官

조선중기의 의정부 구성원이 발휘한 기능을 보면 당상관은 領·左議·右議政은 의정부의 장관으로서 左·右贊成과 左·右參贊의 보좌를 받고 舍人·檢詳을 지휘하면서 의정부를 지휘하고 의정부 공사를 최종적으로 결정하였으며, 좌·우찬성 이하가 처리한 제공사에 대하여 책임을 졌다. 또 의정부의 "總百官

177) 위 책, 숙종 30년 4월 20일, 외.

平庶政 理陰陽 經邦國"[178]의 기능, 의정부의 장관이고 재식·경륜을 구비하고 국왕의 신임이 깊은 자가 제수되는 최고위 관직인 지위, 국왕의 정치스타일 등과 관련되어 의정부가 중심이 된 국정운영기(議政府署事制, 중종 11 ~ 28년경)는 물론 국왕 - 육조가 중심이 된 국정운영기(六曹直啓制, 연산군 1 ~ 12년, 중종 29년 ~ 선조 24년)에도 육조를 지휘하며, 국왕의 요청에 따라 대소국정논의에 참여하면서 그 결정·시행에 큰 영향력을 발휘하였다.[179] 특히 신왕 즉위초에는 國葬, 이와 관련된 국정수행과 관련되어 의례히 院相制가 운영되면서 원상이 국왕의 위임을 받아 승정원에 상주하며 육조를 지휘하면서 국정운영을 총관하였다.[180] 의정은 의정이 결원되면 왕명을 받고 의정후보자를 논의하여 추천하는 卜相을 행하였는데, 이것은 黨與나 의중의 인물을 추천하는 것이 가능하게 하였고, 그 결과 의정부의 기능과 권위를 유지시키는 토대가 되었다.[181]

---

178) 『경국대전』 권1, 이전 의정부.

179) 세조즉위와 함께 실시된 육조직계제가 중종 11년에 의정부서사제로 전환되었다. 이 때의 의정부서사제가 어느 때에 다시 육조직계제로 전환되었는가는 불명하나 『증보문헌비고』 기사, 『중종실록』 기사, 찬성·참찬의 기능약화 등을 볼 때 중종 29년경 이전에 육조직계제로 전환된 것으로 추측된다(한충희, 위 「조선전기 권력구조연구 - 의정부·육조·승정원을 중심으로 -」. 40 ~ 41쪽, 정홍준은 이와는 달리 『조선왕조실록』 기사를 토대로 선조 24년까지 의정부서사제가 지속된 것으로 파악하였다(1996, 『조선중기 정치권력구조연구』, 고려대학교 민족문화연구소, 28쪽. 의정부서사제의 치폐는 한충희, 앞 「조선중기 의정부정치활동연구」, 194 ~ 195쪽 주13) 참조).

180) 『인종실록』 권2, 1년 7월 신유 仁宗薨逝 大妃(文定王后)傳于領左相曰 大君(明宗)雖卽位 年在幼沖 如(世祖妃)貞熹王后攝成宗時例 凡公事 院相其議處決可也, 외. 성종초 원상의 구체적인 근무상황과 기능은 金甲周. 1973. 「院相制의 成立과 機能」. 『東國史學』 12. 60 ~ 70쪽 참조.

181) 한충희, 앞 「조선중기 의정부당상관연구」, 196쪽.

또 의정은 의정부의 장관이고 정1품인 직질에 따라 국왕이 임석하여 대소 정사를 논의하는 常參(朝參)·次對·引見·召見 등과 국왕이 중요한 국사·현안사 등을 논의하기 위해 소수의 재상을 소집하는 應召에 참여하여 그 결정을 주도하였고,[182] 국가의 중대사가 있을 때나 일상시에 수시로 상소하여 그 정사의 결정에 큰 영향력을 발휘하였다. 이 때 차대·인견은 합의에 의하여, 상참·소견은 중의에 의하여 결정되고 시행되었다.[183] 즉, 재상은 국정운영의 중추가 된 관아운영을 주관하였고, 국왕이 임석하는 대소 정사 모임에 참여하여 그 조의 정사를 보고하고 지시를 받는 동시에 국가정책과 국정 전반에 대해 논의하고 결정하는 등 국정운영의 중추적 역할을 수행하였다.

그 외에도 의정은 때때로 이·호·예·병조의 判事職을 겸대하면서 그 조의 중요 정사를 지휘하였고,[184] 소수의 당상관이 중심이 된 국정운영, 이와 관련된 領事·都提調 이하 겸직의 六曹屬衙門(官) 지휘·포폄과 관련되어 經筵·弘文館·藝文館·春秋館·觀象監領事, 春秋館監事, 世子侍講院師·傅, 承文院都提調를 의례직으로 겸직(例兼)하면서[185] 그 관아에 부여된 정사를 지휘하고 정3품 당하관 이하 관원을 포폄하고 추천하였다.[186] 동시에 수시로 義禁府·奉常寺·司饔院·內醫院·軍器

182) 상참 등의 개최시기, 참여자, 의제는 위 논문, 196 ~ 197쪽 참조.

183) 金雲泰, 1981, 『全訂版 朝鮮王朝行政史』, 博英社, 227 ~ 230쪽.

184) 조선중기 판이조사 등을 겸대한 의정은 한충희, 앞 논문, 197쪽 주41) 참조.

185) 『경국대전』 권1, 이전 경관직. 그 겸직은 뒤 〈표 10〉 참조.

186) 한충희, 1983, 「朝鮮初期 六曹屬衙門의 行政體系에 대하여」, 『韓國學論集』 10, 377 ~ 378쪽, 金松姬, 1998, 『朝鮮初期 堂上官 兼職制研究』, 漢陽大學校出版部, 118 ~ 172쪽.

寺·軍資監·司譯院·修城禁火司·典艦司·宗廟署·社稷署 등의 都提調 이하를 겸대하면서 그 아문의 정사를 지휘하거나 정사를 지휘·속관을 포폄하였다.[187] 또 지방에 변란이 있을 때에는 都元帥 등으로 파견되어 그 진압을 지휘하였고, 明에 謝恩使·賀登極使 등으로 피견되는가하면 國葬都監都提調가 되어 그에 부여된 외교사와 도감사를 수행하였다.[188]

贊成과 參贊은 二宰와 三宰로서 의정을 보좌하면서 의정부의 정사논의에 참여하도록 되었다. 그러나 조선중기에는 의정부정사의 논의·운영이 3의정을 중심으로 수행되었기에[189] 찬성·참찬은 이재와 삼재로서의 기능 즉, 의정부정사의 논의·운영에 배제되고 의정보좌 기능을 제대로 발휘하지 못하였다.

그렇지만 종1품과 정2품의 직질, 고위관료가 중심이 된 국정운영, 재식·경륜이 있고 국왕의 신임을 받는 자가 판서와 교차되어 제수되고 이를 거쳐 의정과[190] 찬성으로 진출하는 등과 관련하여 조선중기를 통해 대소국정을 논의하는 常參·次對·引見·召見·應旨에 참여하여 의견을 개진하는 등으로 국정에

187) 『조선왕조실록』의 한계상 예겸직 이외는 거의 확인되지 않는다. 그러나 선조 27년에 우의정 鄭琢이 社稷署內醫院歸厚署都提調를 겸대하였음이 확인되고(『藥圃集(정탁)』 연보, 만력 22년 2월조) 도제조가 정1품관의 겸직이고 당시의 사관자를 고려할 때 그 상당수는 의정이 겸직했을 것으로 추측하여 파악한다.

188) 『연산군일기』 권1, 즉위년 12월 신사(산릉간심사 左議政 盧思愼, 右議政 愼承善 등 5명)·권2, 1년 1월 을류(산릉도감도제조 좌의정 노사신), 외.

189) 『중종실록』 권96, 36년 11월 을류.

190) 찬성으로서 우의정에 승직된 비율이 42% 정도이지만 중종 35년에 좌참찬 김안국의 의정의망을 두고 중종이 "雖可合議政 而不經二相 金安國於單望注擬於二相"(『중종실록』 권93, 35년 9월 을류) 이라고 하면서 좌찬성에 제수한 것은 찬성이 우의정에 승직하는 중요한 관직이었음을 잘 보여준다고 하겠다.

영향력을 발휘하였다.[191] 또 贊成 1인은 世子侍講院貳師를 예겸하면서 세자를 補導하였고,[192] 院相이나[193] 判吏·禮·兵曹事를[194] 겸대하면서 국상중의 국정을 총관하거나 그 조의 중요정사를 지휘하였다. 수시로 義禁府, 經筵, 五衛都摠府, 六曹屬衙門, 國葬都監 등의 제조 등을 겸대하면서 그와 관련된 정사를 지휘하거나 정사를 지휘·속아문관을 포폄하였다.[195] 동시에 明에 사신으로 파견되거나 都巡察使 등으로 파견되어 대명외교나 왜변 등의 진압에 기여하였다.[196]

2) 堂下官

조선중기 당하관의 기능을 보면 舍人은 조선초기의 기능을 계승하여 舍人司를 주관하면서 부내의 사무를 총관하고, 의정이하 당상관과 국왕의 중간에서 상계하고 하달되는 정사와 의정부(의정)와 백사(백관)의 중간에서 상달되고 하달되는 정사를 매개하였다.[197] 또 사인은 의정부의 기능 및 낭청의 직장과 관련하여 常參·經筵·講經 등에 참여하였고, 외교사·형정 등의 논의에 참여하였으며, 국왕을 시종하고 왕명을 백사·백관에게 전달하였다.

---

191) 상참 등의 참가관원과 논의정사는 한충희, 앞 「조선중기 의정부당상관 연구」, 196 ~ 197쪽 참조.
192) 『경국대전』 권1, 이전 의정부.
193) 원상을 겸대한 찬성·참찬은 위 논문, 195쪽 〈표 3〉 참조.
194) 판이·예·병조사를 겸대한 찬성·참찬은 한충희, 앞 논문. 199쪽 주 57) 참조.
195) 위 논문, 199쪽 주59).
196) 위 논문, 200쪽 주 62).
197) 『의정부등록』 현종 6년 1월 29일(좌의정 - 사인 - 왕)·2월 16일(왕 - 사인 - 우의정), 외.

檢詳은 사인과 함께 부내의 행정사무를 담당하였고, 의정 이하 당상관과 국왕의 중간에서 상계하고 하달되는 정사와 의정부(의정)와 백사(백관)의 중간에서 상달되고 하달되는 정사를 매개하였으며, 敎旨를 등록하고 그 중에 신법으로 제정해야 할 사항들을 分類·裒集하여 신법제정에 대비하였다. 또 검상은 의정부의 기능 및 낭청의 직장과 관련하여 상참·경연·강경 등에 참여하였고, 외교사·형정 등의 논의에 참여하였다. 참하관인 司錄은 사인·검상의 지휘를 받고 이전을 지휘하면서 부내의 문서·기록을 주관하였다.

조선중기 의정 이하 관원은 의정부의 최고 국정기관인 관아 지위와 기능, 위에서와 같이 국정운영에 끼친 영향력 등을 토대로 의정·찬성·참찬·사인·검상·사록 모두가 동품직에서 가장 우대받고 우월한 관직적 지위를 누렸다. 특히 당하관인 사인·검상·사록은 임기가 차면 加資(검상은 사인이 결원되면 임기에 구애되지 않고 사인에 승직)되면서 체직되도록 규정되었고,[198] 실제로도 임기가 차면 가자되면서 체직되는 우대를 받았다.

이를 볼 때 조선중기 의정은 의정부사를 총관하고 본직과 겸직활동을 통해 국정운영을 주도하거나 국정논의에 활발하게 참여하면서 국정운영에 큰 영향력을 발휘하였으며, 찬성·참찬은 본직과 겸직활동을 통해 대소국정논의에 참여하여 그 정사의 결정에 영향력을 발휘하였다. 사인·검상은 부의 실무를 관장하였고, 의정부(의정)와 국왕·백사(백관)의 중간에서 양자간에

---

198) 『속대전』 권1 이전 경관직 의정부조.

상달되고 하달되는 정사를 매개하였다. 의정 이하 모든 의정부 관직은 의정부 기능을 토대로 동품직에서 가장 우대받고 우월한 지위를 누리면서 국정운영의 중심이 되었다.

2. 朝鮮後期

1) 堂上官

조선후기 의정부 구성원의 기능은 의정부가 비변사가 중심이 된 국정운영에 따라 의례상의 최고 정치기관으로 전락되었던 만큼 크게 약화된 것으로 추측된다. 그러면 실제 의정 이하의 기능은 어떠하였겠는가?

조선후기 의정부 구성원이 발휘한 기능을 보면 당상관은 의정은 의정부의 장관으로서 의정부를 총관하고 공사를 최종적으로 결정하였으며, 좌·우찬성 이하가 처리한 제공사에 대하여 책임을 졌다. 또 의정부의 최고 정치기관으로서의 기능, 의정부의 장관이고 재식·경륜을 구비하고 국왕의 신임이 깊은 자가 제수되는 최고위 관직인 지위, 국왕의 정치스타일 등과 관련되어 국왕의 요청에 따라 대소국정논의에 참여하면서 그 결정·시행에 큰 영향력을 발휘하였다. 의정은 의정이 결원되면 왕명을 받고 의정후보자를 논의하여 추천하였는데, 이 卜相은 黨與나 의중의 인물을 추천하는 것이 가능하게 하였고,[199] 그 결과 3의정이 중심이 된 의정부의 운영과 의정부를 최고 기관으로 존속시키는 토대가 되었다.

---

199) 앞 한충희, 「조선중기 의정부당상관연구」, 196쪽.

그 외에도 의정은 의정부의 장관이고 정1품인 직질에 따라 국왕이 임석하여 대소 정사를 논의하는 常參(朝參)·次對·引見·召見 등과 국왕이 중요한 국사·현안사 등을 논의하기 위해 소수의 재상을 소집하는 應召에 참여하여 그 결정을 주도하였고,[200] 국가의 중대사가 있을 때나 일상시에 수시로 상소하여 그 정사의 결정에 큰 영향력을 발휘하였다. 즉, 의정은 국왕이 임석하는 대소 정사 모임에 참여하여 그 조의 정사를 보고하고 지시를 받는 동시에 국가정책과 국정 전반에 대해 논의하고 결정하는 등 국정운영의 중추적 역할을 수행하였다.

또 의정은 소수의 당상관이 중심이 된 국정운영, 이와 관련된 領事·都提調 이하 겸직의 六曹屬衙門(官) 지휘·포폄과 관련되어 다음의 표처럼 조선중기와 같이 經筵·弘文館·藝文館·春秋館·觀象監領事, 春秋館監事, 世子侍講院師·傅, 承文院都提調를 당연직으로 겸대(例兼)하면서 그 관아에 부여된 정사를 지휘하고 정3품 당하관 이하 관원을 포폄하고 추천하였다.[201] 동시에 수시로 義禁府·奉常寺·司饔院·內醫院·軍器寺·軍資監·司譯院·宗廟署·社稷署 등의 都提調 이하를 겸대하면서 그 아문의 정사를 지휘하거나 정사를 지휘·속관을 포폄하였다.[202]

---

200) 상참 등의 개최시기, 참여자, 의제는 위 논문, 196 ~ 197쪽 참조.

201) 『의정부등록』 현종 5년 12월 12일(승문원관), 외.

202) 군기시(좌의정, 위 책, 영조 38년 12월 12일)·전의감(좌, 순조 8년 9월 29일), 내의원·사복시(우, 『一松集』 沈喜壽年譜), 외.

〈표 10〉 조선후기(선조 25년 ~ 고종 1년) 의정부당상관 예겸직[203)]

	備邊司	宣惠廳	堤堰司	濬川司	經筵	弘文館	藝文館
영의정	都提調	都提調	都提調	都提調	領事	領事 (3의정 중 1명)	좌동
좌의정	도제조	도제조	도제조	도제조	영사		
우의정	도제조	도제조	도제조	도제조	영사		

	春秋館	承文院	觀象監	世子侍講院	비고
영의정	領事	都提調	領事	師	
좌의정	監事	도제조			
우의정	감사	도제조			
찬성				貳師(찬성 1명)	

조선후기에는 이에 추가하여 신치된 備邊司·宣惠廳의 都提調를 예겸하고 때때로 군영 도제조를 겸대하면서 그 관아의 정사를 지휘하고 당하관 이하를 포폄하고 추천하였다.[204)] 그 외에도 3의정은 왜란 등 변란시에 都體察使 등으로 파견되어 그 난의 진압을 총관하였고,[205)] 明에 辨誣使·謝恩使·賀登極使[206)] 등으로 파견되는가 하면 國葬都監都提調가 되어 그에 부여된 외교사와 도감사를 수행하였다. 이 중에서도 특히 비변사는 의정부를 제치고 군국기무를 총령한 초정부적인 기관이고[207)] 선

203) 『대전회통』 권1, 이전 경관직 의정부조 등과 권4, 병전 경관직 비변사·선혜청조에서 종합.

204) 『의정부등록』 정조 1년 9월(영의정, 훈련도감)·1년 12월 2일(좌, 금위영), 외.

205) 경기황해평안함경도도체찰사(선조 28년 10월 영의정 유성룡, 『西厓集』 柳成龍年譜), 충청전라경상강원4도도체찰사(선조 29년 2월 좌의정 이원익, 『梧里集』 李元翼年譜), 외.

206) 변무사(선조 31년 7월 좌의정 이원익, 『오리집』 이원익연보), 외.

207) 潘允洪, 앞 『朝鮮時代 備邊司研究』, 120 ~ 147쪽, 李在喆, 앞 『朝鮮後期備邊司研究』, 129 ~ 168쪽.

혜청은 호조를 능가하는 최대의 재정기관이었는데,[208] 이 기관이 의정 등(선혜청은 3의정)이 예겸한 都提調 - 판서 등이 예겸하거나 종1 ~ 종2품관이 겸대한 提調 - 당상관이 제수된 堂上 - 당하관 이하로 제수된 郎廳으로 조직되고, 도제조는 최고위관으로서 당상의 제수와 정사논의를 주도하였다.[209] 이러한 의정의 비변사·선혜청도제조 예겸과 그를 통한 비변사·선혜청의 정사주도는 조선중기 이래의 본직·겸직활동과 함께 비변사의 대두로 명목상의 최고 기관으로 전락한 의정부의 지위를 유지·계승시키는 토대가 되었다고 하겠다.

贊成과 參贊은 二宰와 三宰로서 의정을 보좌하면서 의정부의 정사논의에 참여하도록 되었다. 그러나 조선중기부터 의정부정사의 논의·운영이 3의정을 중심으로 수행되었기에[210] 그 기능이 약화되었고, 덧붙여 비변사의 대두로 인한 의정부기능의 약화로 상시로 운영되지 않으면서 유명무실한 관직으로 인식되었다.[211]

그렇기는 하나 종1품과 정2품의 직질, 고위관료가 중심이 된 국정운영, 재식·경륜이 있고 국왕의 신임을 받는 자기 판서와 교차되어 제수되고 이를 거쳐 의정과 찬성으로 진출하는 등과 관련하여 조선후기를 통해 대소국정을 논의하는 常參·次對·引見·召見·應召에 참여하여 의견을 개진하는 등으로 국정에 영향력을 발휘하였다.[212] 또 贊成 1인은 世子侍講院貳師를 예겸하

208) 『증보문헌비고』 직관지 선혜청조.

209) 이재철, 앞 책, 99 ~ 111쪽.

210) 『중종실록』 권96, 36년 11월 을축 按贊成參贊 亞於三公 (중략) 自廢朝革舊至今上朝 猶未復古 每有收議 只於三公 不及於贊成參贊 無所倚任 遂爲閑官.

211) 동상조

면서 세자를 補導하였고,[213] 수시로 備邊司. 義禁府, 經筵, 五衛都摠府, 六曹屬衙門 등의 提調 등을 겸대하면서 그와 관련된 정사를 지휘하거나 정사를 지휘·속아문관을 포폄하였다.[214] 이 중 비변사제조는 조선후기의 정치를 주도한 비변사를 운영하는 핵심관직이었는데, 조선후기를 통해 다음의 표와 같이 좌·우참찬의 55·45%가 이를 겸대하였다.

〈표 11〉 조선후기 찬성·참찬 재직자수(수)와 비변사제조 겸대자수(겸)[215]

	광해군			인조			효종			현종			숙종			경종			영조		
	수	겸	%	수	겸	%	수	겸	%	수	겸	%	수	겸	%	수	겸	%	수	겸	%
좌찬성		1												1							
우찬성		3									1			1							
좌참찬	6	0	0	13	0	0	13	4	31	14	5	36	78	42	54	7	1	14	74	58	78
우참찬	6	2	33	16	1	6	16	5	31	16	4	25	80	48	60	11	5	45	100	64	64

	정조			순조			헌종			철종			계			비고
	수	겸	%	수	겸	%	수	겸	%	수	겸	%	수	겸	%	
좌찬성																
우찬성																
좌참찬	47	19	40	45	24	53	15	11	73	29	21	72	341	187	55	
우참찬	51	20	39	51	23	45	12	8	67	33	21	64	392	178	45	

---

212) 상참 등의 참가관원과 논의정사는 뒤 207쪽 참조.

213) 『대전회통』 권1, 이전 의정부.

214) 대제학판의금부사(찬성 유근, 『서경집』(유근) 연보), 판의금부사지경연춘추관사오위도총부도총관(좌찬성 최항, 『백사집』(이항복) 최황비명), 동지경연지의금부사세자시강원우빈객(좌참찬 채세영, 『백사집』(이항복) 채세영신도비명), 동지경연성균관사(우참찬 김상용, 『상촌집』 행장), 동지경연세자시강원우빈객(우참찬 정경세, 『우복집』(정경세) 연보), 사역원제조(4재, 『의정부등록』 정조 1년 3월 6일), 사재감제조(4재, 위 책, 정조 8년 6월 9일), 외.

215) 『비변사등록』·『조선왕조실록』 광해군 5년 ~ 철종 14년조에서 종합.

물론 좌·우참찬이 겸대한 비변사제조의 경우에 이를 구체적으로 보면 다음에 제시된 조경, 송시열, 황흠, 김흥경, 조상경 등의 예에서와 같이 찬성이나 참찬으로서 비변사제조를 겸대하기는 하나, 이들 모두는 당시의 정치를 주도한 노론의 핵심 인물이거나 당시의 정치에 큰 영향력을 발휘한 인물이었고[216] 장기간 비변사제조를 겸대하였다. 또 김화진이 좌참찬으로서 정조 13년 2월 ~ 16년 6월(이후)의 2년 5개월에 걸쳐 비변사제조를 겸대하는[217] 등 40여명의 좌·우참찬이 장기간에 걸쳐 비변사제조를 겸대하였다.[218]

① 趙絅은 인조 26년 1 ~ 7월·26년 11 ~ 12월과 27년 2월·27년 4 ~ 6월·27년 7 ~ 8월·12월에 각각 우참찬으로서 비변사제조를 겸대하였는데, 이 전후에도 대사헌(26.8~)·형판(26.10~)·부호군(27.1~)·대사헌(27.3~)·부호군(27.7~)·이판(27.9~)·예판(27.10~)·대사헌(27.11~) 등으로서 비변사제조를 예겸하거나 겸대하였다.[219]

② 宋時烈은 현종 1년 4 ~ 7월·3년 5 ~ 8년 3월·8년 윤4 ~ 10·8년 12월 ~ 9.7에 우찬성으로서 비변사제조를 겸대하였는데, 이 전후에도 병판(1.8~)·판중추(1.10~)·이판(1.11~)·판중(2.1~)·지중(2.윤7~)·판중(2.11~)·지중추(3.1~) 등으로서 비변사제조를 예겸하거나 겸대하였다.[220]

---

216) 송시열은 노론의 영수로서 정국을 현종대의 정국을 주도하였고, 김흥경과 조상경은 영조 중기에 노론의 중진으로서 정치에 큰 영향을 끼쳤다(『조선왕조실록』 인조 26년 ~ 영조 22년조 등에서 종합).

217) 「비변사등록」 정조 13년 2월 ~ 16년 6월 좌목에서 종합.

218) 위 책, 광해군 9년 3월 ~ 철종 13년 9월 좌목에서 종합.

219) 위 책, 인조 26 ~ 27년조에서 종합.

220) 위 책, 현종 1 ~ 9년조에서 종합.

③ 黃欽은 숙종 36년 1 ~ 2월(우참찬)·36년 2 ~ 3월(좌참찬)·36년 5 ~ 6월(좌)·36년 11월 ~ 37년 1월(우)·37년 11월 ~ 38년 4월(우)에 참찬으로서 비변사제조를 겸대하였는데, 이 전후에도 부사직(36.4~)·예판(36.6~)·부사직(37.2~)·전형판(37.3~)·사정(38.5~)으로서 비변사제조를 예겸하거나 겸대하였다.[221]

④ 金興慶은 영조 1년 4월 ~ 5월(우참찬)·1년 11월 ~ 12월(좌참찬)·3년 7월 ~ ?(좌)·4년 10 ~ 11월(좌)·5년 9월 ~ 11월(좌)·6년 10월 ~ ?(좌)에 참찬으로서 비변사제조를 겸대하였는데, 이 전후에도 형판(1.6~)·부호군(1.12~)·사직(4.11 ~12)·사직(5.12~)으로서 비변사제조를 예겸하거나 겸대하였다.[222]

⑤ 趙尙絅은 영조 10년 1월 ~ 3월(좌참찬)·12년 12월 ~ 13년 1월(우)·13년 3 ~ 5월(우)·13년 윤9 ~ 12월(좌)·14년 4 ~ 8월(좌)·17년 6 ~ 8월(좌)에 비변사제조를 겸대하였는데, 이 전후에도 판중추(10.4~5.7)·부호군(10.10~)·병판(10.11~)·이판(12.9~)·예판(13.1~)·형판(13.6~)·이판(13.7~)·판돈령(13.12~)·병판(14.9~)·이판(15.10`)·지중추(16.4~)·공판(16.5~)·이판(16.7~, 16.11~)·부사직(17.4~)·지중추(17.9~)·지돈령(17.12~)·지중추(18.4~)·판중추(18.6)·공판(18.8~)·부사직(19.윤4~6)·예판(21.1~)·부사직(21.8~)·지중추(21.9)·판윤(22.2~)으로서 비변사제조를 예겸하거나 겸대하였다.[223]

이를 볼 때 비록 참찬으로서 비변사제조에 제수되었다기 보다 비변사제조로서 편의상 참찬에 제수되는 경향이 있기는 하

221) 위 책, 숙종 36 ~ 38년조에서 종합.
222) 위 책, 영조 1 ~ 6년조에서 종합.
223) 위 책, 영조 10 ~ 22년조에서 종합.

였지만 제조겸대자의 비율이 50%나 되고, 장기간 겸직자가 상당하였음에서 참찬의 비변사제조 겸대는 참찬의 기능과 관직 지위를 유지·강화하는 중요한 토대가 되었다고 하겠다. 따라서 의정, 찬성, 참찬은 그 직질, 의정은 정1품 영중추부사 이하가 승지되면서 제수되는 최고의 관직이고 의정부의 장관이며, 찬성·참찬은 행판서·판서와 교차제수되고[224] 그 모두 국왕의 신임이 깊고 재식·경륜이 있는자가 제수되었기에 비변사의 도제조나 제조 등의 겸직과 대소 국정논의의 참가를 통해 국정에 큰 영향력을 발휘하였다고 하겠다.

2) 堂下官

舍人은 檢詳·司錄을 지휘하면서 부의 실무를 총관하였고, 의정 이하 당상관과 국왕의 중간에서 상계하고 하달되는 정사와 의정부(의정)와 백사(백관)의 중간에서 상달되고 하달되는 정사를 매개하였다.[225] 또 사인은 의정부의 기능 및 낭청의 직장과 관련하여 常參·經筵·講經 등에 참여하였고, 외교사·형정 등의 논의에 참여하였으며, 국왕을 시종하고 왕명을 백사·백관에게 전달하였다. 한편 사인·검상이 비변사낭청을 겸대하였는데, 그 확인자가 사인 南宮櫶·검상 趙珩 등 10여명에 불과하고,[226] 그 나마 영조 35년 11월과 12월에 검상과 사인으로서 비변사 낭청을 겸대한 朴相喆의 경우에 "영조 35년 7월에 副司果로서 비

---

224) 앞 조경 ~ 조상경 관력 참조.

225) 『의정부등록』 현종 6년 1월 29일(좌의정 - 사인 - 왕)·2월 16일(왕 - 사인 - 우의정), 외.

226) 위 책, 광해군 9년 3월 ~ 철종 13년 9월 좌목에서 종합.

변사낭청을 겸하였고, 이후 영조 37년 1월까지 司僕寺正과 부사과에 교차되면서 계속 비변사낭청을 겸대하였다"[227] 라고 하였음에서 사인·검상으로서 보다는 그 인물됨에서 겸대한 것으로 추측된다. 따라서 의정부 낭관이 비변사낭청을 겸대하면서 비변사운영에 참여한 기능은 큰 의미가 없다고 하겠다.

檢詳은 조선전기와 같이 사인과 함께 부내의 행정사무를 담당하고 사인 부재시에는 부의 실무를 총관하였으며, 의정 이하 당상관과 국왕의 중간에서 상계하고 하달되는 정사와 의정부(의정)와 백사(백관)의 중간에서 상달되고 하달되는 정사를 매개하였으며, 敎旨를 등록하고 그 중에 신법으로 제정해야 할 사항들을 分類·裒集하여 신법제정에 대비하였다.[228] 의정부의 기능 및 낭청의 직장과 관련하여 상참·경연·강경 등에 참여하였고, 외교사·형정 등의 논의에 참여하였다.

한편 조선후기의 사인·검상은 비변사의 대두로 인한 의정부기능의 퇴조로 그 관직적 지위가 크게 저하되었다. 그러나 그 체직관직을 보면, 다음의 표와 같이 사인은 관력이 확인된 자가 소수이기 때문에 구체적인 경향을 알 수 없지만, 검상은 체직이 확인된 경우에 그 대부분이 즉, 광해군대에는 2명 중 1명(1명은 정3품 당상), 인조대에는 5/6명, 현종대에는 1/1명, 숙종대에는 12/14명(2명은 정3·종3 각1), 경종대에는 4/5명, 영조대에는 22/26명(4명은 정4), 정조대에는 2/2명, 순조대에는 4/4명, 헌종대에는 3/4명, 철종대에는 1/1명이 사인에 승직되면서 체직되었다. 또 사록도 숙종대에는 8명중 7명이 정6품직에 승직되면서 체직되었다. 이를

227) 위 책, 영조 35년 7월 ~ 37년 1월 좌목에서 종합.
228) 조선전기 검상기능은 한충희, 앞「조선초기 의정부연구」상, 547쪽 참조.

볼 때 검상은 "사인이 결원되면 임기를 따지지 아니하고 사인에 승직한다"[229] 는 규정에 따라 사인에 승직되면서 체직되는 경향이 현저하였다고 하겠고, 사록도 "임기가 차면 승자되면서 체직된다"[230]는 규정에 따라 참상관에 승자되면서 체직되는 경향이 현저하였다고 추측된다. 이를 볼 때 사인의 체직은 불명하나, 그 대부분은 검상이 인사규정에 따라 승직되면서 제수되었던 만큼 "근무기간이 차면 승자되면서 체직된다"[231] 는 인사규정에 따라 종4품 이상직에 승자되면서 체직된 것으로 추측된다.

〈표 12〉 조선후기 사인 · 검상 · 사록 체직관직[232]

	사인						검상							사록				비고
	종4품 이하	정4	종3	정3 하	불명 등	계	종5 이하	정5	종4	정4	종3 이상	불명 등	계	종6 이하	정6	불명 등	계	
광해군					16	16				1	1*7	3	5				0	
인조					19	19				6		1	7			3	3	
효종					29	29						3	3			8	8	
현종					18	18				1		1	2		1	15	16	
숙종	2*1		1	1	54	58	1*4		1	12	2*8	4	20	1*9	7	30	38	
경종					7	7				4		1	5			4	4	
영조	6*2	1		4	23	34	2*5	1		26		13	42	1*10		7	8	
정조	1*3				4	5		3		2		13	18					
순조					8	8	1*6	1		4		8	14					
헌종					4	4				3		1	4					
철종						0				1			1					
계	9	1	1	5	182	198	4	5	1	60	3	48	121	2	8	67	77	

*1 정5 1 · 종4 1, *2 종4 2 · 정5 2 · 정6 1 · 종6 1, *3 종6 1, *4 종5 1, *5 정6 2, *6 종5 1, *7 정3상 1, *8 정3 1 · 종3 1, *9 정7 1, *10 종6 1.

229) 『대전회통』 권1, 이전 경관직 의정부.
230) 위 책 권1, 이전 경관직.
231) 동상조.

이러한 검상·사록의 체직관직은 비록 의정부 기능의 쇠퇴로 사인 등의 관직적 지위가 저하되기는 하였지만 『경국대전』에 "의정부는 최고의 정치기관이고, 사인·검상·사록은 문관으로 제수되어 승자되면서 체직된다"[233] 는 규정이 변동없이 조선말까지 계승되었음에서 기인되었고, 비록 의정부가 국정총관의 기능은 상실하였지만 최고의 정치기관으로 존속되었음을 시사하는 것이라고 하겠다.

한편 조선후기에 편찬된 법전은 『경국대전』을 토대로 하고 개정된 내용을 補記하는 '祖宗成憲主義'가 준수되면서 편찬되었다. 법전편찬의 이러한 태도는 비록 의정부가 비변사가 중심이 된 국정운영에 따라 국정총관의 기능을 상실하고 의례 등을 관장하는 명목적인 최고 정치기구로 전락하기는 하였지만, 中樞府과 함께 문, 무 최고의 정치기관으로 존속되는 토대가 되었다고 하겠다.

이를 볼 때 조선후기 의정은 의정부기능은 쇠퇴하였지만, 최고 정치기관의 장관이고 최고의 관직인 직질을 토대로 본직과 비변사도제조 등의 겸직활동을 통해 국정운영을 주도하거나 국정논의에 활발하게 참여하면서 국정운영에 큰 영향력을 발휘함으로써 최고 관직으로서의 지위와 의정부가 최고 정치기관으로 존속되게 하는 토대가 되었다. 찬성·참찬은 본직과 겸직활동을 통해 대소국정논의에 참여하여 그 정사의 결정에 영향력을 발휘하였고, 사인·검상은 부의 실무를 관장하고 의정부(의정)와 국왕·백사(백관)의 중간에서 양자간에 상달되고 하달되는 정사를 매개하였다.

232) 『의정부등록』·『조선왕조실록』 광해군 5년 ~ 철종 14년조에서 종합.
233) 『대전회통』 권1, 이전 경관직·의정부조.

제 2 부　朝鮮初期의 議政府

제3장 朝鮮初期 議政府官員의 性分과
　　　議政府官職의 性格 · 地位

제4장 朝鮮初期 議政府의 政治活動과 國政總管

제5장 朝鮮初期 議政府官員의 機能과 國政運營

제6장 朝鮮初期 議政府構成員과 議政府機能

제3장 朝鮮初期 議政府官員의 性分과 議政府官職의 性格·地位

제 1 절 議政府官員의 性分

1. 出仕路

1) 堂上官(議政, 贊成, 參贊)

조선초기(정종 2년 ~ 성종 25년)에 의정부 당상관을 역임하였음이 확인된 인물은 議政(判門下·政丞·判府事) 67명, 贊成(贊成事·同判府事·參贊) 80명, 參贊(參贊事) 117명이었다(의정부 문학·지부사와 성립초에 일시 의정부에 소속되었던 삼사·예문춘추관·삼군부관 제외).[234]

이들 의정부 당상관의 출사로를 보면 의정은 다음의 표와 같이 문과(음서나 천거후 문과 포함, 찬성·참찬 동)가 48명 72%였고, 음서가 12명 18(음서후 문·무과를 포함하면 26명 39, 찬성·참찬 동)%였으며, 불명 등이 7명 10%였다. 찬성은 문과가

---

234) 『조선왕조실록』 정종 2년 ~ 성종 25년조, 『典故大方』, 『國朝人物考』, 『國朝文科榜目』에서 종합. 의정·찬성·참찬 역임자와 그 생몰년·본관·출사로·재직기간·가계는 한충희, 2007, 『朝鮮初期 官職과 政治』, 계명대학교출판부, 〈별표 1 ~ 3〉 참조.

51명 64%였고, 음서가 11명 14(26명 33)%였으며, 불명 등이 15명 19%였다. 참찬은 문과가 76명 65%였고, 음서가 26명 22(51명 44)%였으며, 불명 등이 15명 13%였다. 의정·찬성·참찬을 합해서는 문과가 172(총264)명 65%였고, 무과가 7명 3%였고, 음서가 52명 20(113명 43)%였으며, 불명 등이 319명 12%였다.

〈표 13〉 조선초기 의정·찬성·참찬 출사로[235]

	문과	무과	음서	음서 후 문과	음서 후 무과	기타 및 불명	합계	비고
의정	35		12	13	1	6	67	
찬성	40	1	14	11	1	13	80	
참찬	52	2	26	23	2	12*	117	
계	127	3	52	47	4	31	264	

*1은 천거후 문과

이를 볼 때 조선초기 의정부 당상관 역임자의 출사로는 의정부 기능의 신축과는 달리 조선초기를 통하여 의정은 문과가 대부분을 점하였고, 찬성과 참찬은 문과가 다수이기는 하나 음서도 상당하였다고 하겠다.

2) 堂下官(舍人, 檢詳)

舍人(經歷) 역임자 86명의 출사로를 보면 다음의 표와 같이 58명 67%가 고려말·조선초에 文科를 통하여 출사하였고,[236]

---

235) 『조선왕조실록』 정종 2년 ~ 성종 25년조, 『국조문과방목』 등에서 종합(그 구체적인 내용은 위 책, 〈별표 1 ~ 3〉 참조).

236) 『高麗禮部試登科錄』·『國朝文科榜目』에서 종합. 신상·이회·최부·조계생은 고려말에 등제하였고, 그 외는 조선시대였다. 이 중 당상관에

18명 21%가 父蔭이나 祖蔭 또는 妻父蔭으로 출사하였다가 다시 문과에 급제하였고,[237] 6명 7%가 散階를 획득하였다가 문과를 거쳐 출사하였으며,[238] 4명 5%는 출사로가 불명하였다.[239] 따라서 사인 86명 중 82명 95%가 문과출신이었다. 이것은 사인·검상이 문신으로 補任되게 된 규정에서[240] 연유되었을 것이다. 그런데 의정부의 전신인 고려말 都評議使司 經歷司 經歷(1인, 3 ~ 4품)·都事(1, 5 ~ 6품)가 모두 문신으로 제수되었고,[241] 사인·검상이 당시의 최고 국정기관인 의정부의 낭관이

오른 49명은 뒤 〈표 24〉 참조).

237) 권제·안호는 음서·탁음자가 명확하였고, 그 외에 있어서는 음서여부·탁음자가 불명하였다. 그런데 후자의 경우에 現職으로서 급제하였고, 조선초기의 음서규정이 '개국 ~ 세종 7년에는 경직 3품 이상을 역임한 관인의 장남 - 장남 유고시에는 장손 또는 차남 -에게 정7 ~ 종9품의 관직에(『세종실록』 권29, 7년 7월 임오), 세종 7 ~ 27년에는 외관 3품 이상 역임자도 경관과 같은 음서의 혜택이(『세종실록』 권109, 27년 9월 경인), 세종 27년 ~ 『경국대전』에는 ⓐ 공신과 2품 이상의 자·손·서·제·질, ⓑ 원종공신의 자·손과 경·외 현직 3품 이상의 자·손, ⓒ 사헌부·사간원·이조·병조의 4품 이하 관직역임자의 자에게 각각 시험을 부과하여 합격하면 관직에(『세종실록』 권112, 28년 4월 신해), 『경국대전』 이후에는 앞의 그것에 도총부·홍문관·부장·선전관 4품 이하 역임자의 자도 음서의 혜택이(『경국대전』 권1, 이전 음자제)' 각각 주어졌다. 또 이들 부, 조, 처부 등의 역관을 볼 때 음서로 출사하였을 것으로 추측되었다. 이에서 이지강 등 16명은 음서로 출사한 것으로 파악한다. 이들의 출신과 가계는 『국조문과방목』, 『조선왕조실록』 해 인물 졸기조, 『국조인물고』 해 인물조 및 『만성대동보』 등 해 성씨조 참조.

238) 『국조문과방목』.

239) 이계손은 『세종실록』 권92, 23년 4월 을해에 사인이었음만 확인되었는데, 李稽孫과 성명이 비슷한 李仁孫이 동일한 시기에 사인으로 재직하였음에서 기록자의 착오로 이인손이 이계손으로 기재된 것이 아닐까고도 생각된다.

240) 『경국대전』 권1, 이전 의정부조.

241) 『고려사』 권31, 百官志 都評議使司 (전략) 恭讓王二年 加置經歷司 以統六房 經歷一人三四品 都事一人五六品 皆文臣爲之.

었음 등에서 근본적으로는 사인·검상의 職掌·機能에서 기인되었다고 하겠다.

〈표 14〉 조선초기 사인·검상 출사로[242)]

	문과	음서 후 문과	?· 문과	기타 및 불명	합계	비고
사인	64명 74%	18명 21%		4명 5%	86명 100%	
검상	29 76	6 16	1명 3%	2 5	38	
계	74명	20명	1명	5명	100명	

검상 38명의 출사로를 보면 위의 표에서와 같이 29명 76%가 문과에 급제한 후 출사하였고,[243)] 6명 16%가 부음이나 조음 또는 처부음으로 출사하였다가 다시 문과에 급제하였고, 1명 3%가 사과로서 문과에 급제하였으며[244)] 2명 5%는 출사로가 불명하였다.[245)] 이를 볼 때 검상은 36명 95%가 문과급제자였다. 이 점은 사인에서 언급되었듯이 고려말 도평의사사 낭청과 『경국대전』의 의정부 낭청 문신제수규정, 의정부기능과 연관된 검상의 기능 등이 복합적으로 작용된 결과였다.

---

242) 『조선왕조실록』 정종 2년 ~ 성종 25년조, 『국조문과방목』 등에서 종합(그 구체적인 내용은 한충희, 앞 책, 〈별표 1 ~ 3〉 참조).

243) 『고려예부시등과록』, 『국조문과방목』에서 종합.

244) 『고려예부시등과록』, 『국조문과방목』, 『조선왕조실록』, 『국조인물고』, 『만성대동보』 등에서 종합.

245) 김위는 『세조실록』 권2, 1년 12월조에 검상으로서 원종공신2등에 책록된 내용과 『세종실록』 권49, 12년 8월에 가평현감에 재직하였음 만이 확인되었다. 그런데 그와 성명이 비슷한 金瑋이 세조 4년경에 사인에 재직하였음이 확인되었음에서 金瑋의 오기가 아닐까고도 생각된다.

2. 姓貫

1) 堂上官(議政, 贊成, 參贊)

조선초기 의정부 당상관의 본관을 보면 다음의 표와 같이 의정은 『傭齋叢話』·『新增東國輿地勝覽』이나 『용재총화』 또는 『신증동국여지승람』에 기재된 鉅族 성관자가 56명 84%였고, 비거족 성관자가 11명 16%였다(성관불명자는 없었다). 찬성은 거족 성관자가 62명 77.5%였고, 비거족성관자가 18명 22.5%였다. 참찬은 거족성관자가 85명 73%였고, 비거족성관자가 28명 24%였으며, 성관불명자가 4명 3%였다. 의정·찬성·참찬을 합해서는 거족 성관자가 203명 77%였고, 비거족 성관자가 57명 22%였으며, 불명자가 4명 2%였다.

〈표 15〉 조선초기 의정·찬성·참찬 본관(수 명)246)

	거족성관				비거족 성관	성관 불명	합계	비고
	〈용〉·〈신동〉 기재성씨*	〈용〉	〈신동〉	계				
의정	48	5	3	56	11	0	67	
찬성	53	4	5	62	18	0	80	
참찬	69	6	10	85	28	4	117	
계	170	15	18	203	57	4	264	

* 〈용〉은 『용재총화』, 〈신동〉은 『신증동국여지승람』, 종친 포함(검상 동).

이를 볼 때 조선초기 의정부 당상관 역임자의 성관은 거족인

246) 『조선왕조실록』 정종 2년 ~ 성종 25년조, 『국조문과방목』, 『만성대동보』, 『전고대방』 등, 李泰鎭, 1985, 「15世紀 後半期의 '鉅族'과 名族意識」, 『韓國史論』 3, 245 ~ 247쪽 〈표 3〉 및 296 ~ 298쪽 〈표 4〉에서 종합(그 구체적인 내용은 한충희, 앞 책, 〈별표 1 ~ 3〉 참조).

자가 의정 · 찬성 · 참찬 모두 70% 이상이었고, 거족이 아닌 자는 30% 미만인 등으로, 당상의 대부분이 거족 가문출신이었다고 하겠다.

2) 堂下官(舍人, 檢詳)

사인 86명의 본관을 보면 다음의 표와 같이 52명 60%가 『용재총화』·『신증동국여지승람』과 『용재총화』나 『신증동국여지승람』에 유력성관으로 기재된 성관이었고, 29명 34%가 비거족 성관이었으며, 5명 6%는 불명이었다. 검상 38명의 성관을 보면 27명 71%가 거족성관이었고, 8명 21%가 비거족성관이었으며, 3명 8%가 불명이었다. 사인과 검상을 합한 100명은 유력성관이 63명 63%였고, 비거족성관이 30명 30%였으며, 불명이 7명 7%였다. 이를 볼 때 사인과 검상에는 대개 유력한 가문의 자손이 제수되었다고 하겠다.

〈표 16〉 조선초기 사인 · 검상 본관(*종친 포함, 수는 명)[247)]

	거족성관				비거족 성관	성관 불명	합계	비고
	〈용〉·〈신동〉 기재성씨*	〈용〉	〈신동〉	계				
사인	42	4	6	52	29	5	86	
검상	20	5	2	27	8	3	38	
계	51	6	6	63	30	7	100	

247) 동상조.

3. 父祖의 官歷

1) 堂上官(議政, 贊成, 參贊)

조선초기 의정부 당상 역임자의 부조가 역임한 최고 관직(관품)을 보면 의정은 다음의 표와 같이 부·조와 부나 조가 1 ~ 2품직을 역임한 자가 51명 76%였고, 정3품 당상관직이 1명 1%였고, 3 ~ 6품직이 12명 18%였으며, 기타·불명자가 3명 4%였다. 찬성은 1 ~ 2품직 역임자가 62명 78%였고, 3품 당상직이 1명 1%였고, 3 ~ 6품직이 14명 18%였으며, 기타·불명자가 3명 4%였다. 참찬은 1 ~ 2품직 역임자가 78명 67%였고, 3품 당상직이 5명 4%였고, 3 ~ 6품직이 20명 17%였고, 7 ~ 9품직 역임자가 1명 1%였으며, 기타·불명자가 13명 11%였다. 의정·찬성·참찬을 합해서는 1 ~ 2품직 역임자가 191명 72%였고, 3품 당상직이 7명 3%였고, 3 ~ 6품직이 46명 17%였고, 7 ~ 9품직 역임자가 1명 1%였으며, 기타·불명자가 19명 7%였다.

〈표 17〉 조선초기 의정·찬성·참찬 부·조 관력[248]

	부·조				부나 조					기타·불명	합계
	1~2품	3품 당상	3~6품	계	1~2	3상	3~6	7~9	계		
의정	24	0	5	29	27	1	7	0	35	3	67
찬성	30	0	9	39	32	1	5	0	38	3	80
참찬	37	1	11	49	41	4	9	1	55	13	117
계	91	1	25	117	100	6	21	1	128	19	264

248) 『조선왕조실록』 태조 1년 ~ 성종 25년조, 『국조인물고』, 『만성대동보』 등에서 종합((그 구체적인 내용은 한충희, 위 책, 〈별표 1 ~ 3〉 참조).

이를 볼 때 조선초기 의정부 당상관 역임자 부조가 역임한 최고 관직(관품)은 의정·찬성은 1 ~ 2품직 역임자가 77% 이상이고 그 외가 23% 미만이었으며, 참찬은 1 ~ 2품 역임자가 67% 이상이고 그 외가 33% 미만이었다. 즉 의정·찬성·참찬에는 1 ~ 2품직 - 최고위 관직을 역임한 자의 자손이 제수되는 경향이 현저하였다고 하겠다.

2) 堂下官(舍人, 檢詳)

사인역임자 86명의 부·조와 부나 조가 역임한 관직을 보면 다음의 표와 같이 1 ~ 2품이 36명 42%였고, 정3품 당상관이 7명 8%였고, 정3 ~ 종6품관이 20명 23%였고, 7 ~ 9품관이 1명 1%였으며, 기타·불명이 22명 26%였다. 검상역임자 38명의 경우에는 1 ~ 2품이 18명 47%였고, 정3품 당상관이 1명 3%였고, 정3 ~ 종6품관이 20명 53%였고, 7 ~ 9품관이 1명 3%였으며, 기타·불명이 10명 26%였다. 사인·검상 100명은 1 ~ 2품이 42명 42%였고, 3품 당상관이 8명 8%였고, 3 ~ 6품이 22명 22%였고, 7 ~ 9품이 1명 1%였으며, 기타·불명이 27명 17%였다. 이를 볼 때 사인과 검상은 50% 이상이 당상관의 자손인 등 고관을 역임하거나 관인의 자손이 제수되는 경향이 현저하였다고 하겠다.

〈표 18〉 조선초기 사인 · 검상 부 · 조 관력(명/%)249)

	부 · 조와 부나 조										기타 · 불명		합계
	1 ~ 2품		정3 당상		정3 ~ 종6		정7 ~ 종9		계				
사인	36	42	7	8	20	23	1	1	64	74	22	26	86
검상	18	47	1	3	20	53	1	3	28	74	10	26	38
계	42	42	8	8	22	22	1	1	73	73	27	27	100

이상에서 사인과 검상은 문과에 급제한 명문거족의 고관을 역임한 인물의 자손이 제수되는 경향이 현저하였다고 하겠고, 이점은 의정부의 기능 및 이와 관련되어 승자 · 승직되면서 체직된 인사규정에서 기인된 것으로 추측된다.

제 2 절 議政府官員의 官歷

1. 除授直前 官職

1) 堂上官(議政, 贊成, 參贊)

조선초기에 영의정 이하 의정부 당상직을 역임한 인물은 의정이 영의정 42명, 좌의정 50명, 우의정 62명, 판의정이 2명이었고, 찬성은 좌찬성 31명, 우찬성이 34명, 찬성 42명이었으며, 참찬은 좌참찬 42명, 우참찬 44명, 참찬이 77명이었다.

이들 의정부 당상관 역임자의 각 관직에 제수되기 직전의 관직을 보면 領議政은 다음의 표와 같이 정1품직(계)이 의정

249) 『조선왕조실록』 태조 1년 ~ 성종 25년, 『만성대동보』, 『국조인물고』, 『국조문과방목』 등에서 종합.

26명(62%), 부원군 8명(19), 기타 6명(14) 등 40명 95%였고, 종1품직과 정2품직이 찬성과 참찬 각1명(2)의 2명 5%였다. 左議政은 정1품직이 의정 34명(68%), 부원군 11명(22), 기타 1명(2) 등 46명 92%였고, 종1품직이 찬성 3명(6), 판중추 1명(2) 등 4명 8%였다. 右議政은 정1품직이 의정 3명(5%), 영중추 5명(8), 부원군 17명(27), 기타 2명(3) 등 27명 44%였고, 종1품직이 찬성 21명(34), 판중추 2명(3), 군 3명(5), 기타 9명(15) 등 35명 56%였다. 판의정은 정1품직이 의정과 부원군 각1명(50%)의 2명이었다.

찬성은 좌찬성은 종1품직이 찬성 17명(55%), 판중추 2명(6) 참찬 3명(10) 판서 1명(3) 군 5명(16), 기타 3명(10) 등 31명 100%였다. 우찬성은 종1품직이 판중추 3명(9%), 참찬 5명(15), 판서 5명(15), 기타 3명(9) 등 16명 47%였고, 정2품직이 참찬 10명(29), 판서 5명(15), 군 1명(3), 기타 2명(6) 등 18명 53%였다. 찬성은 정1품직이 부원군과 기타가 각2명(5%) 10%였고, 종1품직이 판총제 4명(10), 판중추 1명(2), 참찬 5명(12, 판서 6명(14), 군 2명(5), 기타 4명(10) 등 23명 55%였으며, 정2품직이 참찬 6명(14), 판서 4명(10), 군·기타 각3명(7) 등 16명 38%였다.

참찬은 좌참찬이 종1품직은 판중추 1명(2%), 참찬 5명(12), 판서 1명(2), 군 3명(7), 기타 2명(5) 등 12명 29%였고, 정2품직이 참찬 12명(29), 판서 14명(33), 기타 4명(10) 등 30명 71%였다. 우참찬은 종1품직이 판서·군 각2명(5%)와 기타 3명(7) 등 7명 16%였으며, 정2품직이 판서 25명(57%)와 기타 11명(25) 등 36명 82%였다. 참찬은 종1품직이 군·기타 각1명(1%) 등 2명 3%였고, 정2품직이 판서 25명(32), 도총제 6명(8), 군 8명(10), 기타 35명(45) 등 74명 96%였다.

〈표 19〉 조선초기 의정 · 찬성 · 참찬 제수직전관직[250)]

		의정					찬성				참찬			
		영의정	좌	우	판의정	계	좌찬성	우	찬성	계	좌참찬	우	참찬	계
정1	의정	26	34	3	1	64								
	영중추			5		5								
	부원군	8	11	17	1	37			2	2				
	기타	6	1	2		9			2	2				
	계	40	46	27	2	115			4	4				
종1	찬성	1	3	21		25	17			17				
	판총제								4	4				
	판중추		1	2		3	2	3	1	6	1			1
	참찬						3	5	5	13	5			5
	판서						1	5	6	12	1	2		3
	군			3		3	5		2	7	3	2	1	6
	기타			9		9	3	3	4	10	2	3	1	6
	계	1	4	35		40	31	16	23	69	12	7	2	21
정2	참찬	1				1		10	6	16	12			
	판서							5	4	9	14	25	25	
	도총제												6	
	군							1	3	4			8	
	기타							2	3	5	4	11	35	
	계	1				1		18	16	34	30	36	74	140
종2												1	1	2
합계		42	50	62	2	156	31	34	42	107	42	44	77	163

이처럼 영의정과 좌의정은 각각 90% 이상이 좌의정과 우의

250) 『조선왕조실록』 태조 7년 ~ 연산군 4년, 『국조인물고』 등에서 종합.

정이 중심이 된 정1품직자가 제수되었고, 우의정은 부원군·영중추 등 정1품직자가 체직되면서나 좌찬성 등 종1품직자가 승직되면서 제수되었다. 좌찬성은 우찬성이 중심이 되면서 판중추 등 종1품직자와 행참찬·판서 등 종1품계자가 체직되거나 승직되면서, 우찬성은 행참찬·판서 등 종1품자와 정2품직인 우참찬·판서가 비슷한 비율로 체직·승직되면서 제수되었다. 좌참찬은 종1품자가 행직으로 제수되기도하나 대개는 정2품직인 우참찬·판서 등이 체직되면서, 우참찬은 종1품자가 행직으로 제수되기도 하나 대개는 정2품직인 판서 등이 체직되면서 제수되었다.

이상에서 영, 좌의정은 좌, 우의정 재직자가, 우의정은 부원군·영중추 등 정1품직자나 좌찬성 등 종1품직자가, 좌찬성은 우찬성 재직자가, 우찬성은 은 행참찬·판서 등 종1품계자나 참찬·판서 등 정2품직자가, 좌참찬은 우참찬·판서 재직자가, 우참찬은 판서 재직자가 각각 체직되면서나 승직되면서 제수되는 경향이 현저하였다고 하겠다.

2) 堂下官(舍人, 檢詳)

사인은 『경국대전』에 "사인이 결원되면 검상을 근무일수를 계산하지 아니하고 승진시킨다"고 하였고, 세종 19년 10월에 의정부가

> 사인은 근로가 육조낭청의 배나 됩니다. 청컨대 육조낭청의 예에 따라 30개월의 근무기간이 차면 품계를 올리소서(이를 가납하였다).[251]

라고 하였음과 같이 검상이 陞差 및 3품에 오르면서 체직되는 등 우대되고 중요시된 관직이었다. 이를 볼 때 사인은 검상과 직결되면서 30개월의 기간으로 정5품에서 종3품에 승진하였고, 사인의 이러한 역관은 조기에 당상관이나 2품 이상으로의 승진을 가능하게 하였다고 하겠다.

사인의 동직에 제수되기 직전의 관직을 보면 다음의 표와 같이 상품직이 行典簿와 行僉正 각1명의 2%(정3)와 행장령·행장령역임 등 3명 3%(종3)였다. 동품직이 장령 5명 6%, 행검상 2명 2%, 장령역임 8명 9% 등 18명 21%였다. 하품직이 소윤 6명 7% 등 15명 17%(종4), 검상 21명 24%·정랑 11명 13% 등 38명 44%(정5), 奉職郎이 1명 1%(종5)였다. 불명이 9명 10%였다. 이를 볼 때 사인은 검상이 중심이 된 하위직자가 승직되면서 제수되는 경향이 현저하였다고 하겠다.

〈표 20〉 조선초기 사인(경력) 관력[252]

		직전관직		체직관직		최고관직		비고
		수	%	수	%	수	%	
정1 ~ 종2						58*1	67	
정3당상				4*2	5	11	13	
정3 당하	직제학			3				
	정			4				
	기타	3*3		9*4				
	계	3	3	16	19	4	5	

251) 『태종실록』 권77, 19년 10월 계미.
252) 뒤 〈별표 4〉에서 종합.

		직전관직		체직관직		최고관직		비고
		수	%	수	%	수	%	
종3	집의			16				
	부정			7				
	기타	4*5		8*6				
	계	4	5	31	36	8	9	
정4	장령	5						
	검상	2						
	기타	11*7						
	계	18	21	14	16	5	6	
종4	검상	2						
	소윤	6		1				
	기타	7*8		2				
	계	15	17	3	3			
정5	검상	21						
	정랑	11						
	기타	6*9						
	계	38	44					
종5		1	1					
사직 등				8	9			
불명		9	10	10	12			
합계		86	100	86	100	86	100	

*1 정1 - 7, 종1 - 9, 정2 - 25, 종2 - 17
*2 좌사간, 우사간, 승지, 대호군
*3 행전부, 행첨정
*4 지병조사, 보덕 2, 일본통신사, 주문사검찰관, 행사간, 행참교, 행집의 2
*5 행장령, 역장령, 역3품
*6 사간 4, 사성, 상례, 지승문원사, 대호군
*7 사예, 역장령 8, 역시어사, 직수문전
*8 수응교, 수사예, 역소윤, 행찰방 3, 역경력
*9 수장령, 역정랑 3, 역지평 3, 직강, 헌납

〈표 21〉 조선초기 검상 관력[253)]

		직전관직		체직관직		최직관직	
		수	%	수	%	수	%
정1 ~ 종2 정3당상						24*1 5	63 13
정3 ~ 종3		1*2	3	5*3	13	6	16
정4	사인			23			
	장령	4					
	기타	6*4		2			
	계	10	26	25	66	1	3
종4		8*5	21	2	5		
정5	정랑	4					
	교리	2					
	기타	7*5		1			
	계	13	34	1	3	2	5
종5이하		3*7	8				
사직 등				1	3		
불명		3	8	4	11		
합계		38	100	38	100	38	100

*1 정1 - 3, 종1 - 4, 정2 - 7, 종2 - 10 2,
*2 역종3
*3 집의, 사간, 행장령, 부정 2
*4 사예 3, 창사, 역장령, 행부교리
*5 소윤2, 행정랑 2, 역지평, 역군수 2, 강원경력
*6 수소윤, 수사예, 문학, 직강, 역정랑 역지평
*7 역도사, 집현전수찬, 역현감

검상은 『경국대전』에 "사인에 결원되면 검상을 재직기간에 구애되지 않고 陞差한다"고 규정되었고, 사인은 30개월의 근무기간이 차면 종3품에 승진되면서 체직되었던 만큼 사인에는 미치지 못하나 요직으로 간주되면서 대부분이 조기에 당상관에 승진되었을 것이라고 추측되었다.

---

253) 뒤 〈별표 5〉에서 종합.

검상에 제수되기 직전의 관직을 보면 다음의 표와 같이 상품직은 역임관직이 명확하거나 추측이 가능한 元肅 등 34명의 경우에 이문형은 종3품관을 역임하였고, 모순·박중손·민사건·이승건과 김길통·구치관·윤효손 및 정식은 장령과 사예 및 廣興倉使였고(각 정4), 원효연과 이효장은 장령역임과 行承文院副校理였고(정4), 이서장·이극기와 이칙·안호는 소윤과 행정랑이었으며(종4), 남윤종과 박계성·조위는 행지평역임과 군수역임이었다(종4). 김지경과 이수언은 守少尹과 守司藝였고(정5), 원숙·황효원·이계전·김여석과 정문형·이균은 정랑과 홍문관교리였고(정5), 이승원과 이극증은 세자문학과 직강이었고(정5), 허규·박건과 이평은 정랑역임과 지평역임이었고(정5), 민순손은 도사역임이었고(종5), 이극감은 집현전수찬이었으며(정6), 김위는 현감역임이었다(종6?). 이를 볼 때 검상에는 4품자가 행직제수되거나 정5품직이 체직되면서 제수되었다고 하겠다.

2. 遞直官職

1) 堂上官(議政, 贊成, 參贊)

조선초기 의정부 당상관 역임자의 각 관직에서 체직된 관직을 보면 의정은 다음의 표와 같이 영의정 42명은 부원군이 21명(50%)이었고, 파직 등이 9명(21)이었으며, 의정과 기타 등이 각 6명(14)이었다. 좌의정 50명은 의정이 20명(40%)이었고, 부원군이 16명(32)이었고, 파직 등이 11명(22)이었으며, 영중추 등이 3명(6)이었다. 우의정 62명은 의정이 34명(55%)이었고, 부원군이 14명(23)이었고, 파직 등이 11명(22)이었으며, 기타가 3명(6)이었다(판의정 생략).

찬성은 좌찬성 31명은 정1품직이 의정이 14명(45%)·영중추가 4명(13)·부원군이 1명(3) 등 19명 61%였고, 종1품직이 군과 파직 등 각4명(13)·판서 등 4명(13) 등 12명 39%였다. 우찬성 34명은 정1품직이 의정 3명(9%)·영중추 등 3명(9) 등 6명 18%였고, 종1품직이 찬성 18명(53)·파직 등 6명(18)·판중추 등 4명(12) 등 28명 82%였다. 찬성 42명은 정1품직이 의정 7명(17%)·부원군 5명(12)이었고, 종1품직이 판서 10명(24)·파직 등 6명(14)·그 외가 찬성 1명(2) 등 14명 33%였다.

참찬은 좌참찬 42명은 종1품직이 찬성 12명(29%)·파직 등 3명(7)·그 외가 판서와 군 각2명(5) 등 11명 26%였고, 정2품직이 판서 5명(12)·군 4명 (10)·파직 등 5명(12)·기타 2명(5)이었다. 우참찬 44명은 종1품직이 찬성 6명(14%)·참찬 5명(11)·판서와 군 각1명(2)이었고, 정2품직이 참찬 11명 (25)·판서 12명(27)·파직 등 4명(9)·기타 4명(9)이었다. 참찬 58명은 정1품직이 1명(2%)였고, 종1품직이 찬성과 판총제 각7명(12)·참찬과 판시가 각1명(2)·기타가 2명(3)이었으며, 정2품직이 판서 18명(31)·군 8명(14)·파직 등 10명(17)·그 외가 참찬 1명(2) 등 22명 38%였다.

〈표 22〉 조선초기 의정 · 찬성 · 참찬 체직 관직[254]

		의정					찬성				참찬			
		영의정	좌	우	판의정	계	좌찬성	우	찬성	계	좌참찬	우	참찬	계
정1	의정	6	20	34	2	62	14	3	7	24				
	영중추	1	2			3	4	1		5				
	부원군	21	16	14		51	1	1	5	7				
	기타	5	1	3		9		1		1			1	1
	파직등	9	11	11		31								
	계	42	50	62	2	156	19	6	12	37			1	1
종1	찬성							18	1	19	12	6	7	25
	판총제												7	7
	판중추						1	1	1	3	1			1
	참찬											5		5
	판서						1		10	11	2	1	1	4
	군						4	2	4	10	2	1	1	4
	기타						2	1	8	11	6		2	8
	파직등						4	6	6	16	3			3
	계						12	28	30	70	26	13	18	57
정2	참찬											11	1	12
	판서										5	12	18	35
	군										4	2	8	14
	기타										2	2	21	25
	파직등										5	4	10	19
	계										16	31	58	105
합계		42	50	62	2	156	31	34	42	107	42	44	77	163

그런데 위의 체직관직에서 좌 · 우의정, 좌 · 우찬성, 좌 · 우참찬 재직 중 파직 (사직 · 치사 · 조상 · 졸 · 파직)된 인물을 제외하고 보면, 좌의정 이하로서 영의정 이하에 승직되거나 종1품 이하로서 정1품 이하에 승자 · 승직된 비율이 51% ~ 86%(좌 · 우

254) 『조선왕조실록』 태종 1년 ~ 연산군 4년조, 『국조인물고』 등에서 종합.

로 분화되기 이전의 찬성·참찬 제외)에 달하였다.[255]

이를 볼 때 영의정은 대개 좌의정이 승직하면서 제수되었고, 부원군 등으로 체직되었다. 좌의정과 우의정은 대개 우의정과 부원군·좌찬성이 승직하면서나 승자·승직하면서 제수되었고, 영의정과 좌의정으로 승직하면서 체직되었다. 좌찬성과 우찬성은 대개 우찬성과 행우참찬·우참찬이 승직하면서나 승자·승직하면서 제수되었고, 우의정과 좌찬성에 승자·승직하거나 승직하면서 체직되었다. 좌참찬과 우참찬은 대개 행우참찬·우참찬·판서와 판서가 승직되거나 체직되면서 제수되었고, 우찬성과 우찬성·좌참찬에 승자·승직되거나 승직되면서 체직되었다. 즉, 좌, 우의정은 동품의 상위직인 영, 좌의정에, 좌찬성은 우의정·영중추 등 정1품직에, 우찬성은 동품의 상위직인 좌찬성에, 좌참찬은 종1품직인 우찬성·판중추 등에, 우참찬은 동품의 상위직인 좌참찬에 각각 승직되면서나 체직되면서 제수되는 경향이 현저하였다고 하겠다.

이처럼 의정부 당상관직의 관력에 우참찬 이상 차하위직자가 좌참잔 이상에 세수되있다가 차상위직인 우찬성 이상에 제수되면서 체직된 것, 즉 우참찬에 제수되면 좌참찬 → 우찬성 → 좌찬성 → 우의정 → 좌의정을 거쳐 영의정에까지 진출한 것은 의정부의 '總百官 平庶政 理陰陽 經邦國' 의 기능, 이 기능은

255) 각 관직의 승직이나 승자·승직된 비율은 다음과 같다(『조선왕조실록』 태종 1년 ~ 연산군 4년조, 『국조인물고』 등에서 종합.
좌의정 51%(20/39명), 우의정 67%(34/51, 2명은 영의정)
좌찬성 52%(14/27, 1명은 좌의정), 우찬성 86%(24/28, 6명은 우의정 3명 등 정1품)
좌참찬 68%(23/34, 우찬성 12명, 그 외는 판중추 등 종1품), 우참찬 60%(24/40, 종1품은 우찬성 6·행좌참찬 5 등 13명, 좌참찬 11명)

그 포괄성에서 의정부가 중심이 된 국정운영 때(의정부서사기)나 국왕이 육조를 직접으로 지휘하면서 국정을 총관한 때(육조직계기)에 융통성을 갖고 운영될 수 있었던 것에서[256] 기인된 것으로 추측된다.

2) 堂下官(舍人, 檢詳)

사인의 체직 관직을 보면 앞의 〈표 20〉에서와 같이 상품직이 정3품 당상 4명 5%, 정3품 당하 16명 19%, 종3품 31명 36% 등 51명 59%였고, 동품직이 14명 16%였고, 하품직이 3명 3%였으며, 사직 등·불명이 18명 21%였다.

사인의 이러한 체직관직을 제수되기 직전의 관계와 사인재직기간과를 관련시켜 살펴 보자. 원효연·박건·이서장과 나홍서는 정5품직인 검상과 정4품직인 장령에서 사인에 승차되거나 체직되었고, 박건은 근무기간을 채웠으나 그 외는 1년 내외의 근무후에 당상관직과 당상관계에 승직(승자)되었다. 이효장·이계전/유계문·안관후·권륜·이길보/조효문/이익/조서로의 9명은 정5품직이나 정5품인 검상/정랑/헌납/직강/정랑역임에서 사인에 승직되었는데 이익은 근무기간을 채웠으나 그 외는 1년 내외의 근무후에, 조계생·이칙·현석규는 장령역임과 종4품 검상 및 경력역임에서 사인에 승직되거나 제수되었다가 1년 내외의 근무후에 각각 정3품 당하관에 승진되면서 당하관직이나 종3품직에 행직제수되었다. 정식·이승원·윤효손·김여석·안호·이수언·민사건/홍여방·김종서·황효원·이복선/정여·성윤문/강거

---

256) 한충희, 앞 「조선초기 의정부연구」 상, 110쪽.

효의 14명은 정5품직이나 정5품의 검상/정랑/정랑역임/지평역임에서 사인에 승직되었는데 홍여방·정식·강거효·이복선·이수언의 5명은 근무기간을 채웠으나 김종서 등 9명은 2년미만의 근무후에, 심도원/이미·이심·윤형·정척·김문기/이극감/이의흡의 8명은 종4품직이나 종4품의 경력/소윤/守應教/경력역임에서 사인에 승직되었는데 심도원·이미·이심은 근무기간을 채웠으나 윤현 등 5명은 1년 내외의 근무후에, 유사눌·김효손/김필/이명덕·조서강의 5명은 정4품직이나 정4품의 장령/직수문전/장령역임에서 사인에 체직·제수되었는데 김효손은 근무기간을 채웠으나 그 외는 1년 내외의 근무후에 각각 종3품에 승진되면서 종3품직에 제수되었다.

또 정4품직 이하에 체직된 인물에 있어서도 강맹경은 종5품으로서 사인에 승직되었다가 4.5년의 근무후에, 정석견/이칙/양질은 종4품으로서 守司藝/行檢詳/行察訪 재직중 사인에 승직되었다가 1년 미만의 근무후에 각각 정4품에 승진하면서 종3품직과 종5품직에 승직·체직되었다. 이극증/정분/성염조는 정5품직이나 정5품의 검상/정랑/정랑역임에서 사인에 승직되었다가 1년 미만의 근무후에 종4품에 승진하면서 종3품직에 승직되었다.

이를 볼 때 李堪 등 5명은 정3 ~ 종3품으로서, 權提 등 17명은 정4품으로서, 李克堪 등 57명은 종4 ~ 종5품으로서 각각 정4품직인 사인에 제수되거나 승직되었다. 사인역임자는 元孝然 등 51명은 정3품 당상관 ~ 종3품직에, 申商 등 14명은 정4품으로서 정4품직이나 종3·5품직에, 성염조 등 3명은 종4품으로서 정4품직이나 종4품직에 각각 승직되거나 체직되었다. 그리고 원효연 등 50명은 대부분이 1년 내외의 사인 재직후에 1 ~ 4계

(이상)가[257] 승자되면서 승직되었고, 裵孟厚 등 13명은 사인에 제수되기 직전의 관계로서 승직되거나 체직되었는데, 사인에서 승자된 50명은 사인역임자 86명 중 재직 중에 조상·피핵·체직관직불명자 23명을 제외한 63명의 79%가 되는 숫자였다.

위의 50명에 있어서 물론 李禮長(재직시 靖難2등공신에 책록)·黃孝源(재직시 佐翼3등)·曺孝門(좌익3등)·李克堪(좌익3등 책봉후에 제수)·李孝長(재직중 文臣賦試에 1등으로 급제하고 초계)·李恕長(재직시 都統使李浚從事官으로 출사, 체직후에 敵愾2등공신에 책록)·成俶(재직시 祭執事와 睿宗實錄修撰功으로 각각 1계가 가자)·李則(재직시 先農祭祝史로 참여하고 1계가 가자)·李復善(재직시 親祀祭執事로 참여하고 1계가 가자)·李粹彦(재직시 先農壇親祀爵洗位로 참여하고 1계가 가자)[258] 등에 있어서는 職掌으로 인한 가자나 승직과는 구분해야 되겠지만, 이 또한 사인의 관인사회에서의 위치가 반영된 결과라고 생각된다.

그리고 사인에서 승자되면서 체직된 50명의 체직시기와 사인재직기간이 조선초기의 전시기에 걸치었고, 대부분이 1년

---

257) 예컨대 정석견(84)과 원효연(54)의 경우에 정은 종4품(상계인 朝散大夫나 하계인 朝奉大夫)으로서 정4품 奉列大夫에 승자하면서 수집의에 체직된 것은 1계(朝散大夫시)나 2계(朝奉大夫시)가 승자된 것이었고, 원이 정4품(상계인 奉正大夫나 하계인 奉列大夫)으로서 정3품 당상계인 通政大夫에 超資되면서 左司諫에 체직된 것은 3계[봉정 → 중훈·중직대부(종3) → 통훈대부(정3 당하) → 통정대부]나 4계(奉列大夫시)가 초자된 것이었다.

258) 『단종실록』 권8, 1년 10월 무술(이예장), 『세조실록』 권2, 1년 9월 정축(황·조·이극감), 『국조문과방목』 권3, 세조 정축(3년) 중시조(이효장·김필), 『세조실록』 권25, 7년 7월 기해(권), 『세조실록』 권42, 13년 5월 임오·권43, 13년 9월 임오(이서장), 『성종실록』 권2, 1년 1월 을사·『예종실록』 수찬관조(성), 『성종실록』 권51, 6년 1월 을해(이칙)·권212, 19년 윤1월 경인(이복선)·권275, 24년 3월 을해(이수언).

내외였다.[259] 이 점은 비록 세종 19년에 사인의 업무량이 과중함을 들어 30개월의 근무기간이 차면 3품에 승진시킬 것이 천명되었고, 의정부 기능이 왕권·육조 기능과 관련되어 '정종 2년 ~ 태종 14년과 세종 18년 ~ 단종 3년에는 의정부서사제의 실시와 함께 강력하였고, 태종 14년 ~ 세종 18년과 세조 ~ 성종대에는 육조직계제의 실시와 함께 약화되었다'[260] 는 등과는 무관하게 태종초 이래로 승자되면서 체직되었음을 잘 보여주는 것이라고 하겠다.

따라서 조선초기의 사인은 정4 ~ 종5품 관직자나 관계자가 승직·체직되면서 제수되었고, 특별한 사유가 없는 한 1년 내외의 근무후에 1 ~ 5계가 승자되면서 정3품 당상 ~ 종4품관에 승직·체직되었다고 하겠다.

먼저 검상의 체직관직을 보면 앞의 〈표 21〉과 같이 상품직은 종3품이 5명 13%, 종4품이 사인 24명 63% 등 26명 68%, 종4품이 1명 3%였고, 동품직이 1명 1%였으며, 사직·불명이 5명 13%였다.

두 번째로 검상에서 체직된 관직을 검상제수 직전의 관직 및 검상재직기간과 연관시켜 보면, 김지경은 정5품 守少尹으로서, 이극기와 박계성·조위는 종4품직 소윤과 종4품 군수역임으로서 각각 정5품직인 검상에 체직되거나 행직제수되었다가 1년 미만의 근무후에 종3품에 승진하면서 종3품직인 사간직과 소윤

259) 朴楗 등 12명은 箇月을 채웠으나 元孝然 등 38명은 1년 내외에 걸쳐 재직하였는데 그 재직시기를 보면 의정부 기능이 강력하였던 정종 2년 ~ 태종 14년과 세종 18년 ~ 단종대가 각각 5명이었고, 약화되었던 태종 14년 ~ 세종 18년과 세조 성종대에는 13명과 27명이었다.

260) 한충희, 앞 「조선초기 의정부연구」, 116 ~ 148쪽.

및 정4품직인 장령에 승직되었다. 민순손은 종5품직인 도사역임에서, 황효원·이계전·김여석/정문형/이승원/이극증·허규·원효연·박건/이수언의 10명은 정5품직과 정5품인 정랑/교리/문학/직강/정랑역임 및 정4품직인 守司藝로서 각각 검상에 체직되었다가 허규는 2년 그외는 1년 내외의 근무를 거쳐 정4품에 승자되면서 사인에 승직되었다. 이균은 정5품직인 홍문관교리에서, 이극감은 정6품직인 집현전수찬에서 각각 검상에 승직되었다가 1개월과 2년의 근무후에 종4품과 정5품에 승진하면서 守執義와 지평에 승직·체직되었다.

이를 볼 때 이문형 등 19명은 3품관 ~ 종4품으로서, 김지경 등 13명은 정5품으로서, 민순손 등 3명은 종5 ~ 종6품으로서 각각 정5품직인 검상에 제수·승직되었다. 검상역임후에는 이문형 등 5명은 종3품직과 行掌令에, 이회 등 23명과 허적 및 이승건·이균은 정4품직인 사인과 사예 및 종3품직인 守執義에, 구치관은 종4품직인 行少尹에, 이극감은 정5품직인 지평에 각각 체직·승직되는 등 검상 38명 중 17명이 1년 내외의 근무후에 1 ~ 4계(이상)가 승자되면서 종3품 이하 관직에 제수되었다.

그리고 검상에서 체직된 관직은 그 관직이 명확한 33명중 23명이 사인이었고, 그것도 세종 25년 이후에 21명이 집중적으로 사인에 陞差 되었다. 그런데 의정부 기능은 세종 18년에 의정부서사제가 부활되면서 크게 강화되었다. 이점에서 『경국대전』의 "사인이 결원되면 검상을 재직기간을 따지지 아니하고 승차한다"는 규정은 늦어도 세종 25년경에 법제화된 것으로 보인다.

따라서 검상은 종5품 이하가 승자되거나 승직된 관직이라기보다는 정4 ~ 정5품의 관직자나 관계자가 체직·제수되는 관직이라고 하겠으며, 이는 의정부기능과 관련된 검상의 직장과도 관련되겠지만 근본적으로는 검상의 대부분이 1년 내외의 재직 후에 종3품에 승자·승직된 것에서 연유되었다고 하겠다.

제 3 절 議政府官員의 最高 官職

1. 堂上官(議政, 贊成, 參贊)

조선초기 의정부 당상관 역임자의 최고 진출 관직(관품)을 보면 다음의 표와 같이 찬성 35명은 정1품직이 21명(60%)이었고, 종1품직이 14명(40)이었고, 좌찬성은 30명 중 정1품직이 23명(77%)이었고 종1품직이 7명(23)이었으며, 우찬성은 33명 중 정1품직이 21명(64%)이고 종1품직이 12명(36)이었다. 찬성, 좌찬성, 우찬성을 합해서는 80명 중 趙英武 등 52명(65%)이 정1품직인 의정 등에 승진하였고, 李之蘭 등 28명(35)은 찬성에 그쳤다. 정1품직에까지 승진한 조영무 등의 관직을 보면 영·좌·우의정이 44명(55%)이었고, 부원군이 7명(9)이었으며, 부마가 1명(1)이었다. 종1품직에서 그친 이지란 등 28명을 보면 16명(20)이 재직중에 병으로 사직하거나 피죄되면서 복주 또는 파직된 후 사망하였고, 그 외가 12명(15)이었다.

참찬은 58명 중 정1품직이 28명(58%)이었고, 종1품직이 13명(27)이었으며, 정2품직이 17명(35)이었다. 좌참찬은 41명 중 정1품직이 14명(34%)이었고, 종1품직이 10명(24)이었으며, 정2품직이 15명(37)이었다. 우참찬은 39명 중 정1품직이 16명(41%)이었고, 종1품직이 4명(10)이었으며, 정2품직이 19명(49)명이었다. 참찬과 좌·우참찬을 합해서는 107명 중 李茂 등 51명(48%)이 정1품이었고, 權近 등 29명(27)이 종1품이었으며, 趙璞 등 28명(26)이 정2품이었다.

〈표 23〉 조선초기 찬성·참찬역임자 최고 관직[261)]

	정1	종1	계	비고 (파직 등)		정1	종1	정2	계	비고 (파직 등)
좌찬성	23	7	30	4	좌참찬	16	10	15	41	8 (3은종1)
우찬성	21	12	33	6	우참찬	16	4	19	39	4
찬성	21	14	35	6	참찬	28	13	17	58	10
계	52	28	80	16	계	51	25	24	107	22 (3은종1)

그런데 위의 최고 관직에서 재직 중 파직(사직·치사·조상·졸·파직)된 인물을 제외한 찬성과 참찬 역임자의 최고 관직은 좌찬성, 우찬성, 찬성은 정1품이 각각 88%, 78%, 72%였고, 좌참찬, 우참찬, 참찬은 정1품과 종1품이 각각 48·46·58%와 21·11·27%였다.[262)]

이처럼 좌·우찬성과 찬성은 72% 이상이 정1품에까지 승진하였고, 좌·우참찬과 참찬은 46% 이상과 57% 이상이 정1품과 종1품 이상에 승진하였다. 즉, 조선초기의 찬성은 대부분이 최고 관계인 정1품에까지 승진하였고, 참찬도 반수 정도가 정1품에

261) 『조선왕조실록』 태종 1년 ~ 연산군 4년조, 『국조인물고』, 『국조문과방목』 등에서 종합.

262) 동상조.

까지 승진하였다고 하겠다.

한편 조선초기 의정부 기능은 왕권·육조기능, 국정운영체계에 따라 시기별로 신축되면서 발휘되었다.[263] 이와 관련시켜 의정부 당상관의 의정 등에 제수되기 직전의 관직과 의정 등에서 체직된 관직을 의정부 기능과 관련된 시기별로 보면 직전·체직관직 모두 의정은 의정부서사제가 실시된 시기가 육조직계제가 실시된 시기에 비해 동품직자가 많거나 압도하였고, 찬성은 동품자와 상품자가 압도하였으며, 참찬은 상품자는 적고 동품자는 많았다.[264]

---

263) 한충희, 앞 「조선초기 의정부연구」 상, 112 ~ 147쪽, 2006, 『朝鮮初期의 政治制度와 政治』, 계명대학교 출판부, 371 ~ 372쪽.

264) 각 시기별 의정, 찬성, 참찬의 직전관직 중 동품직과 하품직, 체직관직 중 상품직과 동품직, 최고관직 중 정1품직과 종1품직의 비율(단위 %)은 각각 다음과 같다(『조선왕조실록』 정종 2년~연산군 4년조, 『국조인물고』 등에서 종합, 숫자는 %).

	의정*1				찬성*2						참찬*3							
	직전관직		체직관직		직전		체직		최고		직전			체직		최고		
	동품	하품	상품	동품	동	하	상	동	정1	종1	상	동	하	상	동	정1	종1	정2
정종2~태종13	56	44							71	29						58	12	30
태종14~세종17	36	64							79	21						31	34	35
세종18~단종3	90	10			88	12	75	25	53	47		90	10	0	100	39	22	39
세조1~성종25	53	47			56	44	57	43	75	25	21	79		43	57	41	20	39
합계*4	44	56			47	53	61	39	60	40	16	82	2	26	74	48	27	25

*1 우의정

*2 직전은 우찬성, 체직은 좌찬성, 최고는 좌·우 찬성과 찬성.

*3 직전은 우참찬, 체직은 좌참찬, 최고는 좌·우 참찬과 참찬.

*4 찬성과 참찬은 정종 2년 ~ 세종 17년의 찬성과 참찬도 합산.

2) 堂下官(舍人, 檢詳)

사인의 체직관직 고찰을 볼 때 사인역임자는 조기에 정3품 당상관에 승진하였고, 대개가 2품관 이상으로 승진하였을 것이라고 추측된다. 그러면 사인이 진출한 최고 관직과 당상관에 승진하기까지 소요된 기간은 어떠하였겠는가?

먼저 사인 역임자의 최고 관직을 〈표 24〉·〈별표 4〉를 통하여 보면 정1품직이 신개·김종서·정분·이인손·강맹경·정문형과 박건의 7명 8%였고, 종1품직(계)이 권제·이승손/이명덕/황효원·윤효손/신상·김길통·이극증·이서장의 9명 10%였다. 정2품직(계)이 이지강·조계생·윤형·허후·박중손·이숭원·현석규/서선·최부·허지·홍여방·심도원·유계문·권맹손·신인손·김문기·원효연·이극감·김여석/유사눌·성염조/조서안·정척·정식·이칙의 25명 29%였고, 종2품직(계)이 김효손·이적·곽존중·이심·조서강·조효문·이계전·성윤문·김영견·정석견/정촌/이의흡/김필·안관후·이길보·성숙·민사건의 17명 20%였으며, 정3품 당상관직(계)이 나홍서·권륜·조서로·김자/이예장·이익·배맹후·이회·안호·이감·이복선의 11명 13%였다. 종3품직이 8명 9%였고, 정4품직이 5명 6%였다. 이처럼 사인 86명 중 69명 80%가 정3품 당상관 - 58명 67%는 종2품 - 이상에까지 올랐다.

다음으로 사인역임후에 정1품 ~ 정3품 당상관직에 진출한 69명 중에서 문과급제와 함께 관계를 받고 출사한 申商 등 49명, 蔭敍時期가 명확하거나 추측된 玄碩圭 등 4명 그리고 연령이 파악된 李之剛 등 58명의 문과급제나 음서된 때로부터 정3품 당상관에 승진하기까지에 소요된 기간 및 연령을 살펴 보자.

〈표 24〉 조선초기 사인역임자 당상관승진 소요기간[265)]

성명	출사년/초사로	당상관승진년/연령/관직	성명	출사년/초사로	당상관승진년/연령/관직
1 신상	1391/문	1407/36/우사간	30 정척	1414/문	1444/55/첨지중추
2 이회	1382/문	1409/ ?/우사간	31 이인손	1417/문	1448/54/예참의
3 서선	1393/문	1408/42/우사간	32 강맹경	1429/문	1451/42/동부승지
4 이지강	?/음	1411/49/예조참의	33 김문기	1426/문	1450/?/병참의
5 최부	1390/문	1417/48/동부대언	34 박중손	1435/문	1452/41/우부승지
6 허지	불명	1409/30/형조참의	35 정식	1432/문	1457/51/동부승지
7 이명덕	1396/문	1411/37/좌사간	36 김길통	1432/문	1457/59/첨지중추
8 유사눌	1393/문	1411/36/좌사간	37 이예장	1432/문	1454/50/병참의
9 신개	1393/문	1417/44/공참판	38 황효원	1444/문	1455/41/첨지중추
10 조계생	1388/문	1415/?/우사간	39 원효연	1432/문	1454/?/좌사간
11 김효손	1393/문	1417/45/좌부대언	40 조효문	1444/문	1456/?/경상감사
12 홍여방	1401/문	1414/?/동부대언	41 이극감	1444/문	1457/35/이참의
13 이적	1401/문	1417/?/호참의	42 김필	1447/문	1463/?/첨지중추
14 조서로	?/음	1419/38/우사간	43 이계전	1447/문	1463/50/좌부승지
15 김자	1408/문	1422/?/동부대언	44 정문형	1447/문	1464/38/좌사간
16 곽존중	1396/문	1421/?/동부대언	45 안관후	1447/문	1465/49/첨지중추
17 심도원	1396/문	1421/47/우사간	46 박건	1453/문	1465/32/우부승지
18 권제	?/음	1419/33/동부대언	47 이숭원	1453/문	1469/42/판결사
19 유계문	1408/문	1424/42/우사간	48 이극증	?/음	1467/47/동부승지
20 권맹손	1408/문	1430/41/우사간	49 윤효손	1453/문	1473/43/예참의
21 신인손	1408/문	1432/49/좌사간	50 이서장	1455/문	1467/45/대호군
22 김종서	1405/문	1429/47/우부대언	51 이길보	1457/문	1478/?/병참지
23 정분	1416/문	1432/?/우부승지	52 현석규	1454/음	1474/45/동부승지
24 이심	1408/문	1437/59/우사간	53 배맹후	1462/문	1479/?/호참의
25 성염조	1419/문	1437/38/동부승지	54 김여석	1465/문	1482/38/동부승지
26 조서강	1414/문	1433/?/우사간	55 안호	1464/음	1487/51/홍부제학
27 윤형	1401/문	1432/42/동부승지	65 이감	1466/문	1495/?/대사간
28 조서안	1419/문	1447/?/동부승지	57 정석견	1474/문	1493/?/동부승지
29 이승손	1420/문	1440/?/첨지중추	58 민사건	1477/문	1498/?/공참의

265) 『조선왕조실록』, 『국조문과방목』, 『국조인물고』 등에서 종합.

위의 표에서와 같이 황효원 · 조효문 · 박건 · 홍여방 · 이극감 · 김자 · 서선 · 이명덕의 8명은 문과급제후 11 ~ 15년만에, 신상 · 이적 · 유계문 · 정분 · 김필 · 이계전 · 이승원 · 최부 · 박중손 · 정문형 · 김여석 · 유사눌 · 성염조 · 안관후 · 조서강 · 정석견 · 이승손 · 윤효손의 19명은 16 ~ 20년만에, 이길보 · 민사건 · 권맹손 · 강맹경 · 이예장 · 원효연 · 신개(종2 참판) · 김효손 · 신인손 · 김종서 · 김문기 · 곽존중 · 심도원 · 정식 · 김길통 · 이회 · 조계생 · 조서안 · 이심 · 이감 · 정척은 21 ~ 30년만에, 이인손은 31년만에 각각 승지 등의 당상관직에 올랐다. 이서장 · 현석규는 음서후 12년과 20년만에, 안호와 윤형은 22년과 31년만에 각각 승지 등의 당상관직에 올랐다.

또 당상관이 되었을 때의 연령을 보면, 허지 · 박견 · 권제 · 이극감 · 신상 · 유사눌 · 이명덕 · 조서로 · 성염조 · 정문형 · 김여석의 11명은 30 ~ 38세에, 권맹손 · 박중손 · 황효원 · 서선 · 유계문 · 윤형 · 강맹경 · 이승원 · 윤효손 · 신개 · 김효손 · 이서장 · 현석규 · 심도원 · 김종서 · 이극증 · 최부 · 이지강 · 신인손 · 안관후 · 이예장 · 이계전의 22명은 41 ~ 50세에, 정식 · 안호 · 이인손 · 정척 · 이심 · 김길통의 6명은 61 ~ 59세에 각각 당상관에 올랐다.

이를 볼 때 사인역임자 86명 중 80%인 申槩 등 69명이 정3품 당상관 - 67% 58명은 종2품관 - 이상에가지 올랐다. 출사년이 명확한 53명 중 21%인 黃孝源 등 11명이 문과급제후 15년 미만과 음서후 20년 미만에, 연령이 명확한 39명 중 28%인 許遲 등 11명이 40세 미만에 각각 당상관에 오르는 등 58명 중 31%인 18명이 40세 미만에, 문과와 음서후 15년이나 20년만에 승지 등에 올랐다.

그리고 황효원·허지 등이 조기에 당상관에까지 승진하게 된 사유를 보면 다음과 같이 사인에 비하여 가계가 좋고 가계적인 요인이 제수의 중요 배경이 되었던 승지의 출사후 승지가 되기까지에 소요된 기간과 승지가 되었을 때의 연령 및 종2품관 이상에 오른 인물의 비율에 비하여 대등하거나 높았다.[266] 이점에서 사인역임자가 조기에 당상관에 승진하고 종2품관 이상에까지 진출한 것은 가계·자질·국왕의 총애 등이 복합적으로 작용하기도 하였겠지만, 주로는 의정부 기능과 관련된 사인의 직장 및 이 기능의 수행과 관련된 개인적인 자질 등이 토대가 된 승자·승직에서 연유되었다고 하겠다.

① 사인역임자는 거의가 문과출신이었고, 그 職掌상 文才를 구비할 것이 요구되었다. ② 사인은 그 高選[267] 및 직장과 관련되어 대부분은 승자·승직되면서 체직 - 검상에서 陞差된 경우는 정5품에서 1년 내외의 근무후에 종3품에까지 승자 - 되었다. ③ 사인은 부·조와 부나 조 등이 2품관 이상을 역임한 수가 권제 등 37명으로 44%에 불과하였다.[268] ④ 사인에 비하여

266) 사인과 승지 역임자의 출사로, 부·조 역관, 조기 당상관 승진자 그리고 종2품 이상 승진자를 대비하면 다음과 같다(숫자는 %).

	출사로		부·조 종2품 이상 역임자	조기당상관 승진자	종2품이상 진출자	비고
	문과	음서				
사인	95	?	44	21*	67	출사년이 명확한 53명에 대한 비율
승지	70*	17	60	33	51	음서후 문과 급제자 17% (47명) 포함

267) 『성종실록』 권230, 20년 7월 정묘.

268) 『조선왕조실록』·『국조문과방목』·『국조인물고』와 『萬姓大同譜』 등에서

는 직장·직질이 월등한 승지는 음서출신(음서후 문·무과급제자 제외)이 17%(47/274명)였고, 부·조와 부나 조가 2품관 이상을 역임한 비율이 60%였고, 나이 40세 미만과 문과나 음서후 15년과 20년만에 승지에 제수된 비율이 33%였고, 종2품관 이상 진출자가 51%였다. 李升商 등 73명이 종3 ~ 종3품관으로서 승지에 초자제수되었는데, 그 배경이 된 것은 가계, 자질, 국왕의 총애 그리고 가계·자질·국왕의 총애였다.[269)]

따라서 사인은 의정부 기능과 관련된 직장과 이의 수행을 위한 자질 및 그 직장수행을 통한 왕과 의정부·육조 대신 등과의 신임·친분에서 대부분이 종3품 이상에 승자·승직되면서 체직되었고, 이러한 승자·승직에서 조기에 당상관이 될 수 있었다고 하겠다.

검상은 체직관직의 고찰을 볼 때 그 대부분은 재직기간이 만료되면 종4품관으로 승자되면서 체직된 만큼 조기에 당상관에 승진되고 2품관 이상에까지 진출하였을 것이라고 추측된다.

이와 관련하여 먼저 검상역임자의 최고 관직을 살펴 본다. 검상역임자는 〈별표 5〉와 같이 정1품직이 구치관·정문형/박건의 3명 8였고, 종1품직(계)이 황효원·윤효손/김길통·이극증의

종합. 그 내용은 다음과 같다.

부·조 1품관; 권제

부나 조 1품관; 허후, 이의흡, 권륜, 유계문, 모순, 이극감, 민순손.

부·조 1~2품관; 이적, 정분, 이칙.

부·조 2품관; 신인손, 성염조, 이예장, 이효장, 이익, 이서장, 성숙.

부나 조; 서선, 홍여방, 조서로, 김자, 심2품관 도원, 이심, 조서강, 윤형, 조서안, 강맹경, 김문기, 조효문, 정문형, 박건, 이승원, 안호, 이복선.

269) 한충희, 1987, 「朝鮮初期 承政院研究」, 『韓國史研究』 59, 37 ~ 50쪽.

4명 11%였다. 정2품직(계)이 박중손·이숭원/원효연·이극감·김여석/정식·이칙의 7명 18%였고, 종2품직(계)이 원숙·김지경·이계전·이문형·이서장·이극기·조위·이승건/이평·민사건의 10명 26%였으며, 정3품 당상관직(계)이 박계성/이회·안호·이균/박강생의 5명 13%였다. 정4품직이 1명 3%였고, 정5품직이 2명 5%였다. 이처럼 검상 38명 중 29명 76%가 정3품 당상관 - 24명 63%는 종2품 - 이상에까지 올랐다.

두 번째로 정3품 당상관 이상에까지 진출한 29명 중에서 문과급제와 함께 관계를 받고 출사한 이회 등 21명과 음서시기나 연령이 명확한 박중손 등 18명, 즉 총 24명의 문과급제나 음서된 때로부터 당상관이 되기까지에 소요된 기간을 살펴 본다. 이들은 다음의 표와 같이 황효원·박건·이극감은 문과급제후 11 ~ 13년만에, 원숙·이계전·이승건·이숭원·박중손·정문형·김여석·조위·이극기·구치관·윤효손의 11명은 16 ~ 20년만에, 민사건·원효연·정식·김길통·이회·김지경·박계성의 7명은 21 ~ 30년만에 각각 승지 등의 당상관직에 올랐다.

이서장과 안호는 각각 음서로서 출사한 11년과 23년 후에 당상관에 오르면서 行大護軍과 홍문관부제학에 제수되었다. 또 박건·이극감·정문형·김여석·조위의 5명은 32 ~ 28세에, 박중손·황효원·이숭원·윤효손·이서장·김지경·이극증·구치관·이계전의 9명은 41 ~ 50세에, 정식·안호/김길통은 51세와 59세에 각각 당상관에 올랐다.

〈표 25〉 조선초기 검상역임자 당상관승진 소요기간[270)]

성명	출사년/초사로	당상관 승진년/연령/관직	성명	출사년/초사로	당상관 승진년/연령/관직
1 이회	(사인 2 참조)		13 박건	사인 46	
2 원숙	1401/문	1417/?/우부승지	14 이극증	사인 48	
3 박중손	사인 34		15 윤효손	사인 49	
4 정식	사인 35		16 이숭원	사인 47	
5 김길통	사인 36		17 이서장	사인 50	
6 구치관	1434/문	1454/49/동부승지	18 이극기	1453/문	1471/?/강원감사
7 황효원	사인 38		19 박계성	1453/문	1483/?/대사간
6 원효연	사인 39		20 김여석	사인 54	
9 이극감	사인 41		21 안호	사인 55	
10 김지경	1438/문	1465/47/대사성	22 조위	1474/문	1491/38/동부승지
11 이계전	사인 43		23 민사건	사인 58	
12 정문형	사인 44		24 이승건	1480/문	1497/46/홍부제학

이를 볼 때 검상역임자 38명 중 76%인 구치관 등 29명이 정3품 당상관 - 63% 24명은 종2품관 - 이상에까지 올랐고, 출사년이 명확한 24명 중 16%인 황효원 등 4명이 문과급제나 음서된 때로부터 15년 미만에 당상관에 올랐으며, 연령이 명확한 17명 중 35%인 박건 등 5명이 40세 미만에 당상관에 올랐다.

그런데 이들이 조기에 당상관이 된 것은 검상역임자의 61%인 23명이 사인으로 승차되었음에서 검상으로서 보다는 사인을 역임하였기 때문이라고 생각된다. 그렇기는 하나 검상에 제수되기 직전의 관직이 사인의 그것에 못지 않았고,[271)] 사인 외의 관직에 체직된 구치관 등 12명의 최고 관직이 사인에 승차된

270) 『조선왕조실록』, 『국조문과방목』, 『국조인물고』 등에서 종합.
271) 사인과 검상 역임자의 사인과 검상에 제수되기 직전의 관품(관직)과 각 관품이 점하는 비율을 대비하여 보면 다음과 같다.

인물에 못지않았음[272] 등에서 의정부기능과 관련된 검상의 직장에서 크게 기인되었다고 하겠다.

제 4 절 議政府官職의 官職的 地位

1. 堂上官(議政, 贊成, 參贊)

의정부 당상관이 진출한 최고 관직을 앞에서 살핀 의정부 당상관 역임자의 제수직전·체직관직과 의정 이하 정1 ~ 정2품직이 소속된 관아의 기능,[273] 국정을 분장한 육조 판서의 제수직전·체직관직을[274] 볼 때 관직적 지위는 의정과 찬성은 정1품직과 종1품직에서 가장 높았고, 정2품직에서는 우참찬이 판서보다 우월하였다고 추측된다. 따라서 정1품직에서는 의정, 종1

	정3 당하		종3		정4		종4		정5		종5		정6		종6		합계
	수	%	수	%	수	%	수	%	수	%	수	%	수	%	수	%	
사인	2	3	3	4	17	22	15	19	41	52	1	1					79명
검상			1	3	10	29	8	23	13	37	1	3	1	3	1	3	35

272) 검상에서 사인에 승직된 인물과 그 외의 관직에 체직된 인물의 최고 관직을 대비하면 다음과 같다.

	정1		종1		정2		종2		정3품 당상		정3당하 이하		합계
	수	%	수	%	수	%	수	%	수	%	수	%	
사인승직자	2	9	4	17	6	26	3	13	2	9	6	26	23명
그 외	1	9			1	9	7	58	2	17	1	10	12

273) 의정부 이외에 정1 ~ 정2품직이 소속된 관아에는 중추부·종친부·돈령부·의빈부·충훈부, 육조·한성부가 있었다. 전5자는 무임소당상·종친·외척·부마·공신을 우대하기 위하여 설치된 예우기관이었고, 후2자는 국정분장기관과 왕도관장관아였다(『경국대전』 권1, 이전 경관직조).

274) 한충희, 앞 「조선초기 육조연구 첨보 - 육조와 통치기구와의 관계를 중심으로 -」, 13 ~ 14쪽 〈표 3- ㄴ〉·16쪽.

품직에서는 찬성, 정2품직에서는 참찬이 각각 동품직에서 가장 우월한 지위를 누렸다고 하겠다. 그런데 영·좌·우의정, 좌·우찬성, 좌·우참찬에 있어서는 대개 영의정에는 좌의정이, 좌의정에는 우의정이, 좌찬성에는 우찬성이, 좌참찬에는 우참찬이 각각 승직되면서 제수되었음에서 의정·찬성·참찬에 있어서는 좌직이 우직 보다 우월한, 즉 영〉좌〉우의정, 좌〉우찬성〉, 좌〉우참찬의 지위를 누렸다고 하겠다.

이상에서 조선초기 의정부 당상관직은 영의정 이하는 동품이나 하품의 차하위 관직자가 체직되면서나 승자·승직되면서 제수되었고, 좌의정 이하는 영의정 이하의 동품이나 상품의 차상위 관직에 승직되면서 체직되었다고 하겠다. 또 의정, 찬성, 참찬은 각각 여타 관아의 동품직 보다 우월한 지위를 누렸고, 의정 등에 있어서는 좌직이 우직(영의정은 좌의정) 보다 우월한 지위를 누렸다고 하겠다.

2. 堂下官(舍人, 檢詳)

앞에서 사인·검상은 대개가 문과출신이고 종4 ~ 종5품(직)에서 승자·승직하면서 제수되었고, 1년 내외의 근무후에 종3 ~ 정4품(직)에 승자·승직되면서 체직 및 조기에 당상관이 승진하는 관직적 승격을 지녔으며, 의정부·의정의 기능과 그 낭청으로서의 지위와 관련되어 왕·의정부대신 및 백사·백관의 사이에서 왕명을 전하거나 이들을 대신하여 제국정을 傳聞함은 물론 외교·의례·형정·입법사 등의 기능을 수행하였음을 살펴보았다. 여기에서는 계속하여 당시 인사행정의 실제 및 관직체제와 사인·검상의 관력을 살펴 본다.

1) 人事行政과 舍人·檢詳의 官歷

조선초기 사인·검상과 관련된 加資·箇月法과 관직제수의 실제를 살펴 보자. 가자제는 조선 개국 ~ 세종 5년에는 15개월에 1계를 가자하고, 세종 5년 이후에는 매 6개월에 1회의 근무평가를 행하여 5회 중 3회 이상이 上(5考3上)이면 1계를 가자하는 가자법이 각각 제정되어 시행되었다.[275] 세종 22년 이후에는 外官 중시와 함께 이에 부가하여 외관을 거치지 않고 4품과 정3품 당하관에로의 승진을 제한하는 규정이 제정되어 운영되었다.[276] 또 경관 참상관은 개국초 이래로 30개월의 근무기간을 채워야만 타관아로 전출되는 개월법이 제정되어 운영되었고,[277] 세종 26년에는 관리의 薦望을 散官(관계)高下로 하고 산관이 같을 때는 선후의 陞資 순서에 따라 행하도록 규정되었다.[278]

그런데 이러한 가자·개월법의 운영실제를 보면 태조 ~ 문종대(세종 후반 ~ 문종대에는 많이 이완)에는 가자·개월법이 준용되면서 관인의 승자가 크게 억제되었다. 그러나 단종 ~ 성종(특히 세조 즉위 ~ 성종)대에는 세조즉위의 명분결여·예종의 早逝와 성종의 유년즉위 등으로 인한 왕권약화 및 관인층 회유의 필요성 제기, 靖難·佐翼·敵愾·翊戴·佐理功臣의 책록과

---

275) 한충희, 1985, 「朝鮮 世祖 ~ 成宗代의 加資濫發에 對하여」, 『(계명대)韓國學論集』 12, 166 ~ 167쪽.

276) 『세종실록』 권89, 22년 5월 무자.

277) 위 책 권97, 24년 7월 정축, 외.

278) 위 책 권104, 26년 6월 병오.

공신세력의 대두, 李施愛亂討伐과 수차에 걸친 여진정벌로 인한 논상의 실시, 인사제도의 전반적인 문란 등에서 백관 ~ 수십명에게 일시에 1 ~ 수계(이상)를 승자하는 가자가 빈삭하게 실시되는[279] 등에서 산관자가 대량으로 배출되고 관인의 高階化가 일반화되었다.

또 관직제수의 실제를 보면 조선초기의 인사제(가자)와 관련하여 개국 ~ 문종대에는 관품과 관계를 대응시키거나 관계가 관품보다 낮은 守職除授가 대부분이었으나,[280] 단종 ~ 성종대에는 성종 4년에 당상관은 수백명이나 堂上官窠는 90여에 불과한 고로 당상관의 행직제수가 불가피한 폐단을 두고

> 이에 앞서 사헌부대사헌 徐居正 등이 상소하였는데 이 때에 이르러 (성종이) 그 상소를 내리면서 말하기를 (중략) 충성스럽고 신실한 신하에게 후한 녹봉을 줌은 이른바 선비를 대우하는 도리이다. 지금 당상관으로서 행직의 8, 9품에 제수되는 자가 백여명에 이른다. 국가가 우대할려고 하지 않아서가 아니라 관직에 제수해야할 자는 많으나 제수할 관직이 적기 때문에 부득이 낮추어 행직이라도 제수하여 그 녹봉이 끊어지지 않게 하기 위함이다. (하략).[281]

라고 특기한 것에서 시사하는 바와 같이 산계자로서 관직에 제수되는 자는 일부에 불과하였고, 관직자도 대개는 관직보다 관계가 높은 행직제수가 일반화되었다.[282] 그러면 이러한 조선초

279) 한충희, 앞「조선 세조 ~ 성종대의 가자남발에 대하여」, 168 ~ 193쪽.
280) 위 논문, 187쪽.
281)『성종실록』권33, 4년 8월 계해.

기의 인사행정 및 관직제수의 실제와 사인·검상의 역관과 어떻게 연관되었겠는가. 위에서 살핀 인사행정과 사인·검상의 역관을 대비하여 보면 조선 개국 ~ 문종대에는 가자·개월법이 준용되면서 관인의 승자가 억제되고 수직제수가 상당한 비중을 점하였으나 사인·검상은 가자·개월법에 구애되지 않고 1년 내외의 재직후에 승자되면서 체직되었고, 체직된 관직과 관품은 거의가 일치되었다.[283] 단종 ~ 성종대에는 개월법은 그 준수가 천명되었으나 사인·검상은 이에 구애되지 않고 체직되었고, 가자남발로 인한 관인의 고계화에서 행직제수가 일반화되었으나 사인·검상은 대부분이 승자되면서 관품과 같은 관직에 제수되었다.[284]

이와 관련하여 사인·검상·사록·정랑·좌랑은 그 기능 및 이와 관련된 高選에서 모두 30개월의 근무기간이 만료되면 승자되면서 체직되도록 규정되었고,[285] 검상·좌랑은 사인과 정랑에 결원이 생기면 이에 陞差되기도 하였다.[286] 그러나 사인·검상·사록은 이 규정에 구애되지 않고 승자·체직되고 검상의 대분분이 사인에 陞差되었음에 비하여 정랑·좌랑은

282) 앞 논문, 187 ~ 193쪽.

283) 사인은 체직관직이 명확한 신상 등 35명은 성염조·정사·박중손·김길통의 4명만이 수직제수였고, 그 외의 31명은 관계·직질이 일치하였다. 검상은 8명 모두가 관계·직질이 일치하였다.

284) 사인은 34명 중 권륜·이극장·이성의 3명만이 행직제수였고, 그 외의 31명은 관계·직질이 일치하였다. 검상은 25명 중 조위 1명만이 행직제수였고, 이균·이승건의 2명이 수직제수였으며, 그 외의 22명은 관계·직질이 일치하였다.

285) 『경국대전』 권1, 이전 경관직, 『성종실록』 권230, 20년 7월 정묘.

286) 『세종실록』 권71, 18년 2월 을묘 吏曹啓 佐郎有成效者 考滿則 許令其曹堂上 特薦仍陞正郎 俾久其任 已爲格例 (하략).

① 세종 18년에 좌정언 文汝寧이 상계하여 "우리나라의 법에 육조낭관은 30개월의 임기가 만료된 후에 천관하도록 분명하게 규정되어 있습니다. 金孝芬은 예조정랑으로서 황해도도사가 되었고, 황해도도사에서 병조정랑이 되었습니다. 양조정랑 경력이 겨우 18개월인데 도사의 근무기간까지 합하여 체직되고 陞品되었으니 전례에 어긋납니다. 청컨대 4품직에서 해직하고 계속 정랑에 근무하게 하여 30개월이 만료되기를 가다려 승품하고 체직시키는 것이 어떠하겠습니까?" 라고 하니, 왕이 "이 제수는 내가 특지로 제수한 것이다." 라고 하였다.[287)]

② 세종 20년에 사간원이 상계하여 "(전략) 그런데 이조좌랑 朴仲孫과 호조좌랑 柳士枝는 지금 근무기간이 만료되지 않았는데 승품되면서 체직되었으니 입법한 뜻에 어긋납니다" 라고 하였다.[288)]

③ 세조 10년에 사간원이 상계하여 "(전략) 이조좌랑 李壽男은 근무기간이 만료되지 않았는데 병조정랑에 승직되었습니다. (중략) 조정이 입법한 뜻에 크게 어긋납니다" 라고 하였다.[289)]

라고 하였음과 같이 재직기간 30개월이 차지 아니한 경우는 체직·승자와 正郎陞差가 논란되었다.

또 사인·검상·정랑·좌랑 등 모든 참상관이 4품이나 정3품 당하관에 승자되기 위해서는 외관을 거칠 것이 천명되었음과[290)] 관련되어 사인·검상은 이에 구애되지 않고 4품과 당하

287) 위 책 권74, 18년 8월 병인
288) 위 책 권83, 20년 12월 갑인
289) 『세조실록』 권34, 10년 12월 갑오
290) 『세종실록』 권89, 22년 5월 무자.

관에 승진하였으나 정랑·좌랑은

① 성종 9년에 도승지 孫舜孝가 상계하여 "지금 육조낭관은 의례이 외관에 제수하니 백성들에게 진실로 유익함이 많습니다. 다만 근무기간이 만료되기를 기다리지 않고 모두 외관에 제수하여 출입이 紛紜하니 事體가 어그러질까 걱정됩니다" 라고 하였다.[291]

② 세종 27년에 사헌부가 상계하여 "병조정랑 崔敬身은 근무일이 만료되어 의례이 외방 수령에 제수되어야 하지만 지금 전라도 경력에 제수되었습니다" 라고 하자 이조가 "(중략)" 라고 하였다. (사신이 말하기를) "경신이 이조판서 최부의 아들이기 때문이다" 라고 하였다.[292]

라고 하였음과 같이 이를 준수하고 준수할 것이 요청되었다.

이를 볼 때 사인·검상은 의정부 기능과 관련된 직장·자질을 토대로 가자·개월법에 구애되지 않고 대부분이 1년 내외의 재직후에 가자되면서 승직되었고, 사인·검상의 이러한 가자·승직은 다같이 임기가 차면 가자되면서 체직 및 정랑이 결원되면 승차하게 된 정랑·좌랑이 임기를 채워야 함에 비하여 크게 우대되었음을 부여주는 등 정4품 이하 관직 중에서 가장 우대되면서 높은 지위를 누렸음을 입증하는 것이라고 하겠다.

291) 『성종실록』 권92, 9년 5월 정묘.
292) 『세종실록』 권97, 27년 7월 신미.

2) 官職體系와 舍人·檢詳의 官歷

사인·검상을 중심으로 한 조선초기 종3 ~ 종5품의 경관·문관의 관직체계를 『경국대전』을 통하여 살펴 보자. 종3품직에는 집의·사간·전한·참교·상례·보덕(각 1직)과 사성(2) 및 부정(11, 돈령부 등 11관아 각1)의 20직이 있었다. 정4품직에는 사인(2)을 필두로 장령(2)·사예(3), 응교·전첨·서윤·봉례·필선(각1), 경력(11 이상, 충훈부 등 6관아 각1, 도총부 4, 의금부 1이상) 및 수(2, 풍저창 등 2관아 각1) 의 23직 이상이 있었다. 종4품직에는 부응교(2)와 교감(1) 및 첨정(17, 돈령부 등 2관아 각2, 종부시 등 13관아 각1)의 20직이 있었다. 정5품직에는 검상(1)을 필두로 정랑(18)·홍문관교리(2)·직강(4)과 전부·사의·헌납·찬의·문학·전훈(각1) 및 도사(10 이상, 충훈부 등 3관아 각1, 도총부 4, 충익부 2, 의금부 1이상)의 31직 이상이 있었다. 종5품 관직에는 홍문부교리·승문교리(각2), 교서교리(1) 및 판관(16, 돈령부 등 3관아 각2, 상서원 등 10관아 각1)의 21직이 있었다.

그리고 각급 관직의 지위를 보면 이들 관직의 승진·제수규정, 소속된 관아의 격이나 기능 및 제수자의 자질 등과 관련되어 대개 종3품직은 집의·사간·전한·보덕 → 사성·참교·상례 → 부정의 순서였다. 정4품직은 사인·장령·응교·필선 → 전첨·경력·사예·서윤·봉례·수의 순서였다. 종4품직은 부응교 → 교감·첨정의 순서였다. 정5품직은 검상·정랑·지평·헌납·홍문교리·문학 → 직강·전부·도사·사의·찬의·전훈의 순서였다. 종5품직은 홍문부교리 → 교리·판관의 순서였다고 생각된다.[293)]

〈표 26〉 조선초기 관직체계와 사인 · 검상 관력대비[294)]

		사인		검상				사인		검상	
		제수직 전관직	체직 관직	제수직 전관직	체직 관직			제수직 전관직	체직 관직	제수직 전관직	체직 관직
종3품	a. 집의(1)		●20		●2	종4품	b 첨정(7)	▲6		▲1	▲1
	사간(1)		●5		●1	정4	a. 검상(1)	●25			
	b. 사성(2)		1				정랑(6)	●11		●4	
	참교(1)		3				지평(2)				●1
	상례(1)		1				헌납(1)	●1			
	부정(11)		▲7		▲2		홍교리(2)			●1	
	(대호군)		▲1				문학(1)			●1	
정4품	a. 사인(2)				●23		b. 직강(4)	▲1		▲1	
	의랑(6)		●3				도사(1)			▲1	
	장령(2)	●6	●3		●1	종5	c. (봉직랑)	▲1			
	응교(1)	●2				합 계		56 ●48 ▲8	45 ●31 ▲9	10 ●6 ▲3	32 ●28 ▲3
	b. 사예(3)	●3		1	1						
	c. (대마부사)		▲1								

293) 이들의 대우 · 지위와 관련된 제규정이 '㉠ 30개월의 箇月이 차면 승자되면서 체직되는 관직에는 의정부 · 육조 당하관이 있고, ㉡ 문관으로 보임되는 관직에는 의정부 · 이조 · 병조 · 홍문관 · 예문관 · 성균관 · 승문원 · 봉상시 · 세자시강원의 당하관과 교서관의 교리가 있고, ㉢ 署經을 필요로 하는 관직에는 의정부 · 이조 · 병조 · 사헌부 · 사간원 · 장예원 · 홍문관 · 종부시 · 세자시강원의 5품 이하가 있었다(『경국대전』 이전 경관직 · 고신 및 각사조). ㉣ 홍문관관은 경연관으로서의 직장에서 국왕의 우대를 받았고, ㉤ 홍문관 · 사헌부 · 사간원관은 언론활동에서 우대를 받았다(崔承熙, 1976, 『朝鮮初期 言官 · 言論研究』, 서울대학교출판부, 20 ~ 23쪽)' 고 한 등에서 추정한다.

294) 사인 · 검상의 품계와 관련하여 종3 · 정4 ~ 종5품에 한정하였다. 또 역임으로 파악된 관직은 제외하였으며, ( )의 관직은 앞의 관직체제분석에서 제외된 관직이다.

그러면 사인·검상의 제수직전의 관직과 체직관직 등의 역관은 이러한 관직체계와 어떻게 연관되었겠는가? 앞에서 살핀 사인·검상의 제수직전·체직관직을 위의 관직체계와 관련시켜 보면 위의 표와 같이 제수직전의 관직에 있어서는 사인은 56명 중 87%인 48명이 해품의 제관직 중에서 가장 서열이 높은 관직이었고(●), 14%인 8명만이 최하위의 관직이었다(▲). 검상은 그 수가 적기는 하나 10명 중 60%인 6명이 상위에 속하였고, 30%인 3명만이 하위에 속하는 등 관직수로는 하위로 분류된 돈령부·충훈부·충익부·제시·제감·제창 등의 관직이 60여직의 다수였음과는 달리 몇 직에 불과하였고, 상위로 분류된 의정부·육조·대간 등의 20여직이 대부분을 점하였다.

체직된 관직에 있어서는 사인은 45명 중 69%인 31명이 상위에 속하였고 20%인 9명만이 하위에 속하였다. 검상은 32명 중 88%인 28명이 상위에 속하였고, 9%인 3명만이 하위에 속하였는데, 이러한 경향은 사인에서 설명되었음과 같이 다수의 하위직은 몇 직에 불과하였고 소수의 상위직이 대부분을 점하였다.

또 이 표를 볼 때 사인·검상이 속한 정4·정5품관직 상호의 서열을 보면, 이미 앞에서 추론한 바도 있지만, 정4품직의 사인·장령·응교에 있어서는 장령으로서 사인에 제수된 인물이 6명이고 응교에서 사인에 제수된 자가 2인이었음에 비하여 사인에서 사인에서 장령에 체직된 자가 3인이고 응교에 체직된 자는 없었다. 정5품직인 검상·정랑에 있어서는 정랑에서 검상에 제수된 자가 4인이었으나 검상에서 정랑에 체직된 자는 없었고, 검상에서 사인에 승차된 자는 25명이었음에 비하여 정랑에서 사인에 승직된 자는 11명이었다. 이점에서, 물론 장령·응교 · 정랑도 관력을 구체적으로 분석해야 되겠지만, 앞에서 언급하였음과 같이 '30개월 개만후의 승자체직 · 문관보임 · 서경 및 홍문관관과 대간관에 대한 우대 등의 분석'과 함께 사인 · 검상의 관직적 지위가 장령 · 응교와 정랑에 비하여 높았음을 입증하는 것이라고 하겠다.

이를 볼 때 사인 · 검상의 제수직전의 관직과 체직관직은 대부분이 해품의 관직 중에서 상위에 속하는 관직이었고, 이러한 관직적 성격은 사인 · 검상에는 次下位 관직자가 가자되면서 승직 및 사인 · 검상의 대부분이 가자되면서 체직되었음 등에서 사인 · 검상의 우대됨과 관직적 지위가 동품의 어떠한 관직 보다도 높았다고 하겠다.

이상에서 사인 · 검상은 의정부 · 의정의 기능을 토대로 한 직장 · 자질을 통하여 조선초기의 전시기에 걸쳐 최단기간에 정5(종5)품에서 종3품에 승진되는 등 동품의 여타 관직과는 비교될 수 없는 높은 지위와 우대를 누렸고, 이점에서 당시의 관인들이 가장 선망 및 엘리트 관인들의 진출로서의 지위를 누렸다고 하겠다. 아울러 이러한 사인 · 검상의 지위는 의정부가 비록 실제 기능은 왕권 · 육조의 기능과 관련하여 변천되었지만 의정의 관직적 지위와 의정의 국왕에 대한 신임에서 조선초기에 걸쳐 최고 국정기관으로서의 지위를 누렸음을 방증한다고 하겠다.

제4장 朝鮮初期 議政府의 政治活動과 國政總管

제1절 議政府의 政治活動

1. 政治活動

조선초기 의정부의 정치활동에는 국왕으로부터 명을 받아 정사를 수행한 受命活動(이하 수명으로 약기), 국왕에게 상언·상소 등을 통하여 의견을 개진함으로써 정사에 참여한 啓聞活動(이하 계문으로 약기) 그리고 국왕의 명을 받아 정사를 의의하는 擬議活動(이하 의의로 약기) 등이 있었다. 그리고 이 활동을 활동 주체별로 보면 의정부 합사, 의정부 일부, 의정부·육조 합사, 기타(의정부·대간 또는 의정부·기타제사)로 구분된다. 또 이 활동주체가 직접으로 수명·계문·의의를 행하기도 하지만 의정부나 백사가 啓聞한 내용을 왕이 의정부에 명하기도 하였고, 백사나 지방관의 보고를 의정부가 傳聞하기도 하였으며, 백사·지방관·의정부가 啓聞한 내용을 다시 의정부에 내려 擬議하게 하기도 하였다. 이 때 의정부가 육조나 기타제사와 공동으로 수행한 활동은 엄밀하게는 의정부활동과 구분하여야 하겠고, 의정부합사인가 일부에 의한 것인가도 구분해야 하겠지만 여기서는 모두 의정부활동으로 포괄하여 파악한다. 정종 2년 ~ 성종 25년의 의정부활동경향을 보면 다음의 표와 같다.

〈표 27〉 조선초기 의정부 수명 · 계문 · 의의활동(『조선왕조실록』)

		정종	태종																		
		2년	즉위	1	2	3	4	5	6	7	8	9	10	11	12	13	14	15	16	17	18
수명	수	1		5	7	9	7	6	3	5	2	11	12	8	11	7	11	3	6	2	6
	%	14		20	16	23	20	10	6	9	4	13	13	9	12	7	18	7	14	6	13
계문	수	6	1	12	14	13	17	14	31	28	28	46	50	50	50	54	25	23	18	11	22
	%	86	33	52	33	33	49	38	65	50	62	55	52	57	54	56	41	56	43	34	46
의의	수		2	7	22	17	11	17	14	23	15	26	34	30	31	35	25	15	18	20	20
	%		67	28	51	44	31	46	29	41	33	31	35	34	34	37	41	37	43	60	42
합계	수	7	3	25	43	39	35	37	48	56	45	83	96	88	92	96	61	41	42	33	48
	%	100																			

		세종																				
		즉위	1	2	3	4	5	6	7	8	9	10	11	12	13	14	15	16	17	18	19	20
수명	수	2	4	5	2	1		5	2	3		1	1	1	3				2	3	4	2
	%	7	7	12	8	3		19	7	8		2	2	2	2				3	2	3	1
계문	수	8	26	9	9	22	7	6	5	10	9	16	9	6	13	5	7	7	6	67	71	126
	%	27	46	21	38	61	30	23	17	25	22	28	16	9	10	5	6	8	10	55	55	73
의의	수	19	27	28	13	13	16	15	22	27	31	41	46	57	113	86	108	78	56	52	54	44
	%	66	47	67	54	36	70	58	76	67	78	70	82	89	88	95	94	92	87	43	42	26
합계		29	57	42	24	36	23	26	29	40	40	58	56	64	129	91	115	85	64	122	129	172

		세종												문종			단종			
		21	22	23	24	25	26	27	28	29	30	31	32	즉위	1	2	즉위	1	2	3
수명	수	1			12	4	5	8	3	9	9	4		7	4	2	2			
	%	1			10	3	4	5	2	8	6	4		3	2	4	1			
계문	수	118	70	56	65	44	76	118	134	81	94	57	5	103	149	21	111	132	139	53
	%	69	66	60	54	37	54	76	74	68	59	51	33	50	58	41	61	49	66	67
의의	수	52	36	38	44	70	59	29	43	30	56	51	10	98	102	28	68	136	73	26
	%	30	34	40	36	60	42	19	34	24	35	45	67	47	40	55	38	51	34	33
합계		171	106	94	121	118	140	155	180	120	159	112	15	208	255	51	181	268	212	79

		세종														예종		성종						
		1	2	3	4	5	6	7	8	9	10	11	12	13	14	즉위	1	즉위	1	2	3	4	5	6
수명	수	4	4	6	6	3	5	9	6	8	5	4	3	8	6	4	9	5	3	3	2	9	4	3
	%	8	11	11	15	7	14	9	13	14	11	17	6	10	21	18	20	83	38	43	11	69	25	14
계문	수	29	12	20	18	20	10	19	12	12	5	3	5	7	2	7	11	1	3	2	13	4	9	7
	%	58	31	36	45	50	26	19	26	20	11	13	10	9	7	32	23	17	38	29	72	31	56	33
의의	수	17	22	29	16	17	21	73	28	39	36	17	42	65	20	11	24	0	2	2	3	0	3	11
	%	34	58	53	40	43	60	72	61	66	78	70	84	81	72	50	57	0	24	29	17	0	19	52
합계		50	38	55	40	40	36	101	46	59	46	24	50	80	28	22	44	6	8	7	18	13	16	21

		성종																			총계
		7	8	9	10	11	12	13	14	15	16	17	18	19	20	21	22	23	24	25	
수명	수	5	3	12	4	3	7	4	12	8	10	5	4	5	12	15	12	5	7	2	7
	%	22	15	38	5	12	11	3	9	7	7	5	3	4	9	9	9	5	4	2	2,949
계문	수	9	7	5	1	0	6	5	16	8	9	5	8	5	10	10	4	11	18	4	37
	%	39	35	16	1	0	10	3	13	7	7	5	7	4	7	6	3	10	10	3	4,570
의의	수	9	10	15	69	22	48	137	100	104	118	99	105	112	112	142	122	94	156	121	56
	%	39	50	47	93	88	79	94	78	87	86	91	90	92	84	85	88	85	86	95	8,017
합계		23	20	32	74	25	61	146	128	120	137	109	117	122	134	167	138	110	181	127	172

위의 표에 의하면 정종 2년 ~ 성종 25년의 의정부 정치활동은 크게는 계문과 의의가 중심을 이룬다. 그러나 세분하여 보면 정종 2년 ~ 태종 13년, 태종 14년 ~ 세종 17년, 세종 18년 ~ 단종3년, 세조 즉위 ~ 성종 25년의 4시기로 구분됨을 볼 수 있다. 즉 정종 2년 ~ 태종 13년에 의정부는 수명·계문·의의의 각 유형에 걸쳐 활동하였다. 그러나 전체적으로는 계문·의의 활동이 중심이 되었고, 수명활동은 미약하였다. 연도별로는 정종 2년과 태종 1·4·6 ~ 13년에는 계문이, 태종 즉위·2·3·5년에는 의의가 중심이 되었다. 결국 이 시기는 계문이 중심이 되었다고 하겠다.

태종 14년 ~ 세종 17년에는 수명·계문·의의의 각 유형에 걸쳐서 활동하고 있지만, 전체적으로는 의의가 중심이 되었다.

그러나 부분적으로 태종 15·18년과 세종 4년에는 계문이 중심이 되었고, 태종 14·16년에 있어서는 계문·의의가 중심이 되었다.

세종 18년 ~ 단종 3년에는 수명·계문·의의의 각 유형에 걸쳐 활동하고 있지만, 수명은 거의 명목만을 유지하였으며, 의의는 다시 침체되면서 계문이 의정부활동의 중심이 되었다. 그러나 부분적으로 세종 25·32년에는 의의가 중심이 되기도 하였다.

세조 즉위 ~ 성종 25년에는 수명·계문·의의의 각 유형에 걸쳐 활동하였다. 그러나 구체적으로 보면 세조 즉위 ~ 예종대에는 의의가 중심을 이루면서 부분적으로 세조 1년에는 계문이, 세조 4·5년에는 계문·의의가 병행되었고, 성종대에는 즉위·2·4년에는 수명이, 3·5년에는 계문이, 6·8 ~ 25년에는 의의(10 ~ 25년에는 78 ~ 95%로 압도)가, 1년에는 수명·계문이, 7년에는 계문·의의가 각각 중심이 되었다. 이에서 성종대의 의정부 정치활동은 이전에 비하여 매우 특이하다고 하겠다. 그런데 성종초는 원상제의 대두와 함께 의정부활동이 크게 침체되었으므로(연중 6 ~ 32건에 불과) 큰 의미가 없다. 결국 세조 즉위 ~ 성종 25년에는 의의가 중심이 되었다고 하겠다.

이상에서 의정부활동은 정종 2년 ~ 태종 13년과 세종 18년 ~ 단종대에는 계문을 중심으로 전개되었고, 태종 14년 ~ 세종 17년과 세조 ~ 성종대에는 의의를 중심으로 전개되었다고 하겠다. 그러면 의정부가 이러한 활동경향을 보이는 요인은 무엇이겠는가? 그 가장 큰 요인은 의정부 기능의 강약이라고 추측된다. 이를 뒤에서 검토할 권력구조의 변동과 연관시켜 보면 의정부활동은 왕권이 약하고 의정부 기능이 활발하면서 議政府擬

議制가 실시될 때에는 계문이 중심이 되었고, 왕권이 강화되면서 六曹職啓制가 실시될 때에는 의정부 기능의 약화가 함께 의의가 중심이 되었음을 알 수 있다. 요컨대 계문활동이 중심인가? 의의활동이 중심인가? 는 의정부 기능과 왕권(육조기능)에 직결되는 것이라고 하겠다.

제 2 절 議政府의 國政總管

1. 權力構造의 變動과 議政府 權力

의정부가 성립된 것은 정종 2년 4월이다. 그러나 의정부가 성립되기 이전의 도평의사사 활동도 의정부와 밀접히 관련되었으므로 먼저 도평의사사 활동을 살펴 본다.

선초의 도평의사사는 국가의 최고 의결·집행기관이었다. 이 점은 고려가 멸망하고 이성계가 왕위에 등극할 때, 명에서 태조의 즉위를 승인할 때, 개국초에 국호를 정하여 백성의 마음을 정할 것을 청할 때의 일 등이 모두 도평의사사의 이름으로 행하여 진 것에서도 명백히 입증된다고 하겠다.[295] 또 태조 즉위 ~ 정종 2년에 도평의사사는 형정, 인사, 군사, 부역, 진제, 제도, 경제, 진봉, 공신책록 등 국정전반에 걸쳐 활발한 활동을 전개하였다.[296] 이들 정치활동은 수명·계문·의의의 각 유형으로 전개되었지만, 태조대에는 수명·계문이 중심이 되고 정종

295) 말송보화, 앞 논문 5 ~ 6쪽.
296) 한충희, 앞 「조선초기 의정부연구」 상, 116 ~ 117쪽 〈표 9〉 참조.

대에는 계문·의의가 중심이 되었으며, 전체적으로는 수명·계문이 중심이 되었다.[297]

그 외에도 도평의사사 구성원은 判六曹事,[298] 判尙瑞司事,[299] 判義興三軍府事 등 군직겸대[300] 등을 통하여 그 기능을 강화하였다. 그리하여 이 시기의 국정은 개국공신(정종대에는 정사공신)이 중심이 된 도평의사사가 정치·경제·군사 등의 실권을 장악하면서 큰 영향을 끼쳤고, 왕권은 그렇게 떨치지 못하였다고 추측된다.

그러나 도평의사사 활동을 시기별로 구분하여 보면 태조대는 총194건으로 연평균 28건인데 비하여 정종대는 20건으로 연평균 10건에 불과하였고, 활동분야에 있어서도 태조대에는 전 국정에 참여하였으나 정종대에는 뚜렷이 활발한 분야가 없다.[301] 그러면 태조대와 정종대에 이러한 차이를 초래한 요인은 무엇이겠는가? 그것은 태조 7년에 발생한 왕자의 난을 통한 정도전

297) 위 논문, 116 ~ 117쪽 〈표 9, 10〉 참조.

298) 『태조실록』 권15, 7년 9월 계유 (전략) 成石璘門下侍郎贊成事判戶曹事 李之蘭門下侍郎贊成事判刑曹事義興三軍府中軍節制使靑海君 李茂參贊門下府事判禮曹事義興三軍府左軍節制使 張思吉參贊門下府事判工曹事義興三軍府中軍節制使永嘉君 (하략). 이 때의 판호·형·예·공조사는 형식적인 겸대가 아니고 실질적인 호·형·예·공조의 지휘·감독자였다.

299) 상서사는 고려 창왕시에 정방을 개칭한 기관으로서 '符印·除授等事' 즉, 인사를 관장하였다. 상서사의 책임자는 판사인데, 양부로서 임명되었다. 판상서사를 겸대한 인물은 태조대에는 정도전·남은 등이었고, 정종대에는 정안군 이방원·하륜·이거이 등이었다(金潤坤, 1964, 「麗末鮮初의 尙瑞司」, 『歷史學報』 25).

300) 국초의 人心未定과 예기치 못한 변란의 대비와 관련되어 종친·공신은 사병을 거느리고 도절제사를 겸대하여고, 빈번한 왜구의 침입 등과 함께 도체찰사·병마통제사·절제사·도병마사·점병사·안찰사 등을 겸대하고 방왜·토왜·지방군정·감찰에 참여하였다.

301) 동상조.

등의 제거와 정안군의 대두에서 비롯되었다고 하겠다. 즉 정도전 등이 득세한 시기에 이들이 정치·경제·군사의 실권을 장악하고 활발히 국정에 참여하였지만, 정도전 등이 제거된 뒤에는 정안군이 정치·군사의 실권을 장악하였기 때문에 비록 도평의사사는 계속되었으나 그 기능이 크게 위축되었기 때문이라고 하겠다.

그러면 이러한 도평의사사를 혁파하고 출현한 의정부의 기능은 어떠하였겠는가? 법제적으로는 의정부는 도평의사사와 마찬가지로 최고의 국정기관이었지만 실제에 있어서는 성립시부터 인원이 크게 줄고 군사권이 분리되었으며, 점진적으로 대두되는 왕권 및 육조의 강화와 함께 중요한 정무를 육조에 많이 이관하면서 때로는 명실상부한 기능을 행사했으나 때로는 미약하였다.

이제까지 수차에 걸쳐 언급되었지만, 조선초기 정치의 주체세력은 왕을 정점으로 하고 의정부·육조·승정원·대간·홍문관 등의 유력한 관료군이었다. 이중에서도 국가정치는 왕과 의정부·육조가 주로 담당하였는데 이 3자의 관계를 보면, 왕권이 안정되거나 강력할 때에는 육조직계제가 실시되면서 의정부는 약화되었고, 의정부 기능이 강력하면서 의정부서사제가 실시될 때에는 육조가 약화되었다. 따라서 의정부 기능은 왕권 및 육조 기능과 밀접히 관련되었음을 알 수 있다. 이를 규명하기 위하여 먼저 의정부와 육조의 활동을 표로 대비시켜 보면 다음과 같다.

〈표 28〉 조선초기 의정부와 육조 정치활동 대비[302)]

		정종	태종																	
		2년	즉위	1	2	3	4	5	6	7	8	9	10	11	12	13	14	15	16	17
議政府	수	7	3	25	43	39	35	37	48	56	45	83	96	88	92	96	61	41	42	33
	%			89	77	74	87	76	76	73	64	82	83	59	71	69	38	22	26	21
六曹	수			3	13	14	5	12	15	21	25	18	19	62	38	30	98	145	117	127
	%			11	23	26	13	24	24	27	36	18	17	41	29	31	62	8	24	79
합계	수			28	56	53	40	49	63	77	70	101	115	150	130	126	159	186	159	160
	%			100																

		태종	세종															
		18	즉위	1	2	3	4	5	6	7	8	9	10	11	12	13	14	15
議政府	수	48	29	57	42	24	36	23	26	29	40	40	58	56	64	129	91	115
	%	43	25	26	25	14	21	7	10	9	16	24	24	23	21	34	33	33
六曹	수	64	86	165	128	147	133	311	244	278	212	124	182	183	247	252	183	232
	%	57	75	74	75	86	79	93	90	91	1	76	76	7	79	66	67	67
합계	수	112	115	222	170	171	169	334	270	307	252	164	240	239	311	381	274	347

		세종																
		16	17	18	19	20	21	22	23	24	25	26	27	28	29	30	31	32
議政府	수	85	64	122	129	172	171	106	94	121	118	140	155	180	120	159	112	15
	%	25	23	62	58	75	54	56	54	51	40	47	66	73	63	60	68	79
六曹	수	252	211	75	92	58	154	83	79	116	174	155	80	53	69	107	53	4
	%	75	77	38	42	25	46	44	46	49	60	53	34	27	37	40	32	21
합계	수	337	275	197	221	230	325	189	173	237	292	295	235	233	189	266	165	19

		눈송			단종				세조									
		즉위	1	2	즉위	1	2	3	1	2	3	4	5	6	7	8	9	10
議政府	수	208	255	55	181	268	212	79	50	38	55	40	40	36	101	46	59	46
	%	63	61	72	86	83	76	79	33	20	21	20	22	17	43	31	49	22
六曹	수	120	163	20	30	56	67	21	100	156	210	159	139	171	134	103	61	165
	%	37	39	28	14	17	24	21	67	80	79	80	78	83	57	69	51	78
합계	수	328	418	71	211	324	279	100	150	194	265	199	179	207	235	149	120	211

302) 『조선왕조실록』 정종 2년 ~ 성종 25년조(의정부 활동은 앞 〈표 27〉 참조).

		세조				예종		성종										
		11	12	13	14	즉위	1	즉위	1	2	3	4	5	6	7	8	9	10
議政府	수	24	50	80	28	22	44	6	8	7	18	13	16	21	23	20	32	74
	%	17	25	43	29	34	32	18	4	3	7	8	9	9	15	11	16	36
六曹	수	118	148	105	68	69	159	27	175	248	241	142	167	255	127	166	170	134
	%	83	75	57	71	66	68	82	96	97	93	92	91	91	85	89	84	64
원상	수					34	162	41	195	54	36	35	68	87	20			
	%																	
합계 (의·6)	수	142	198	185	96	91	203	33	183	255	259	155	183	276	150	186	202	208
	%	100																

		성종															합계	비고
		11	12	13	14	15	16	17	18	19	20	21	22	23	24	25		
議政府	수	25	61	146	128	120	137	109	117	122	134	167	138	110	181	127	8,017	
	%	35	29	48	42	51	47	52	59	54	51	57	59	52	55	46	41	
六曹	수	47	152	160	178	117	153	100	81	102	131	124	94	101	146	151	12,049	
	%	65	71	52	58	49	53	48	41	46	49	43	41	48	45	54	59	
원상	수																678	
	%																20,066	
합계 (의·6)	수	72	213	306	306	237	290	209	198	224	265	291	232	211	327	278	100	
	%	100																

이 표에 나타난 의정부육조의 활동경향은 실제적인 의정부·육조의 기능발휘와 다소의 차이는 있겠지만 대체적인 성향만은 추측할 수 있을 것으로 보인다. 이 표를 통하여 의정부와 육조의 정치활동을 보면 의정부가 성립된 정종 2년으로부터 성종 25년까지는 크게 5시기로 구분되고 있다. 즉 정종 2년 ~ 태종 13년에는 의정부활동이 중심이 되었고, 태종 14년 ~ 세종 17년에는 육조활동이 중심이 되었고, 세종 18년 ~ 단종에는 다시 의정부활동이 중심이 되었고, 세조 즉위 ~ 성종 12년에는 다시 육조활동이 중심이 되었으며, 성종 13 ~ 25년에는 의정부활동이 신장되면서 의정부와 육조활동이 비슷하였다.

2. 議政府活動과 國政指揮

앞의 의정부와 육조의 활동경향과 같이 정종 2년 ~ 성종 25년의 의정부활동은 4시기로 구분되면서 전개되었다. 여기에서는 이에따라 그와 같은 변화를 초래한 요인이 무엇이고, 각 시기의 의정부권력이 어떠하였는가를 검하여 고찰하고자 한다.

1) 成立初의 議政府(정종 2년 4월 ~ 태종 13년)

정종은 자력에 의한 것이 아니라 태조 7년에 일어난 1차 왕자의 난으로 인한 태조의 양위로 일시적으로 즉위하게 되었다. 그러므로 정종조에 실권을 장악한 세력은 왕자의 난을 주도한 靖安君 李芳遠(후의 태종)과 그를 추종한 定社功臣들이었다.

정안군 이방원은 정종 즉위년 9월로부터 兼判尙瑞司事가 되어[303] 河崙·李居易·趙英茂 등의 재추와 함께 국사를 처리하였고, 정종 2년 1월에 일어난 제2차 왕자의 난을 계기로 왕세자가 되면서 군국중사와 내외군사를 총령하였다.[304] 정종은 이러한 정안군의 위세로 무력할 수밖에 없었고, 따라서 정무 보다는 격구 등의 오락에 탐닉하였으며[305] 이로써 보신책을 삼은 듯하다. 그 외에도 정종 왕자·왕녀가 왕위에 오르지 못한 진안·익안대군의 자녀와 같이 봉작되었음도 정종의 왕권이 어떠하였는가를 잘 보여준다고 하겠다.[306]

---

303) 『태조실록』 권15, 태조 7년(정종 즉위) 9월 정축.

304) 『정종실록』 권3, 2년 2월 기해·갑오.

305) 『정종실록』 권1, 즉위년 2월 경인 御經筵 諸公侯與宦寺 擊毬於內庭 喧囂不已 上顧謂史官李敬生日 如擊毬事 亦書諸史乎 敬生對日 君擧必書 況擊毬乎, 외.

306) 김성준, 앞 「종친부고」, 46쪽.

이러한 상황하에서 사병이 혁파되고 병권이 집중되었으며, 도평의사사가 혁파되면서 의정부로 개편되었으니, 이는 결국 정종의 뜻에 의하였다기 보다 정안군에 의한 왕권강화 내지 신권약화책이었다고 하겠다. 따라서 의정부는 도평의사사에 비하여 약화될 수 밖에 없었고, 특히 병권의 집중은 태종대에 왕권을 강화하는 토대가 되었다.

태종은 조선개국에 큰 공헌을 하였으면서도 태조비 강씨와 이에 밀착된 정도전·남은 등의 배척으로 개국후의 정치에 참여하지 못하였다.[307] 그 후 강비의 사거와 태조의 신병을 기하여 정도전 등의 독주에 불평을 품고 있던 개국공신을 규합하고 독자의 군사력을 이용하여 1차 왕자의 난을 일으켰고, 이로써 鄭道傳·南誾·沈孝生 등을 제거하면서 정치의 실권을 장악하였다.[308] 따라서 태종의 왕권은 강력하였고, 의정부는 비록 의정부서사제가 계속되면서 정치를 주도하기는 하지만 점진적으로 대두하는 왕권과 함께 그 기능이 약화되었다.

이제 정종 2년 ~ 태종 13년의 의정부활동을 살펴 보자. 앞의 〈표 28〉에서 의정부는 육조를 압도하면서 국정을 주도하였음을 보았다. 그러나 의정부의 활동수를 세분해서 보면 태종 8년까

307) 태종이 왕 11년 8월 신묘에 南在를 불러 개국의 일을 말하는 가운데 "壬申(1392년) 以前之事 予皆知之 其後人有忌我者 故出使東北面矣" 라고 한 것, 태조 1년 8월 기사의 개국공신책봉 때에는 공신의 열에 끼지 못하다가 태조 7년 1차 왕자의 난이 있은 연후에 芳毅·芳幹과 함께 개국 1등공신에 추록되는 등에서 잘 볼 수 있다.

308) 강비는 태조 5년 8월 무술에 승하하였고, 태조는 7년 7월 임인부터 8월까지 병중에 있었다. 정변후에 책봉된 정사공신의 면면을 보면 방원에 동조한 개국공신과 고관의 동향을 볼 수 있다. 조준·김사형 등 12명이 개국공신으로서 정사공신에 책록되었고, 하륜·이거이·이무 등 5명이 2품관 이상에 있었다.

지는 계속하여 감소되었고, 9·10년에는 오히려 격증되었다가 11년에는 격감되었으며, 12년에는 증가되었다가 13년에는 감소되었다. 이에서 의정부가 국정의 중심이 되고는 있지만 수시로 변천되었음을 알 수 있다. 그러면 의정부는 실제로 어떠한 활동을 하였겠는가? 이를 살피기 위해 앞의 표에 나타난 활동수를 활동분야별로 재정리하면 다음의 표와 같다.

〈표 29〉 정종 2년~태종 13년 의정부 정치활동분야309)

	정종	태종														계	비고
	2	즉위	1	2	3	4	5	6	7	8	9	10	11	12	13		
刑政(奴婢)			3	4	1	10	9	9	13	8	22	27	17	14	17	154	
人事	1		1	1	2		1		6	2	5	2	4	6	8	39	
軍事			3	12	7	2	2	1	5	6	4	21	4	9	10	86	
赴役(築城)				1				1			2	3	7	3	7	24	
賑濟			3	1	1		3	1	1		3	1	2	5	2	23	
時務條進			2	3	4	4	3	5	6	1	6	2	3	4	5	48	
敎育(科擧·風俗)	1		2		1		1	4	2	2	2	1	4	5	3	28	
制度·立法	1		4	3	4	7	2	7	3	1	3	1	1	7	9	53	
儀禮(服制)	1			2	1		3	3	4	5	3	9	16	4	4	55	
使行(通交)					3		1	1	1	4		3	2	1	5	21	
經濟(田制)			3	9	5	2	6	8	10	2	15	12	17	14	13	116	
國都經營		1		1	2	3	2	1					1	2	3	16	
佛事(斥佛)		1		1			1	3	3	3	5			2		19	
기타	3	1	4	5	7	7	3	4	2	11	13	14	10	16	10	110	
합계	7	3	25	43	39	35	37	48	56	45	83	96	88	92	96	793	

이 표를 볼 때 의정부는 형정·인사·군사·부역·축성·진제·시무조진·교육·과거·풍속·입법·의례·사행·통교·경제·

309) 『조선왕조실록』 정종 2년 ~ 태종 13년조에서 종합.

국도경영·불사 등의 국정전반에 걸쳐 활동하였음을 볼 수 있다. 그러나 그 활동수를 볼 때 형정(19.5%)·경제(14.6)·군사(10.8)가 중심을 이루고 있으며, 의례(6.9)·입법(6.7)·시무조진(6.0)도 상당하였다. 여기에서 형정·경제·군사는 가장 중요한 국사이고, 의례·입법은 초창의 문물을 정비하여야 함을 고려할 때 의정부가 국정에 끼친 영향이 지대하였음을 알 수 있다.

그리고 태종 4년 10월에 의정부의 청을 좇아 새 법을 정할 때는 반드시 의정부에 통보하여 擬議하게 하고 受判받아 시행하게 함으로써[310] 의정부는 신법제정에 대한 의의권을 가지게 되었고, 이것은 형정의 기능과 함께 후대로 계승되면서 의정부의 고유한 기능이 되었다.

그 외에도 의정부 구성원은 판이·병조사와 군직겸대를 통하여 의정부의 기능을 강화하였다. 태종이 즉위한 후에도 태조 이래의 판상서사사제는 계승되어져 좌·우정승이 이를 겸하면서 동·서반의 인사권을 장악하였다. 그후 태종 5년에 이르러 육조의 지위강화와 함께 겸판상서사사제가 폐지되면서 인사권이 이·병조로 귀속됨에 따라 좌·우정승은 인사권을 상실하였으나[311] 태종 6년 8월에 좌·우정승이 다시 판이·병조사를 겸하면서 인사권을 장악하였다.[312] 의정부 구성원은 또 변란이 발생하거나 평상시의 필요에 따라 승추부판사·의흥부판사·도통사·훈련관도제조·삼군도총제·의용순금사판사·의흥부지사·총제·사복사판사·군기감판사 등을 수시로 겸대하면서 군

310) 『태종실록』 권8, 4년 10월 병신.
311) 위 책 권9, 5년 1월 임자.
312) 위 책 권12, 6년 8월 정유.

사에 광범하게 참여하였다.[313)]

이를 볼 때 정종 2년 4월 ~ 태종 13년에는 의정부가 육조를 압도하면서 국정을 주도하였고, 이러한 의정부의 위세하에서 왕권은 미약하였던 것처럼 보인다. 그러나 태종대에는 왕권의 강화와 육조직계제의 실시기도가 계속되었던 만큼 이러한 수치나 활동의 경향만으로는 그 기능을 단정하기가 곤란할 것으로 생각된다. 이에 따라 태종에 의한 왕권강화와 육조직계제의 실시기도를 통해서 이를 보완하고자 한다. 먼저 태종의 왕권강화 기도를 보면 다음과 같다.

(1) 軍事權 장악

태종은 군사적인 배경하에 등위하였다. 태종의 병권장악에 대하여는 태종 9년 8월에 태종이 左代言 金汝知에게 "자고로 병권의 연혁에 있어서는 과인과 같이 생각을 깊이 한 이는 있지 아니하였다"[314)] 라고 한 말에 잘 함축되어 있다. 태종은 즉위와 함께 甲士·別侍衛·鷹揚衛·內禁衛·內侍衛 등 국왕 개인을 위한 군대를 存置하였고,[315)] 군사지휘기관을 정비하였으며,[316)] 수시로 講武를 행하면서 군권을 장악하고 군사의 지휘

313) 『조선왕조실록』 정종 2년 ~ 태종 13년조.

314) 『태종실록』 권18, 9년 8월 정묘.

315) 車文燮, 1964, 「鮮初의 內禁衛에 대하여」, 『史學研究』 18, 97 ~ 98쪽.

316) 태종 1년에 의흥삼군부를 승추부로 개편하여 왕명출납과 군기를 장악하게 하였고, 3년에 삼군부를 삼군도총제부로 부활시켜 군령을 관장하게 하였고(군기는 승추부), 5년에 승추부를 병조에 귀속시켜 병조로 하여금 군사지휘권을 장악하게 하였고, 9년에 삼군진무소를 설치하여 군령을 담당하게 하였다(군정은 병조). 계속하여 9년에 종래의 10사를 순금사와 시위사로 개편하고 11도에 도절제사를 두었으며, 18년에 의흥부를 부활시켜 삼군도총제를 지휘하게 하였다(차문섭, 1974, 「군사조직」, 『한국사』 10, 70 ~ 83쪽).

는 신임의 인물에게 맡기는 형태로 군권에 유의하였다.

(2) 功臣과 戚族의 제거

태종초에는 開國·定社·佐命功臣 60여명이 생존하면서 정치에 크게 참여하였다.[317] 그러나 태종치세의 진행과 함께 일부의 공신·척족에 있어서는 개인적인 과오를 범하기도 하지만 태종의 왕권강화와 관련되어 다수의 공신·척족이 제거되었다. 그 인물로는 李居易·李佇·李伯剛·李茂·趙希閔·趙瑚·閔無咎·閔無疾·閔無恤·閔無悔·李叔蕃·沈溫 등이 있다.[318] 이외에 또 다수의 공신이 사망하여 태종 16년에 생존한 공신은 30여명에 불과하였고, 그나마 대부분이 府院君이 되면서 은퇴하였으므로 태종 말년에는 극히 일부 만이 정치에 참여하였다.[319]

(3) 臺諫彈壓[320]

(4) 私田의 移給[321]

(5) 奴婢制 개혁

태종은 재위시기를 통하여 노비의 中分法과 定限法을 실시하여 개국 이래로 누적되어온 노비변정에 노력하였고, 公賤의 정리 및 사사노비를 개혁하여 국가의 노비를 확보하였으며, 14년

317) 『태종실록』 권32, 16년 11월 경자 當甲午年(태종 4년) 三功臣會盟之時凡六十餘人 纔十餘年 而生存者 不過三十 (하략).

318) 金成俊, 1962, 「太宗代의 外戚除去에 대하여」, 『歷史學報』 17·18호, 573 ~ 623쪽.

319) 『태종실록』 권32, 16년 11월 경자·권27, 14년 4월 경신. 태종 14년 이후에 의정부를 거친 인물은 韓尙敬·李原·成石璘·河崙(16년에 치사)·李叔蕃(16년에 축출)에 불과하였다.

320) 崔承熙, 1976, 『朝鮮初期 言官·言論研究』(서울대학교출판부), 1974, 「양반유교정치의 진전」, 『한국사』 9.

321) 韓永愚, 1969, 「太宗·世宗朝의 對私田施策」, 『韓國史研究』 3.

에 從父法을 제정하여 良多賤小의 방향으로 노비제를 정비하면서 지배층의 세력약화를 도모하였다.[322)]

다음으로 육조 중심의 국정운영 도모를 본다. 태종의 육조로 하여금 서무를 분장시키고자 한 최초의 노력은 왕 5년 1월에 있었다. 그 내용은 다음과 같다.

> 관제를 개정하다. 개국초에는 고려의 옛 제도를 계승하여 의정부가 각사를 專總하였고, 司平府가 전곡을 관장하였으며, 承樞府가 군사를 관장하였다. 尙瑞司가 인사를 관장하였는데 좌·우정승이 判事를 겸하였으며, 육조는 조정에 참여하지 못하였다. 이 때에 이르러 사평부를 혁거하고 그 기능을 호조로, 승추부를 혁거하고 그 기능을 병조로, 동·서반 인사권을 이·병조로 각각 귀속시켰다. 정부의 서무권을 육조에 귀속시켰다. 육조에 각각 정2품의 判書 1직을 두었고, 典書·議郎 각2직을 혁파하고 通政(大夫)階의 左·右參議 각1직을 두었으며, 正·佐郎 각 1직을 증치하였다. (중략) 同副代言 1직을 증치하였다. 이에 앞서서는 대언 5인이 각각 이, 병, 호, 예, 공조사를 맡고 타관의 종3품 이상이 형조사를 맡으면서 刑曹都官에 임석하여 노비 소송을 판결하면서 知刑部라고 일컬어 졌는데 이때로부터 대언이 형조사를 맡았다.[323)]

이를 분석하면 의정부는 서무관장과 동·서반에 대한 전주권을 상실하면서 기능이 축소되었고, 육조는 의정부의 예속에서 벗어나 3품아문에서 2품아문으로 격상되고 직제가 정비되면서

322) 李樹健, 1969, 「朝鮮 太宗朝에 있어서의 對奴婢施策」, 『大丘史學』 1, 李相佰, 1964, 「賤者隨母考」, 『진단학보』 25 ~ 27합집.

323) 『태종실록』 권9, 5년 1월 임자.

종래의 사평부·승추부·상서사의 기능과 의정부가 장악한 국정전반에 대한 서무의 기능을 보유한 실무적인 국정기관이 되었으며, 대언사는 종래의 5인에서 6인으로 증가되면서 육조사를 분장하게 되었다. 결국 의정부의 약화를 도모하는 동시에 육조와 대언사의 기능과 직제를 정비·강화하는 것이었고, 왕권을 강화하기 위한 것이었다.

그러나 실제에 있어서 이러한 규정에도 불구하고 여전히 의정부가 대소사를 처리하였고, 육조는 미약하였다. 이러한 상황은 위의 〈표 28〉에서도 볼 수 있지만 다음의 사례에서 명백히 입증된다.

① 『태종실록』 권12, 6년 8월 정유 以左右政丞 復兼判吏兵曹事.
② 위 책 권11, 6년 5월 임진 議政府上 諸道量田之數.
③ 위 책 권12, 6년 8월 을축 議政府 令吏曹 稽歷代功臣諸君常祿有無以啓
④ 위 책 권21, 11년 6월 임진 命刑曹 贖死罪 命曰 死罪以上 不待秋 報議政府以聞 予當減等贖之.
⑤ 위 책 권20, 10년 11월 갑자 命時散二品及各司西班大護軍以上各進通行楮貨條目 令議政府揀擇以聞.
⑥ 위 책 권21, 11년 4월 을사 命營議政府朝房于進善門外.
⑦ 위 책 권25, 13년 4월 임신 前此議政府舍人 皆帶知製敎 至是河崙以事務煩劇削之.

이 사례를 정리하면 ①은 동서반의 전주권이 다시 의정부에 귀속하였음을, ②는 호조에 이관된 삼사의 기능을 의정부가 장악하였음을, ③·④는 이조와 형조가 의정부의 지시를 받음을, ⑤는 문무관의 진언을 의정부가 간택하여 보고함을, ⑥·⑦은 의정부가 중시되면서 조방을 새로 세우고 사인이 겸직에서 벗어나 의정부사무에 전념함을 각각 의미, 즉 의정부의 기능이 여전함을 잘 보여주고 있다고 하겠다. 또 태종 8년 1월 左政丞 成石璘 등의 상언에

> 지금 육조판서는 모두 그 職秩을 높여 兩府를 역임한 자를 제수하고 있고, 그 각각의 직임이 다르며 또 屬官이 있습니다. 의정부는 국정을 총관하면서 대체를 장악하고 있는데 지금 번거롭고 사소한 국정까지 수행하기 때문에 도리어 육조에 役屬되고 있습니다. 관직을 설치하여 국정을 나누어 맡은 체제에 크게 어긋납니다. 모쪼록 지금부터 무릇 전례가 있는 정사는 모두 육조에 위임하고 특별한 정사의 경우에만 의정부에 보고하게 할 것이며, 의정부에서는 경중을 참작하여 보고해야 될 것은 보고하고 지시해야 될 것은 지시하게 하십시오. 육조가 수행한 바가 잘못되고 지체되면 의정부가 勤慢을 고찰해서 시비를 가리게 하소서. 그렇게 되면 대소가 서로 연결되고 煩簡함이 균형을 이루게 될 것이며, 재상은 사소한 정사에 수고하지 않게 되고 庶官도 직임을 폐하게 되지 않을 것입니다(종지).[324]

라고 한 것에서 그간에 육조서무가 이행되지 못하였고, 오히려 의정부가 대소사를 專總함에서 야기되는 타개책을 강구하고 있음을 볼 수 있다. 즉 前例事는 육조가 처리하고 別例事 및 전례사의 처리에 착오가 있을 때에 한하여 의정부가 근만을 고찰하고 시비를 가리도록 함으로써 의정부의 細務로 인한 번용함을 덜고 육조를 설치한 의의를 달성할 것을 청하였다. 그렇지

---

324) 위 책 권15, 8년 1월 임자.

만 이것도 또한 실행되지 못하고 의정부는 여전히 대소의 국정을 총람하였으며, 오히려 의정부가 육조사에 역속되는 상황이었다.

그 후 태종 13년 12월에 이르러 의정부의 전권·독단함과 천변의 발생을 기화로 대간이 수차에 걸쳐 의정부를 탄핵하면서 의정부의 권한을 삭감하고 육조서무를 이행할 것을 요구하였다.[325] 특히 明이 中書省을 파하고 육부가 국사를 전임하는 예를 인용하여 육조서무를 실시할 것을 강력히 청하였지만,[326] 태종은

> 의정부(서사제)를 폐지한 후에 만일 유고가 발생한다면 즉 누가 의정부를 대신해서 서무를 수행할 수 있겠는가? (중략) 명 태조는 실로 고금에 천하에서 비할 바 없는 영명한 임금이기에 비록 中書省이 없어도 되겠지만 나는 졸렬하니 의정부가 없으면 불가하다. 하물며 명의 사신을 應對해야하니 더욱 그렇게 하기 어렵다.[327]

라고 하면서 이를 좇지 않았다. 이어 육조가 "사신접대는 예조의 직임이니 폐할 일이 없습니다"[328] 라고 하면서 사신응대는 그 이유가 되지 못함을 지적하였지만, 태종은 그렇게 여기면서도 의정부서사제를 혁파하겠다는 분명한 말을 하지 않고 있다.[329]

---

325) 위 책 권26, 13년 12월 신유.
326) 동상조.
327) 동상조.
328) 동상조.
329) 동상조.

그러면 이와 같이 육조직계제를 실시하기 위한 수차의 노력이 있었는데도 실행되지 못한 이유는 무엇이겠는가? 근본적인 것은 왕권이라고 추측된다. 이 때 왕권이 약한 것이라기보다 태종 자신이 아직 육조서무를 이행할 시기가 아니라는 생각을 가졌던 듯하다.[330] 그리고 큰 영향을 끼쳤다고 보기 어렵겠지만, 당시에 의정부를 구성한 인물과 태종 10년을 전후한 여진의 침입으로 인한 의정부대신과의 정무협의의 필요도 일인이 되었다고 추측된다.[331]

결국 수차에 걸쳐 의정부의 서무를 육조에 귀속시킬려는 노력이 있었지만 실행되지 못하였고, 여전히 대소국사는 의정부를 중심으로 처리되었다. 그러나 태종 5년에 육조서무제가 제기되면서 의정부서사제를 파하고 육조서무를 실시할 수 있는 토대가 형성되었고, 의정부가 서무를 처리하기는 하나 점진적으로 육조가 대두하게 되었다.

이상에서 정종 2년 ~ 태종 13년의 의정부기능은 정종대에는 왕권이 미약하고 정사공신이 대두하였으므로 도평의사사 이래의 정치형태가 연장되면서 의정부가 국정을 주도하였고, 태종대에는 점진적인 왕권의 강화 및 이와 관련된 육조지위의 강

---

330) 『태종실록』 권26, 13년 12월 신유 (전략) 上曰 乙酉年間 有此議 甚不可行 予若以爲可 則當於昨日朝啓 而議可否以定 其不議者 予所不欲也, 같은 책 권27, 14년 4월 경신 上曰 予嘗在松都 有議罷政府 而至今未暇也 去冬臺諫因小過 請去政府 故不允.

331) 태종 10년 2월에 金文乃·葛多介 등이 斡都里 兀良哈과 결탁하여 경원부에 침입하였고, 10년 4월에는 올량합 遺種이 알도리와 결탁하여 침입하였으며, 이어 嫌眞兀狄哈과 알도리 올량합이 연합하여 침입하였다. 조선은 이에 굴복하여 경원부를 경성으로 옮겼다가 11년 3월에 폐지하였다(李鉉淙, 1974, 「女眞關係」, 『한국사』 9, 국사편찬위원회, 425쪽).

화·육조서무의 논의와 함께 의정부가 대소국정을 주도하기는 하나 육조도 활발하게 국정에 참여하였다. 그리고 태종은 육조서무를 단행하지는 않았지만 의정부를 현저히 약화시켰고, 국왕 중심의 정치, 즉 육조서무를 실시할 토대를 조성하였다.

2) 弱化期의 議政府(태종 14년 ~ 세종 17년)

태종 5년에 제기된 육조직계제는 태종 14년에 결실을 보게 되었다. 이 때의 『태종실록』 기사(14년 4월 경신)가 장황하기는 하지만 이를 중심으로 그 전말을 보기로 한다.

태종은 좌정승 河崙이 "마땅히 정부서무를 혁파하여 육조로 하여금 직계하게 하소서" 라고 한 상계가 있자, 예조판서 偰眉壽를 불러서

> 지난번에 의정부(서사제)를 폐지하자고 한 의견은 내가 내놓았지만 지난해 겨울에 대간이 의정부의 사소한 잘못을 계기로 의정부를 폐지하자고 하였기 때문에 내가 허락하지 않았다. 지금 좌정승 하륜이 내게 아뢰어 '조선의 제도는 모두가 중국의 제도를 계승한 것입니다. 마땅히 의정부가 담당한 서무를 육조에 돌려서 명나라 육부제를 본받으소서' 라고 하였다. 경들은 이를 참고해서 결정하여 보고하라.

라고 하였다. 이에 예조가

> 삼가 『文獻通考』를 보건대 虞·夏·商에서는 三公과 四輔를 두어 천자를 보필하게 하였습니다. 周의 周公때로부터 三公과 三孤를 두어 '論道經邦과 寅亮天地'의 일을 맡게 하였고, 六卿으

로 하여금 국정을 나누어 맡게 하면서 天官卿으로 수상(冢宰)을 삼았습니다. (중략) 지금 명에서 中書省을 없애고 육부로 하여금 국정을 분장하게 하였으니 이는 곳 주나라 주공때의 제도입니다. 그러나 수상을 두지 않고 육부로 하여금 그 정사를 직접 황제에게 보고하고 지시를 받아 시행하게 하였으며, 다시 논의할 바가 있으면 육부의 장관이 그 일을 맡은 부에 모여 함께 논의하여 보고하게 하였습니다. 청컨대 육조로 하여금 각각 그 정사를 왕에게 직접 보고하고 지시를 받아 시행하게 하고, 다시 논의할 바가 있으면 육조의 장관이 함께 의논하여 보고하게 하소서. 년로하고 덕망이 높으며 정사의 도리를 체득한 인물은 의정부에 두었다가 중대한 국사가 있으면 함께 의논하여 보고하게 하소서.

라고 啓目을 올렸다. 태종은 星山府院君 李稷·戶曹判書 朴信·摠制 李玄과 이를 논의하면서

내가 전에 송도에 있을 때 의정부(서사)를 폐지하자는 논의가 있었지만, 지금까지 겨를이 없었다. 지난 겨울에 대간이 사소한 과오를 계기로 의정부를 폐지하자고 청하기에 허락하지 않았다. 지난번에 좌정승이 '명 또한 丞相府가 없으니 마땅히 의정부를 폐하소서' 라고 했다. 내가 간절히 생각하니 서무가 내 몸에 집중되면 진실로 재결하기 어렵겠지만 임금이 된 이상 어찌 몸이 수고로운 것을 피할 수 있겠는가?

라고 하면서 육조서무의 단행을 굳혔다. 이어 李稷 등의 찬동을 얻은 후에 "공신으로서 연로한 자는 마땅히 부원군에 제수하고, 연륜과 학덕이 고매한 자는 많으나 육조의 관직은 적으

니 마땅히 계속 의정부직에 둘 것이다"라고 하였고, 계속해서 領議政府事 成石璘·左政丞 河崙·右政丞 南在·贊成事 李叔蕃·禮判 偰眉壽 등으로 하여금 논의하게 하여 찬동을 얻고 육조서무를 단행하였다. 그리고 이 기사의 끝에 사관이

> 처음에 태종이 의정부의 권한이 큰 것을 염려하여 의정부서사를 폐지하려고 하였지만 신중히 하기 위해서 실시하지 않다가 이때에 실시하였다. 의정부가 관장한 일은 오직 사대문서와 사형수를 再審하는 일 뿐이었다. 지금 비록 의정부의 권한이 큰 폐단은 혁거되나 권력이 육조로 나누어지고 통일되지 못하여 국정이 제 때에 보고되지 못하는가 하면 많이 막히고 지체되었다.

고 논평하였듯이 의정부의 강력한 기능은 개혁되었지만 국정이 육조로 분산된 까닭에 통일성이 결여되고 국정수행에 차질이 야기되었다.

이제 이를 정리하여 보면, 육조직계제를 실시하게 된 근본배경은 왕권을 강화하고 의정부의 권한을 약화시키려는 태종의 의도였고, 부차적으로는 명의 六部直奏制에서 영향을 받은 것이다. 육조직계제의 실시로 의정부는 서사의 권한을 잃고 크게 약화되면서 사대문서와 사형수(重囚)에 대한 복안의 기능만을 가지게 되었고, 국정은 육조가 주도하게 되었다. 그리고 육조서사는 의정부의 권한이 큰 폐단을 개혁하기는 하나 태종의 지적과 같이 국왕에게 정무가 폭주하여 신체를 피로하게 되었고, 또 사신의 지적과 같이 권력이 육조에 나뉘어져 통일성이 결여되고 정무를 적시에 보고하지 못하여 정사가 많이 막히고 지체되는 폐단을 야기하였다. 뒤의 세종대에 의정부서사제가 부활

하게 된 것은 바로 여기에서 크게 연유되었다.

그리고 위에서는 언급되지 않았지만 의정부의 미결문서는 육조로, 기결문서는 架閣庫로, 差遣受點等事는 이·병조로, 大小宴享·中外請暇等事는 예조로, 미결 公私相訟奴婢事는 형조로, 各年 未謄錄 條例文書는 예조로, 등록문서는 가각고로 각각 이관되었다.[332] 이러한 사무분장을 통하여 태종 5년 이래의 육조와 의정부권한의 한계가 확립되었다고 하겠다. 그 외에도 육조는 서무분장으로 인한 기능의 강화와 함께 직제도 보강되어 종래의 判書·左參議·右參議·正郎·佐郎에[333] 六曹錄事·知印이 설치되고(14년) 參議 1직이 감소되고 參判이 신치됨으로서(16)[334] 판서·참판·참의·정랑·좌랑의 품관과 녹사·지인의 서리로 된 직제가 정비되었다. 또 육조는 임무의 번다에서 그 구성원의 겸직 일부를 해제 받고 육조사에 전장하도록 되었다.[335]

세종은 태종 18년 6월에 讓寧의 폐세자와 함께 갑자기 세자로 책봉되었다가 그 2개월 후에 태종의 양위로 등극하였다. 이후 세종 18년 4월까지는 태종 14년 이래의 육조직계제가 실시되면서 육조가 국정을 주도하였다. 그러나 세종대에 있어서 왕 4년까지는 세종이 보위에 있기는 하나 실제로는 태종치세의 연장이었고, 태종이 홍서한 왕 4년 이후부터 세종의 본격적인 치세가 시작되었다. 그러한 방증으로 태종이 양위를 하면서 朴誾

332) 『태종실록』 권27, 14년 4월 경신.
333) 위 책 권9, 5년 1월 임자.
334) 위 책 권27, 14년 5월 계유·권 31, 16년 6월 임오·갑신.
335) 육조가 담당하였던 사신회잔·입조사신반전사가 승정원에 이관되었고, 이판 韓尙敬과 호판 朴信이 겸대하던 辨正都監提調가 金寧과 沈溫에게로 대체되었다(위 책 권27, 14년 4월 정묘·5월 을축).

등에게

> 主上이 장성하기까지는 군사는 내가 청단하고, 또 국가에 결단하기 어려운 일이 있으면 명을 내려 의정부와 육조로 하여금 각각 가부를 말하게 한 후 시행할 것이며, 나도 마땅히 참여하여 가부를 말하겠다.[336)]

고 傳敎한 것, 세종 6년에 『태종실록』의 편찬을 논의할 때에 세종이

> 기해년으로부터 임인년까지는 내가 비록 재위에 있기는 하나 그간의 국정은 내가 모두 태종에게 품의하여 시행하였으므로 내가 스스로 결정한 국사가 없다. 그 4년간의 史草는 모두 수납받아 『태종실록』에 올리는 것이 어떻겠는가?[337)]

라고 한 것이 있다. 실제로도 세종은 매일 壽康宮으로 문안을 한후 군국대사를 모두 상왕에게 아뢰어서 처리하였고,[338)] 태종은 직접 군권을 장악하면서 세종의 國舅인 沈溫을 사사하고 대마도를 정벌하였다.[339)] 그 후 세종은 4년 5월의 태종홍서와 함

---

336) 위 책 권36, 18년 8월 정해.

337) 『세종실록』 권26, 6년 12월 임인.

338) 위 책 권5, 1년 9월 병오.

339) 병조는 상왕에게 속하였고, 군사를 삼군부와 의건부의 둘로 나누어서 의건부는 상왕이 장악하면서 군정을 지배하였다. 이러한 상황 하에서 세종 즉위년 8월에 도총제 沈泟(심온 제)·병판 朴習 등이 "호령이 두곳에서 나옴은 한곳에서 나옴만 같지 못하다" 고 말한 것이 상왕의 격분을 일으켰고 이에 연좌되어 심온도 사사되었다. 그리고 대마도정벌은 세종 1년 6월에 상왕이 주도하여 李從茂를 삼군도체찰사, 柳廷顯을 삼

께 정치에의 열망과 정심한 지식을 통하여 선정을 베풀게 된다.[340] 또 세종은 인사에 유의하여 方伯이나 守令으로 부임하는 자를 친히 인견하고 선정을 당부하였다.[341] 그리하여 세종의 친정이 시작되는 왕 4년으로부터 17년까지의 정치는 의욕과 활력이 넘치는 시기였고, 나아가 세종성세의 토대가 이룩되는 시기였다.

그러면 태종 14년 ~ 세종 17년의 의정부 실제 기능은 어떠하였겠는가? 앞의 〈표 27〉이나 육조직계제가 시행될 때의 규정과 같이 과연 육조가 국정을 주도하였고 의정부는 사수의 논결 및 사대문서나 취급하는 형식적인 기능만을 가졌겠는가? 그리고 〈표 27〉에 제시된 의정부의 활동 수가 이러한 기능만을 뜻하겠는가? 이를 살피기 위해 먼저 〈표 27〉의 의정부 활동경향을 보

군도통사로 삼아 병선 227척 · 군사 17,000여명을 동원하여 정복한 후 동년 7월에 귀환함으로써 일단락되었다. 이후 왜구의 침입은 소강상태를 유지하였고, 이로써 남방이 안정되었다. 이 때의 태종에 의한 심온제거 · 남방안정은 세종성세의 토대가 되었다(『세종실록』 즉위 ~ 1년조).

340) 세종의 정무재결을 보면 어떤 정사가 있을 때 이 정사에 대하여 전적으로 신하에게 물어서 결단을 내리는 것이 아니라 정사에 대한 자신의 의사를 피력하고 신하의 가부를 물어서 실천에 옮기고 있으며(~ 若何, ~ 何如, ~ 何以處之), 경연 · 집현전의 활용과 대간우용 등은 세종의 선정과 직결되었다.

341) 필자의 의견으로는 이 방백 · 수령의 인견과 선정의 당부야말로 집현전의 운영과 함께 세종성세의 가장 큰 배경이라고 생각된다. 이를 『세종실록』에서 보면 왕 7년 11월 기미에 예조에 전지하여 "今後二品以下守令拜辭時 予親見之"라고 하였고, 이어 7년 12월 정사에 "命自今新除守令詣闕拜辭 每一日不過五人 其赴任遲還 以吏曹當參爲限 考察在外除授人亦令朝辭後赴任" 이라고 하면서 상례로 하였다. 이후 수령접견은 신병이 악화되었을 때에 한하여 일시적으로 정지하였을 뿐 치세를 통해 계속되었다. 이 인견시에 선정의 당부는 물론 간단한 구술시험도 부과하여 인물됨을 살폈고, 후일의 인사에 참고하였다.

면 태종대보다도 세종대에 의정부활동이 위축되었다. 즉 세종 즉위 ~ 2년에는 태종대와 비슷하였으나 세종 3 ~ 8년에는 육조의 활동이 현저하였고, 세종 9 ~ 17년에는 태종대와 비슷하였다. 동기의 의정부활동을 구체적으로 보면 다음의 표와 같다.

〈표 30〉 태종 14년 ~ 세종 17년 의정부 정치활동분야342)

	태종					세종																		계
	14	15	16	17	18	즉	1	2	3	4	5	6	7	8	9	10	11	12	13	14	15	16	17	
刑政 등	20	27	19	10	20	5	9	3	1	8	7	5	5	5	9	18	7	13	20	11	10	14	5	251
人事	5	1	1	1		2	2		1	1			3			2	9	4	11	8	2	7	2	62
軍事	8	1	2	3	2	3	13	5	5	4	3	3	6	10	7	6	7	6	11	14	36	16	17	188
赴役 등	2	1	1		1	1		2	1					2	1	3	3	3	3	4	4	5	4	41
賑濟			1			1	3		1	3		1		2	5	3	1		1		1	2	2	27
時務條進	2	3	3	2		1	3	4	1		3	1	2	1	4	1		1	7	4	11	10	4	68
教育 등	4		1	1			1			1	1			1	1	3	3	5	6	6	1	1	2	38
制度 등	3		1				2	1	2	2	1	1	1	2	6	4	6	6	9	11	6	4	4	72
儀禮 등	1	1	2	1	2	2	4	10	3	5	2	4	1	5		5	3	9	14	8	1	2	5	90
使行 등	2	1		5	1	8	6	3	2	3	4	3	3	6	6	6	14	12	35	10	32	18	11	191
經濟 등	7	1	6	5	4		4	2	2	3	1	2	4	4		5	2	2	7	6	4	2	3	76
기타	7	5	5	5	18	6	10	12	5	6	1	6	4	2	1	2	1	3	5	9	7	4	5	129
합계	61	41	42	33	48	29	57	42	24	36	23	26	29	40	40	58	56	64	129	91	115	85	64	1,233

이 표를 볼 때 의정부 활동은 이전에 비하여 크게 약화되었음을 알 수 있다. 그러나 의정부는 여전히 형정·인사·군사·부역·진제·시무조진·교육·제도·의례·사행·경제 등의 국사에 참여하였다. 이 중에서도 중심이 것은 형정(20.5%)·사행(15.4)·군사(15.2)의 분야였고, 이 보다 비중은 적지만 의례

342) 조선왕조실록 태종 14년 ~ 세종 17년조에서 종합.

(7.4)·경제(6.1)·제도(5.9)·시무(5.6)·인사(5.1)에도 활발히 참여하였다. 여기에서 형정·외교·군사는 말할 것도 없거니와 경제·제도·인사 등은 가장 중요한 국사인데, 이와같이 활발히 참여하였음을 보면 의정부 기능이 사수논결과 사대문서만을 취급한 형식적인 것만은 아니었음을 알 수 있다.[343] 그리고 연도별 활동경향을 보면 태종대에는 형정·경제가 중심이 되었으나, 세종대에는 외교·군사가 중심이 되고 있다. 특히 세종대에는 외교·군사 활동이 증가되었는데, 이는 왕 14년 이후에 본격적으로 추진된 동·서북계의 경영과 관계가 된 것으로 보이며,[344] 이러한 경향은 자연스레이 의정부 기능을 강화시키는 계기가 되었다고 하겠다.

그 외에 의정부 구성원은 判六曹事를 겸대하였는데, 특히 判吏·兵曹事는 인사에 간여한 만큼 의정부의 기능을 강화시켜가는 요인이 되었을 것이다. 세종은 즉위초에 河演에게 "짐이 인물을 모르니 좌·우의정 및 이·병조당상과 함께 같이 의논하여 제수하고자 한다"[345] 고 하면서 좌·우의정을 인사에 참여시켰고, 그 후는 좌·우의정에게 판이·병조사를 겸대시켜 인사에 참여하게 하였다.[346] 그리고 領敦寧府事 柳廷顯은 판호

343) 말송보화는 위 논문에서 제도적인 면만을 고찰하여 사대문서와 重囚(사형수)의 覆按만을 담당하였다고 하였다.

344) 세종 14년 6월에 경원부 서쪽 石幕에 寧北鎮을 설치하였고, 왕 15년에 이 지역의 여진들 사이에 紛擾가 일어남을 기화로 대대적인 북방개척을 추진하였다. 그리하여 왕 15 ~ 25년에 李蕆·崔潤德이 4군을, 15 ~ 22년에 金宗瑞·李澄玉 등이 6진을 각각 설치하고 북변을 확정지었다.

345) 『세종실록』 권1, 즉위년 8월 기축.

346) 이 시기의 판육조사가 어떻게 운영되었는가는 명확하지 못하다. 그런데 전후의 『세종실록』 기사를 볼 때 좌의정이 판이조사를, 우의정이 판병조사를 각각 겸대한 것으로 보인다. 그리고 판호조사는 언급되나 그외

조사를 겸대하면서 재정출납을 전장한 반면에 호조판서는 명목에 불과하였다고 하였다.[347] 결국 판육조사는 제도적으로 육조가 의정부에서 완전히 분리된 독립기관이었지만 실제로는 의정부에서 완전히 독립되지 못하였음을 보이는 것이라고 하겠다. 또 의정부는 상례적인 육조·대간·한성부의 수교사 이외에 이·병조의 口傳事까지도 보고받아 憑考하였고,[348] 왕의 行幸隨駕,[349] 사소한 일로 인한 대간의 의정부 논죄금지,[350] 형식적이기는 하나 各司 都提調·提調에 대한 例兼규정[351] 등을 통하여 의연한 위치를 고수하였음을 볼 수 있다.

이상에서 태종 14년 ~ 세종 17년의 국정은 태종이 영향력을 행사한 태종 14년 ~ 세종 4년 5월까지와 그 이후의 두 시기로 구분되면서 전개되었다. 의정부는 제도적으로는 중수논결·사대문서만을 취급하도록 되었지만, 실제로는 이러한 범위를 벗어나 육조활동에는 미치지 못하지만 당시의 국내외 정세와 관련되어 형정·외교·군사·의례·경제·입법 등의 대소국사에 활발하게 참여하였다.

의 판예·형·공조사는 언급되지 않는다. 이에서 판이·병·호조사만이 운영된 것으로 추측된다.

347) 『세종실록』 권30, 7년 11월 병술.

348) 위 책 권12, 3년 7월 병인.

349) 위 책 권20, 5년 6월 경오.

350) 위 책 권56, 14년 4월 계묘.

351) 李光麟, 1967, 「提調制度 硏究」, 『東方學志』 8, 80 ~ 84쪽. 예겸제도는 세종 5년 3월에 처음으로 규정되었다. 이 때에 영의정은 宗廟署·奉常寺도제조, 좌의정은 文昭殿·仁壽府·承文院·司宰監·圖畫院도제조, 우의정은 廣孝殿·承文院·軍資監·城門都監·圖畫院도제조, 찬성은 禮賓寺제조, 참찬은 內贍寺제조를 각각 겸대하였다. 이것이 그후 세종 19년 11월에 일부가 개변되었다가 『경국대전』에 법제화되면서 확정되었다.

3) 復興期의 議政府(세종 18년 ~ 단종 3년)

세종은 왕 18년 4월에 이르러

> 지금부터 태조의 성헌에 의거하여 육조는 각각 그 직사를 모두 먼저 의정부에 보고하고, 의정부는 이를 헤아려 가부를 결정한 후 계문하고 왕지를 받아 다시 육조에 내려 시행하라. 오직 이·병조의 제수, 병조의 용군, 형조의 死囚 외의 형결은 계속해서 그 조가 직계하여 시행하되 그것도 즉시 의정부에 보고하며, 그 중에 합당하지 못한 것이 있으면 의정부는 이를 살피고 논박한 후 다시 계문하여 시행하라. 이렇게 하면 거의 옛날에 재상이 국정을 전담한 뜻에 부합할 것이다.[352)]

라고 하면서 의정부서사제를 부활하였다. 이로써 육조는 그 소장사무 모두를 먼저 의정부에 보고하고 의정부가 가부를 헤아린 연후에 계문하고 上旨를 취하여 육조에 還下해서 시행하게 하였으며, 오직 이·병조의 제수, 병조의 군사, 형조의 사수를 제외한 형결만은 계속해서 직계하여 시행하게 되었다. 그러나 이것도 즉시 의정부에 동보하고 합당하지 못한 것이 있으면 의정부의 審駁에 따라서 更啓한 후 시행하게 하였다. 그리고 실제로도 세종 18년 ~ 단종3년에 걸쳐서는 의정부가 대소 국정을 주도하였다.

그러면 세종 18년 4월에 이와 같이 육조직계제가 의정부서사제로 변하게 된 배경은 무엇이겠는가? 동기의 『세종실록』에서도 직접적으로 언급하지 않았지만 세종의 신병으로 인한 의정

---

352) 『세종실록』 권72, 18년 4월 무신.

부 정무협조의 필요에서 기인된 듯하다.[353]

세종은 학문과 정사에 전념함으로써 文運의 융성과 함께 조선의 전성기를 이룩하였지만 개인적으로는 많은 질병으로 고통을 당하였다. 세종은 이미 少時에 一脚偏痛으로 10여 년간 고생을 하였고, 재위하여서는 운동을 하지 않고 학문에 힘쓰고 폭주하는 정사로 건강을 해치게 되어 背浮腫·消渴·風疾·淋疾·眼疾 등으로 항시 고통을 겪었다.[354] 이러한 상황에서 육조직계로 폭주하는 정사를 계속하여 처리하기 어렵다고 판단하였을 것이고, 의정부의 기능을 보강하여 정무처결에 도움을 받음으로써 그러한 약점을 보완하고자 했던 것으로 보인다.

이후 세종은 신병이 더욱 심해지자 왕 19년 1월에 세자의 서무재결을 위한 詹事院을 설치하였고, 27년 5월부터는 세자로 하여금 서무를 재결하게 하였다.[355] 이에 신하들이 맹렬히 반대하였지만 세종이 "서무를 친결하면 오래 살지 못할 것이다. 업무를 줄여 건강을 돌보아 1, 2년이라도 수명을 연장시켜 더 살고자 한다"[356] 라고 한 세종의 비원에 황희 등도 따르지 않을 수 없었으며, 세종은 이렇게 해서라도 세자서무를 달성시켜야 할 만큼 신병이 대단하였던 것으로 보인다. 또 세종은 노쇠가 겹치고 廣平·平原大君과 昭憲王后가 연이어 죽자 정사에 뜻을 잃고 불사에 탐닉하였다.[357] 그러므로 세종말년에 이를수록 왕세자의 서무재결은 계속 확대될 수밖에 없었고, 동시에 의

353) 최승희, 1974, 「양반유교정치의 진전」, 『한국사』 9, 141쪽.
354) 최승희, 1968, 「集賢殿 硏究」 하, 『역사학보』 33, 40쪽.
355) 위 논문, 40 ~ 42쪽.
356) 『세종실록』 권108, 27년 5월 갑술.
357) 위 책 권121, 30년 8월 무오.

정부 기능은 계속 강화되었다고 하겠다. 그러나 세종대에 있어서는 왕권과 신권이 균형을 이루면서 무리 없는 정사가 운영되었다.

세종에 이어 병약한 문종과 유약한 단종이 차례로 재위함에 미치어는 의정부에 정치권력이 집중되면서 의정부 기능이 크게 강화되었다. 문종은 세종의 신병으로 서무를 재결하기 시작하였으나 오히려 세종 28년 5월 · 31년 11월 ~ 32년 윤1월에는 세자에 대신하여 세종이 정무를 친단해야 할 정도로 병약하였다.[358] 문종은 이러한 병약에도 불구하고 세종 국상에 효행을 다하고 학문과 정사에 매진하는 등으로 몸을 해쳐[359] 결국 재위 2년여에 훙서하였다. 그러나 문종대에 있어서는 세종의 유풍이 잘 지켜진 위에 문종과 친분이 있는 집현전관이 대거 臺諫 · 政曹로 진출하여 의정부의 기능을 견제하였으므로,[360] 의정부는 기능이 강력하기는 하나 전단하지 못하였다.

문종에 이어 13세의 단종이 즉위함에 미치어 국왕이 독자적인 정무처결의 능력이 없었고, 또 단종은 측근이 없었으므로 대소성사는 전적으로 의정부대신이 전단하였다. 이러한 사실은 단종의 즉위교서에 잘 나타나고 있다.[361] 이를 항목별로 구분하여 보면 다음과 같다.

① 예전에는 모든 정사를 중서성에서 관장하였다. 더구나 내가

358) 위 책 28년 ~ 32년조.
359) 『保閑齋集』 권17, 문종행장.
360) 최승희, 앞 논문, 54 ~ 57쪽. 그 인물로는 魚孝瞻 · 河緯地 · 申叔舟 · 崔恒 · 朴彭年 · 宋處儉 등이 있다.
361) 『단종실록』 권1, 즉위년 5월 경술.

유충하니 무릇 조치할 바는 모두 의정부와 육조가 의의하여 시행하라.

② 이전에 육조가 직계하여 수행하던 정사는 지금부터 모두 의정부에 보고하고 계문하여 시행하라.

③ 당상관 이상, 대성, 방어에 긴요한 연변장수와 수령의 제수는 의정부와 이·병조가 함께 의논하여 시행하고, 그 나머지 3품 이하의 제수도 또 의정부가 모두 심의하여 논박하라.

④ 대소 科罪는 모두 의정부에 내려 의논하고 그 후에 내가 친히 결단하겠다.

⑤ 경중의 정사처리는 이미 전례가 있으니 가부를 논의할 필요가 없다. 상례에 따라 처리하는 雜事 이외의 정사는 모두 승지로 하여금 계문하게 하고, 그중에서 다시 가부를 헤아려야 될 정사는 반드시 정부대신과 함께 친히 의논해서 결정하겠다.

⑥ 승정원은 출납을 관장하니 그 메인바가 가볍지 아니하다. 대소 인원이 사사로운 일로서 계달하지 못하게 하라.

⑦ 상례로 하사되는 것 외에는 무릇 모든 特賜는 비록 규모가 적어도 반드시 의정부와 논의한 이후에 시행하라.[362]

이로써 육조의 모든 공사는 의정부에 보고하게 하고 이를 의정부가 계문하도록 하였고, 대소 인사·과죄·특사는 의정부가 관장하게 되었다. 그리고 승정원으로 하여금 사사로운 인물이 국왕을 면대하지 못하게 함으로써 의정부대신이 국왕면대를 독점하였다. 그리하여 의정부가 더할 수 없이 강성해지고 왕권은 미약해졌다. 다음의 사료는 이를 잘 보여주고 있다.

---

362) 末松保和, 앞 논문, 19 ~ 20쪽.

① 의정부당상이 매일 빈청에 나가면 이·병조 당상이 의논에 붙였다. 제수하려고 하는 臺省, 政曹, 연변 장수와 수령은 반드시 3인의 이름을 적고 그 중에 제수하고자 1인의 성명에 黃標를 찍어 계문하면 단종은 붓으로 점을 찍을 뿐이었다. 때에 사람들이 이를 두고 '黃標政事'라고 하였다.[363]

② 사관 李承召가 말하기를 "(중략) 단종 때에는 임금이 칼날을 쥐고 간악한 신하들이 칼자루를 쥐었으므로 임금이 손을 놀릴 수 없었으며, 모든 관리는 왕명을 받들 겨를도 없이 의정부의 지시에 따라 움직여도 감히 누구도 말하지 못하였다. 의정부가 있는 것은 알겠으나 임금이 있음은 알지 못한지가 오래 되었다"[364] 라고 하였다.

그런데 이 내용은 단종초 대신들이 제거된 후 편찬된 실록기사이고, 또 사관인 이승소는 세조 1년 原從2등공신, 성종 2년에 佐理4등공신에 책록된 점을 고려하더라도[365] 의정부대신의 전단상이 어떠하였는가를 잘 보여주고 있다고 본다. 이때의 의정부 재직자는 皇甫仁(영)·南智(좌)·金宗瑞(우의정), 鄭苯(좌)·李穰(우찬성), 尹炯(좌)·許詡(우참찬)였는데, 이중에서도 황보인·김종서(즉위년 12월 기해 이후는 좌의정)가 정사를 전단하였고, 종실에는 수양·안평 등의 장성하고 유능한 대군이 있었지만 정치에 참여하지 못하였다. 요컨대 단종초의 의정부서사제는 周官의 冢宰와 유사한 것으로서 당시의 유신들이 이상으로 생각하는 제도였지만, 왕권과 신권의 조화가 붕괴되는 모순을 야기하

363) 『단종실록』 권2, 즉위년 7월 계사.
364) 『세조실록』 권2, 1년 8월 임자.
365) 위 책 권2, 1년 12월 무진, 『성종실록』 권9, 2년 3월 경자.

면서 계유정난의 토대가 되었다고 생각된다.

그리고 단종 1년 10월에 首陽大君과 그 일파인 權覽·韓明澮·洪達孫·洪允成 등에 의해 계유정변이 있게 되고 단종을 보필하던 皇甫仁·金宗瑞·鄭芬·趙克寬·李穰·趙遂良·閔伸·許詡(정변일에는 화를 면하였으나 단종 1년 11월에 사사) 등의 대신이 살해되면서부터 수양대군의 위세로 왕권은 더욱 쇠약하여져 완전히 명목에 불과하게 되었다. 수양대군은 정변직후에 '領議政府事領經筵書雲觀事判吏兵曹事'에 제수되어[366] 문무반의 인사 등 국정과 백관을 총령하였다. 이어 李澄玉亂을 계기로 중외의 군권까지도 장악하였다.[367] 그러다가 단종 2년 3월에는 '奮忠仗義匡國輔祚定策靖難功臣領議政府事領集賢殿經筵藝文春秋館書雲觀事兼判吏兵曹事中外兵馬都統使 食邑一千戶食實封五百戶'에 제수되면서[368] 정치·군사·인사 등의 전 국권을 장악하였고, 이 직함이 단종치세로 계속되었다. 결국 단종 1년 10월 이후의 정치는 명목상의 단종이 있고 실제로는 수양대군이 전단하였다고 하겠다. 그런데 수양대군은 영의정부사로서 보다 도통사로서 집권한 듯하다.[369]

이 때 의정부가 전개한 활동을 보면 앞의 〈표 28〉을 볼 때

---

366) 『단종실록』 권8, 1년 10월 갑오.

367) 위 책 권8, 1년 10월 기유 以世祖爲中外兵馬都統使.

368) 위 책 권10, 2년 3월 경신.

369) 수양대군의 군사지휘를 위하여 도통부가 별치되었는데, 이 도통부는 의정부 보다 상위에서 정치를 지휘하였다. 이러한 증좌로 세조 9년 1월 정미에 단종시의 新立條章을 논할 때에 "癸酉十月十一日以後 雖魯山時事 皆上爲都統府時所定 不可盡廢也 傳旨禮曹日 魯山時新立條章及施行成例內 癸酉十月十一日以前則勿令擧行 十一日以後則取旨施行" 이라고 한 등이 있다.

의정부가 국정을 주도하였음을 알 수 있다. 그러나 이를 세분하여 보면 세종대에는 왕 18 ~ 20년과 27 ~ 32년에는 의정부가 육조를 압도하면서 국정을 주도하였지만, 21 ~ 24년에는 의정부와 육조활동이 비슷하였고, 25 · 26년에는 육조가 의정부활동을 능가하였으며, 단종대에는 즉위 · 1년이 2 · 3년 보다도 현저하였다.

〈표 31〉 세종 18년 ~ 단종 3년 의정부 정치활동분야[370]

	세종															문종		
	18	19	20	21	22	23	24	25	26	27	28	29	30	31	32	즉	1	2
형정 등	17	12	20	23	15	12	17	12	21	10	9	14	16	16		19	27	5
인사	14	15	16	9	13	8	7	9	22	14	19	14	10	6	1	29	23	4
군사	16	20	25	25	19	20	23	23	12	15	14	13	21	13	3	33	48	5
부역 등			1	1	1	2	5	4	4	2	4	8	1	2	1	5	22	2
진제	12	13	3	7	5	4	3	3	11	24	48	8	6	5		4	18	
시무조진	5	2	2	2	4			1	2		4	1	5	1		2	8	5
교육 등	4	4	5	8	5	7	3	3	8	4	1	7	3	3		10	11	
제도 등	15	16	22	21	15	3	13	10	6	19	16	23	20	20		19	27	6
의례 등	16	11	26	19	13	10	10	8	7	15	24	17	22	16	4	35	16	11
사행 등	4	3	20	20	4	9	25	21	14	16	7	2	14	11	4	16	10	7
경제 등	7	23	12	20	8	12	7	4	17	14	18	7	15	6	2	19	25	
佛事 등		1	3	1		3	1			2	4	2	14	3		6	2	
기타	12	9	17	16	3	4	7	20	16	20	12	4	12	10		11	18	10
합계	122	129	172	171	106	94	121	118	140	155	180	120	159	112	15	208	255	55

370) 『조선왕조실록』 세종 18년 ~ 단종 3년조에서 종합.

	단종				계	비고
	즉	1	2	3		
형정 등	30	47	56	20	418	
인사	23	63	23	10	352	
군사	14	18	30	9	419	
부역 등	8	14	5		92	
진제	21	21	13	8	237	
시무조진	1	7	2		54	
교육 등	3	10	5	5	109	
제도 등	14	14	16	7	322	
의례 등	34	24	25	6	369	
사행 등	9	5	5	4	230	
경제 등	8	13	8	4	249	
불사 등	1	8	4		55	
기타	15	24	20	6	266	
합계	181	268	212	79	3,172	

또 이 시기 의정부의 활동분야를 보면 위의 표와 같이 의정부는 형정·인사·군사·부역·시무·교육·제도·의례·외교·경제·진제·척불·진봉·공신책록 등의 국정전반에 참여하였다. 그 중에서도 형정(13.2%)·군사(13.2)·의례(11.6)·인사(11.1)·입법(10.2) 활동이 중심이 되었고, 경제(7.9)·진휼(7.5)·사행(7.3) 활동도 상당하였다.

그 외에 의정부 구성원은 判六曹事를 겸대하면서 육조사에 참여하였다. 판육조사는 태종대 이래로 본격적으로 운영되었지만, 특히 이 시기에 이르러 크게 확대되고 일반화되었다. 이때의 판육조사는 이전에 의정이 겸대하던 것과 달리 찬성·참찬이 판이·호·예·병조사를 겸하고 그 조사에 참여하면서 의정부의 기능을 강화하였다.[371] 따라서 찬성·참찬은 삼공을 보좌하는 기능 이외에 육조사를 지휘·감독하였고, 이를 통한 육조사의 파악은 삼공의 보좌 나아가 의정이 되었을 때의 임무수행에 크게 도움이 되었을 것으로 추측된다.

이상에서 세종 18년 ~ 단종 3년의 국정은 세종·문종·단종대의 3시기로 구분되었다. 세종대에는 세종의 신병 등과 관련되어 의정부서사제가 부활되었고, 세종의 신병악화와 함께 세자의 서무재결로 연결되면서 의정부의 기능은 크게 강화되었다. 문종대에도 의정부기능이 강화되면서 의정부가 국정을 주도하였다. 단종대에는 왕권과 신권의 조화가 무너지면서 왕권이 명목에 불과하게 되었고 의정부대신이 국정을 전단하였다.

4) 沈滯期의 議政府(세조 즉위 ~ 성종 25년)

세조는 단종 3년 윤6월에 등위하지만 이러한 상황은 이미 단종 1년 10월의 계유정난에서 예기된 것이었고, 단종 1년 10월 이후의 정사는 실질적으로 세조의 치세였으며 세조도 이를 긍정하고 있다.[372] 세조는 계유정변을 일으켜 세종·문종대의 많은 원로대신과 친동생인 안평대군을 제거하는 비상수단을 통하

371) 세종 18년 ~ 단종대에는 다음과 같이 총 18명이 확인되었는데, 이 중 13명이 찬성·참찬이었다(한충희, 1984, 「朝鮮初期 判六曹事硏究」, 『제27회 전국역사학대회 발표요지』, 89 ~ 91쪽 〈부 1〉 세종 19년 ~ 성종 판육조사 제수자)
판이조사(8); 좌찬성 2·우찬성 2·좌참찬 3·예문관대제학 1
판호조사(4); 좌찬성 1·좌참찬 2·판중추원사 1
판예조사(1); 우찬성
판병조사(5); 우찬성 1·좌참찬 1·판중추원사 2·지중추원사 1

372) 『단종실록』 권7, 1년 10월 갑오 敎曰 (중략) 今世祖輔政 軍國重事悉委總治 以待予親政之日, 같은 책 권9, 1년 11월 기묘 舍人元孝然 將堂上議啓曰 (중략) 領議政非他執政大臣之比 此乃攝政也.

여 실권을 집권하였고, 조카인 정통의 단종을 몰아내고 왕위에 오른 만큼 명분상 많은 약점을 지녔다. 그리고 이러한 약점에서 사육신 사건 등이 야기되었다.[373] 따라서 세조의 치세에는 세조의 무단으로 왕권은 강화된 반면에 의정부 기능은 크게 축소되었고, 사소한 일로써 대신이 문책되는 경우가 허다하였다.[374] 그러나 이런 중에서도 세조의 親信을 받는 일부 대신은 정치에 큰 영향력을 발휘하였다.

세조는 즉위와 함께 의정부서사제를 혁파하고 육조직계제를 실시하였다. 이에 앞서 세조 1년 7월에 集賢殿直提學 梁誠之가

> (전략) 이조에 관제를 관장시키고 호조에 전제와 공부를 관장시키고, 예조에 儀注를 관장시키고 병조에 병제와 진법을 관장시키고 형조에 노비와 번상을 관장시키고 공조에 輿地와 圖籍에 관한 정사를 관장시키소서. 국가중대사의 논의는 의정부에 맡기고 왕명출납은 승정원에 맡기고 간쟁은 대간에 맡기고 論思는 경연관에 맡기며 임사는 육조에 맡기소서[375]

라고 한 상소를 올려 의정부·육조 등의 사무관장범위와 육조

---

373) 사육신사건은 세조 2년 6월에 있었고, 이를 계기로 3년 6월에 상왕 단종을 노산군으로 강등하여 영월에 유배하였다. 3년 10월에는 금성대군 등이 상왕복위를 도모하였고, 이 직후에 상왕을 사사하였다.

374) 대표적인 예로서 세조 4년 2월 임인의 영의정 鄭麟趾 하옥, 5년 11월 기축의 영의정 姜孟卿·우의정 權覽 파직, 8년 5월 갑진의 영의정 鄭昌孫 파직, 13년 5월 계미의 李施愛亂을 계기로 한 申叔舟·韓明澮 囚禁 등이 있다. 이 중에서도 신숙주·한명회는 세조 스스로 이들을 魏徵과 張子房이라고 일컬을 정도로 신임하면서도 단지 의심만으로 수금하였다.

375) 『訥齋集』 권1, 論君道12事.

임사를 제기하였다. 그러나 세조는 이러한 것에서 영향을 받았다기 보다 오히려 자신의 의지로 의정부에 전지를 내려

> 상왕이 유충하여 무릇 국정은 모두 대신에게 맡겨 擬議하여 시행했다. 이제 내가 천명을 받아 즉위했다. 군국의 서무는 모두 청단하고, 조종의 옛 제도를 모두 복구하겠다. 지금으로부터 형조의 사형수 이외에 무릇 모든 서무는 육조가 각각 그 직으로 직계하라.[376]

고 하면서, 형조의 사수 외의 모든 정사를 육조가 직계하도록 명하였다. 그리고 육조직계의 실시를 강력히 반대하는 예조참판 河緯地에게

> (세조가 하위지의 관을 벗기라고 하면서 말하기를) 冢宰가 국정을 총관하는 것은 임금이 죽은 제도이다. 너는 나를 죽었다고 생각하느냐? 아니면 내가 유충하여 서무를 재결할 능력이 없다고 생각하느냐?[377]

라고 하면서 극형에 처하려고 하다가 좌우의 간청으로 방면은 하였지만 육조직계제를 강행하였다. 이 때 하위지 등 많은 관료들이 반대를 하였으나[378] 세조의 태도가 너무나 강경하고 세조 초의 무단적인 분위기에 압도되어 세조의 의사대로 진행될 수

376) 『세조실록』 권2, 1년 8월 경술.
377) 위 책 권2, 1년 8월 임자.
378) 위 책 권2, 1년 8월 임자. 하위지 외에 병조의 판서 李季甸·참판 洪達孫·참의 李禮長, 호조판서 李仁孫·참판 權自愼, 형조판서 權蹲·참의 尹士昀, 이조참의 魚孝瞻, 공조참의 朴晴이 있었다.

밖에 없었다. 결국 육조직계가 부활된 근본배경은 세조의 왕권이었고, 실제로 왕권에 위협이 될만한 신권은 존재하지 않았다.

또 세조는 왕권을 배경으로 하여 제도문물을 정비하고 왕권을 계속해서 강화하였다. 그 내용에는 『경국대전』의 편찬, 五衛都摠府制와 鎭管體制의 확립,[379] 保法의 시행,[380] 職田制와 計出制入制의 실시,[381] 集賢殿 · 經筵폐지,[382] 臺諫탄압[383] 등이 있다. 이중에서도 직전제의 실시는 왕권을 강화하고 신권을 약화시킨 조치였으며, 유교국가에서 경연을 폐지하고 대간을 탄압한 것은 세조 10년의 圓覺社 건립과 함께 세조대의 무단적인 성격을 잘 보여주는 것이라고 하겠다.

그러나 이러한 세조의 왕권도 예종이 재위 1년여에 急逝하고 13세의 성종이 계위함으로써 크게 동요하게 되었다. 이러한 상황에서 세조말 이래의 院相制가 계속되었고, 원상이 국정의 실권을 장악하게 되었다.

세조 1년 ~ 성종 12년의 의정부 기능은 앞 〈표 28〉을 볼 때 국정은 육조가 주도하였고, 의정부 활동은 크게 약화되었다. 즉 의정부활동은 예종대는 세조대에 비하여는 활발하지만 성종대는 세조대 보다 더 약화되어 시종 육조가 의정부를 능가하였다.

이 시기 의정부 활동을 구체적으로 보면 다음의 표와 같이 그 활동이 이전 보다 크게 위축되었고, 그 활동분야도 형정 ·

379) 千寬宇, 1979, 「朝鮮初期 五衛의 形成」, 『近世朝鮮事研究』, 59 ~ 76쪽, 車文燮, 1974, 「조선초기의 군사조직」, 『한국사』 10, 100 ~ 108쪽.
380) 李成茂, 1973, 「15世紀 兩班論」, 『창작과 비평』 8 - 2, 497 ~ 499쪽.
381) 韓永愚, 1974, 「왕권의 확립과 제도의 완성」, 『한국사』 9, 206 ~ 210쪽.
382) 최승희, 위 『조선초기 언관 · 언론 연구』, 141 ~ 142쪽.
383) 위 책, 142 ~ 147쪽.

〈표 32〉 세조 1년 ~ 성종 12년 의정부 정치활동분야[384)]

	세조														예종	
	1	2	3	4	5	6	7	8	9	10	11	12	13	14	즉	1
형정	11	6	11	15	11	7	12	14	6	3	7	10	16	9	3	12
인사	3	1	1	1	1		3	2	5	2		3	2	2		6
군사	4	2	9	6	4	11	46	16	14	15	8	26	32	6	1	6
부역							4		3	2	2	2		1		3
진제 등	1	1	1	1	2		2			2	1	1				1
시무		1		1	2			1	1	1			9	5	1	1
교육	2	2		2	1		1	2	2	2	1					4
제도	9	2	3	2		4	4	1	4	4		2	4			6
의례 등	9	8	11	4	4	1	6	2	12	2	2	1		2	9	4
사행	4	7		5	5	9	17	4	4	3	1	1	6	2	1	
진봉	1		1										5		2	
경제	2	3		2	1	1	2	3	2	7	2	2	1	1		
기타	4	5	18	1	9	3	4	1	6	3		2	5		5	1
합계	50	38	55	40	40	36	101	46	59	46	24	50	80	28	22	44

	성종													합계
	즉	1	2	3	4	5	6	7	8	9	10	11	12	
형정		2		3	2	1	3	3	7	11	17	3	13	218
인사		2		5		2	1	3		3	16	6	12	82
군사						1	5	2	1	4	12	3	5	239
부역							1			1				19
진제 등										1	2	1	2	19
시무	1	1	2	1		1	1	1		3	0	0	3	37
교육			1	3				1	1		0	0	0	25
제도	3		2	2			1	3	2	2	4	0	1	65
의례 등		3			1	4	6	2	2	3	1	1	2	102
사행	2			1	9	6	1	2	4	2	7	4	6	113
진봉			1			1	1	2						14
경제			1	1	1		1			1	1	1	3	39
기타				2				4	3	1	14	6	14	111
합계	6	8	7	18	13	16	21	23	20	32	74	25	61	1,083

384) 『조선왕조실록』 세조 1년 ~ 성종 12년조에서 종합.

군사·의례·외교·제도·인사 등의 국정전반에 걸치고는 있지만, 형정·군사·외교·제도 만이 활발할 뿐 그 외는 명맥만을 유지함에 그쳤다. 그 활동을 시기별로 보면 세조대에는 형정(21%)·군사(19)가 중심이 되면서 외교(9)·의례(10)가 활발하였다. 이 때 중심이 된 형정과 군사는 형정은 의정부서사제나 육조직계제가 실시될 때를 막론하고 의정부의 고유한 기능이었고, 군사는 세조대의 北征이나 이시애난 등에서 기인된 것으로 보인다.[385] 예종대에는 형정(23%)·의례(20)가 중심이 되었다. 성종 즉위 ~ 7년에는 전체적으로 활동이 미미한(총 112건에 불과) 관계로 부각된 분야는 없지만 그 중에서도 외교(19%)·의례(18)·형정(13)·인사(12)가 중심이 되었고, 8 ~ 12년에는 활동이 신장되면서 육조의 활동수에는 미치지 못하지만 형정(24%)·인사(19)·군사(12)·외교(9)가 중심이 되었다. 성종 8년 이후에 의정부활동이 신장된 것은 성종이 친정과 함께 중요정사를 의정과 함께 논의하고 결정하였기 때문이었다.[386]

그 외에 의정부활동과 연관되는 것에는 의정이 겸대한 院相·判六曹事·經筵領事를 통한 활동이 있었다. 이를 구분하여 살펴보면 다음과 같다.

---

385) 세조 5년 이후에는 野人의 중동으로 서북변경의 慈城·雲山郡을 폐하고 동북야인을 招諭하였으며, 11·13년에는 이들 야인을 정벌하였고, 13년 6월에는 이시애난이 일어나는 등 변란이 계속되었다. 이와 관련되어 의정이었던 申叔舟·權覽·韓明澮·崔恒·曺錫文 등은 군사에 크게 참여하였다.

386) 한충희, 2009, 「朝鮮 成宗代 議政府研究」, 『계명사학』 20, 80쪽.

(1) 院相制

세조즉위 이래로 육조를 중심한 국정운영도 세조의 신병으로 인해 말년에는 오히려 원로대신이 국정에 크게 참여하였다. 세조도 세종·문종과 마찬가지로 신병이 많았다.[387] 그리하여 왕 10년 이후에는 세자에게 祭禮 등을 대행하게 하였고,[388] 12년에는 승지 등의 계사를 세자와 정인지·정창손·신숙주·한명회·구치관·황수신 등 즉, 원로대신이 함께 결정하여 집행하게 하였다.[389] 이 이후에는 또 계속되는 신병으로 서무의 淹滯가 많을 것을 염려하여 13년 2월부터는 세자와 원로대신으로 하여금 서무를 처리하게 하였고,[390] 14년 7월에는 원로대신을 4번으로 나누어 세자와 함께 서무를 議定하게 하였다.[391]

이러한 조치와 함께 왕 13년 신병중일 때 명사가 이르자 승정원에 착오가 있을 것을 염려하여 韓明澮·具致寬·申叔舟 등에게 승정원에 머물면서 국정을 지휘할 것을 명하면서 원상제가 성립되었다.[392] 이후 원상제는 예종의 급서 및 유년의 성종 즉위로 인한 왕권의 보호와 정무협찬의 필요에서 계속될 수밖

387) 『세조실록』에 의하면 4년 윤2 ~ 3월, 8·9·10·12·13·14년에 무수히 발병하였음이 확인된다.

388) 왕 10년 6월 계미에는 明使送別宴을 대행하였고, 10년 10월 정유에는 啓機急事를 出納傳命하였고, 11년에는 文昭殿望祭와 寒食祭를 대행하였으며, 이후 이러한 사례는 일반화되었다.

389) 『세조실록』 권40, 12년 10월 기해.

390) 위 책 권41, 13년 2월 갑인.

391) 金甲周, 1973, 「院相制의 成立과 機能」, 『東國史學』 12, 38쪽(『세조실록』 권47, 14년 7월 기묘). 이 때의 4번에 鄭麟趾·具致寬·洪允成·金礩, 2번에 鄭昌孫·沈澮·曺錫文·金國光, 3번에 申叔舟·朴元亨·洪達孫·盧思愼, 4번에 韓明澮·崔恒·康純이었다.

392) 김갑주, 위 논문 34 ~ 35쪽.

에 없었고, 자연히 원상이 정치에 큰 영향력을 발휘하게 되었다. 원상은 처음에는 한명회·구치관·신숙주의 3인으로 구성되었으나, 점차로 증가되면서 8 ~ 11인, 즉 朴元亨·崔恒·洪允成·曺錫文·金礩·金國光·尹子雲·成奉祖·鄭麟趾·鄭昌孫·尹士昕으로 확대되면서 운영되었다.[393]

그런데 원상은 대부분 의정을 역임한 인물이었고, 일부만이 찬성을 역임하거나 의정이 되면서 원상이 되었으며, 사망하기까지 원상이 되었다. 그리고 원상은 의정이 될 수 있었지만 의정은 尹子雲·成奉祖·尹士昕 만이 의정이 되면서 원상이 되었음에서[394] 원상이 의정 보다 상위에 위치하였을 것으로 추측된다. 또 앞의 〈표 28〉의 활동경향을 볼 때 원상이 의정부를 능가하였고, 비록 활동 수로는 육조에 미치지 못하지만 원상이 중심이 되어 예종·성종초에 왕권의 위협이 될만한 康純·南怡·龜城君 李浚 등을 제거한 것이라든가 공신으로서 의정을 역임한 관력 등을 고려할 때 원상이 육조를 압도하면서 국정을 주도하였을 것으로 추측된다.

그러면 이러한 원상활동이 의정부 기능과 어떻게 연관되었겠는가? 먼저 원상과 의정의 관계를 보면 예종 즉위년 ~ 성종 7년을 통하여 의정재직자 14명 중 원상이 아닌 의정은 龜城君 李浚·尹士昐·韓伯倫의 3인에 불과하였고,[395] 이들의 영향력은

---

393) 위 논문, 59쪽 〈원상구성원 경력표〉, 한충희, 앞 「의정부연구」, 144 ~ 145쪽 〈표 16〉.

394) 뒤 〈표 56〉 참조.

395) 그 외에 朴元亨·金礩·尹士昐·韓明澮·洪允成·尹子雲·金國光·申叔舟·崔恒·成奉祖·鄭昌孫·尹士昕·曺錫文의 11인은 모두 원상이었다(한충희, 위 논문 146쪽 〈표 17〉).

원상에 비할 바가 아니었으므로 예종 즉위 ~ 성종 7년의 의정은 원상을 중심으로 구성되었다고 하겠다. 이렇게 볼 때 앞의 〈표 28〉에 나타난 의정부 활동은 오히려 원상활동과 연관하는 것이 타당할 것 같다. 결국 원상제가 운영된 시기에 독자적인 의정부 활동은 극히 미약하였다고 하겠다.

(2) 判六曹事 겸대

세조는 육조직계제를 실시하였지만 오히려 판육조사를 운영하여 육조를 지휘·감독하였다. 세조는 왕 2년에 右贊成 鄭昌孫을 兼判吏曹事, 判中樞院事 李季甸을 兼判兵曹事에 제수하면서 전대의 판육조사제를 계승하였다.[396] 판육조사는 그 후 일시 폐지되었지만 세조 5년 이후에는 판이·호·예·병조사가 일반화되었고, 예종·성종초로 계승되면서 정치에 큰 영향을 미치었다.[397] 특히 성종초에는 판병조사인 한명회와 판이조사인 노사신·윤필상이 이·병조(한명회)나 이조(노사신·윤필상)의 전주권을 장악하였기에 이·병조판서는 자리를 지킬 뿐이었다.[398] 그런데 이 겸판육조사는 대부분이 의정부 당상으로 임명되었고,[399] 이로써 의정부 기능은 다소나마 강화될 수 있었다.

---

396) 『세조실록』 권3, 2년 2월 계묘.

397) 판육조사의 운영과 그 제수자는 한충희, 1984, 「朝鮮初期 判六曹事研究」, 『제27회 전국역사학대회 발표요지』 82 ~ 91쪽 참조.

398) 『성종실록』 권48, 5년 10월 갑진.

399) 확인된 판육조사 27인 중 의정부 당상이 15인(의정 3, 찬성 11, 참찬 1)이었고, 원상이 4인이었으며, 그 외가 8인이었다(한충희, 위 논문, 146쪽 주201)).

(3) 經筵領事 겸대

세조대에는 경연이 폐지되었지만 성종대에는 국왕의 호학과 함께 경연이 빈번히 열렸고, 이 경연 후에는 당면국정이 논의되었다. 세조 이전에 있어서도 의정(정승)은 경연영사를 겸대하고 국정에 영향을 끼쳤지만 특히 성종대에 이르러 인원이 증가되면서 큰 영향력을 발휘하였다. 의정은 물론이고 세조대 이래의 원로대신인 구성군 준·박원형·김질·신숙주·한명회·구치관·최항·조석문·정인지·정창손·김국광 등이 모두 경연영사를 역임하였다. 그런데 이들 중에서도 구성군 준을 제외한 모두가 원상이었으므로 경연영사를 통한 활동도 실제로 원상활동의 연장이었다고 하겠다. 그리고 성종 7년 5월에 원상제가 혁파된 후에 원로대신과 국왕의 자연스러운 정무협의가 경연에서 이루어졌다. 이 당시의 경연영사 활동을 보면 비록 육조 활동에는 미치지 못하지만 의정부활동을 능가하였다.[400)]

이상에서 세조 1년 ~ 성종12년의 국정은 세조대, 예종 즉위년 ~ 성종 7년 5월, 성종 7년 5월 이후로 구분되었다. 세조대의 의정부는 왕권이 강력한 위에 계속적인 왕권강화책이 실시되었고, 육조가 국정을 주도하였으므로 그 권한·크게 위축되고 약화되었다. 그러나 정난공신들의 의정부진출 및 의정부 당상의 판육조사 겸대에 따라 그 활동이 다소 회복되었다. 예종 즉위 ~ 성종 7년에는 제도적으로는 육조를 중심으로 국정이 영위되도록 되었으나 왕권이 유약하고 이와 관련되어 원상제가 운영되면서 원상이 국정을 주도하였고, 또 의정이 거의 원상 중에

400) 한충희, 앞『조선초기 의정부연구』상, 119 ~ 120쪽 〈표 11〉 참조.

서 임명되었으므로 의정부는 독자적인 위치를 상실하였다. 성종 7 ~ 12년에는 비록 원상제와 섭정제가 혁파되면서 국왕 친정하기는 하나 대비와 원로대신의 영향력이 잔존하였기에 육조는 물론 의정부의 기능도 활발하지 못하였다.

5) 再興期의 議政府(성종 13 ~ 25년)

이 시기에는 세조 즉위년 이래의 육조직계제가 계속되면서 육조가 국정운영을 주도하였다. 그렇지만 성종 7년에 세조비의 수렴청정과 원상제가 종식되고 성종의 친정이 시작된 이래로 "成宗朝多有老成大臣 故論議國事 必使領敦寧(府事)領中樞(府事)以上議之"[401] 라고 하였듯이 성종이 중요정사를 의정 등 중신과 논의하여 결정하는 정치운영과 관련되어 의의활동을 중심으로 의정부활동이 크게 증가하였다. 이에 따라 성종 10년 이후에 의정부활동이 신장되기 시작하였고, 왕 13년 이후에는 의정부활동수가 육조활동수를 능가할 정도로 확대되었다. 이 때 의정부활동의 대부분이 육조가 계문한 정사를 다시 논의하거나 중요·현안사를 왕명에 따라 논의한 의의활동이었다.[402] 이점에서 이 시기의 의정부는 육조정사에 간접적으로 관여하고 주요국정의 결정에 큰 영향력을 발휘하는 등 기능이 크게 강화되었다고 하겠다.

이 시기 의정부 활동을 구체적으로 보면 다음의 표와 같이

---

401) 『중종실록』 권19, 9년 1월 경인.

402) 성종 13 ~ 25년의 총활동수는 의정부가 1,736건이고 육조가 1,638건이었으며, 의정부활동 중 의의활동은 1,522건 88%였다(앞 〈표 27, 28〉에서 종합).

그 활동이 이전에 비해 크게 증가되었고, 그 활동분야도 형정·군사·의례·외교·제도·인사 등의 국정전반에 망라되었다. 그 활동을 분야별로 보면 형정(26%)·인사(22)·군사분야(12)가 중심이 되면서 외교·의례·제도·경제분야도 활발하였다.

〈표 33〉 성종 13 ~ 25년 의정부 정치활동분야[403)]

	성종													합계
	13	14	15	16	17	18	19	20	21	22	23	24	25	
형정	49	16	23	28	23	31	48	47	45	16	26	46	45	443
인사	15	14	26	26	18	14	16	30	54	52	37	48	31	381
군사	14	14	14	7	19	21	12	12	14	41	10	34	12	224
진제	2	0	4	13	6	3	5	7	4	9	5	8	3	69
시무	0	0	0	3	1	6	0	0	1	0	2	1	1	15
교육	2	0	5	2	4	2	6	2	5	5	1	1	3	38
제도	11	6	5	9	11	5	7	8	7	3	4	7	6	89
의례	4	38	10	6	1	4	7	4	7	3	2	1	5	92
사행	25	21	17	17	11	12	4	3	5	6	10	19	12	162
경제	3	4	5	16	8	10	8	6	7	3	4	5	5	84
기타	21	15	11	10	7	9	9	15	18	10	9	11	4	149
합계	146	128	120	137	109	117	122	134	167	138	110	181	127	1,746

정종 2년 ~ 성종 25년의 의정부활동을 시기·활동분야별로 보면 종합해 보면 다음의 표와 같이 의정부는 시대에 관계없이 형정·군사·의례가 가장 중요한 활동분야였고, 시대별로는 경제·사행·인사도 중요한 활동이었다. 결국 의정부는 원상제가 실시된 세조 13년 ~ 성종 6년을 제외한 즉, 정종 2년 ~ 세조 12년과 성종 7 ~ 25년 – 조선초기 대부분의 시기에 걸쳐 국정을 주도하거나 활발히 정치에 참여하면서 최고 국정기관으로서

403) 한충희, 앞 논문, 68쪽 〈표 5〉에서 전재.

의 권한을 행사했다고 하겠다.

〈표 34〉 조선초기 의정부 정치활동 시기·분야별 종합[404]

	정종2년~태종13년			태종14~세종17			세종18~단종3			세조1~성종12			성종 13 ~25			합계		
	활동분야	수	%	분야	수	%	분야	수	%	분야	수	%	분야	수	%	분야	수	%
1	형정 등	155	19.5	형정	251	20.5	형정	418	13.2	군사	239	22	형성	443	26	형징	1,448	18
2	경제 등	116	14.6	사행	191	15.4	군사	419	13.2	형정	218	20	인사	381	22	군사	1,156	14
3	군사	86	10.8	군사	188	15.2	의례	369	11.6	외교	113	11	군사	224	13	인사	916	11
4	의례 등	55	6.9	의례	90	7.4	인사	352	11.1	의례	102	9	외교	162	9	외교	716	9
5	제도등	53	6.7	경제	75	6.1	제도	322	10.2	인사	82	8	의례	92	5	의례	717	9
6	시무조진	48	6.0	입법	72	5.9	경제	249	7.9	제도	65	5	제도	89	5	제도	601	8
7	인사	39	4.3	시무	68	5.6	진휼	237	7.5	경제	39	4	경제	84	5	경제	563	7
8	교육 등	28	3.5	인사	62	5.1	외교	230	7.3	시무	37	3	진휼	69	4	진휼	375	5
9	부역 등	24	3.0	교육	38	3.1	교육	109	3.4	교육	25	2	교육	38	2	교육	238	3
기타		189	23.9	기타	198	16.8	기타	467	14.6	기타	163	17	기타	154	9	기타	1,295	14
합계		793	100	합계	1,233	100	합계	3,172	100	합계	1,083	100	합계	1,736	100	합계	8,017	100

404) 위 〈표 29 ~ 32〉에서 종합.

제5장 朝鮮初期 議政府官員의 機能과 國政運營

제 1 절 議政府官員의 機能

1. 堂上官(議政 · 贊成 · 參贊)

1) 議政

(1) 議政府의 指揮와 議政府公事의 主管

領 · 左 · 右議政은 의정부 장관으로서 左 · 右贊成과 左 · 右參贊의 보좌를 받고 舍人 · 檢詳을 지휘하면서 의정부를 지휘하고 의정부 공사를 최종적으로 결정하였고, 좌 · 우찬성 이하가 처리한 제 공사에 대하여 책임을 졌다.

이때의 의정부 지휘와 의정부공사의 주관(署事)은 정종 2년 ~ 세종 18년에는 영의정부사가 배제되고 좌 · 우의정이 주관하였고, 세종 19년 이후에는 영의정부사가 서사에 참여하게 되면서[405] 3의정 서사제로 정착되었다. 이와 함께 영의정부사가 명실상부하게 의정부 장관이 되었다.

의정부의 정사는 법제적으로 좌 · 우의정이나 영 · 좌 · 우의정

405) 『세종실록』 권72, 18년 4월 무신.

이 합의하여 결정하고 집행하도록 되었다. 그러나 그 실제는 3의정의 인품·학식·경륜, 이들에 대한 국왕의 신임도, 의정재직자 등과 관련되어 대개는 2 ~ 3의정이 합의로서 결정하고 집행하였지만, 일부의 시기에 있어서는 1 ~ 2의정이 전단하였다.[406)]

(2) 國政運營 主導

3의정은 의정부 장관인 지위, 의정부가 중심이 된 국정운영체제, 국왕의 국정운영 스타일 등과 관련하여 議政府署事制가 실시된 정종 2년 ~ 태종 13년·세종 18년 ~ 단종대에는 대개 육조를 지휘하면서 형정, 군사, 의례, 인사, 경제, 제도, 교육, 외교 등 모든 국정운영을 주도하였다.[407)]

또 六曹直啓制가 실시된 태종 14년 ~ 세종 17년과 세조 1년 이후에 있어서도 국왕이 중요 정사를 의정 등에게 상의하여 결정·집행하였고, 의정에 재식과 경륜이 있고 국왕의 신임을 받는 인물이 재직하였음과 관련되어 형정, 외교, 군사, 의례, 경제, 제도, 인사 등 모든 국정에 상당한 영향력을 발휘하였다.[408)]

조선초기 3의정이 직무수행 때에 발휘한 기능은 왕권·국정운영체제 등과 관련되어 대체로 태조·정종·문종·단종·예종·성종중기 이후에는 강력하였고, 태종·세종·세조·성종초에는 다소 약화되었다.[409)] 의정부의 정사는 3의정이 찬성 이하의 협

---

406) 한충희, 1991, 「조선전기(태조 ~ 선조 24년)의 권력구조연구」, 『국사관논총』 30, 45 ~ 51쪽에서 종합.

407) 한충희, 앞 「조선초기 의정부연구」 상, 122 ~ 123·137 ~ 138쪽.

408) 위 논문, 131 ~ 132·141 ~ 142쪽.

409) 한충희, 앞 「조선초기 의정부연구」 하, 92 ~ 99쪽, 「조선초기 육조연구

조를 받아 합의로써 처리하게 되었지만 의정이 발휘한 기능은 개개인에 대한 국왕의 신임이나 국왕의 국정운영스타일과 관련되어 차이가 있었고, 때로는 1, 2의정이 부사를 천단하였다. 그 예로서는 河崙(태종대), 黃喜(세종), 皇甫仁·金宗瑞(문종 - 단종초), 首陽大君(단종후기), 申叔舟·韓明澮(세조 ~ 성종초) 등이 있었다.[410]

또 의정은 의정부가 중심이 된 국정운영 때(議政府署事制 실시기, 정종 2년 ~ 태종 13년, 세종 18 ~ 단종 3)에는 육조(判書 이하)를 지휘하면서 국정을 주도하였다.[411] 육조가 중심이 된 국정운영 때(六曹直啓制 실시기, 태종 14년 ~ 세종 17년, 세조 1 ~ 13년, 성종 8년 이후)에는 수시로 判吏, 兵, 戶, 禮曹事를 겸하면서 이, 병, 호, 예조의 중요한 정사를 지휘하였다.[412] 院相이 중심이 된 국정운영 때(세조 13년 ~ 성종 7년)에도 승정원과 육조를 지휘하면서 국정운영에 큰 영향력을 발휘하였다.[413]

(3) 大小 國政論議 參與

3의정은 의정부의 장관이고 정1품인 직질에 따라 국왕이 임석하여 대소 정사를 논의하는 각종 朝政에 참여하여 의견을 개

첨보 - 육조와 통치기구와의 관계를 중심으로 -」, 29 ~ 45쪽, 1987, 「朝鮮初期 承政院 硏究」, 『韓國史硏究』 59, 79 ~ 88쪽, 외.

410) 韓忠熙, 1991, 「朝鮮前期(태조 ~ 선조 24년)의 權力構造硏究」, 『國史館論叢』 30, 46 ~ 51쪽에서 종합.

411) 한충희, 앞 「조선초기 의정부연구」 상, 121 ~ 123·133 ~ 137쪽.

412) 한충희, 앞 「조선초기 판이·병조사연구」, 120 ~ 135쪽, 「조선초기 의정부연구」 상, 144 ~ 146쪽.,

413) 金甲周, 1973, 「院相制의 成立과 機能」, 『東國史學』 12, 60 ~ 70쪽, 한충희, 앞 「조선초기 의정부연구」 상, 143 ~ 144쪽.

진하면서 그 결정에 큰 영향력을 발휘하였다.

의정은 날마다 국왕이 임석하여 조회를 하고 그 뒤에 정무를 논의하는 常參(朝參)에 참여하여 그 아문의 공사를 稟達하였고, 매달 3·13일·23일에 국왕의 임석하에 賓廳에서 정책을 논의하고 결정하는 次對에 참여하였고, 수시로 현안·긴급사를 논의하는 引見·召見에 참여하였다.[414] 이 때 차대·인견은 합의에 의하여, 상참·소견은 중의에 의하여 결정되고 시행되었는데,[415] 의정은 그 관직적 지위·국왕의 신임 등과 관련하여 그 결정을 주도하였다.

또 의정은 국왕이 중대 국사, 현안사 등을 논의하기 위해 소수의 재상을 소집하는 應召에 참여하여 그 결정을 주도하였다. 국가의 중대사가 있을 때나 일상시에 수시로 상소하여 그 정사의 결정에 큰 영향력을 발휘하였다.

이처럼 의정은 국정운영의 중추가 된 의정부의 운영을 주관하였고, 국왕이 임석하는 대소 정사 모임에 참여하여 국가정책과 국정 전반에 대해 논의하고 결정하였으며, 국정을 분장한 육조를 지휘하는 등 국정운영의 중추적 역할을 수행하였다.

---

414) 상참 등에 참가한 관직자는 다음과 같았다(한충희, 앞 『조선초기 육조와 통치 체계』, 73 ~ 74쪽.

상참; 정1품아문, 육조·한성부 당상관, 소견; 차대, 인견에 포함되지 않은 관료.
차대; 의정, 판서 등, 인견; 의정, 판서 등,

415) 金雲泰, 1981, 『全訂版 朝鮮王朝行政史 近世篇』, 博英社, 227 ~ 230쪽.

(4) 重要 六曹公事 · 六曹屬衙門 公事의 指揮 및 屬官 褒貶

의정은 조선초기를 통해 수시로 吏, 戶, 禮, 兵曹의 判事職을 겸대하고 그 曹의 判書 이하를 지휘하면서 그 조의 중요 정사를 지휘하였다.[416)]

의정은 소수의 당상관이 중심이 된 국정운영과 그 관계 · 관직, 개인적인 자질 · 국왕의 신임 등에 따라 經筵領事(영 · 좌 · 우의정) 등을 例兼하고 아문의 정사를 지휘하고 그 아문에 소속된 3품 이하 관원을 포폄하고 추천하였다.[417)] 또 수시로 정1품관이 겸한 봉상시 · 사복시 · 군기감 등의 都提調를 겸 대하면서 그 육조속아문의 정사를 지휘하고 그 아문에 소속된 3품 이하 관원을 포폄하고 추천하였다.[418)]

(5) 國內外 懸案事 主管

의정은 긴급한 對明外交, 변란, 야인 · 왜인 정벌, 변경민 위무 등 현안사가 야기될 때에 책임자로 파견되어 그 일을 지휘하였다. 그 관직에는 賀登極使 · 謝恩使 · 進賀使,[419)] 都統使,[420)] 都元

---

416) 한충희, 앞 「조선초기 판이 · 병조사연구」, 121 ~ 131쪽, 1984, 「朝鮮初期 判六曹事硏究」, 『제27회 전국역사학대회 발표요지』, 84 ~ 89.

417) 세종 5년과 세조 12년경(『경국대전』)의 의정 예겸직은 다음과 같았다(『세종실록』권19, 5년 3월 을사, 『경국대전』 권1, 이전 경관직 각사조.

세종 5년 - 종묘서 · 봉상시도제조(영의정), 문소전 · 인순부 · 승문원 · 사재감 · 도화원도제조(좌), 광효전 · 승문원 · 군자감 · 성문도감 · 도화원도제조(우).

세조 12년경 - 경연영사(3의정), 홍문 · 예문관영사(각1, 의정), 춘추관영사(영) · 감사(2, 좌 · 우), 승문원도제조(3의정), 관상감영사(영), 세자시강원 사(영) · 부(1, 의정).

418) 한충희, 1983, 「朝鮮初期 六曹屬衙門의 行政體系에 대하여」, 『韓國學論集』 10, 377 ~ 378쪽, 金松姬, 1998, 『朝鮮初期 堂上官 兼職制硏究』, 한양대학교출판부, 118 ~ 172쪽. 김송희는 태종 5년 이후에 의정은 총 73직(찬성은 36직, 참찬은 18직)을 겸대하였다고 하였다.

帥,[421] 都體察使[422] 등이 있었다. 또 의정은 國葬都監都提調,[423] 六典修撰色都提調[424] 등을 겸직하고 그 일을 지휘하였다.

그 외에 의정은 領三軍府事·判承樞府事[425] 등의 군직을 겸대하고 군사를 총관하면서 개국초의 정치와 왕권의 안정에 크게 기여하였다.

2) 贊成

조선초기 찬성은 의정부 차관(二宰)으로서 의정을 보좌하였고, 의정과 함께 의정부의 대소 정사논의에 참여하였다. 상참 등에 참여하여 의견을 개진하였고, 상소 등을 통하여 대소국정과 현안사에 의견을 개진하였다. 또 일시적이기는 하지만 3의정 중 2의정 유고시에는 의정과 함께 의정부서사에 참여하여 의정부사를 주관하였다.[426]

세종 19년 ~ 성종 5년에 수시로 吏, 戶, 禮, 兵曹의 判事職을 겸대하고 이, 호, 예, 병조의 判書 이하를 지휘하면서 그 조의 중요 정사를 지휘하였으며,[427] 判義禁府事(義禁府提調)·判漢城

419) 『태종실록』 권4, 2년 10월 을축(하륜, 하등극사), 『세종실록』 권1, 즉위년 9월 무신(심온, 사은사)·권67, 17년 2월 계축(노한, 진하사), 외.
420) 『태종실록』 권4, 2년 11월 갑진(이거이, 좌도).
421) 『성종실록』 권111, 10년 11월 기해(윤필상, 북정).
422) 『세종실록』 권123, 31년 1월 갑신(황보인, 함길·평안도), 외.
423) 위 책, 4년 5월 병인(이원·정탁, 국장도감), 외.
424) 위 책, 4년 8월 을미(이원), 외.
425) 『태종실록』 권18, 9년 8월 기유(조영무, 영삼군사)·권4, 2년 11월 경인(하륜·이무, 판승추부사), 외.
426) 『세종실록』 권79, 19년 10월 경진.
427) 17명이 판이(3), 호(3), 예(3), 병조(2)사를 역임하였다(한충희, 앞 「조선초기 판육조사 연구」, 89 ~ 91쪽).

府事·大司憲·集賢殿大提學을[428] 겸대하면서 의금부, 한성부, 사헌부, 집현전의 정사를 지휘하였다. 소수의 당상관이 중심이 된 국정운영과 그 관계·관직, 개인적인 자질·국왕의 신임 등에 따라 상례로 禮賓寺提調(1직, 찬성, 세종 5년 이후)나 世子侍講院貳師(1, 찬성),[429] 수시로 藝文館大提學·知春秋館事,[430] 司僕寺·軍器監提調 등을[431] 각각 겸대하면서 그 아문의 정사를 지휘하고 3품 이하 속관을 포폄하였다.

또 수시로 명에 謝恩使·奏聞使·聖節使로 파견되어 조명외교사를 수행하였고,[432] 田制詳定所·六典修撰色·國葬都監提調[433] 등을 겸대하고 도제조를 도와 의례상정사와 국장사를 지휘하였으며, 承樞府·義勇巡禁司·義興府判事, 三軍鎭撫所都鎭撫都摠制·五衛都摠府都摠管 등을 겸대하고[434] 군정을 지휘하였다. 平安咸吉江原黃海四道副摠使, 三軍都體察使로 파견되어 李施愛亂을 토벌하고 대마도를 정벌하였으며,[435] 함길도 등에 都體察

428) 『세종실록』 권68, 17년 5월 경인(하경복, 의금부)·권34, 8년 12월 병인(권진, 한성부), 『태종실록』 권15, 8년 2월 경인(남재, 사헌부), 『세종실록』 권85, 21년 5월 갑인(신개, 집현전), 외.

429) 위 책, 5년 3월 을사, 『경국대전』 권1, 경관직 세자시강원.

430) 『세종실록』 권11, 3년 1월 병술(유관, 예문관)·권123, 31년 2월 임자(김종서, 지춘추), 외.

431) 태종 5년 ~ 성종 16년에 총 36직을 겸대하였다(김송희, 앞 책, 170쪽 〈표 3-10〉).

432) 『세종실록』 권97, 24년 8월 임인(최사강, 사은사)·권1, 즉위년 9월 무신(박신, 주문사), 외.

433) 위 책 권92, 25년 11월 갑자(하연, 전제상정소)·권17, 4년 8월 을미(맹사성, 육전수찬색)·권16, 4년 5월 병인(맹사성, 국장도감), 외.

434) 『태종실록』 권4, 2년 11월 정유(이저, 승추부)·권12, 6년 윤7월 경오(남재, 의용순 금사)·권18, 9년 9월 임신(이천우, 의흥부)·권18, 9년 8월 기유(이천우, 삼군진무소), 『세조실록』 권44, 13년 10월 갑자(김국광, 도총관), 외.

使로 파견되어 국방과 민정을 심찰하였다.[436]

3) 參贊

조선초기 참찬은 의정부 차관보(三宰)로서 의정·찬성을 보좌하였고, 의정·찬성과 함께 의정부의 대소 정사논의에 참여하였다. 상참 등에 참여하여 의견을 개진하였고, 상소 등을 통하여 대소국정과 현안사에 의견을 개진하였다.

참찬은 소수이지만 吏, 兵曹의 判事職을 겸대하고 이, 병조의 判書 이하를 지휘하면서 그 조의 중요 정사를 지휘하였으며,[437] 大司憲·判義禁府事·集賢殿大提學 등을 겸대하면서[438] 사헌부 등을 지휘하였다. 소수의 당상관이 중심이 된 국정운영과 그 관계·관직, 개인적인 자질·국왕의 신임 등에 따라 상례로 仁順府·內贍寺提調(각1, 좌참찬, 세종 5년 이후),[439] 수시로 世子侍講院賓客·藝文館大提學·春秋館知事와[440] 司僕寺·軍器監 등 제조를[441] 각각 겸대하고 都提調, 師·傅, 領事를 도와 그 아문의 일을 지휘하고 3품 이하의 속관을 포폄하였다.

---

435) 『세조실록』 권43, 13년 5월 (조석문, 부총사), 『세종실록』 권4, 1년 5월 무오 (이종무, 도체찰사), 외.

436) 『세종실록』 권110, 27년 10월 병인(황보인, 함길도), 『문종실록』 권3, 즉위년 9 월 경신(정분, 충청전라경상도), 외.

437) 겸대자는 9명이었는데 판이(3), 호(2), 예(2), 병조(2)사 였다(한충희, 앞 「조선초기 판육조사연구」, 89 ~ 91쪽).

438) 『정종실록』 권4, 2년 11월(조박, 대사헌), 『세조실록』 권39, 12년 6월 신해 윤자운, 의금부), 『세종실록』 권7, 2년 3월 갑신(변계량, 집현전), 외.

439) 『세종실록』 권19, 5년 3월 을사.

440) 『문종실록』 권12, 2년 3월 무신(안숭선, 빈객), 『세종실록』 권 (허조, 춘추관), 외.

441) 태종 5 ~ 성종 16년에 총 18직을 겸대하였다(김송희, 앞 책, 170쪽 〈표 3-10〉).

또 수시로 聖節使·賀正使·謝恩使·謝恩副使·節日使·進賀使로 파견되어 대명외교를 수행하였고,[442] 六典修撰色·田制詳定所·國葬都監提調를 겸대하고[443] 도제조를 도와 육전수찬 등을 지휘하였다. 知義興府事·侍衛軍節制使·三軍都摠制府都摠制·判義勇巡禁司事·五衛都摠府都摠管을 겸대하고 [444] 도총제부 등을 지휘하였고, 三軍都節制使로 파견되어 대마도정벌군을 지휘하였으며,[445] 도에 都體察使, 都巡問使, 察理使 등으로 파견되어[446] 국방을 심찰하고 민정을 심찰·위무하였다.

이상에서 조선초기의 의정은 의정부의 운영을 주관하고 육조를 지휘하거나 대소 국정논의에 활발히 참여하면서 국정운영을 주도하였고, 찬성과 참찬은 의정을 도와 의정부의 운영에 참여하고 대소 국정논의에 활발히 참여하면서 국정운영에 큰 영향력을 발휘하였다.

---

442) 『태종실록』 권2, 1년 8월 무진(조온, 성절사)·권2, 1년 9월 계축(최유경, 하정사), 『문종실록』 권4, 즉위년 10월 임오(이견기, 사은사), 『단종실록』 권5, 1년 2월 계축(이사철, 사은부사), 『세조실록』 권7, 3년 4월 병오(황수신, 진하사), 외.

443) 『세종실록』 권17, 4년 8월 을미(허조, 육전수찬색), 『세종실록』 권16, 4년 5월 병인(변계량, 빈전도감), 외.

444) 『태종실록』 권20, 10년 9월 모모(이숙번, 의흥부)·권24, 10년 8월 모모(김승주, 2번)·권26, 13년 11월 모모(박은, 의용순금사), 『세조실록』 권43, 13년 8월 계축(윤필상, 도총관), 외.

445) 『세종실록』 권4, 1년 5월 갑자(최윤덕).

446) 위 책 권92, 23년 2월 정묘(황보인, 함길도도체찰사), 『태종실록』 권11, 6년 1월 (조박, 서북면도순문사), 권4, 2년 11월 정미(조온, 동북면), 외.

2. 堂下官(舍人, 檢詳)

사인·검상의 기능은 『경국대전』에도 구체적으로 규정되어 있지 않다. 그러나 태종 3년에 태종이 사인제를 정립하고 사인을 임명하면서 "사인은 국왕과 대신의 말을 전하는 고로 대언에 버금가니 신중히 선택하여야 한다"[447] 고 하였고, 조선왕조를 통하여 운영된 광범한 겸직제의 일환으로 사인·검상이 春秋館修撰官을 겸임한 것[448] 및 의정부의 기능·직제 등을 볼 때 국왕과 의정부의 중간에서 承傳 및 의정부의 사무를 담당하는 등의 본직으로서의 기능과 역사의 편찬종사 등 겸직으로서의 기능을 수행하였다고 추측된다.

여기에서는 『조선왕조실록』에 수록된 사인·검상의 활동, 탄핵사유 등을 통하여 사인·검상의 구체적인 기능을 본직으로서의 기능과 겸직으로서의 기능으로 구분하여 살펴 본다.

1) 本職으로서의 기능

(1) 舍人

사인은 의정부낭청의 버리로서 부내의 제사무를 지휘하고 담당하였다. 즉 다음에 제시된 사료와 같이 의정부·의정의 기능 및 그 직장과 관련하여 전국정에 걸쳐 국왕과 의정부(①-㉠)·의정부당상(①-㉡)·明使(①-㉢)의 사이에서 왕명에 따라 왕명을 전하고 그에 대한 의견을 수합하거나 듣고 국왕에게 복명하였고, 국왕의 명을 의정부(①-㉣)·百司(①-㉤)에 전달하였으며, 국

447) 『태종실록』 권6, 3년 7월 신묘.
448) 『경국대전』 권1, 이전 춘추관조.

왕의 간단한 질문에 응대하였다(①-ㅂ). 의정부(②-㉠)·의정(②-㉡)의 제정사에 대한 의정부에 보고된 백사(백관)의 정사(②-㉢)를 국왕에게 보고하고 傳聞하였다. 의정부(③-㉠)·의정(③-㉡)의 명을 백사(백관)에게 전달하였다. 의정과 함께 국정을 논의하였다(④).

① - ㉠ 『태종실록』 권8, 4년 7월 기유 命議政府 會宗親諸君三府耆老 議都邑事 召議政府舍人 敎日 (중략) 收其可否(以聞) (하략), ㉡ 위 책 권6, 3년 8월 병인 遣議政府舍人於左政丞河崙弟 議進獻禮物 敎舍人李薈日 今遣進賀使 (중략) (河)崙對日 (중략) 上然之, ㉢ 위 책 권15, 8년 5월 무진 使議政府舍人李明德柳思訥 馬各一匹 以使臣久留 勤於啓稟公事也, ㉣ 위 책 권18, 9년 8월 정유 命議政府裁決庶務(以天災省身故也) 凡大小公事 勿啓于我 政府處決 若大事不可自斷 聽於世子而行, ㉤ 동상서 권6, 3년 9월 계묘 (전략) 召舍人李薈進前 命之日 (중략) 命囚判書雲觀事張思彦 以不勤其職 (動駕) 擇日不良故也, ㉥ 『성종실록』 권149, 13년 12월 무인 司憲府啓 左參贊成任久病 不可曠官 請改差 傳日 病勢何如 舍人曺錫輔來啓日 病已永差 但艱於行步耳 命勿遞

② - ㉠ 『세종실록』 권17, 4년 8월 정유 議政府 遣舍人鄭旅啓日 京畿道海道察訪尹得海 亦於本月初二日 遭風敗船軍人溺死 不可不鞫 (하략), ㉡ 『태종실록』 권33, 17년 2월 기미 議政府左議政朴訔 右議政韓尙敬上 講武之所 使舍人沈道源啓日 (하략), ㉢ 위 책 권17, 9년 3월 계사 命參贊議政府事柳亮視事 司憲府劾問(柳)亮及吏曹正郎梁仲覺 任兵曹時茧食松葉不告之罪좌 又劾議政府舍人李明德 不以兵曹所告啓聞之罪 (하략).

③ - ㉠ 『세조실록』 권2, 2년 1월 임오 吏曹據議政府舍人司關啓 (佐翼功臣待遇事), ㉡ 『태종실록』 권16, 8년 9월 정묘 右政丞李茂以疾辭 初(李)茂密使舍人李明德 謂執義李灌日 今(閔)無咎無疾到京 (중략) (李)灌旣出視事 上書日 臣之辭職在家也 舍人李明德 漏泄天機 且綢繆指揮臺諫之進退 (하략)

④『증보문헌비고』권216, 직관고 3 議政府 李克堪舍人司題名記日 萬機之煩一人所 不能獨理 於是乎有宰相焉 (宰)相亦不能獨 於是乎有僚佐焉 夫以一國委之(宰)相 而(宰)相之所日與圖議國政者 僚佐(舍人檢詳)耳 (하략).

그런데 사인이 전개한 위 ①-㉠ ~ ④ 활동의 비중을 보면, 물론『조선왕조실록』의 한계에서 사인의 실제활동에 대한 기록이 미미한 한계는 있지만, 확인된 활동 192건 중 의정부·의정의 제정사에 대한 의견을 의정부·의정을 대리하여 보고한 활동이 19% 36건과 64% 123건이었다. 왕대별로는 왕권이 미약하면서 의정부와 의정이 전횡한 단종대가 52% 99건이었다.[449)] 이것은 사인활동은 의정부·의정의 뜻을 받드는 일이 중심이 되었고, 이러한 사실은 의정부서사제가 실시된 시기에 사인의 업무량이 과다하였고,[450)] 이러한 업무과다에서 '知製敎 등의 겸직이 해제되었다'[451)] 는 등과 함께 사인의 업무량이 의정부(의정) 기능에 비례하였음을 시사하는 것이라고 하겠다.

또 사인은 의정부의 기능 및 낭청으로서의 직장과 관련하여 다음에 예시된 바와 같이 외교사(①)·형정사(②) 등의 관장과 그 논의에 참여하였다.

---

449) 사인활동을 활동유형별과 왕대별로 정리하면 다음과 같다.

유형별;				왕대별;			
①-㉠	8건	②-㉠	36건	태종대	17건	성종대	16건
㉡	9	㉡	123	세종	21		
㉢	4	㉢	1	문종	6		
㉣	2	③-㉠	3	단종	99		
㉤	3	㉡	2	세조	29		
㉥	1			예종	2		

450)『세종실록』권77, 19년 10월 계미.

451)『태종실록』권25, 13년 5월 임신.

① 『세종실록』 권17, 4년 8월 신묘 議政府舍人司答 (日本)大內殿多多良書曰 承書從審體履 康吉深以爲喜 (하략).

② 위 책 권40, 10년 4월 신유 大司憲崔府 右司諫柳孟聞 刑曹參判柳季聞 議政府舍人李審等啓 般若私通讓寧(大君) 受黃金與婢子 罪干謀反 (하략)

그 외에도 사인은 개인적 자질이나 수명 · 전문활동과 관련하여 시종 · 강경 · 경연참가 · 각종의 외방출사지임 · 법전수교 등의 기능을 행하였고,[452] 常參 등에서의 국정논의에 참여하였으며,[453] 舍人司의 운영과 관련하여 이를 주재하고 사인사의 이름으로 육조 등과 대마도에 문서를 수발하였다.

(2) 檢詳

검상은 사인과 함께 부내의 행정사무를 담당하였다. 즉 다음에 제시된 예와 같이 왕명을 받아 의정부의 의견을 수합하여 보고하였고(①-㉠), 국왕의 간단한 질문에 응대하였다(①-㉡). 의정부(②-㉠)나 의정부당상(②-㉡)의 정사에 대한 의견을 보고하는 등과 같이 국왕과 의정부(대신)의 중간에서 왕명을 전하고 의정부 · 의정을 대신하여 정사를 보고하였다.

① - ㉠ 『태종실록』 권21, 11년 1월 갑술 命杖以下罪 皆贖以楮貨 召議政府檢詳官元肅曰 (중략) (元)肅以政府之言 上言曰 (중략) 上曰然, ㉡ 위 책 권23, 12년 6월 임오 上率群臣(順德大妃喪)成服 上傳旨承政院曰 (중략) 知申事金汝知對曰

452) 『세종실록』 권35, 9년 1월 정유, 『세조실록』 권18, 5년 11월 무술, 『세종실록』 권40, 10년 5월 경오, 『세조실록』 권44, 13년 12월 계축, 외.

453) 『세종실록』 권44, 11년 4월 정유, 외.

禮曹未知此法耳 傳旨曰 政府中首發此議 檢詳許撲對曰 左政丞成石璘也 遂從之.

② - ㉠ 『세종실록』 권107, 27년 1월 신묘 議政府六曹 遣檢詳朴仲孫禮曹正郎趙悟啓(進膳事) (하략), ㉡ 『단종실록』 권7, 1년 7월 신사 檢詳黃孝源將堂上議啓曰 (告訴守令監司吏民者治罪事).

또 검상은 태종 14년에 육조직계제의 실시에 따른 의정부기능의 약화와 함께 검상조례사 검상·녹사가 예조로 이속되면서 혁거되었다가 세종 18년에 의정부서사제의 부활과 함께 예조에서 의정부에 환속되었다.[454] 세종 6년에 이조가

> 예조소속인 檢詳條例司 檢詳官은 그 직임에 합당한 자를 택하여 겸직으로 제수하여 자주 교체하지 말라는 지시가 내렸습니다. 무릇 교지가 내리면 모두 등록을 참고하고 그 중에 『원육전』과 『속육전』에 등재되지 않고 법으로 제정할만 한 것이면 장관에게 품의하여 연속해서 찬집하여 후일에 상고합니다. 遺漏된 것이 있으면 검상관을 논죄하소서.[455]

라고 상계하여 허락받았다. 이에서 검상은 교지를 등록하였고, 그 중에 신법으로 제정하여야 할 만한 사항들은 분류·裒集하여 신법제정에 대비하였다고 하겠는데, 이 일은 검상의 중심이 되는 직무였다. 그리고 의정부에서는 조선초기부터 『議政府謄錄』을 작성하였다고 추측되는데,[456] 이 검상기능을 볼 때 이

454) 『세종실록』 권74, 18년 7월 정유.

455) 위 책 권24, 6년 5월 기해.

456) 현존의 『의정부등록』(서울대학교 규장각 No.15045)은 1649년(인조 27)으로부터 시작되고 있으나, 각사등록의 성격상 국초부터 기록된 것으로

또한 검상이 담당한 것으로 추측된다. 그 외에도 검상은 그 직장과 관련하여 상참 등에서의 정사논의에 참여하였다.[457]

이상에서 사인은 주로 부내의 행정사무와 의정부·의정의 뜻을 받들어 이들을 대신하여 제국사를 국왕에게 보고하고 외교·의례·형정사에 참여하였으며, 부차적으로 시종지임 등의 기능을 수행하였다. 검상은 주로 의정부를 통하는 각종 조례를 등록하여 입법에 대비하는 일과 『의정부등록』을 작성하였고, 부차적으로 사인을 도와 부내의 행정과 의정부·의정의 정사에 대한 의견을 국왕에게 전문하는 등의 기능을 수행하였다.

이러한 사인·검상의 기능은 뒤에서 검토될 겸직으로서의 기능, 앞에서 검토한 사인·검상의 출신, 의정부는 '그 기능은 왕권·육조기능 및 의정부서사제·육조직계제의 실시와 관련되어 신축되나 조선초기를 통하여 최고 국정기관으로 존속됨은 물론 의정은 최고위 관직이고 그에는 국왕의 신임이 두터운 인물이 제수되었다'[458]는 등과 관련되어 조선초기를 통하여 각각 종3품직 등과 사인 등에 승진되면서 체직되는 우대를 받았고, 조기에 당상관에 승진하는 토대가 되었다고 본다.

2. 兼職으로서의 기능

사인·검상은 그 직장 및 개인적인 자질과 관련하여 춘추관 수찬관을 겸대하면서 역대의 『왕조실록』 편찬에 참여하였다.[459]

추측하여 파악한다.

457) 『세종실록』 권80, 20년 2월 임오.

458) 한충희, 앞 「조선초기 의정부연구」 상, 116 ~ 148쪽, 하, 93 ~ 99쪽.

사인은 그 관직적 지위나 개인적인 자질과 관련하여 각종 親祀(祭)에 낭청과 執事(祝史)로서 참여하였고,[460] 서적편찬 撰集官·貢法上程所別監·奴婢刷券色別監·鑄字所別監[461] 등을 겸대하면서 동사의 실무에 참여하였다.

검상은 嘉禮都監別監·國葬都監郎官으로서[462] 국혼·국장의 실무를 수행하였고, 비록 활동이 확인되지는 않으나 사인의 겸직기능에 미루어 사인에는 미치지 못하나 각종의 도감사 등에도 참여하였다고 추측된다.

그 외에 사인·검상과 의정·찬성·참찬 및 육조낭청 등과의 관계를 살펴 본다. 사인·검상과 의정 등에 있어서는 사인·검상이 의정 등의 뜻을 받들어 의정부정사를 수행한 일로 사인이 탄핵되자 의정이 정무를 보지 않는가 하면 사인이 잘못 처리한 정사를 두고 의정이 잘못을 인정하였다.[463] 또 舍人司가 운영되었고, 사인·검상이 형정·입법사에 큰 영향력을 발휘하였다. 이에서 사인·검상은 육조정랑·좌랑이 각각 該屬司(事)를 독자적으로 운영하고 처리한 것[464] 과 같은 위치를 정립하지는 못

---

459) 『경국대전』 권1, 이전 춘추관조, 『조선왕조실록』 태종 ~ 예종수찬관조.
460) 앞 주15) 참조.
461) 『세종실록』 권68, 17년 6월 무신, 『세종실록』 권89, 22년 6월 갑술, 『태종실록』 권30, 15년 6월 계사, 『세종실록』 권65, 16년 7월 정축, 외.
462) 『세조실록』 권18, 8년 12월 정미, 『예종실록』 권1, 즉위년 9월 을축.
463) 『태종실록』 권10, 5년 9월 계묘 司諫院劾議政府舍人崔府 以議政府不及迎駕也 於是(우정승)趙英武不視事 上召左司諫大夫李垠 右正言鄭村 等曰 (중략) 公務方劇 而劾舍人 以致政府不仕 公務廢弛何也, 위 책 권24, 12년 11월 기축 命議政府舍人曰 繕工草란 何不計國用而盡賣乎 (중략) 以病吾民何哉 是爾舍人等不審察之致然也 政丞河崙等曰 臣之罪也.
464) 한충희, 1981, 「朝鮮初期 六曹硏究 - 制度의 確立과 實際機能을 中心으로 -」, 『大丘史學』 20·21합호, 192 ~ 195쪽, 197 ~ 200쪽.

하나 의정부 당상을 보좌·대변하고 특정사를 주장하는 강력한 기능을 대유하고 행사하였다고 생각된다.

사인·검상과 육조낭청은 앞에서 살펴 본 사인·검상의 역관과 기능 및 사인사와 육조가 인접하였고,[465] 사인·검상이 육조낭청 등과 會飮한 일로 피핵된[466] 등을 볼 때 상호간에 긴밀히 연관되었다고 하겠다.

제 2 절 議政府官員과 國政運營

1. 堂上官과 國政運營

1) 議政과 國政運營

3의정은 의정부 장관인 지위, 의정부가 중심이 된 국정운영 체제, 국왕의 국정운영 스타일 등과 관련하여 議政府署事制가 실시된 정종 2년 ~ 태종 13년·세종 18년 ~ 단종대에는 대개 육조를 지휘하면서 형정, 군사, 의례, 인사, 경제, 제도, 교육, 외교 등 모든 국정운영을 주도하였다. 六曹直啓制가 실시된 태종 14년 ~ 세종 17년과 세조 1년 이후에 있어서도 국왕이 중요 정사를 의정 등에게 상의하여 결정·집행하였고, 의정에 재식과 경륜이 있고 국왕의 신임을 받는 인물이 재직하였음과 관련되어 형정, 외교, 군사, 의례, 경제, 제도, 인사 등 모든 국정에 상당한 영향력을 발휘하였다. 특히 河崙(태종대), 黃喜(세종),

465) 위 책 권110, 27년 12월 무신.
466) 『세조실록』 권28, 8년 4월 임오, 외.

皇甫仁·金宗瑞(문종 - 단종초), 首陽大君(단종후기), 申叔舟·韓明澮(세조 ~ 성종초), 鄭昌孫·尹弼商·洪應·盧思愼(성종후기) 등은 국정운영체계에 구애되지 않고 국정운영을 주도하거나 국정전반에 걸쳐 강력한 기능을 발휘하였다. 의정은 議政府署事制 실시기에는 육조(判書 이하)를 지휘하면서 국정을 주도하였고, 六曹直啓制 실시기에는 수시로 判吏, 兵, 戶, 禮曹事를 겸하고 그 조의 判書 이하를 지휘하면서 이, 병, 호, 예조의 중요한 정사를 지휘하였다. 院相이 중심이 된 국정운영기인 세조 13년 ~ 성종 7년에도 승정원과 육조를 지휘하면서 국정운영에 큰 영향력을 발휘하였다.

3의정은 의정부의 장관이고 정1품인 직질에 따라 국왕이 임석하여 대소 정사를 논의하는 常參(朝參)에 참여하여 그 아문의 공사를 稟達하였고, 매달 3·13일·23일에 국왕의 임석하에 賓廳에서 정책을 논의하고 결정하는 次對에 참여하였고, 수시로 현안·긴급사를 논의하는 引見·召見에 참여하여 그 결정을 주도하였다. 의정은 국왕이 중대 국사, 현안사 등을 논의하기 위해 소수의 재상을 소집하는 應召에 참여하여 그 결정을 주도하였다. 국가의 중대사가 있을 때나 일상시에 수시로 상소하여 그 정사의 결정에 큰 영향력을 발휘하였다.

의정은 소수의 당상관이 중심이 된 국정운영과 그 관계·관직, 개인적인 자질·국왕의 신임 등에 따라 經筵領事(영·좌·우의정) 등을 例兼하고 아문의 정사를 지휘하고 그 아문에 소속된 3품 이하 관원을 포폄하고 추천하였다. 또 수시로 정1품관이 겸한 봉상시·사복시·군기감 등의 都提調를 겸 대하면서 그 육조속아문의 정사를 지휘하고 그 아문에 소속된 3품 이하

관원을 포폄하고 추천하였다.

의정은 긴급한 對明外交, 변란, 야인·왜인 정벌, 변경민 위무, 국상, 옥사 등 현안사가 야기될 때에 賀登極使·謝恩使·進賀使, 都統使·都元帥·都體察使 등으로 파견되거나 국상과 법전편찬 등 때에 國葬都監都提調와 六典修撰色都提調 등을 겸직하고 그 일을 지휘하였다.

이처럼 의정은 국정운영의 중추가 된 의정부의 운영을 주관하였고, 국왕이 임석하는 대소 정사 모임에 참여하여 국가정책과 국정 전반에 대해 논의하고 결정하였으며, 국정을 분장한 육조를 지휘하는 등 국정운영의 중추적 역할을 수행하였다.

2) 贊成·參贊과 國政運營

찬성은 의정부 차관(二宰)으로서 의정을 보좌하였고, 의정과 함께 의정부의 대소 정사논의에 참여하였다. 상참 등에 참여하여 의견을 개진하였고, 상소 등을 통하여 대소국정과 현안사에 의견을 개진하였다. 또 일시적이기는 하지만 3의정 중 2의정 유고시에는 의정과 함께 의정부서사에 참여하여 의정부사를 주관하였다. 수시로 吏, 戶, 禮, 兵曹의 判事職을 겸대하고 이, 호, 예, 병조의 判書 이하를 지휘하면서 그 조의 중요 정사를 지휘하였으며, 判義禁府事(義禁府提調)·判漢城府事·大司憲·集賢殿大提學을 겸대하면서 의금부, 한성부, 사헌부, 집현전의 정사를 지휘하였다. 상례로 禮賓寺提調(1직, 찬성, 세종 5년 이후)나 世子侍講院貳師(1, 찬성), 수시로 藝文館大提學·知春秋館事, 司僕寺·軍器監提調 등을 겸대하면서 그 아문의 정사를 지휘하고 3품 이하 속관을 포폄하였다. 수시로 명에 謝恩使·

奏聞使·聖節使로 파견되어 조명외교사를 수행하였고,[467] 田制詳定所·六典修撰色·國葬都監提調[468] 등을 겸대하고 도제조를 도와 의례상정사와 국장사를 지휘하였으며, 承樞府·義勇巡禁司·義興府判事, 三軍鎭撫所都鎭撫都摠制·五衛都摠府都摠管 등을 겸대하고 군정을 지휘하였다. 平安咸吉江原黃海四道副摠使, 三軍都體察使로 파견되어 李施愛亂을 토벌하고 대마도를 정벌하였으며, 함길도 등에 都體察使로 파견되어 국방과 민정을 심찰하였다.

참찬은 의정부 차관보(三宰)로서 의정·찬성을 보좌하였고, 의정·찬성과 함께 의정부의 대소 정사논의에 참여하였다. 상참 등에 참여하여 의견을 개진하였고, 상소 등을 통하여 대소국정과 현안사에 의견을 개진하였다. 참찬은 소수이지만 吏, 兵曹의 判事職을 겸대하고 이, 병조의 判書 이하를 지휘하면서 그 조의 중요 정사를 지휘하였으며, 大司憲·判義禁府事·集賢殿大提學 등을 겸대하면서 사헌부 등을 지휘하였다. 소수의 당상관이 중심이 된 국정운영과 그 관계·관직, 개인적인 자질·국왕의 신임 등에 따라 상례로 仁順府·內贍寺提調(각1, 좌참찬, 세종 5년 이후),[469] 수시로 世子侍講院賓客·藝文館大提學·春秋館知事와[470] 司僕寺·軍器監 등 제조를[471] 각각 겸대하고 都提調,

467) 『세종실록』 권97, 24년 8월 임인(최사강, 사은사)·권1, 즉위년 9월 무신(박신, 주문사), 외.

468) 『세종실록』 권102, 25년 11월 갑자(하연, 전제상정소)·권17, 4년 8월 을미(맹사성, 육전수찬색)·권16, 4년 5월 병인(맹사성, 국장도감), 외.

469) 『세종실록』 권19, 5년 3월 을사.

470) 『문종실록』 권12, 2년 3월 무신(안숭선, 빈객), 『세종실록』 권 (허조, 춘추관), 외.

471) 태종 5 ~ 성종 16년에 총 18직을 겸대하였다(김송희, 앞 책, 170쪽 〈표

師·傅, 領事를 도와 그 아문의 일을 지휘하고 3품 이하의 속관을 포폄하였다. 수시로 聖節使·賀正使·謝恩使·謝恩副使·節日使·進賀使로 파견되어 대명외교를 수행하였고, 六典修撰色·田制詳定所·國葬都監提調를 겸대하고 도제조를 도와 육전수찬 등을 지휘하였다. 知義興府事·侍衛軍節制使·三軍都摠制府都摠制·判義勇巡禁司事·五衛都摠府都摠管을 겸대하고 도총제부 등을 지휘하였고, 三軍都節制使로 파견되어 대마도정벌군을 지휘하였으며, 도에 都體察使, 都巡問使, 察理使 등으로 파견되어 국방을 심찰하고 민정을 심찰·위무하였다.

이상에서 조선초기의 의정은 의정부의 운영을 주관하고 육조를 지휘하거나 대소 국정논의에 활발히 참여하면서 국정운영을 주도하였고, 찬성과 참찬은 의정을 도와 의정부의 운영에 참여하고 대소 국정논의에 활발히 참여하면서 국정운영에 큰 영향력을 발휘하였다.

3) 堂下官과 國政運營

당하관인 사인·검상은 의정부의 낭관으로서 의정 등 당상관의 지휘를 받아 의정부의 사무를 총관하고, 국왕과 의정부, 의정부와 백사(백관)의 정사를 매개하였다.

사인은 의정부낭청의 머리로서 의정부·의정의 기능 및 그 직장과 관련하여 전국정에 걸쳐 국왕과 의정부·의정부당상·明使의 사이에서 왕명에 따라 왕명을 전하고 그에 대한 의견을 수합하거나 듣고 국왕에게 복명하였고, 국왕의 명을 의정부·百

3-10〉).

司에 전달하였으며, 국왕의 간단한 질문에 응대하였다. 의정부·의정에게 보고된 백사(백관)의 정사를 국왕에게 보고하고 傳聞하였다. 의정부·의정의 명을 백사(백관)에게 전달하였다. 의정과 함께 국정을 논의하였다. 그런데 사인이 전개한 이러한 활동을 보면 의정부·의정의 뜻을 받드는 일이 중심이 되었고, 그 업무량이 의정부(의정)기능에 비례하였다. 사인은 개인적 자질이나 수명·전문활동과 관련하여 시종·강경·경연참가·각종의 외방출사지임·법전수교 등의 기능을 행하였고, 常參 등에서의 국정논의에 참여하였으며, 舍人司의 운영과 관련하여 이를 주재하였다. 또 사인은 그 직장 및 개인적인 자질과 관련하여 춘추관수찬관을 겸대하면서 역대의 『왕조실록』 편찬에 참여하였다.

검상은 사인과 함께 의정부의 의견을 수합하여 보고하였고, 국왕의 간단한 질문에 응대하였고, 의정부나 의정부당상의 정사에 대한 의견을 보고하는 등과 같이 국왕과 의정부(대신)의 중간에서 왕명을 전하고 의정부·의정을 대신하여 정사를 보고하였다. 검상은 교지를 등록하고 그 중에 신법으로 제정하여야 할 만한 사항들은 분류·裒集하여 신법제정에 대비하였으며, 『의정부등록』의 작성을 주관하였다. 또 검상은 그 직장과 관련하여 상참 등에서의 정사논의에 참여하였고, 그 직장 및 개인적인 자질과 관련하여 춘추관수찬관을 겸대하면서 역대의 『왕조실록』 편찬에 참여하였다.

이상에서 사인은 주로 부내의 행정사무와 의정부·의정의 뜻을 받들어 이들을 대신하여 제국사를 국왕에게 보고하고 외교·의례·형정사에 참여하였으며, 부차적으로 시종지임 등의 기능을 수행하였다. 검상은 주로 의정부를 통하는 각종 조례를 등록하여 입법에 대비하는 일과 『의정부등록』을 작성하였고, 부차적으로 사인을 도와 부내의 행정과 의정부·의정의 정사에 대한 의견을 국왕에게 전문하는 등의 기능을 수행하였다.

제6장 朝鮮初期 議政府構成員과 議政府機能

제 1 절 議政府官員의 活動과 議政府機能

1. 議政의 活動과 議政府機能

조선초기의 의정부는 법제적으로 최고의 국정기관이었다. 그러나 실제의 기능을 보면 대개는 명실상부하게 최고 국정기관으로서의 기능을 발휘하였지만, 때로는 그 기능이 미약하면서 명목상의 최고 기관의 지위를 누렸다. 조선초의 의정부 기능은 당시의 정치·경제·사회·군사·국내외정세 등의 제 요인과 관련되있지만, 특히 왕권의 강약과 의정부 구성원의 사질 등에 따라 크게 좌우되었다. 왕권의 강약에 따른 의정부 기능의 변천은 이미 살폈거니와, 의정부 기능은 이에 못지 않게 의정 등 그 구성원의 자질 등과 관련되어 육조직계제가 실시될 때에 있어서도 강력한 기능을 발휘하였고, 의정부서사제가 실시될 때에는 그 기능을 더욱 강화시켰다. 여기에서는 의정 등 의정부 구성원의 자질 등 성분이 의정부 기능과 어떻게 관련되었는가를 살펴 본다.

조선초에 확립된 의정부관제를 보면 의정부 구성원은 議政

(영·좌·우 각1직, 정1품), 左·右贊成(각1, 종1)과 左·右參贊(각1, 정2), 舍人(2, 정4)·檢詳(1, 정5)·司錄(2, 정7)의 3 관직군으로 구성되었다. 의정부는 대소국정에 참여하였지만 그 활동을 구성원과 관련시켜 보면 3의정이 합의로서 의정부사를 총괄하였고, 찬성·참찬은 의정을 보좌하였으며, 사인 이하는 부내의 사무·타사와의 업무연락을 담당하였다.

의정은 태종 14년 6월에 국초의 政丞(태조 3년 10월 병자까지는 侍中)을 개칭한 判府事에서 비롯되었는데, 이 때의 좌·우의정과 태종 1년 7월에 判門下府事가 개칭된 領議政府事를 합하여 3공이라 하였다. 영의정부사는 처음에는 署事에 참여하지 못하다가 세종 18년 4월로부터 참여하였고,[472] 이로써 의정부의 3의정(3공)제가 확립되었다. 찬성·참찬은 국초의 門下侍郎贊成事가 계승·분화되면서 성립되었다. 찬성·참찬은 처음에는 의정을 보좌할 뿐 서사에 참여하지 못하다가 세종 19년 10월부터 의정이 유고로 1인만이 서사에 참여하게 될 때에 한하여 서사에 참여하게 되었으며,[473] 判六曹事를 겸대하면서 육조사를 지휘·감독하였다.[474] 찬성·참찬의 서사참여와 육조사 지휘는 전자는 의정 유고에 국한된 반면에 후자는 겸직기간을 통해 발휘되었기에 육조사의 지휘·감독이 보다 실질적인 것이 되었다.

의정부가 성립된 것은 정종 2년이고 그 구성원에는 의정·찬

---

472) 『세종실록』 권72, 18년 4월 무신.

473) 위 책 권79, 19년 10월 경진.

474) 한충희, 1985, 「朝鮮初期 判吏·兵曹事研究」, 『(계명대)韓國學論集』 11, 120 ~ 131쪽.

성·참찬·사인 등이 있지만, 여기에서는 중심이 된 관직·의정부제의 성립과 관련하여 국초의 시중(정승)과 이것이 계승된 의정 역임자 71명을 대상으로 그 성분과 정치활동으로 구분하여 이들이 의정부기능과 어떻게 관련되었는가를 살펴 본다.

(1) 太祖·定宗代

태조·정종대의 정승(시중) 역임자에는 裵克廉·趙浚·金士衡·沈德符·成石璘·閔霽·河崙이 있었다. 배극렴은 태조 1년 11월에 졸하여 조선의 정치에 참여한 기간이 짧았지만, 조준·김사형은 태조 1년 ~ 정종 1년 12월의 장기간에 걸쳐 좌·우정승에 재직하였다. 심덕부·성석린·민제·하륜은 2차에 걸친 왕자의 난을 계기로 정승을 역임하였는데, 심·민은 정사에 참여도가 낮은 반면에 성·하 두 사람은 정치전반에 활발하게 참여하였다.

태조대에는 개국공신이 중심이 된 都評議使司가 대두하고 조준·김사형은 도평의사사 판사를 겸하였지만, 도평의사사의 운영이 차하위 관직자인 鄭道傳·南誾 등에 의해 주도된 관계로 큰 정치력을 발휘하지 못하고 최고위관으로서의 대우를 받음에 그쳤다.[475]

정종대에 있어서도 조준·김사형이 좌·우정승으로 재직한 왕 1년 12월 까지는 정승이 정치에 크게 참여하지 못하였고, 성석린이 우정승이 되는 왕 1년 12월부터 본격적으로 정치에 참여하였다. 그러나 정승이 정치적 실권을 장악한 것은 하륜이

475) 앞 주 70) 참조.

우정승이 되는 왕 2년 9월부터였고,[476] 그 사이는 成石璘·李之蘭·李茂·張思吉·河崙 등이 門下府職과 判六曹事職을 겸대하면서 국정의 실권을 장악하였다.[477]

(2) 太宗代

태종대의 의정 역임자에는 趙浚·金士衡·成石璘·李和·河崙·李居易·李舒·李茂·趙英武·南在·柳亮·柳廷顯·朴訔·韓尙敬·李原의 16명이 있었다. 이 중 유정현을 제외한 15명이 공신이었다. 조영무는 開國·定社·佐命功臣이었고, 하륜·이거이·이무는 정사·좌명공신인 등으로 그 위세가 당당하였다. 이점에서 태종이 즉위초부터 왕권강화책과 육조직계제를 도모하였지만 이를 일방적으로 강행할 수 없었음은 능히 짐작이 간다. 실제로 태종은 점전적인 공신의 제거와 死去를 계기로 왕 14년 이후에야 강력한 왕권을 확립하였다.

태종대에는 태종의 왕권강화와 관련되어 많은 의정이 교체되었다. 그리하여 3년 이상 의정에 재직한 인물은 성석린(11.2년)·하륜(12.4)·이무(3.7)·조영무(6.6)·남재(3.11)의 5인에 불과하였다.[478] 그 중에서도 이무는 태종에 의해 제거되었고,[479] 남재는 왕권이 강화된 왕 14년을 전후하여 재직하였다.[480] 이

476) 『정종실록』 권6, 2년 12월조, 외.
477) 주 298) 참조.
478) 한충희, 1981, 「朝鮮初期 議政府硏究」 하, 『韓國史硏究』 32, 87 ~ 90쪽 〈표 19〉 조선초 의정역임자 및 공신대비표.
479) 주 318) 참조.
480) 남재는 태종 13년 10월 ~ 14년 6월(우의정), 14년 6월 ~ 15년 9월(좌), 15년 10월 ~ 16년 5월(우), 16년 5월 ~ 16년 11월(영)에 걸쳐 우, 좌, 영의정에 재직하였다(『태종실록』 13년 ~ 16년조).

에서 태종대의 정치에 큰 영향력을 발휘한 의정은 성석린·하륜·조영무였다고 추측된다. 실제로도 이들은 태종의 신임을 받는 공신으로서 의정 이외에 판육조사·군직을 겸대하면서 정치에 큰 영향력을 발휘하였고, 그 중에서도 하륜이 중심이 되었다.

하륜은 1차 왕자의 난을 성공시킨 후 태조 7년 9월에 政堂文學이 되었고, 2년여에 우정승이 될만큼 태종의 신임을 받는 실력자였다. 하륜의 영향력은 이미 정종초부터 발휘되었지만 우정승이 된 이후부터 현저하였다. 이러한 사실을 기록을 통해 살피면

> 좌정승 李居易와 우정승 河崙 등이 모두 判尚瑞司事로서 政房에서 시무하면서 하륜과 함께 賢良을 천거하였다. 이거이가 하륜이 인사를 전단함을 미워하여 퇴근하여 아들 佇에게 "인재를 천거하는 일은 국가대사인데 하륜이 전단하니 어찌 처신해야 되겠는가?" 라고 말하자 이저가 "마땅히 임금에게 이뢰소서" 하니 이거이가 "어찌 다툴 수 있겠는가" 라고 하였다.[481]

라고 하였음과 같이 하륜은 가장 중요한 국사인 인사를 오로지 하였다. 이후 하륜은 태종대를 통하여 영의정부사(5.4년)·좌의정(6.8)·우의정(0.4)·영삼사사와 영사평부사(1.7)를 역임하고 판승추부사·판이조사·세자사와 부·훈련관도제조 등을 수시로 겸대하면서 국정 전반에 큰 영향력을 발휘하였다.[482] 그리고 하

481) 『정종실록』 권6, 2년 12월조.
482) 한충희, 앞 논문, 87 ~ 90 〈표 19〉, 『태종실록』 권32, 16년 11월 계사 졸기.

륜은 그러한 전단과 관련되어 수차에 걸쳐 비판을 받기도 하였지만 태종의 절대적인 신임을 받으면서 왕 16년에 70세로 치사할 수 있었다.[483] 이러한 그의 영향력은 태종이 치사를 원하는 하륜에게 "하륜은 나라를 집과 같이 걱정하였고, 獻策이 있으면 바로 개진하였다. 지금 국가의 평안함이 하륜이 애쓴 결과가 아니겠는가? 내가 이들 허락하겠다"[484] 라고 하였음과 같이 그의 태종의 즉위에 끼친 공훈과 인물됨에서 기인된 것이었다.[485]

(3) 世宗代

세종대의 의정 역임자에는 李稷·柳廷顯·朴訔·韓尙敬·沈溫·李原·鄭擢·柳寬·趙涓·黃喜·孟思誠·權軫·崔潤德·盧閈·許稠·申槩·河演·皇甫仁·南智가 있었다. 세종대에는 이전과 달리 공신인 의정은 이직·박은·한상경·이원·정탁에 불과하였다. 따라서 세종대의 의정은 공신으로서가 아니라 유학적인 소양 등을 통하여 세종의 신임을 받았다고 하겠다.

세종대에는 정치·경제·사회가 안정되고 문화가 융성한 시기였고, 국가권력면에 있어서는 왕권과 신권이 조화를 이룬 시기였다. 의정의 재직기간도 안정되어 황희는 거의 세종 전시기에 걸쳐 의정으로 재직하였고, 5년 이상 의정 재직자도 유정현

483) 『태종실록』 권32, 16년 11월 계사 하륜졸기. 하륜을 배척 할려는 대표적인 예로서는 태종 7년 9월에 이숙번이 주동이 된 민무구옥과 연관지은 제거도모, 동왕 13년 12월 대간이 수차에 걸쳐 하륜의 전권독단과 천변을 연관시킨 탄핵 등이 있었다.

484) 위 책 권31, 태종 16년 5월 임진.

485) 위 책 권32, 16년 11월 계사.

(5.11년) · 이원(7.7) · 맹사성(8.0) · 최윤덕(6.1) · 신개(6.7) · 하연(5.2) 등 6인이나 되었다.[486] 의정부운영을 보면 세종 8년 5월까지는 유정현과 이원이 주도하였고, 8년 5월 이후는 황희를 중심으로 맹사성(9 ~ 17) · 최윤덕(15 ~ 18) · 신개(21 ~ 27) · 하연(27 ~ 문종 1년) 등이 주도하였다. 위에 제시된 의정은 누구나 세종치세의 일익을 담당하고 의정부의 권한 · 활동을 강화시켰지만 특히 황희의 공헌이 컸다.

황희는 이미 태종대에 태종의 신임을 받아[487] 지신사(5년 12월 ~ 10년 2월), 지의정부사(10.2 ~), 이조판서(15.5 ~), 참찬(15.11 ~)을 역임하였고, 일시 양녕의 폐세자에 반대하여 유배되었지만 세종 4년 상왕 태종에 의해 소환되어 등용되었다.[488] 이어 세종 8년 5월까지 京市署提調, 참찬, 강원도관찰사, 찬성, 이조판서 등을 역임하고 우의정에 발탁되었으며,[489] 이후 영의정으로 치사하는 세종 31년 10월까지 총 22년 5개월에 걸쳐 우(~ 9년 1월) · 좌(~ 13.9) · 영의정(13.9 ~)으로 재직하였다. 그 중에서도 세종 19년 1월 ~ 20년 5월까지는 獨相으로서 의정부사를 총관하였다.[490] 이를 볼 때 황희에 대한 세종의 신임도를 추측할 수 있고, 동시에 세종 전반기에는 비록 육조 중심의 국사가 운영되었지만 의정부가 정사에 크게 참여하였을 것으로 추측된

486) 한충희, 앞 논문, 87 ~ 90쪽 〈표 19〉.

487) 『문종실록』 권12, 2년 2월 임신 (하략).

488) 『세종실록』 권15, 4년 2월 기해.

489) 위 책, 4년 ~ 8년조.

490) 세종 18년 7월 정유에 좌의정 최윤덕이 영중추부사로 체직되고 19년 10월 계유에 우의정 노한이 파직됨으로써 영의정 황희만이 의정에 재직하였다. 그리고 이러한 상황에서 찬성이 서사에 참여하게 되었다.

다. 그리고 앞에서는 언급되지 않았지만 황희와 같은 지덕을 겸비하고 노성한 의정들이 있었기 때문에[491] 세종은 의정부서사제를 다시 실시할 수 있었을 것으로 추측되며, 의정인 황희·허조·신개·하연 등이 세종의 기대에 어긋나지 않았기 때문에 의정부서사제가 계속 유지된 것이 아닌가 한다. 그 외에 황희의 재직중에 영의정도 의정부서사에 참여하였고, 이로써 영의정이 명실상부한 국정의 최고 책임자가 되었다.

(4) 文宗·端宗代

문종·단종대의 의정 재직자에는 河演·皇甫仁·南智·金宗瑞·鄭芬·首陽大君 李瑈·鄭麟趾·韓確이 있었다. 이 시기는 왕은 병약하거나 유약한 반면에 의정은 지용을 겸비하였음에서 의정부를 중심한 신권이 극성을 하였다.

문종 1년 10월에 하연이 치사하고 황보인·남지·김종서가 영·좌·우의정이 되면서 신권이 비대해지기 시작하였는데, 남지는 노병으로 정치에 크게 참여하지 못한 반면에 황보인·김종서는 정치에 큰 영향력을 행사하였다. 황보인·김종서는 세종 후반기부터 두각을 나타내었거니와[492] 단종의 즉위와 함께

491) 『문종실록』 권12, 문종 2년 2월 임신 황희졸기.

492) 황보인은 세종 11년 2월에 동부대언이 된 이래 지신사(12년 8월), 병조우참판(14. 9), 병조참판(16. 10), 병조판서(18. 12), 평안·함길도 도체찰사(12. 3 ~ 23. 윤11), 좌참찬겸판병조사(22. 8), 우찬성(25. 4), 좌찬성겸판이조사(27. 1), 우의정(29. 6), 좌의정(31. 10)을 역임하였다. 김종서는 세종 11년 9월에 우부대언이 된 이래 우대언(12년), 좌대언(13.), 이조우참판(15. 12), 함길도관찰사(15. 12), 함길도병마도절제사(17. 3), 형조판서(22. 12), 예판(23. 11), 우찬성겸판예조사(28. 1), 우찬성겸판병조사(31. 2), 좌찬성(문종 즉. 7), 우의정(1. 10), 좌의정(단종 즉. 12)을 역임하였다. 특히 김종서는 『燃藜室記述』 권3, 세종조고사본말에 "初上命宗瑞置

국정을 전단하였고, 그와 관련되어 왕권은 명목에 불과하였다. 단종 1년 10월에 癸酉政變이 있게되면서 황보인·김종서 등은 제거되었지만 왕권은 회복되지 못하였고, 이들에 대신한 수양대군 이유·정인지·한확이 영·좌·우의정이 되면서 왕권은 더욱 쇠약해졌으며, 수양대군이 정치·군사·인사 등 국정전반을 천단하였다. 특히 이 시기에는 제도적인 의정부서사제 이외에 왕의 문약함과 의정들의 자질에서 의정부는 그 권한·활동을 더욱 강화하였고, 드디어는 왕권을 압도하였다.

(5) 世祖代

세조대의 의정재직자에는 鄭麟趾·韓確·李思哲·鄭昌孫·姜孟卿·申叔舟·權覽·韓明澮·具致寬·李仁孫·黃守身·沈澮·朴元亨·曺錫文·洪達孫·崔恒·龜城君 李浚·康純·金礩·洪允成이 있었다. 이 중 이인손·심회(예종대와 성종대에 각각 翊戴2등과 佐理2등공신에 책록)·김질(성종대에 좌리 2등공신)을 제외한 17명이 공신이었다. 그리고 빈번하게 의정이 교체되는 중에서도 정창손(3.4년)·강맹경(4.4)·신숙주(7.3)·권람(3.80·구치관(3.2)·황수신(3.3)은 3년 이상 의정에 재직하였다.[493]

세조는 계유정변을 계기로 즉위하였고, 육조직계제를 강행하였으며, 무단정치를 행하면서 빈번하게 의정을 교체하였다. 따라서 의정부의 권한·활동은 크게 축소되었고, 의정 역임자도

四鎭 朝議多有異同 宗瑞力主其事 議者謂宗瑞以有限之人力 開不可成之役 罪可誅也 上日 雖有寡人 若無宗瑞不足以辨此事 雖有宗瑞 若無寡人不足以主此事 固執不回" 라고 하였음에서 세종과 그의 관계가 잘 나타나 있다.

493) 한충희, 앞 논문, 87 ~ 90쪽 〈표 19〉.

의정 이상으로 국정에 참여함으로써 의정은 더욱 약화되었다. 그리고 의정은 대개가 공신이고 세조의 신임을 받는 인물이었으므로, 비록 그 기능이 축소되고 세조의 신권억압이 계속되었지만 점진적으로 그 권한·활동을 강화시켜 나갔다.

세조대에 의정부활동을 주도한 의정은 재직기간으로 볼 때 정창손·강맹경·신숙주·권람·구치관·황수신 등인 것처럼 보인다. 그러나 강맹경·정창손·구치관·황수신은 하위의 공신이고 세조와 크게 친밀하지 못하였기에 정치에 큰 영향력을 발휘하지 못하였다. 그 반면에 신숙주·권람 그리고 비록 의정 재직기간은 짧지만(2.3년) 정난을 주도하고 세조의 신임이 두터운 한명회 등 3인은 정치에 큰 영향력을 발휘하였다. 권람은 세조 11년에 병사하였기 때문에 세조말년에는 영향을 끼치지 못하였지만, 신숙주·한명회는 세조로부터 魏徵과 張子房이라고 일컬어졌고,[494] 특히 한명회는 병권을 장악하고 세조와 연혼하는 등의 신임을 받으면서[495] 영향력을 발휘하였다. 이에서 이들이 의정으로 재직하였을 때에는 의정부의 정치참여가 늘고 그 권한·활동이 다소 강화될 수 있었다. 그러면서도 이들이 의정이 아닌 때나 의정을 역임한 후에는, 즉 승지·판서나 원로대신으로서 정사에 큰 영향을 끼쳤으므로 오히려 의정부 기능을 약화

---

494) 『保閑齋集』 권16, 신묘 12월 25일 상언조, 『燃藜室記述』 권5, 세조고사본말 신숙주·한명회조.

495) 단종 2년 8월 ~ 세조 3년 8월까지 6승지를 역임하였고, 이어 이판(3.8), 병판(4.12 ~ 7.7), 판병조사(7.7), 평안·황해·강원·함길도도체찰사(8.1), 우의정(8.5), 좌의정(9.8), 판병조사(10.1), 영의정(12.10), 원상(13.9 ~ 성종 7), 영의정(예종 1.1), 판병조사(성종즉위 ~ 5년), 좌의정(5.5)을 역임하였음과 같이 주로 병권에 간여하였다. 그리고 3녀가 예종비 章順王后(추존)였고, 4녀가 성종비 恭惠王后였다.

시켰다고 하겠다. 그리고 세조 말년에는 院相制가 실시됨에 따라 의정부는 더욱 약화되었다.

(6) 睿宗·成宗代

이 시기의 의정 역임자에는 韓明澮·朴元亨·龜城君 李浚·金礩·洪允成·尹士昐·尹子雲·金國光(예종대)과 鄭昌孫·申叔舟·韓明澮·沈澮·曺錫文·崔恒·金礩·洪允成·尹子雲·尹士昕·尹弼商·金國光·成奉祖·韓伯倫·洪應·李克培·盧思愼·許琮·尹壕·愼承善(성종대)이 있었다. 이들 중에서 윤사분·윤호를 제외한 18명이 공신이었고, 특히 신숙주·한명회 등은 세조추대에 공이 지대하였음은 물론 예종·성종에게 위협이 되었던 南怡·康純·龜城君 李浚 등을 차례로 제거하고 翊戴·佐理 1등공신에 책록되면서 세조대에 이어 예종·성종초의 정치를 주도하였다. 또 신숙주·한명회 등이 중심이 된 원상은 세조집권 이래로 5차에 걸쳐 공신에 책봉되고 막대한 토지·노비까지 소유하면서 더욱 강력하여졌고,[496] 왕권은 그렇게 떨치지 못하였다. 따라서 예종 ~ 성종 7년 4월에는 국정운영체계상으로는 六曹直啓制가 실시되었지만 실제로는 공신인 院相이 정치를 주도하였고, 의정에는 대개 원상인 자가 임명되었으므로 의정부

---

496) 한영우, 위 「왕권의 확립과 제도의 완성」, 219쪽. 원로대신의 대표격인 한명회·신숙주·정인지의 토지소유액을 제시하였는데, 각각 800, 690, 570결이나 되었다. 아마 여타 원로대신도 직전(110결)과 공신전을 고려하면 300결 이하는 드물었을 것이다. 각종 공신에게 지급된 전결은 다음과 같다(단위 결).

정난공신; 1등 200, 2등 150, 3등 100, 익대공신; 1등 150, 2등 100, 3등 80,
좌익공신; 1등 150, 2등 100, 3등 80, 좌리공신; 1등 40, 2등 30, 3등 20, 4등 10.
적개공신; 2등 150, 2등 100, 3등 80,

는 독자적인 권한을 상실하였다고 하겠다. 그리고 원상 중에서도 공훈·자질과 관련되어 예종대에는 신숙주·한명회가, 성종 초에는 신숙주·한명회와 새로이 두각을 나타낸 윤자운·김국광 등이 각각 중심이 되었다.

성종 7년 5월 이후에는 앞 시기에 의정이 빈번하게 교체되었음과는 달리 11명 중 정창손·윤필상·홍응·노사신의 4명이 7년 이상 의정에 재직하는 등 평균 재직기간이 5.7년이나 되었다.[497] 특히 성종 16년 이후에는 대개가 의정에 제수된 후 병이나 사망하기까지 재직하였다.[498] 또 이 시기에는 성종의 친정, 성종의 왕권강화를 위한 언관우용과 이들을 통한 원로대신의 견제 등과 관련되어 왕권이 안정되고 강화되었다.[499] 그렇기는 하나 성종이 중요한 정사를 의정 등과 협의하여 결정하는[500] 등 대신을 우용하는가 하면, 대간이 사소한 실언 등으로 의정을 탄핵하는 대간의 과격한 언론활동을 경계하면서 의정 등을 옹호하였다.[501] 이에 따라 이 시기 특히 성종 13년 이후에는 다음의 예와 같이 재식과 경륜을 구비한 정창손·윤필

---

497) 정창손은 10.8년(영의정), 윤필상은 15.1년(영·좌·우의정), 홍응은 12.8년(좌·우의정), 노사신은 7.3년(좌·우의정, 연산군대 포함)간 의정에 재직하였고 심회도 3년간 좌의정에 재직하였다(재직기간은 뒤 〈별표 1〉 참조).

498) 대표적인 인물로 정창손(16년 병으로 퇴직하였다가 2년뒤에 사망), 홍응(23년 좌의정 재임시 사망), 허종(25년 우의정 재직시 사망) 등이 있다(뒤 〈별표 1〉 참조).

499) 한충희, 1995, 「왕권의 재확립과 제도의 반성」, 『한국사』 22, 136~142쪽.

500) 『중종실록』 권19, 9년 1월 경인.

501) 『성종실록』 권284, 24년 11월 갑오 若因宰相一時之事 加以奸邪陰狡之名 是豈可乎 近日臺諫 以不緊之事 期於必聽 宰 相一有失言 則輒請推鞫 是習已成 必生後弊 豈可以臺諫之言 遽皆聽之乎.

상·홍응·노사신이 중심이 된 의정의 정치적 영향력이 강화되었다.

① 鄭昌孫은 세조왕권의 안정에 끼친 공헌과 개인적인 자질을 토대 한 세조·세조비 윤씨의 신임과 원로대신의 지위를 토대로 세조 2 ~ 8년에 3의정을 차례로 역임하였고, 성종 1 ~ 16년에 원상(1 ~ 7년)과 영의정(6 ~ 16)에 재직하면서 좌의정 윤필상·우의정 홍응 등과 함께 의정부를 주관하면서 국정전반에 큰 영향력을 발휘하였다.[502)]

② 尹弼商은 세조왕권의 강화에 끼친 공헌과 개인적인 자질을 토대로 성종의 신임을 받으면서 성종 9년 ~ 24년의 16년에 걸쳐 우, 좌, 영의정에 재직하면서 鄭昌孫·洪應(9 ~ 16년), 洪應·盧思愼(17 ~)과 함께 의정부를 주관하면서 국정을 지휘하였는데, 성종 13년경[503)] 이후는 성종이 중요국정을 노성대신과 의논하여 결정할려는 방침과 관련되어

> 성종조에는 노성한 대신이 많이 있었다. 고로 국사를 논의할 때에는 반드시 영돈령부사와 영중추부사 이상(3의정)으로 하여금 의논하게 했다.[504)]

---

502) 『조선왕조실록』 세조 2년 ~ 성종 16년, 『성종실록』 권 199, 18년 1월 정미 졸기조에서 종합.

503) 명확한 시기는 알 수 없지만 의정과 함께 논의에 참여한 인물이 領敦寧府事 尹壕와 領中樞府事 李克培였고, 의정부활동을 볼 때 의의활동이 크게 확대된 시점이 13년이었다. 이점에서 영돈령 이상의 국정참여 확대는 13년경부터 시작된 것으로 파악한다.

504) 『중종실록』 권19, 9년 1월 경인 成宗朝多有老成大臣 故論議國事 必使領敦寧(府事)領中樞(府事)以上議之.

라고 하였듯이 중요국사논의를 주도하였고, 그에 따라 간접적으로 육조를 지휘하면서 국정전반에 참여하는 큰 영향력을 발휘하였다.[505)]

③ 洪應은 개인적인 자질과 성종의 신임을 받으면서 성종 10년 ~ 23년의 14년에 걸쳐 우, 좌의정에 재직하였는데, 현명한 재상이라는 평가를 받으면서 윤필상, 노사신과 함께 의정부를 주관하고 육조를 간접으로 지휘하면서 국정전반에 큰 영향력을 발휘하였다.[506)]

④ 盧思愼은 개인적인 자질, 세종의 가계, 이를 토대로 한 성종의 신임을 토대로 성종 18년 ~ 25년의 7년여에 우, 좌의정에 재직하였는데 상하의 신망을 받으면서 윤필상· 홍응(18 ~ 22년), 허종·윤호(23 ~ 25)와 함께 의정부를 주관하고 육조를 간접적으로 지휘하면서 국정전반에 큰 영향력을 발휘하였다.[507)]

⑤ 許琮은 문무겸전의 자질, 국방안정에 끼친 공헌, 이를 토대로 한 성종의 신임을 통하여 성종 23 ~ 25년에 우의정에 재직하였는데, 상하의 신망을 받으면서 윤필상·노사신과 함께 의정부를 주관하고 육조를 간접적으로 지휘하면서 국정전반에 큰 영향력을 발휘하였다.[508)]

이상에서 성종 13 ~ 25년에는 의정의 개인적인 자질·경륜,

---

505) 『조선왕조실록』 세조 9년 ~ 성종 24년조에서 종합.

506) 『조선왕조실록』 성종 9 ~ 23년, 『성종실록』 권264, 23년 4월 갑진 졸기조에서 종합.

507) 『조선왕조실록』 성종 18 ~ 25년, 『연산군일기』 권39, 4년 9월 신축 졸기조에서 종합.

508) 『조선왕조실록』 세조 13년 ~ 성종 25년, 『성종실록』 권287, 25년 2월 계유 졸기조에서 종합.

의정에 대한 신임과 성종의 의정이 중심이 된 국정운영에 따라 현안사와 육조정사 전반에 크게 참여하는 등 활발하고도 강력한 활동에 따라 기능이 크게 강화되었다고 하겠다.

2. 贊成·參贊의 活動과 議政府機能

조선초기의 찬성과 참찬이 의정부의 기능에 어떠한 영향력을 발휘하였는가는 『조선왕조실록』의 사료적 한계에서 그 명확한 내용을 알기 어렵다. 그렇기는 하나 찬성과 참찬은 의정에 비하여는 다소 차이가 있지만 개인적인 자질과 경륜이 탁월하고 국왕으로부터 신임을 받았음에서 의정부의 기능 수행과 강화에 상당한 영향력을 발휘하였을 것으로 추측된다.

찬성과 참찬은 세종 19년 ~ 성종 5년에 걸쳐 20여명이 판이, 호, 예, 병조사를 겸대하고 이, 호, 예, 병조 판서를 지휘하면서 그 조의 중요한 정사를 주관하였다.[509] 이러한 찬성과 참찬의 활동은 의정부가 국정운영을 주도한 시기(세종 19 ~ 단종 3년)에는 의정부의 국정운영 주도를 뒷받침 하였고, 의정부가 육조와 원상의 대두로 그 기능이 위축되었던 시기(세조 1 ~ 13년, 세조 14년 ~ 성종 6년)에는 의정부의 기능을 강화시키는 한 토대가 되었을 것으로 추측된다.

또 찬성과 참찬은 그 종1품과 정2품의 직질, 의정부기능 등과 관련되어 동품직에서 가장 우월한 관직적 지위를 누렸기에[510]

---

509) 찬성은 11명이 판이, 호, 예, 병조사를 겸대하였고, 참찬은 9명이 판이, 호, 예, 병조사를 겸대하였다(한충희, 1984, 「조선초기 판육조사연구」(『제27회 전국역사학대회 발표요지』), 89 ~ 91쪽).

510) 한충희, 2005, 「조선초기 의정부당상관연구」, 『대구사학』 87, 14 ~ 16쪽.

그 재직자의 대부분이 국정운영의 한 축이 되었던 승정원승지·육조판서·참찬이나 승지·판서를 역임하고 제수되었다. 즉 태종 14년 ~ 성종 25년의 찬성 66명 중 39%와 41%가 각각 승지·판서·참찬역임자와 승지·판서, 승지·참찬, 판서·참찬 역임자였다(승지나 판서 도는 참찬 역임자는 15%). 참찬 91명 중 승지·판서 역임자가 51%였고, 승지나 판서 역임자가 29%였다.[511] 이점에서 찬성과 참찬은 의정부가 국정운영을 주도한 시기에는 그 운영을 뒷받침하였고, 의정부의 기능이 위축된 시기에는 의정부의 기능을 강화시킨 한 토대가 되었다고 추측된다.

그 외에 조선초기의 찬성과 참찬 역임자 중 黃喜·河演·申叔舟·盧思愼·尹弼商·權瑊·玄碩圭 등은 승지,[512] 黃喜·安純·皇甫仁·金宗瑞·申叔舟·曺錫文·尹子雲·韓繼美·韓繼禧·金國光·李克增·姜希孟[513] 등은 판서 재직 때에 각각 그에 부여된 직사를 확고하게 관장하면서 당시의 정치에 큰 영향력을 발휘하였다. 이에서 이들이 찬성이나 참찬에 재직하였을 때에는 찬성과 참찬이 의정을 보좌만 한 것이 아니고 의정부의 운영에 능동적으로 참여하면서 의정부에 부여된 기능을 집행하고 강화시키는 한 토대가 되었을 것으로 추측된다.

이를 볼 때 조선초기의 의정은 의정부서사제가 실시된 정종 2년 ~ 태종 13년·세종 18년 ~ 단종 3년에는 찬성·참찬의 보좌를 받으면서 의정부를 총관하고 육조를 지휘하면서 국정운영

---

511) 한충희, 앞 「조선초기 승정원연구」, 44 ~ 49쪽 〈표 7-ㄱ, ㄴ〉, 『조선초기 육조와 통치체계』, 241 ~ 268쪽 〈별표 1〉에서 종합.
512) 위 논문, 83 ~ 87쪽.
513) 한충희, 앞 「조선초기 육조연구 첨보」, 38 ~ 43쪽

을 주도하였고, 육조직계제가 실시된 태종 14년 ~ 세종 17년·세조 1년 ~ 성종 25년(세조 14년 ~ 성종 6년은 원상제)에는 의정부를 총관하고 대소 국정논의에 활발하게 참여하여 의정부가 최고 국정기관으로서의 지위를 유지하게 하였다고 하겠다. 찬성·참찬은 의정부서사제 실시기에는 의정을 도와 의정부의 운영과 국정운영을 주도하게 하였고, 육조직계제 실시기에는 의정을 도와 의정부가 최고 국정기관으로서의 지위를 유지시켜 가게 하였다고 하겠다.

3. 舍人·檢詳의 活動과 議政府機能

당하관인 사인·검상은 의정부의 낭관으로서 의정 등 당상관의 지휘를 받아 의정부의 사무를 총관하고, 국왕과 의정부, 의정부와 백사(백관)의 정사를 매개하였다. 사인은 의정부낭청의 머리로서 의정부·의정의 기능 및 그 직장과 관련하여 전국정에 걸쳐 국왕과 議政府·議政府堂上·明使의 사이에서 왕명에 따라 왕명을 전하고 그에 대한 의견을 수합하거나 듣고 국왕에게 복명하였고, 국왕의 명을 議政府·百司에 전달하였으며, 국왕의 간단한 질문에 응대하였다. 의정부에 보고된 百司(百官)의 정사를 국왕에게 보고하고 傳聞하였다. 의정부·의정의 명을 백사(백관)에게 전달하였다. 의정과 함께 국정을 논의하였다. 그런데 사인이 전개한 이러한 활동을 보면 의정부·의정의 뜻을 받드는 일이 중심이 되었고, 그 업무량이 의정부(의정)기능에 비례하였다.

또 사인은 개인적 자질이나 수명·전문활동과 관련하여 시종·강경·경연참가·각종의 외방출사지임·법전수교 등의 기능을 행하였고, 常參 등에서의 국정논의에 참여하였으며, 舍人司의 운영과 관련하여 이를 주재하였다.

검상은 사인과 함께 의정부의 의견을 수합하여 보고하였고, 국왕의 간단한 질문에 응대하였고, 의정부나 의정부당상의 정사에 대한 의견을 보고하는 등과 같이 국왕과 의정부(대신)의 중간에서 왕명을 전하고 의정부·의정을 대신하여 정사를 보고하였다. 또 검상은 그 직장과 관련하여 상참 등에서의 정사논의에 참여하였다.

이상에서 사인과 검상은 부의 행정사무를 총관하였고, 국정에 관한 의정부·의정의 뜻을 받들어 국왕에게 보고하고 국왕의 명을 의정부·의정에게 전달하였으며, 의정부·의정과 6조(판서 등)의 중간에서 양자 간에 오가는 지시와 보고를 매개하는 등으로서 의정부·의정의 원활한 운영과 기능발휘를 뒷받침하였다.

제 2 절 議政在職期間과 議政府機能

의정부가 성립된 1400년(정종 2)으로부터 1494년(성종 25)에는 하륜 등 67명이 영·좌·우의정으로 재직하였다. 먼저 이들의 의정(영·좌·우의정) 재직기간을 보면 앞의 표와 같이 1년 미만 13명, 1 ~ 3년 23명, 3 ~ 5년 14명, 5 ~ 10년 11명, 10년 이상 6명 등 대부분이 5년 미만에 걸쳐 재직하였으며(태조 ~ 정종 1년 제외), 조선초기 의정 67명의 평균재직기간은 2.9년이었다.

〈표 35〉 조선초기 의정 재직기간(단위는 년.월)514)

성명	태조				정종				태종				세종				합	공신*		
	영	좌	우	계	영	좌	우	계	영	좌	우	계	영	좌	우	계	계	개	정	좌
趙浚		5.9	0.5	6.2		1.1		1.1	1.5	0.7		2.0					9.3	1	1	
李和									0.7			0.7						1	1	2
李居易									0.8	0.5		1.1					1.1		1	1
閔霽						0.3	0.6	0.9									0.9			
河崙							0.3	0.3	5.4	6.8	0.4	12.4					12.7		1	1
成石璘						0.6	0.3	0.9	4.11	5.1	1.2	11.2					11.11			3
金士衡			5.9	5.9			1.1	1.1		1.6		1.6					8.4	1	1	
李舒									0.1.		1.4	1.5					1.5	3		
李茂											3.7	3.7					3.7		1	1
趙英茂											6.6	6.6					6.6	3	1	1
南在									0.6	1.4	2.1	3.11					3.11	1		
李稷											1.0	1.0	1.8	1.8		2.4	3.4	3		4
柳亮											0.4	0.4					0.4			4
柳廷顯									1.7	0.6		2.1	5.9	0.2		5.11	8.0			
朴訔										1.9	0.6	2.3		3.4		3.4	5.7			3
韓尙敬									0.2		1.7	1.9	0.1			0.1	1.10	3		
李原											0.2	0.2		4.3	3.4	7.7	7.9			4
沈溫													0.3			0.3	0.3			
鄭琢															1.11	1.11	1.11	1	2	
柳寬															1.7	1.7				
趙涓															0.2	0.2				
黃喜													17.2	4.7	0.8	22.5	22.5			
孟思誠														3.5	4.7	8.0	8.0			
權軫															1.8	1.8	1.8			
崔潤德														4.4	1.9	6.1	6.1			
盧閈															2.8	2.8	2.8			
許稠														0.6	1.1	1.7	1.7			
申槩														1.0	5.7	6.7	6.7			
河演													0.5	2.4	2.5	5.2				
皇甫仁														0.5	2.4	2.9				
南智															0.5	0.5				
합계		6.1	6.2	12.3		2.1	2.1	4.2	16.1	16.01	18.7	51.4	25.4	25.0	30.2	80.6	148.3	9	8	10

성명	문종				단종				세조				계	공신				
	영	좌	우	계	영	좌	우	계	영	좌	우	계		난	익	적	대	리
하연	1.4			1.4									6.6					
황보인	0.8	1.7		2.3	1.5			1.5					6.5					
남지		0.8	1.7	2.3		0.7		0.7					3.3					
金宗瑞						0.10	0.7	1.5					2.1					
鄭苯							0.10	0.10					0.10					
李瑈					1.9			1.9					1.9	1				
鄭麟趾						1.9		1.9	2.8			2.8	4.5	1	2		3	2
韓確							1.9	1.9		1.3		1.3	2.0	1	1			
李思哲										0.2	1.4	1.6	1.6	1	2			
鄭昌孫									2.3	0.5	0.4	3.0			3		3	2
姜孟卿									1.6	0.11	1.11	4.4	4.4		3			
申叔舟									3.10	2.6	0.11	7.3		2	1		1	1
李仁孫											0.1	0.1	0.1					
權覽										1.3	2.5	3.8	3.8	1	1			
韓明澮									0.6	0.6	1.3	2.3		1	1		1	1
具致寬									0.6	2.2	0.6	3.2	3.2		3			2
黃守身									0.1	0.6	2.8	3.3	3.3		3			
朴元亨										0.7	0.6	1.1			3		2	
沈澮									0.4	0.7		0.11	0.11				2	2
崔恒									0.3	0.4	0.1	0.8		1	2			1
曺錫文									0.7	0.3		0.10			3	1	3	1
洪允成										0.3		0.3	0.3	2	3			1
康純											0.10	0.10	0.10			1		
洪達孫											0.4	0.4		1	2			
李浚									0.2			0.2	0.2			1		
金礩											0.2	0.2			3			2
합계	2.0	2.3	2.3	6.6	3.2	3.2	3.2	9.6	11.7	13.1	13.3	37.11	53.11	10	16	3	7	10

514) 한충희, 앞 「조선초기 의정부연구」 하, 『한국사연구』 32, 87 ~ 90쪽 〈표 6〉, 앞 「조선 성종대 의정부연구」, 『계명사학』 20, 88족 〈별표 1〉에서 종합.

성명	예종				성종				계	공신				
	영	좌	우	계	영	좌	우	계		난	익	적	대	리
이준	0.2			0.2					0.4			1	2	
김질		0.3	0.2	0.5			0.11	0.11	1.6		3			2
한명회	0.8			0.8		3.0		3.0	5.11	1	1		1	1
박원형	0.1	0.2		0.3					1.4		3		2	
尹士昐			0.3	0.3					0.3					
洪允成	0.4	0.6		0.10	0.4			0.4	1.6	2	3			1
尹子雲		0.4	0.6	0.10	1.6	0.4	1.10	3.8	4.6		3			1
金國光			0.4	0.4		0.10	0.9	1.7	2.5			2		1
韓伯倫							1.6	1.6	1.6				3	2
최항						3.2		3.2	3.10	1	2			1
신숙주					3.9			3.9	11.0	2	1		1	1
成奉祖							2.11	2.11	2.11					3
정창손					9.8			9.8	12.8		3		3	2
尹士昕							1.2	1.2	1.2					2
조석문						0.4		0.4	1.2		3	1	3	1
심회						3.1		3.1	4.2				2	2
尹弼商					8.9	5.8	0.10	15.3	15.3			1		4
洪應						7.2	5.8	12.10	12.10				3	3
李克培						1.8	2.7	4.3	4.3		3			3
盧思愼						2.11	4.10	7.9	7.9				3	3
許琮							1.10	1.10	1.10			1		4
尹壕							0.7	0.7	0.7					
愼承善							0.5	0.5	0.5				3	3
합계	1.3	1.3	1.3	3.9	25.1	25.1	25.1	75.3		4	11	5	11	19

* 개는 開國功臣, 정은 定社功臣, 좌는 佐命功臣, 난은 靖難功臣, 익은 佐翼功臣, 적은 敵愾功臣, 대는 翊戴功臣, 리는 佐理功臣이고, 숫자는 책록등급이다.

다음으로 이들 의정재직자의 재직기간을 왕대별과 의정별로 보자. 왕대별 평균재직기간은 태조대에는 4.1년이었고, 정종대에는 0.8년이었고, 태종대는 3.7년이었고, 세종대는 4.5년이었고, 문종대는 1.7년이었고, 단종대는 1.4년이었고, 세조대는 2.0년이었고, 예종대는 0.5년이었으며, 성종대는 3.4년이었다. 이를 볼 때 왕대별 평균재직기간은 세종대가 가장 길고 예종대가 가장 짧다.

의정별로는 영의정이 2.2년이었고, 좌의정이 1.9년이었으며, 우의정이 1.5년이었다. 또 재직 왕대별로 보면 1대가 25명, 2대가 24명, 3대가 8명인 등 대부분이 1 ~ 2대에 걸쳐 재직하였다.[515] 의정별재직자는 영의정 4명, 우의정 17명, 영·좌의정 6명, 영·우의정 2명, 좌·우의정 18명, 영·우의정 20명 등 대부분이 영·좌·우의정이나 좌·우의정 중복해서 의정으로 재직하였다.[516]

또 의정에 제수된 공신을 보면 태조대에는 100%(3/3명)였고, 정종대에는 67%(4/6)였고, 태종대에는 75%(12/16)였고, 세종대에는 16%(3/19)였고, 단종대에는 43%(3/7)였고, 세조대에는 85%(17/20, 추록자를 포함하면 95%)였고, 예종대에는 88%(7/8)였으며, 성종대에는 90%(18/20)였다(문종대에는 없었다). 조선초기를 통해서는 73%(49/67명)였다.

그러면 이러한 의정재직기간·공신인 의정의 점하는 비중이 의정부권한 및 활동과 어떻게 연관되었겠는가? 이를 살피기 위해 〈표 28〉의 의정부·육조활동과 〈표 34〉의 의정역임자의 재직기간·공신 비중을 서로 비교하여 보면 다음의 표와 같다.

515) 이극배·노사신·신승선은 연산군대 포함.
516) 동상조

〈표 36〉 조선초기 의정활동과 의정재직기간 · 공신책록자 대비[517)]

			태조	정종	태종	세종	문종	단종	세조	예종	성종대	비고
의정부·육조 활동 대비	의	수			1,011	2,922	518	740	693	66	2,060	8,010
		%			55	37	63	81	27	22	36	
	육	수			826	4,922	303	174	1,837	228	3,689	
		%			45	63	37	19	73	78	64	
의정재직 평균연수			4.1	0.8	3.7	4.5	1.7	1.4	2.0	0.5	3.4	
공신인 의정 비율			100	75	88	26	0	50	85	100	90	

이 표를 볼 때 의정부 활동수는 단종대가 가장 활발하고 문종, 태종, 세종, 성종, 세조, 예종의 순서였다. 의정 재직 평균연수는 세종대가 가장 길고 태조, 태종, 성종, 세조, 문종, 단종, 예종, 정종의 순서였다. 이를 볼 때 겉으로 의정부 활동과 의정의 재직기간은 상관이 없는 것처럼 보인다. 즉, 의정부 활동이 가장 강력하였던 단종대는 오히려 재직기간이 짧았고, 그 활동이 크게 위축된 세종 · 성종초는 오히려 단종대 보다 장기였다. 그런데 역대 국왕의 재위기간을 고려하여 재위기간이 극히 짧았던 문종(2.3년) · 정종(2.2) · 단종(3.2) · 예종(1.2)과 육조 활동이 미약하였던 태조(6.2)는 일단 보류하고 태종, 세종, 세조, 성종초의 상관관계를 보면 각각 55% · 3.7년-37% · 4.5년-27% · 2.0년-39%2.4년이었듯이[518)] 의정부 활동이 활발하면서 왕권이 안정되었던 태종 · 세종대는 의정의 평균재직기간이 길었고, 의정부 활동이 미약하였던 세조 · 성종초는 의정의 재직기

517) 한충희, 앞 〈조선초기 의정부연구〉 하, 91쪽 〈표 20〉 의정활동 및 의정재직기간 대비표 전재.

518) 한충희, 앞 논문, 91쪽.

간이 짧았다. 그러나 성종대의 의정부활동을 보면 성종 즉위 ~ 12년에는 미약하였고, 13년 이후는 활발하였다.[519] 이에 따라 성종대의 의정활동과 재직기간의 관계를 보면 성종즉위 ~ 12년에는 14%·2.4년이었고, 성종 13 ~ 25년에는 53%·4.9년이었다.[520] 이점에서 성종대에도 의정부의 활동과 의정의 재직기간이 밀접히 관련되었다고 하겠다.

국왕 재위기간과 의정재직자 수를 보면 각각 태종대는 17.9년·16인, 세종대는 31.6년·19인, 세조대는 13.3년·20인, 성종대는 25.1년 20인이었듯이[521] 의정부 활동이 활발하고 정치가 안정된 태종·세종·성종대에는 천천히 교체되나 그렇지 못하였던 세조대에는 자주 교체되었다. 이와 관련되어 5년 이상 의정에 재직한 인물이 태종대와 세종대는 3인과 7인이었지만, 세조대는 1인이었고 성종대는 4인이었다.[522] 또 의정에서 체직된 관직을 보면 의정부 활동이 활발하고 왕권이 안정된 세종대에는 체직이 드물면서 정상적으로 체직되는 경우가 많았다. 그러나 태종, 세조, 성종초에는 체직이 빈번하면서 비정상적으로 체직되는 경우가 많았다.[523] 이중에서 세조대 이후는 빈번한 체직과 관련되어 의정 역임자가 많게 되었고, 이점은 의정의 기능과 권위를 약하시켰고, 상대적으로 왕권을 강화시키는 한 토

---

519) 즉위 ~ 12년에는 즉위 ~ 9년과 11년에는 6 ~ 32건이고 10년과 12년에는 74건과 61건이었으며, 13년 에는 146건으로 크게 증가되어 이후 25년까지 109 ~ 181건이었다(앞 〈28〉)

520) 앞 〈표 28〉과 뒤 〈별표 1〉에서 종합.

521) 한충희, 앞 논문, 91쪽.

522) 위 논문, 87 ~ 90쪽 〈표 19〉.

523) 위 논문, 92쪽 〈표 21〉.

대가 되었다고 추측된다.

공신인 의정비율과 의정부활동비율을 보면 공신비율은 예종대가 가장 높고 성종, 태종, 세조, 단종, 문종대의 순서였으며, 의정부활동비율은 단종대가 가장 높고 문종, 태종, 세종, 성종, 세조, 예종대의 순서였다. 이를 볼 때 공신비율과 의정부활동은 관련되지 않은 것으로 보인다. 그러나 의정부활동은 왕권, 의정부서사제·육조직계제의 운영, 국왕의 통치스타일 등과 관련되어 대체로 태종 ~ 단종대에는 활발하고 세조 대 이후에는 위축되었다. 특히 태종대에는 지속적으로 왕권이 강화되고 의정부기능의 약화가 도모되었고, 세조대에는 세조의 무단정치로 인해 의정부활동이 크게 위축되었지만 공신인 河崙·韓明澮 등은 당시의 정치에 큰 영향력을 발휘하였다.[524] 이점에서 공신인 의정은 의정부의 활동이 활발한 시기는 물론 위축된 시기에도 의정부활동을 강화하고 지속시키는 한 토대가 되었다고 하겠다.

그 외에 조선초기 의정부기능을 보면 왕권·의정부의 국정총관기능, 의정부서사제·육조직계제의 운영, 국왕의 자질·통치스타일, 의정의 자질 등과 관련되어 정종 2년 ~ 태종 13년·세종 18년 ~ 단종 3년에는 육조를 지휘하면서 국정을 총관하였고, 태종 14년 ~ 세종 17년·세조 1년 ~ 성종 25년(원상제가 운영된 세조 14 ~ 성종 6년 제외)에는 육조를 간접으로 지휘하거나 대소 국정논의에 활발하게 참여하면서 국정운영에 큰 영향력을 발휘하였다.[525]

이상에서 의정부 구성원의 성분과 재직기간은 의정부의 권

524) 이들의 활동상은 앞 229·235쪽 참조.
525) 의정부의 구체적인 활동과 국정운영에 끼친 영향력은 앞 4장 참조.

한·활동과 밀접히 관련되었다. 의정부는 의정부서사제가 실시될 때는 물론이고 육조직계제가 실시될 때에 있어서도 제도적으로 규정된 기능 보다 강력한 권한을 발휘하고 활발하게 활동하였다. 이러한 구성원의 활동은 왕권의 강화에 저해가 되었는데, 그 가장 큰 이유는 의정의 대부분이 왕의 신임을 받는 공신출신이었다는 것이다. 예외적으로 세종중기 이후·문종·단종초에는 공신은 아니었지만 지덕을 겸비한 의정이 재직한 위에 국왕의 신병과 유주의 즉위에서 의정부는 그 권한·활동을 더욱 강화시켰다.

결국 왕의 신임을 받는 공신 등 최고위 관인이 의정이나 찬성이 되었으므로 의정부 구성원은 정치에 강력한 영향을 끼쳤고, 왕으로서도 이들을 억압하는 일방적인 정사를 행하지 못하였다.

제 3 부　朝鮮中期의 議政府

제7장 朝鮮中期 議政府堂上官의 性分과 官職의 性格·地位

제 1 절 議政府堂上官의 性分

1. 出仕路

조선중기(연산군 즉위 ~ 선조 24년)에 의정부 당상관을 역임하였음이 확인된 인물은 議政(영의정 32, 좌의정 53, 우의정 66) 70명, 贊成(좌찬성 59, 우찬성 85) 98명, 參贊(좌참찬 60, 우참찬 89) 112명이었다.[526]

이들 의정부 당상관의 출사로를 보면 의정은 다음의 표와 같이 문과가 61명 87.7%(음서후 문과자 포함시는 67명 95.7%, 찬성·참찬 동)였고, 음서가 2명 2.9%(음서후 문·무과자 포함시는 9명 12.9%, 찬성·참찬 동)였다.

찬성은 문과가 89명 90.8%(93명 94.9%)였고, 음서가 3명 3.1%(8명 8.2%)였으며, 무과가 1명 1.0%였다. 참찬은 문과가 99명

526) 『朝鮮王朝實錄』 연산군 1년 ~ 선조 24년조, 『典故大方』, 『國朝人物考』, 『國朝文科榜目』에서 종합. 의정 등 역임자와 그 생몰년·본관·출사로·재직기간·가계·최고 관직(관계)은 뒤 〈별표 1~3〉 참조.

88.4%(105명 93.8%)였고, 음서가 1명 1%(8명 7.1%)였고, 무과가 4명 2.4%였고, ?·문과가 1명 1%이고 불명이 1명 1%였다.[527)]

〈표 37〉 조선중기(연산군 1년 ~ 선조 24년) 의정·찬성·참찬 출사로[528)]

(단위 명)

	문과	무과	음서	음서후 문과	음서후 무과	?·문과	불명	합계	비고
의정	61		2	6	1			70	
찬성	89	1	3	4	1			98	
참찬	99	3	1	5	2	1	1	112	
계	146	4	3	11	2	1	1	168	

의정·찬성·참찬을 합해서는 문과가 146명 86.9%(158명 94)%였고, 무과가 4명 2.4%였고, 음서가 16명 9.5%였고, ?·문과가 1명 1%였으며, 불명이 1명 1%였다. 그런데 음서나 기타로 출사한 후 문과에 급제한 인물을 문과에 포함시키면 문과급제자가 의정은 67명 95.7%였고, 찬성은 96명 98%였고, 참찬은 106명 94.6%였으며, 의정·찬성·참찬을 합해서는 158명 94%였다.

이를 볼 때 의정은 물론 찬성과 참찬도 몇 명을 제외한 모두(93.8 ~ 95.7%)가 문과급제자였다. 이점은 의정부의 국정총관의 기능과 의정 등이 중심이 된 의정부의 운영에서 의정 등에는 대개 문과자가 제수되었을 것이라고 추측되었고, 실제로도 의정 등에는 문과급제자가 제수되는 경향이 현저하였음을 잘 보여준다고 하겠다.

527) ?·문과는 慎希復이고, 불명은 申允武였다.

528) 뒤 〈별표 1~3〉 출사로, 『국조문과방목』, 『국조인물고』 등에서 종합.

2. 姓貫

조선중기 의정부 당상관의 본관을 보면 다음의 표와 같이 議政은 『慵齋叢話』(이하 〈용〉으로 약기)·『新增東國輿地勝覽』(이하 〈신동〉으로 약기)이나 『용재총화』 또는 『신증동국여지승람』에 기재된 鉅族姓貫者가 55명 78.6%였고, 비거족성관자가 15명 21.4%였다(성관 불명자는 없었다).[529]

〈표 38〉 조선중기 의정·찬성·참찬 본관[530]

	거족성관				비거족 성관	성관 불명	합계	비고
	〈용〉·〈신동〉 기재성씨	〈용〉	〈신동〉	계				
의정	48	1	6	55	15	0	70	
찬성	59	2	8	69	29	0	98	
참찬	70	4	5	79	33	0	112	
계	95	6	12	113	55	0	168	

贊成은 거족성관자가 69명 70.4%였고, 비거족성관자가 29명 29.6%였다. 參贊은 거족성관자가 79명 70.5%였고, 비거족성관자가 33명 29.5%였다.

의정·찬성·참찬을 합해서는 거족 성관자가 113명 67.3%였고, 비거족 성관자가 55명 32.7%였다.

이를 볼 때 조선중기 의정부 당상관 역임자의 성관은 거족에 속한 자가 70% 이상(70.4 ~ 78.6%)이었고, 거족이 아닌자가 30%

529) 거족성관은 李泰鎭, 1985, 「15世紀 後半期의 [鉅族]과 名族意識」, 『韓國史論』 3, 245 ~ 247, 296 ~ 298쪽 참조.

530) 뒤 〈별표 1~3〉 성관, 『國朝文科榜目』·『國朝人物考』·『萬姓大同譜』 등에서 종합.

미만(11.4 ~ 29.6%)으로 의정 등의 대부분은 거족가문출신이었다고 하겠다.

3. 父祖의 官歷

조선중기 영·좌·우의정의 부조가 역임한 최고 관직(관품)을 보면 다음의 표와 같이 부·조와 부나 조가 1 ~ 2품직이 33명 47.1%였고, 정3품 당상직이 3명 4.3%였고, 3 ~ 6품직이 32명 45.7%였으며, 기타·불명자가 2명 2.9%였다.

〈표 39〉 조선중기 의정·찬성·참찬 부조 관력[531]

	부·조					부나 조					기타·불명	합계
	1~2품	3품 당상	3~6품	7~9품	계	1~2	3상	3~6	7~9	계		
의정	10	1	22	0	33	23	2	10	0	35	2	70
찬성	11	1	23	0	35	33	3	18	1	55	8	98
참찬	14	1	25	0	40	29	7	23	2	61	11	112
계	22	2	36	0	60	50	7	33	2	92	16	168

찬성은 1 ~ 2품직이 44명 44.9%였고, 정3품 당상관이 4명 4.1%였고, 3 ~ 6품직자가 41명 41.8%였고, 7 ~ 9품직이 1명 1%였으며, 기타·불명자가 8명 8.2%였다.

참찬은 1 ~ 2품직자가 43명 38.4%였고, 정3품 당상관직이 8명 7.1%였고, 3 ~ 6품직가 48명 42.9%였고, 7 ~ 9품직자가 2명 1.9%였으며, 기타·불명자가 11명 9.8%였다.

---

531) 뒤 〈별표 1~3〉 가계, 『국조문과방목』, 『만성대동보』 등에서 종합.

의정 · 찬성 · 참찬을 합해서는 1 ~ 2품직자가 72명 42.9%였고, 정3품 당상관직자가 9명 5.4%였고, 3 ~ 6품직자가 69명 41.1%였고, 7 ~ 9품직자가 2명 1%였으며, 기타 · 불명자가 16명 9.5%였다.

이를 볼 때 조선중기 의정부 당상관의 부조가 역임한 최고관직(관품)은 정3품 당상관직 이상이 의정은 50% 이상이고 찬성 · 참찬은 45% 이상이며, 3 ~ 6품직이 의정 · 찬성 · 참찬 모두 41% 이상인 등 참상관 이상 관직자가 88% 이상이나 되었다. 이점에서 조선중기 의정부 당상관직에는 참상관 이상을 역임한 인물의 자손이 제수되는 경향이 현저하였다고 하겠다.

한편 조선중기 의정부 기능은 왕권과 육조기능, 사림 · 권신 · 훈척의 대두, 국정운영체계 등과 관련되어 연산군대, 중종전기(1 ~ 14년), 중종후기(15 ~ 인종 1년), 명종 초 · 중기(1 ~ 19년), 명종말 이후(명종 20 ~ 선조 24년)로 구분되면서 발휘되었다.[532] 이와 관련하여 의정 등 역임자의 출사로, 성관, 부조의 관력을 위의 다섯 시기로 구분하여 보면, 의정 · 찬성 · 참찬 재직자 모두 다소의 차이는 있지만 문과급제자의 비율은 연산군 ~ 중종전기에는 90% 내외였고, 중종후기 이후는 100%였다. 거족출신과 부조가 1 ~ 2품직을 역임한 비율은 연산군 ~ 중종전기에는 80% 내외와 50% 이상이었고, 중종후기 이후는 70% 내외와 30%

532) 李秉烋, 1984, 『朝鮮前期 畿湖士林派硏究』(一潮閣), 崔異敦, 1994, 『朝鮮中期 士林政治構造硏究』(일조각), 한충희, 1997, 「朝鮮前期(태조 ~ 선조 24년) 權力構造硏究 - 議政府 · 六曹 · 承政院을 중심으로 -」, 『國史館論叢』 30, 정홍준, 1996, 『朝鮮中期 政治權力構造 硏究』(高麗大學校 民族文化硏究所), 金宇基, 2001, 『朝鮮中期 戚臣政治硏究』(集文堂)에서 종합. 인종대는 1년에 불과하고 중종말의 정치분위기가 계승되었으므로 중종후반기에 포괄하였다.

내외였다.[533] 이점에서 조선중기 의정, 찬성, 참찬은 대개가 연산군 ~ 중종전기에는 거족가문의 고위관인 자손인 문과급제자였고, 중종후기 이후에는 거족가문의 중하위관인 자손인 문과급제자였다.

이상에서 조선중기 의정부 당상관직 - 의정 · 찬성 · 참찬에는 거족가문의 고위관직이나 중하위 관직 역임자의 자손으로서 문과급제자가 제수되는 경향이 현저하였다고 하겠다.

제 2 절 議政府堂上官의 官歷

1. 除授直前 官職

1) 議政

조선중기에 의정을 역임한 인물은 영의정이 32명이었고, 좌의정이 53명이었고, 우의정이 66명 등 70명이었다. 이들 의정의

533) 시기별 의정, 찬성, 참찬 중 문과급제자, 거족성관자, 부조 1 ~ 2품관 역임자의 비율은 다음의 표와 같다(『조선왕조실록』 연산군 1년 ~ 선조 24년조, 『국조문과방목』 · 『국조인물고』 · 『만성대동보』 등(〈별표〉)에서 종합.

	의정						찬성						참찬					
	문과		거족		1~2품		문과		거족		1~2품		문과		거족		1~2품	
연산1-12	13/14	93%	14	93%	12	80%	13/17	76%	15	88%	13	76%	9/11	82%	7	64%	5	45%
중종1-14	8/9	89	8	89	7	78	14/14	100	11	79	7	50	22/25	88	20	80	12	48
중종15-인종1	15/15	100	11	73	4	27	29/30	97	19	63	9	30	32/36	89	23	64	10	28
명종1-19	12/12	100	9	75	3	25	21/21	100	14	67	9	43	26/26	100	19	73	11	42
명종20-선조24	19/19	100	13	68	8	42	16/16	100	10	63	6	38	14/14	100	10	71	4	29
합계	67/70	96		79		47	/98	95		70		45	/112	94		71		38

〈표 40〉 조선중기 초임 의정 · 찬성 · 참찬 제수직전 관직[534)]

		의정				찬성			참찬			비고
		영	좌	우	계	좌	우	계	좌	우	계	
정1	영의정	4	2		6							
	좌의정	24			24							
	우의정	2	50		52							
	기타*1	2		3	5							
	계	32	52	3	87							
종1	역찬성					2		2				
	좌찬성		1	20	21		3	3				
	우찬성			8	8	30		30				
	참찬			4	4	2		2				
	판서			23	23	20	15	35				
	기타*2			8	8	4	3	7				
	계		1	63	64	58	21	79				
정2	역참찬								1	2	3	
	좌참찬						13	13		3	3	
	우참찬						6	6	15		15	
	판서						31	45	28	49	77	
	판한성						1	1	3	7	10	
	지중추						4	4	2	6	8	
	대사헌						1	1	2	7	9	
	기타*3						2	2	5	8	13	
	계						58	73	56	82	138	
종2	참판									1	1	
불명						1	6	7	4	6	10	
합계		32	53	66	151	59	85	144	60	89	149	

*1 영중추 · 부원군 각1, 영중추 1 · 부원군 2.

*2 판중추 2 · 군 2 · 지중추 1 · 판한성 1 · 관찰사 2, 판중추 · 판돈령 각2, 판돈령 · 판한성 · 대사헌 각1.

*3 관찰사 2, 역판서 3 · 관찰사 2, 역판서 · 관찰사 각2 · 군 4.

각 관직에 제수되기 직전의 관직을 보면, 영의정 32명은 李克培 등 28명은 한 번만 영의정을 역임하였지만, 柳洵 등 4명은 두 번 이상(권철은 세 번) 역임하였다. 이에 따라 처음으로 영의정에 제수된 32명의 직전관직을 보면, 앞의 표와 같이 의정이 26명 81%(좌 24명 75%, 우 2명 6%)였고, 의정역임자가 4명 17%(좌 2, 우 2)였으며, 영중추·부원군이 각1명 3%였다. 두 번 이상 영의정을 역임한 경우는 역영의정 3명과 좌의정(역영의정) 1명이었다.

좌의정 53명은 盧思愼 등 50명은 한 번만 좌의정을 역임하였지만, 鄭光弼 등 3명은 두 번에 걸쳐 역임하였다. 처음 좌의정에 제수된 53명의 직전관직은 정1품직이 우의정 50명 94%와 역의정 2명 4%(영·우 각1명)이었고, 종1품직이 좌찬성 1명 2%였다. 두 번 이상 좌의정을 역임한 3명의 경우는 역영의정 2명과 영의정 1명이었다.

우의정 66명은 愼承善 등 64명은 한 번만 역임하였지만 盧守愼 등 2명은 두 번에 걸쳐 우의정을 역임하였다. 처음 우의정에 제수된 66명의 직전관직은 정1품직이 3명 5%(영중추 1, 부원군 2)였고, 종1품직 32명 48%(좌찬성 20명 30%, 우찬성 8명 12%, 판중추·군 각2명 3%)였으며, 종1품이 31명 47%(행참찬 4명 6%, 행판서 23명 35%, 기타 4명 6%)였다. 두 번 이상 우의정을 역임한 2명의 경우는 역좌의정 1명과 역우의정 1명이었다.

이러한 경향은 의정부기능과 관련시켜 연산군대, 중종 1 ~ 14년, 중종 15년 ~ 인종 1년, 명종 1 ~ 19년, 명종 20년 ~ 선조 24년의 시기로 구분하여 볼 때도 큰 차이가 없었다.[535]

---

534) 『조선왕조실록』 성종 24년 ~ 선조 24년조, 『國朝人物考』·『泛虛亭集(상진)』 年譜 등에서 종합.

535) 시기별로 우의정, 좌·우찬성, 좌·우참찬 초수자의 제수직전 관직을 재

2) 贊成, 參贊

찬성은 좌찬성이 59명이고 우찬성이 85명 등 98명이었으며, 참찬은 좌참찬 60명이고 우참찬이 89명 등 112명이었다. 찬성은 좌찬성 59명은 韓致亨 등 42명은 한 번만 좌찬성을 역임하였지만, 朴安性 등 17명은 2번 이상을 역임하였다. 처음 좌찬성에 제수된 59명의 직전관직은 종1품직이 34명 58%(우찬성 30명 51%, 판중·판돈 각2)였고, 종1품계가 24명 42%(역찬성·행참찬 각2명 3%, 행판서 20명 34%)였으며, 불명이 1명 2%였다. 두번째 좌찬성에 제수된 17명의 경우는 종1품직이 5명 29%였고, 종1품계가 12명 71%(판서 6, 역좌찬성 6)였다. 우찬성 85명은 鄭文炯 등 65명은 한 번 우찬성을 역임하였지만, 朴楗 등 20명은

정리 하면 다음의 표와 같다(『조선왕조실록』 성종 24년 ~ 선조 25년조, 『국조인물고』, 『泛虛亭集』 등과 한충희, 2007, 「朝鮮初期 議政府堂上官研究」, 『大丘史學』 87, 8 ~ 13쪽 에서 종합, 시기구분 배경은 앞 주532) 참조, 비고는 세종 19년 ~ 성종 25년).

			연산군 1~12		중종 1~14		중종15 ~인종 1		명종 1~19		명종 20~ 선조 24		계		비고	
			수	%	수	%	수	%	수	%	수	%	수	%	수	%
우의정	정1				1	9	2	13					3	5	27	44
	종1	좌찬성	4	29	2	18	8	53	2	22	5	26	20	30	21	34
		판서	3	21	4	36	3	20	6	67	9	47	23	35	0	0
좌찬성	종1	우찬성	5	56	4	36	11	58	8	53	2	40	30	51	17	55
		판서	1	11	4	36	6	32	1	7	0		20	34	1	3
우찬성	종1 판서		2	15					0		0		15	18	5	15
	정2	좌참찬	2	15	1	8	3	10	3	16	0		13	15	10	29
		판서	4	31	4	42	15	52	9	47	8	62	31	36	5	15
좌참찬	정2	우참찬	3	38	3	19	3	14	3	27	1	25	15	25	12	29
		판서	3	38	10	63	11	50	3	27	1	25	28	47	14	33
우참찬	정2 판서		4	57	10	50	14	50	14	70	7	64	49	55	25	57

2회 이상 역임하였다. 처음 우찬성에 제수된 85명의 직전관직은 종1품직이 4명 5%(좌찬성 3명 4%, 판돈령 1명 1%)였고, 종1품계가 18명 21%(행판서 15명 18%, 기타 3명 3%)였고, 정2품직이 55명 65%(좌참찬 13명 15%, 우참찬 6명 7%, 판서 31명 36%, 기타 5명 6%)였고, 정2품이 3명 5%(대사헌 1, 관찰사 2)였으며, 불명이 6명 9%였다. 두 번 째 우찬성에 제수된 20명의 경우는 정1품직이 7명 35%(좌찬성 5, 기타 2)였고, 종1품계가 13명 65%(판서 6, 참찬 2, 역찬성 4, 기타 1)였다.

참찬은 좌참찬 60명은 柳輊 등 40명은 한 번 좌참찬을 역임하였지만, 尹孝孫 등 20명은 2회 이상을 역임하였다. 처음 좌참찬에 제수된 60명의 직전관직은 정2품직이 48명 80%(우참찬 15명 25%, 판서 28명 47%, 기타 5명 8%)였고, 정2품이 8명 13%(역참찬 1, 역판서 3, 기타 4)였으며, 불명이 4명 7%였다. 두 번째 좌참찬에 제수된 20명의 경우는 정2품직이 13명 65%(우참찬 7, 판서 5, 지중 1)였고, 역참찬과 행직자가 7명 35%였다. 우참찬 89명은 盧公弼 등 55명은 한 번 우참찬을 역임하였지만, 尹孝孫 등 34명은 두 번 이상 역임하였다. 처음 우참찬에 제수된 89명의 직전관직은 정2품직이 65명 73%(좌참찬 3명 4%, 판서 49명 55%, 판한성 7명 8%, 지중추 6명 7%)였고, 정2품이 17명 19%(역참찬 2, 역판서 2, 대사헌 7, 기타 6)였으며, 종2품직이 참판 1명이었다. 두 번째 우참찬에 제수된 34명의 경우는 정2품직이 15명 44%(좌참찬 5, 판서 10)였고, 역참찬(15명) 등이 19명 56%였다.

이를 볼 때 조선중기 의정부당상관의 제수직전관직은 조선초기의 경향과 달리 행판서로서 우의정에 승자·승직되고 좌·우찬성에 승직되는 비율이 매우 높았고, 판서가 좌참찬 보다 우찬성과 승자·승직되는 수가 많았으며, 판서가 우참찬 보다 좌참찬에 체직되는 수가 많았다.[536] 또 찬성과 참찬은 빈번하게 교체되고 궐직이 된 때가 많았고,[537] 우찬성과 우참찬은 좌찬성과 좌참찬에서 제수되는 자가 많았다.[538] 이것은 중종 36년 사관이 의정부의 운영과 관련하여

살피건데 찬성과 참찬은 3공 다음의 관직이다. (중략) 연산군

---

536) 조선초기 의정부당상관의 제수직전관직을 보면 행판서로서 우의정에 제수된 경우는 없었고, 행판서로서 좌·우찬성에 승직되고 판서로서 우찬성에 승자·승직된 비율은 다음과 같이 우찬성은 물론 참찬 보다 낮았다(위 논문, 9쪽 〈표 4〉에서 발췌).

행판서 → 좌찬성 3%(1/31명)	좌참찬 → 우찬성 55%(10/18)
행판서 → 우찬성 31%(5/16)	우참찬 → 좌참찬 40%(12/30)
행참찬 → 우찬성 31%(5/16)	판서 → 좌참찬 47%(14/30)
판서 → 우찬성 28%(5/18)	판서 → 우참찬 69%(25/36)
참찬 → 우찬성 55%(10/18)	

537) 『중종실록』 권46, 17년 11월 계해(右贊成久闕), 같은 책 권77, 29년 7월 경자(政府東壁久曠), 『명종실록』 권3, 1년 1월 을해(左參贊久缺), 외. 연산군 1년 ~ 명종 22년에 좌찬성 이하가 궐직된 시기는 좌찬성이 6년여, 우찬성이 15년여, 좌·참찬이 각 14년여였고, 평균재직기간은 좌찬성이 0.9년, 우찬성이 0.7년, 좌참찬이 0.65년, 우참찬이 0.5년이었다. 좌찬성 이하가 1년 이상 궐직된 시기는 다음과 같다(『조선왕조실록』 성종 24년 ~ 선조 1년에서 종합. 선조 1 ~ 24년제외).

좌찬성; 중종 12년 2월 ~ 13년 5월, 18.3 ~ 19.7, 명종 9.2 ~ 11.4

우찬성; 연산군 9년 2월 ~ 10.3, 중종 4.6 ~ 8.3, 20.2 ~ 21.12, 27.10 ~ 29.11, 35.11 ~ 37.7

좌참찬; 중종 5년 7월 ~ 8년 4월, 16.6 ~ 18.1, 24.5 ` 25.6, 명종 11.5 ~ 12.7, 14.3 ~ 16.9

우참찬; 중종 5년 7월 ~ 7년 5월, 18.8 ~ 19.10, 24.7 ~ 25.9, 1.9 ~ 2.12, 8.9 ~ 11.4

538) 朴安性 등 6명이 좌찬성에서 우찬성에 제수되었고, 尹孝孫 등 8명이 좌참찬에서 우참찬에 제수되었다(『조선왕조실록』 연산군 1년 ~ 선조 24년조에서 종합). 새로이 찬성과 참찬에 제수되는 자가 좌찬성과 좌참찬보다 좌목이 높은 것에서 기인된 것이었다.

조의 폐정을 개혁한 때로부터 금상조에 이르기까지도 옛 제도가 복구되지 못하였다. 매번 회의하여 의견을 수합할 일이 있으면 삼공만 참여하고 찬성과 참찬은 참여하지 못하기 때문에 맡은 일이 없게 되면서 드디어 한직이 되었다.[539]

라고 하였듯이 의정 중심의 의정부운영에 따라 찬성·참찬이 할 일이 없는 관직이 된 것에서 기인된 것으로 추측된다.

따라서 조선중기 의정부당상관 초수자는 의정부기능의 약화·육조중심의 국정운영에 따른 판서의 대두와 함께 영, 좌의정은 대개 좌의정과 우의정이 승직되면서, 우의정은 대개 좌찬성과 행판서가 승자·승직되면서 제수되었다고 하겠다. 좌찬성은 우찬성과 행판서가 승직되면서, 우찬성은 행판서가 승직되면서나 판서·좌참찬이 승자·승직되면서 제수되는 경향이 현저하였다고 하겠다. 좌참찬은 우참찬이 승직되면서나 판서가 체직되면서, 우참찬은 판서가 체직되면서 제수되는 경향이 현저하였다고 하겠다.

2) 遞直官職

(1) 議政

조선중기 의정부 당상관 역임자의 의정 등 직에서 체직된 관직을 보면 초수 의정은 다음의 표와 같이 영의정 32명은 정1품직이 14명 44%였고, 정1품이 1명 3%였으며, 졸 등이 17명 53%였다(다수자 생략, 좌·우의정 동). 좌의정 초수자 53명의 체직

539)『중종실록』 권96, 36년 11월 을축. 按贊成參贊 亞於三公 (중략) 自廢朝革舊 至今上朝 猶未復古 每有收議 只於三公 不及於贊成參贊 無所倚任 遂爲閑官 (하략).

〈표 41〉 조선중기 초임 의정 · 찬성 · 참찬 체직 관직[540]

		의정				찬성			참찬			비고
		영의정	좌	우	계	좌찬성	우	계	좌참찬	우	계	
정1	영의정		21		21							
	좌의정	1		48	49							
	우의정					15	4	19	3	1	4	
	영중추	5	6	3	14							
	부원군	8	6		14	2	2	4				
	판중추	1	7	2	10							
	기타*1		1		1							
	계	15	41	53	119	17	6	23	3	1	4	
종1	좌찬성						29	29		1	1	
	우찬성					6		6	8	4	12	
	판중추					3	3	6				
	판서					10	24	34				
	기타*2					6	8	14				
	계					25	64	99	8	5	13	
정2	좌참찬									15	15	
	우참찬								8		8	
	판서								17	32	49	
	판한성								2		2	
	대사헌								2	4	6	
	기타*3								6	7	13	
	계								35	58	93	
파직 · 졸 등*4		17	12	13	41	9	9	18	4	11	15	
불명						8	6	14	10	14	24	
합계		32	3	66	151	59	85	144	60	89	149	

*1 영돈령 1.

*2 판돈령 2 · 지중추 1 · 대사헌 1 · 관찰사 1 · 군 1, 지중추 2 · 지돈령 1 · 대사헌 1 · 관찰사 1 · 군 3.

*3 지중추 2 · 지돈령 1 · 관찰사 2 · 군 1, 지중추 3 · 관찰사 3 · 군 1.

*4 졸 9 · 피살 1 · 파직 5 · 유배 1 · 사직 1 · 치사 1, 졸 5 · 파직 3 · 유배 1 · 사직 1 · 조상 1, 졸 7 · 파직 3 · 사직 3, 졸 2 · 파직 2 · 사직 2 · 유배 3, 졸 3 · 파직 5 · 사직 1, 졸 · 복주 · 파직 · 사직 각1, 파직 5 · 사직 5 · 조상 1.

관직은 영의정이 21명 40%였고, 영중추 등이 13명 25%였고, 판중추가 7명 13%였으며, 졸 등이 12명 23%였다. 우의정 초수자 66명의 체직관직은 좌의정이 48명 73%였고, 영중추 등이 5명 8%였으며, 졸 등이 13명 20%였다.

2) 贊成, 參贊

좌찬성은 초수자 59명은 정1품직이 우의정 15명 25% 등 17명 29%였고, 종1품직이 우찬성 6명 10% 등 9명 15%였고, 종1품 행직자가 판서 10명 17% 등 16명 27%였고, 졸 등이 9명 15%였으며, 불명이 8명 14%였다. 두 번째 제수된 17명의 경우는 정1품직이 좌·우의정 4명 등 5명 29%였고, 종1품직(계)이 판서 6명 등 8명 47%였으며, 불명이 4명 24%였다. 우찬성은 초수자 85명은 정1품직이 우의정 4명 5% 등 6명 7%였고, 종1품직(계)이 좌찬성 29명 34%와 행판서 24명 28% 등 64명 75%였고, 졸 등이 9명 11%였으며, 불명이 6명 7%였다. 두 번째 제수된 20명은 정1품직이 우의정 2명 등 3명 15%였고, 종1품직(계)이 좌찬성 4명과 판서 8명 등 15명 75%였으며, 불명이 2명 10%였다.

좌참찬은 초수자 60명은 정1품직이 우의정 3명 5%였고, 종1품직이 우찬성 8명 13%였고, 정2품직(계)이 판서 17명 28%와 우참찬 8명 13% 등 35명 58%였고, 졸 등이 4명 7%였으며, 불명이 10명 17%였다. 두 번째 제수된 20명은 종1품직이 좌·우찬성 3명 등 4명 20%였고, 정2품직(계)이 판서 7명 등 13명 65%

540) 『조선왕조실록』 연산군 1년 ~ 선조 25년조, 『國朝人物考』·『泛虛亭集』(상진) 年譜 등에서 종합.

였으며, 불명·졸 등이 3명 15%였다. 우참찬은 초수자 89명은 정1품직이 우의정 1명 1%였고, 종1품직이 좌찬성 1명 1%와 우찬성 4명 4% 등 5명 6%였고, 정2품직(계)이 판서 32명 36%와 좌참찬 15명 17% 등 58명 65%였고, 졸 등이 11명 12%였으며, 불명이 14명 16%였다. 두 번째 제수된 34명은 정1품직이 우찬성 1명 3%였고, 정2품직(계)이 좌참찬 4명과 판서 12명 등 24명 71%였으며, 불명·졸 등이 8명 24%였다.

그런데 위의 체직관직에서 좌·우의정, 좌·우찬성, 좌·우참찬 재직 중 파직 등(사직·치사·조상·졸)의 인물을 제외하고 보면 좌, 우의정으로서 영, 좌의정에 승진된 비율이 51%와 91%였고, 좌, 우찬성으로서 정1품직(계)에 승자·승직된 비율이 34%와 8%였으며, 좌, 우참찬으로서 종1품직(계)에 승자·승직된 비율이 20%와 8%였다.[541)]

이를 볼 때 조선중기 의정부당상관초수자의 체직관직경향은 제수직전관직에서 분석되었음과 같이 조선초기의 경향과 달리 행판서로서 우의정에 승자·승직되고 좌·우찬성에 승직되는 비율이 매우 높았고, 판서가 좌참찬 보다 우찬성 등에 승자·승직되는 수가 많았으며, 판서가 우참찬 보다 좌참찬에 체직되는 수가 많았다.[542)] 또 찬성과 참찬은 빈번하게 교체되고 궐직

---

541) 좌의정 이하가 영의정 이하에 승자·승직된 비율은 다음과 같다(『조선왕조실록』 성종 24년 ~ 선조 25년조, 『국조인물고』, 『泛虛亭集』 연보 등에서 종합).

좌의정 - 51%(영의정, 21/41명), 우의정 - 91%(48/53)
좌찬성 - 34%(정1, 17/50명), 우찬성 - 8%(6/76)
좌참찬 - 20%(종1 이상, 11/56명), 우참찬 - 8(6/78)

542) 행판서·판서가 우의정 이하에 승직·체직되고, 좌찬성 이하가 행판서·판서에 체직된 수는 다음과 같다(앞 〈표 41〉에서 종합).

이 된 때가 많았고,[543] 좌찬성과 좌참찬은 우찬성과 우참찬에서 체직되는 자가 많았다.[544] 이러한 체직관직 경향을 의정부 기능·정치운영과 관련된 다섯 시기로 구분하여 보아도 별 차이가 없었다.[545]

이를 볼 때 대개 영의정은 좌의정이 승직하면서 제수되어 졸하거나 부원군 등으로 체직되었고, 좌의정은 우의정이 승직되면서 제수되어 영의정에 승직되면서 체직되었으며, 우의정은 좌찬성·행판서가 승자·승직되면서 제수되어 좌의정에 승직되었다. 좌찬성은 대개 우찬성·행판서가 승직되면서 제수되어 우의정에 승직되거나 행판서에 체직되었고, 우찬성은 대개 행판서가 승직되거나 판서·좌참찬이 승자·승직되면서 제수되어 좌찬성에 승직되거나 행판서에 체직되었다. 좌참찬은 대개 판서·우참찬이 체직되면서 제수되어 판서 등에 체직되었으며, 우참찬은 판서가 체직되면서 제수되어 대개 판서·좌참찬에 체직되었다. 즉, 영, 좌, 우의정은 동품의 차하위직자가 승직되면

	직전				체직				
	좌찬성	우	행판서/참찬	판서/좌참찬	우의정	좌찬성	우	행판서/참찬	판서/좌참찬
우의정	20	8	23/4						
좌찬성		32	20/0		15		6	10/0	
우찬성				31/13, 우6	4	29		24/0	
좌참찬				28/우15					17/우8
우참찬				49/좌3					32/좌15

543) 앞 주537) 참조.

544) 앞 주542) 참조.

545) 시기별로 우의정, 좌·우찬성, 좌·우참찬 초수자의 체직관직을 재정리하면 다음의 표와 같다(『조선왕조실록』 성종 24년 ~ 선조 25년조, 『국조인물고』, 『泛虛亭集』 등과 한충희, 2007, 「朝鮮初期 議政府堂上官硏究」, 『大丘史學』 87, 8 ~13쪽 에서 종합. 비고는 세종 19년 ~ 성종 25년).

서 제수되어 졸하거나 차상위직인 영, 좌의정에 승직, 좌찬성은 동품의 차하위직자가 승직되면서 제수되어 우의정에 승직되거나 행판서에 체직, 우찬성과 좌·우참찬은 동품직(계)가 체직되면서 제수되어 차상위직(우찬성)이나 동품직에 체직되는 경향이 현저하였다고 하겠다. 또 찬성과 좌참찬은 판서가 이를 거쳐 정1품직(계)과 종1품직(계)에 진출하는 관직적 성격을 띠었다고 하겠다.

3) 贊成·參贊의 最高 官職

조선중기 찬성과 참찬의 최고(진출) 관직(관품)을 보면(의정

			연산군 1~12		중종 1~14		중종15~ 인종 1		명종 1~19		명종 20~ 선조 24		계		비고	
			수	%	수	%	수	%	수	%	수	%	수	%	수	%
좌찬성	정1		5	56	2	18	6	32	2	13	2	40	17	29	16	11
	종1	우찬성	1	11	1	9	2	11	2	13			6	10	0	0
		판서			2	18	4	21	2	13	2	40	10	17	1	3
우찬성	정1		5	38	1	9							6	7	6	18
	종1	좌찬성	5	38	5	45	9	32	9	50	1	8	29	34	18	53
		판서			2	18	12	43	3	17	5	38	24	28	0	0
좌참찬	정1				2	13	1	5					3	5	0	0
	종1	우찬성	2	25	1	6	4	20			1	20	8	13	12	29
		판서												?	2	5
	정2	우참찬	2	25	3	19	2	10	2	20			8	13	0	0
		판서	1	13	4	25	6	30	4	40	2	40	17	28	5	12
우참찬	정1										1	9	1	1	0	0
	종1	우찬성	1	14	1	5	1	4	1	5	1	9	5	5	6	14
		참찬												?	5	12
		판서												?	1	2
	정2	좌참찬	3	43	3	15	4	14	3	15	1	9	15	17	11	25
		판서			9	45	12	43	7	35	4	36	32	36	12	27

제외) 다음의 표와 같이 좌찬성은 정1품직(계)이 40명 68%이고 종1품직이 19명 32%였으며, 우찬성은 정1품직(계)이 49명 58%이고 종1품직이 36명 42%였다. 좌참찬은 정1품직(계)이 20명 33%이고 종1품직(계)이 22명 37%였으며(정2품직은 18명 30%), 우참찬은 정1품직(계)이 33명 37%이고 종1품직(계) 이 28%였다(정2품직은 31명 35%).

〈표 42〉 조선중기 찬성 · 참찬역임자 최고 관직[546)]

	정1	종1	계	비고		정1	종1	정2	계	비고
좌찬성	40	19	59		좌참찬	20	22	18	60	
우찬성	49	36	85		우참찬	33	25	31	89	
계	63*1	30	98		계	43*2	33	36	112	

*1 의정 55, 영중추 3, 부원군 5
*2 의정 36, 영중 2, 부원군 5

그런데 이 중에서 재직 중 피죄 · 사망한 등(사직 · 치사)의 인물을 제외하면, 찬성 등의 최고 관직(관계)은 좌찬성과 우찬성은 정1품직(관계)이 80%와 64%였고, 좌참찬과 우참찬은 정1품직(관계)과 종1품직(관계)이 36% · 42%와 39% · 32%였다.

이에서 좌, 우찬성은 64% 이상이 정1품직(계)에까지 승진하였고, 참찬은 36%와 74% 이상이 정1품직(계)과 종1품직(계) 이상에까지 승진하였다고 하겠다. 즉, 찬성과 참찬은 재직중에 피죄되거나 사망하지 않는 한 대개가 차상위직(계) 이상에까지 진출하였다고 하겠다.

546) 『조선왕조실록』 연산군 1년 ~ 광해군 10년조, 『국조인물고』·『容齋集』(李荇) 연보 · 『만성대동보』 등에서 종합.

제 3 절 議政府堂上官의 官職的 地位

1) 議政

영·좌·우의정은 문무관을 통털어 정1품 관직 중 직사가 있는 유일한 관직으로 규정되었고,[547] 조선의 관직자가 기록된 모든 자료에서 영직은 좌직, 좌직은 우직의 앞에 각각 기재되었음에서 영·좌·우의정은 정1품직에서 가장 우월한 지위를 누렸고, 3의정에 있어서는 영의정은 좌의정, 좌의정은 우의정보다 각각 우월한 지위를 누렸을 것으로 추측된다.

실제로도 앞의 〈표 40〉에서와 같이 영의정의 제수직전 관직을 보면 좌의정이 24명 75%이고 우의정이 2명 6%였다. 이것은 영의정이 졸·사직·치사하거나 체직되면 좌의정이나 우의정(좌의정 유고시)이 의례이 승직되면서 제수되는 것에서 기인된 것이었다. 좌의정으로서 영의정에 승직된 인물이 21명 66%이고 우의정에서 제수된자가 50명 94%였다. 우의정은 거의 모두가 좌의정에 승직되면서 체직되었는데 이것은 영의정에서와 같이 좌의정이 궐직이 되면 우의정이 의례이 승직되면서 제수되었기 때문이었다. 우의정의 제수직전 관직은 영중추가 1명 2%이고 부원군이 2명3%이며, 63명 95%가 종1품직(계)이었는데 그 중 좌찬성이 20명 30%이고 행판서가 23명 35%였다(우찬성은 8명 12%).

이처럼 영·좌·우의정은 정1품직에서 가장 우월한 지위를

547) 『경국대전』 권1, 이전 경관직 의정부. 그 외의 정1품직에는 서반직인 중추부 영사(1직), 돈령부 영사(1), 충훈부 군(무정수), 종친부 군(무정수), 부마부 위(무정수)가 있었다.

누렸고, 3의정에 있어서는 영의정은 좌의정, 좌의정은 우의정보다 각각 우월한 지위를 누렸는데 이것은 차하위자가 승직되면서 제수되는 관례에서 기인 된 것이었다.

2) 贊成 · 參贊

(1) 贊成

좌·우찬성은 문무관을 통털어 종1품 관직 중 직사가 있는 유일한 관직으로 규정되었고,[548] 좌직이 우직 보다 우월하였기에 좌·우찬성은 종1품직에서 가장 우월한 지위를 누렸고, 좌·우찬성에 있어서는 좌찬성이 우찬성 보다 우월한 지위를 누렸을 것으로 추측된다.

좌찬성의 제수직전 관직을 보면, 앞의 〈표 40·41〉에서와 같이 직전관직은 우찬성이 30명 51%이고 행판서가 20명 34%였으며, 체직관직은 우의정이 15명(우찬성은 4명) 25%였다. 우찬성은 15명 18%가 행판서이고 판서가 31명 37%이고 좌참찬이 13명 15%였으며, 29명 34%가 좌찬성에 승직되고 24명 28%가 행판서에 체직되었다. 또 좌·우찬성과 행판서의 교차제수를 보면 좌찬성에서 행판서에 제수된 수가 행판서에서 좌찬성에 제수된 수 보다 월등히 많았고, 우찬성이 행판서에 제수된 수가 행판서에서 우찬성에 제수된 수 보다 월등히 많았다.[549]

---

548) 『경국대전』 권1, 이전 경관직 의정부. 그 외의 종1품직에는 서반직인 중추부 판사(2직), 돈령부 판사(1), 충훈부 군(무정수), 종친부 군(무정수), 부마부 위(무정수)가 있었다.

549) 연산군 1년 ~ 명종 22년에 좌·우찬성과 행판서 간의 교차제수는 다음과 같다(위 〈표 4, 5〉에서 종합).
행판서 → 좌찬성 20명(25%)　　우찬성 → 행판서 24(28)
좌찬성 → 행판서 10(17)　　행판서 → 우찬성 15(18)

이를 볼 때 좌찬성은 종1품직에서 가장 우월한 지위를 누렸고, 우찬성은 행판서와 함께 좌찬성 다음의 지위를 누렸다고 하겠다.

(2) 參贊

좌·우참찬은 6조의 장관인 판서와 함께 정2품 관직 중 직사가 있는 대표적인 관직이고, 좌직이 우직보다 우월하였기에 판서와 함께 정2품직에서 가장 우월한 지위를 누렸고, 좌참찬이 우참찬 보다 우월한 지위를 누렸을 것이라고 추측된다.

좌참찬의 제수직전 관직을 보면 앞의 〈표 40〉과 같이 우참찬이 15명 30%이고 판서가 28명 47%이며, 체직관직은 우의정이 3명 5%이고 우찬성이 8명 13%이며 판서가 17명 28%였다. 우참찬은 제수직전관직은 좌참찬이 3명 3%이고 판서가 49명 55%였고, 체직관직은 우의정·좌찬성이 각 1명 1%이고 우찬성이 4명 5%이고 좌참찬이 15명 17%이며 판서가 32명 36%였다. 또 좌·우참찬과 판서의 교차제수를 보면 좌참찬과 우참찬 모두 판서에서 제수된 수가 판서에 체직된 수 보다 많았다.[550)]

이를 볼 때 좌참찬은 종1품직에서 가장 우월한 지위를 누렸고, 우참찬은 판서와 함께 좌참찬 다음의 지위를 누렸다고 하겠다.

이처럼 우찬성과 우참찬이 조선초기에 종1품직에서는 우찬성

---

550) 연산군 1년 ~ 명종 22년에 좌·우참찬과 판서 간의 교차제수는 다음과 같다(위 〈표 40, 41〉에서 종합).

좌참찬 → 판서 17(28)		우참찬 → 판서 32(36)
판서 → 좌참찬 28(47)		판서 → 우참찬 49(55)

이 좌찬성 다음의 지위를 누렸고, 정2품직에서는 우참찬이 판서 보다 우월한 지위를 누렸음과 달리 행판서와 판서 다음의 지위를 누린 것은 의정부기능의 약화, 이와 관련된 찬성·참찬의 기능 약화에서[551] 기인되었다고 하겠다.

이상에서 조선중기 의정부 당상관직은 영의정 이하는 동품이나 하품의 차하위 관직자가 체직되면서나 승자·승직되면서 제수되었고, 좌의정 이하는 영의정 이하의 동품이나 차상위 관직에 승직되면서 체직되었다고 하겠다. 또 의정, 찬성, 참찬은 각각 여타 관아의 동품직 보다 우월한 지위를 누렸고, 의정 등에 있어서는 좌직이 우직(영의정은 좌의정)보다 우월한 지위를 누렸다고 하겠다.

이를 볼 때 의정부당상관 초수자는 영, 좌의정은 대개 좌의정과 우의정이 승직되면서, 우의정은 대개 좌찬성과 행판서가 승자·승직되면서 제수되었다고 하겠다. 좌찬성은 우찬성과 행판서가 승직되면서, 우찬성은 행판서가 승직되면서나 판서가 승자·승직되면서 제수되는 경향이 현저하였다고 하겠다. 좌참찬은 우참찬이 승직되면서나 판서가 체직되면서, 우참찬은 판서가 체직되면서 제수되는 경향이 현저하였다고 하겠다.

551) 『중종실록』 권96, 36년 11월 을축(앞 주537)). 조선초기 의정·찬성·참찬의 관직적 지위는 한충희, 앞 「조선초기 의정부당상관연구」, 15 ~ 16쪽 참조.

제8장 朝鮮中期 議政府의 政治活動과 國政指揮

제1절 議政府의 政治活動

조선시대 정치의 주체세력은 왕을 정점으로 하고 의정부·육조·승정원·대간·홍문관 등에 속하는 관료군이었다. 의정부기능은 이들 기관과 모두 관계가 되지만 특히 왕권 및 육조와 밀접한 관계를 갖고 있으므로 이를 중심으로 그 기능을 살펴본다.

1. 政治活動

조선중기 의정부의 정치활동으로 受命活動(이하 수명으로 약기), 啓聞活動(이하 계문으로 약기) 그리고 擬議活動(이하 의의로 약기) 등이 있었다.[552] 이 활동을 활동 주체별로 보면 의정부합사, 의정부 일부, 의정부·육조 합사, 기타(의정부·대간 또는 의정부·기타제사)로 구분된다. 또 이 활동주체가 직접으로 수명·계문·의의를 행하기도 하지만 의정부나 백사가 啓聞한 내용을 왕이 의정부에 명하기도 하였고, 백사나 지방관의 보고

552) 수명·계문·의의의 성격은 앞 154쪽 참조.

〈표 43〉 조선중기 의정부 수명 · 계문 · 의의 활동[553)]

		연산군 1~12년														중종1	
		즉위	1	2	3	4	5	6	7	8	9	10	11	12	소계	1	2
수명	수	·0	3	5	5	3	9	6	0	7	5	18	7	2	70	2	7
	%	0	7	6	5	7	10	6	0	5	6	13	21	14	8	2	5
계문	수	0	14	12	21	18	25	43	24	37	24	20	4	3	145	60	55
	%	0	34	13	23	42	27	43	60	28	27	16	12	21	27	49	39
의의	수	1	24	77	67	22	59	50	16	88	59	103	22	9	597	60	78
	%	0	59	82	72	51	63	51	40	67	67	73	67	64	65	49	56
계	수	1	41	94	93	43	93	99	40	132	88	141	33	14	912	122	140
	%	0	100												100		

		~10년									중종11~28년						
		3	4	5	6	7	8	9	10	소계	11	12	13	14	15	16	17
수명	수	3	1	3	2	3	3	3	0	27	13	9	2	6	0	2	0
	%	4	1	3	3	4	4	7	0	3	9	7	2	6	0	2	0
계문	수	35	20	39	13	12	12	11	14	271	29	40	19	28	23	28	29
	%	44	21	33	21	15	16	25	20	31	19	30	23	27	24	29	25
의의	수	41	73	77	46	66	59	30	57	587	110	85	60	70	73	68	89
	%	52	78	65	75	81	98	68	80	66	72	63	74	67	76	69	75
계	수	79	94	119	61	81	74	44	71	885	152	134	81	104	96	98	118
	%	100								100	100						

		(중종11~28)												중종29년~인종1년							
		18	19	20	21	22	23	24	25	26	27	28	소계	29	30	31	32	33	34	35	36
수명	수	1	2	2	3	1	1	1	2	1	3	0	48	0	1	0	1	5	6	1	2
	%	1	2	1	5	2	1	2	2	2	8	0	3	0	1	0	1	7	4	2	3
계문	수	37	27	49	7	28	42	15	36	19	12	34	502	25	21	16	21	14	22	3	10
	%	24	28	32	12	46	34	26	38	40	33	42	29	35	28	21	22	20	16	4	13
의의	수	116	67	100	48	32	81	42	57	28	21	47	1,164	47	54	59	72	50	113	64	67
	%	75	70	66	84	52	65	72	60	58	58	58	67	75	71	79	77	72	80	94	84
계	수	154	96	151	57	61	124	58	95	48	36	81	1,744	72	76	75	94	69	141	68	79
	%	100											100	100							

553) 『조선왕조실록』 연산군 즉위 ~ 선조 24년조에서 종합.

		(중종29~인종1)						명종즉~19년											
		37	38	39	인종 즉위	1	소계	명종 즉위	1	2	3	4	5	6	7	8	9	10	11
수명	수	0	0	3	0	1	20	5	6	3	1	2	3	1	0	1	1	4	2
	%	0	0	2	0	1	2	5	6	4	3	7	2	1	0	2	2	7	4
계문	수	5	6	28	6	48	225	55	53	34	16	10	9	71	19	20	15	17	13
	%	5	9	22	50	58	21	56	56	49	40	32	35	76	56	38	33	28	28
의의	수	89	60	94	6	34	809	39	36	33	23	19	14	21	15	32	30	39	31
	%	95	91	75	50	41	77	39	38	47	58	61	54	23	44	60	65	65	67
계	수	94	66	125	12	83	1,054	99	95	70	40	31	26	93	34	53	46	60	46
	%	100			100		100	100											

		(명종즉~19)									명종20~선조24년											
		12	13	14	15	16	17	18	19	소계	명종 20	21	22	선조 즉위	1	2	3	4	5	6	7	8
수명	수	0	1	1	0	2	0	0	1	34	1	0	1	0	1	0	1	0	0	0	1	0
	%	0	3	3	0	10	0	0	7	4	2	0	7	0	8	0	8	0	0	0	5	0
계문	수	21	5	9	4	5	2	6	3	387	28	8	4	7	6	1	7	1	1	5	9	31
	%	36	15	27	27	25	18	29	21	43	62	36	29	78	50	50	58	25	25	26	43	70
의의	수	37	27	23	11	13	9	15	10	477	16	14	9	2	5	1	4	3	3	14	11	13
	%	64	82	70	73	65	82	71	71	53	36	64	64	22	42	50	33	75	75	74	52	30
계	수	58	33	33	15	20	11	21	14	898	45	22	14	9	12	2	12	4	4	19	21	44
	%	100								100	100											

		(명종 20 -선조 24)																	종계
		9	10	11	12	13	14	15	16	17	18	19	20	21	22	23	24	소계	
수명	수	2	1	0	0	0	0	?	4	0	0	0	0	0	0	1	0	13	212
	%	25	8	0	0	0	0	?	36	0	0	0	0	0	0	14	0	4	4
계문	수	3	3	2	1	2	4	?	2	1	1	0	2	9	14	3	0	155	1,785
	%	38	25	40	50	40	36	?	18	20	50	0	50	56	58	43	0	48	31
의의	수	3	8	3	1	3	7	?	5	4	1	1	2	7	10	3	5	158	3,822
	%	38	67	60	50	60	64	?	46	80	50	100	50	44	42	43	100	49	66
계	수	8	12	5	2	5	11	?	11	5	2	1	4	16	24	7	5	326	5,819
	%	100																100	100

를 의정부가 傳聞하기도 하였으며, 백사·지방관·의정부가 啓

聞한 내용을 다시 의정부에 내려 擬議하게 하기도 하였다. 이때 의정부가 육조나 제사와 공동으로 수행한 활동은 엄밀하게는 의정부활동과 구분하여야 하겠고, 의정부합사인가 일부에 의한 것인가도 구분해야 하겠지만 여기서는 모두 의정부활동으로 포괄하여 파악한다. 연산군 1년 ~ 선조 24년의 의정부활동 경향을 보면 앞의 표와 같다.

그런데 조선중기의 왕권은 원상제운영, 정변으로 인한 공신의 대두, 유년의 국왕즉위, 의정부기능, 권신의 대두, 국왕의 자질과 통치스타일, 삼사의 과감한 언론활동 등과 관련되어 연산군 중종 1 ~ 8년 · 인종 1년 · 명종 즉위 ~ 19년 · 선조 즉위 ~ 1년에는 미약하거나 강력하지 못하였고, 연산군 1 ~ 12년 · 중종 9 ~ 39년 · 명종 20 ~ 22년 · 선조 2년 이후에는 점차 신장되고 강화되었다.[554] 또 국정운영은 육조직계제 · 의정부서사제가 실시되면서[555] 연산군 1년 ~ 중종 10년 · 중종 29년경 ~ 선조 24년에는 육조직계제가 시행되면서 육조가 모든 정사를 직접으로 국왕에게 보고한 후 결재를 받아 시행하거나 독자적으로 처리하면서 국정운영을 주도하였다.

위의 표를 볼 때 연산군 1년 ~ 선조 24년의 의정부 정치활동은 크게는 의의(3,822건, 66%)와 계문(1,785, 31)이 중심을 이룬다. 그러나 위에서 제시한 왕권 · 국정운영과 관련시켜 연산군 1 ~ 12년 등 6시기로 구분하여 보면 연산군대에는 912건 중 수

---

554) 『조선왕조실록』 중종 1년 ~ 선조 24년조, 『연려실기술』 중종 ~ 선조고사본말, 崔異敦, 1994, 「明宗 · 宣祖朝 言官 및 郞官의 政治力 成長과 朋黨政治」, 『朝鮮中期 士林政治構造研究』, 一潮閣 등에서 종합.

555) 의정부서사제와 육조직계제의 의미와 각 시기의 국정운영 형태는 한충희, 1981, 「조선초기 의정부연구」 상, 『한국사연구』 31, 121~140쪽 참조.

명활동이 70건 8%였고, 계문활동이 245건 27%였으며, 의의활동이 597건 65%였다. 연도별로는 2·3·5·8 ~ 12년에는 의의가 압도하였고(63~82%), 1·4·6년에는 의의가 중심이 되기는 하나 계문도 활발하였으며(51~59〉34~43%), 7년에는 계문이 중심이 되기는 하나 수명도 활발하였다(60〉40%). 즉 이시기의 의정부정치활동은 의의활동이 압도하거나 중심이 되었다.

중종 1 ~ 10년에는 885건 중 수명이 27건 3%였고, 계문이 271건 31%였으며, 의의가 587건 66%였다. 연도별로는 4 ~ 10년에는 의의가 압도하였고(65~98%), 2·3년에는 의의가 중심이 되고는 있으나 계문도 활발하였으며(52~56〉39~44%), 1년에는 계문·의의가 중심이 되었다(49=49%). 즉 이시기의 의정부정치활동은 의의활동이 압도하거나 중심이 되었다.

중종 11 ~ 28년경에는 1,744(연평균 96.9)건 중 수명이 48건(2.7) 3%였고, 계문이 502건(27.9) 29%였으며, 의의가 1,164건(64.7) 67%였다. 연도별로는 11 ~ 22·23 ~ 24년에는 의의가 압도하였고(63~84%), 22·25·26·28년에는 의의가 중심이 되고는 있으나 계문도 활발하였다(52~60〉38~46%). 즉 이시기의 의정부정치활동은 의의활동이 압도하거나 중심이 되었다.

중종 29년 ~ 인종 1년에는 1,054건 중 수명이 20건 2%였고, 계문이 225건 21%였으며, 의의가 809건 77%였다. 연도별로는 중종 29 ~ 39년에는 의의가 압도하였고(64~94%), 인종 1년에는 계문이 중심이 되고는 있으나 의의도 활발하였다(58〉41%). 즉 이시기의 의정부정치활동은 의의활동이 압도하였다.

명종 즉위 ~ 19년에는 898건 중 수명이 34건 4%였고, 계문이 387건 43%였으며, 의의가 477건 53%(그 파악된 활동수가 미미한 선조대를 고려하여 명종 20 ~ 22년의 활동수를 포함한 명종 즉위 ~ 22년에는 979건 중 수명이 36건 4%였고, 계문이 427건 44%였으며, 의의가 516건 53%)였다. 연도별로는 4·8 ~ 19·21·22년에는 의의가 압도하였고(60~82%), 6년에는 계문이 압도하였고(76%), 3·5년에는 의의가 중심이 되고는 있으나 계문도 활발하였고(54~58〉35~40%), 1·7·20년에는 계문이 중심이 되고는 있으나 의의도 활발하였으며(56~62〉36~44%), 2년에는 계문·의의가 중심이 되었다(49·47%). 즉 이시기의 의정부정치 활동은 의의활동이 압도하거나 중심이 되었다.

명종 20년 ~ 선조 24년에는 326건 중 수명이 13건 4%였고, 계문이 155건 48%였으며, 의의가 158건 49%였다. 이 시기에는 선조대는 자료의 한계상 전체 활동수가 245건 연평균 10건에 불과하기 때문에 의미를 부여하기 어렵지만, 굳이 활동경향을 본다면 4 ~ 6·10·14·17·19·24년에는 의의가 압도하였고(64~100%), 즉위·8년에는 계문이 압도하였고(70~78%), 1·7·9·11 ~ 13·18·20 ~ 23년에는 계문·의의가 비슷하였으며(38~58·38~60%), 2·16년에는 의의·계문과 의의·수명이 중심이 되었다(50=50%, 46·36%). 이에서 선조대의 의정부정치활동은 의의활동이 압도하거나 중심이 되었다고 하겠다.

연산군 1년 ~ 선조 24년에는 5,819건 중 수명이 212건 4%였고, 계문이 1,785건 31%였으며, 의의가 3,822건 66%)(파악된 활동수가 미미한 선조대를 제외한 연산군 1년 ~ 명종 22년에는 5,574건 중 수명활동이 201건 4%였고, 계문활동이 1,670건 30%였으며, 의의활동이 3,703건 66%였다.

또 六曹直啓制가 운영된 연산군 1년 ~ 중종 10년·중종 29년

~ 선조 24년을 합해서는 수명이 4,074건 중 164건 4%·계문이 1,283건 32%·의의가 2,658건 65%였고, 議政府署事制가 실시된 중종 11 ~ 28년에는 1,744건 중 수명이 48건 3%였고, 계문이 502건 29%였으며, 의의가 1,164건 67%였다. 또 이러한 활동 경향은 연도별로 보아도 비슷하였다.556)

이상에서 의정부정치활동은 연산군 1 ~ 12년·중종 1 ~ 10년·중종 11 ~ 28년·중종 29년 ~ 인종 1년에는 의의를 중심으로 전개되었고, 명종 즉위 ~ 19년·명종 20년 ~ 선조 24년에는 의의·수명을 중심으로 전개되었다고 하겠다.

그러면 의정부서사제가 운영된 중종 11 ~ 28년이 조선초기 의정부서사제가 실시되었던 시기와 달리 육조직계제가 실시되었던 연산군 1년 ~ 중종 10년·중종 29년 ~ 인종 1년의 경향과 같고, 연산군 1년 ~ 인종 1년의 활동경향이 명종 즉위년 ~ 선조 24년의 그것과 차이가 나는 요인은 무엇이겠는가? 그것은 중종 11 ~ 28년경까지 운영된 의정부서사제는 조선초기

556) 예컨대 의의활동은 다음과 같이 연산군대에는 4·6·7년이 40 ~ 50%였고, 그 외는 64 ~ 82%였다. 중종대에는 3·22·26 ~ 28년이 52 ~ 58%였고, 그 외는 60 ~ 98%였다. 인종대는 즉위년이 50%였고, 1년이 41%였다. 명종대는 즉위·1·2·5~7·23년이 23 ~ 54%였고, 그 외는 60 ~ 82%였다(『조선왕조실록』 연산군 1년 ~ 명종 22년조에서 종합. 선조대 제외). 수명·계문활동은 생략한다.

연	1년	59%	11	67%	중	1년	49%	11	72%	21	84%	31	79%	인	즉위년	50%	명	즉	39%	10	65%	20	36%
산	2	82	12	64	종	2	56	12	63	22	52	32	77	종	1	41	종	1	38	11	67	21	64
군	3	72			대	3	52	13	74	23	65	33	72	대			대	2	47	12	64	22	64
대	4	51				4	78	14	67	24	72	34	80					3	58	13	82		
	5	63				5	65	15	76	25	60	35	94					4	61	14	70		
	6	51				6	75	16	69	26	58	36	84					5	54	15	73		
	7	40				7	81	17	75	27	58	37	95					6	23	16	65		
	8	67				8	98	18	75	28	58	38	91					7	44	17	82		
	9	67				9	68	19	70	29	75	39	75					8	60	18	71		
	10	73				10	80	20	66	30	71							9	65	19	71		

(태종 5 ~ 13 · 세종18~단종3년)의 의정부서사제 때에는 육조의 모든 정사가 의정부를 거쳐 국왕에게 보고되고 의정부를 거쳐 하달된, 즉 의정부가 직접으로 육조를 지휘하면서 국정을 총관하였음과[557] 달리 의정부서사제가 천명되기는 하나 그 운영이 변질되면서 의정부는 의의활동을 중심으로 간접적으로 육조를 지휘한 것에서 기인되었다고 하겠다. 동시에 의정부는 육조직계제 실시기인 연산군 1년 ~ 중종 10년 · 중종 29년 ~ 인종 1년에는 의의활동을 중심으로 육조를 간접으로 지휘하는 등으로, 명종 1 ~ 19년에는 중종비 문정왕후와 외척인 윤원형 등의 정치주도와 관련되어[558] 의의활동을 물론 계문활동을 통해 육조를 간접으로 지휘하는 등 국정전반에 영향력을 발휘하였다. 이점에서 의정부정치활동은 의정부서사제가 운영된 중종 11 ~ 28년경의 경향과 육조직계제가 운영된 연산군 1 ~ 중종 10년 · 중종 29 ~ 선조 24년의 경향이 큰 차이가 없게 되었고, 또 연산군 1년 ~ 인종 1년의 활동경향이 명종 즉위년 ~ 선조 24년의 그것과 차이가 나게 되었다고 하겠다.

557) 앞 163 ~ 191쪽 참조.
558) 한춘순, 2006, 『명종대 척신정치 연구』, 혜안, 71 ~ 161쪽.

제 2 절 議政府의 國政指揮

1. 權力構造의 變動과 議政府 權力

조선중기 정치의 주체세력은 조선초기와 같이 왕을 정점으로 하고 의정부·육조·승정원·대간·홍문관 등의 유력한 관료군이었다. 이중에서도 국가정치는 왕과 의정부·육조가 주로 담당하였다. 이 3자의 관계를 보면, 왕권이 안정되거나 강력할 때에는 육조직계제가 실시되면서 의정부는 약화되었고, 의정부 기능이 강력하면서 의정부서사제가 실시될 때에는 육조가 약화되었다. 따라서 의정부 기능은 왕권 및 육조 기능과 밀접히 관련되었을 것으로 추측된다. 그러면 조선중기 권력구조의 변동과 의정부권력은 어떻게 연관되었겠는가? 이를 규명하기 위하여 의정부와 육조의 활동을 표로 대비시켜 보면 다음과 같다.

〈표 44〉 연산군 즉위 ~ 선조 24년 의정부와 육조 정치활동 대비[559)]

(단위 건)

		연산군														중종		
		즉위	1	2	3	4	5	6	7	8	9	10	11	12	계	1	2	3
수명	議政府		3	5	5	3	9	6	0	7	5	18	7	2	70	2	7	3
	六曹		8	12	21	6	18	25	5	64	28	19	18	2	226	12	15	12
계문	의		14	12	21	18	25	43	24	37	24	20	4	3	245	60	55	35
	육	2	23	33	59	13	14	18	7	68	22	48	13	2	322	17	35	22
의의	의	1	24	77	67	22	59	50	16	88	59	103	22	9	597	90	78	41
	육		11	28	30	7	18	10	3	21	20	50	7	4	209	17	20	8
합계	의정부	1	41	94	93	43	93	99	40	132	88	141	33	14	912	122	140	79
	육조	2	42	73	110	26	50	50	15	153	70	117	38	8	757	46	70	42

559) 앞 〈표 43〉, 『조선왕조실록』 연산군 즉위년 ~ 선조 24년조에서 종합.

		중종																
		4	5	6	7	8	9	10	11	12	13	14	15	16	17	18	19	20
수명	議政府	1	3	2	3	3	3	0	13	9	2	6	0	2	0	1	2	2
	六曹	18	7	6	15	9	10	6	34	14	6	11	7	6	14	8	13	34
계문	의	20	39	13	12	12	11	14	29	40	19	28	23	28	29	37	27	49
	육	55	31	27	43	32	17	33	43	35	36	26	22	14	58	31	30	93
의의	의	73	77	46	66	59	30	57	110	85	60	70	73	68	89	116	67	100
	육	30	31	27	53	30	23	27	27	19	25	26	20	28	18	32	29	45
합계	의정부	94	119	61	81	74	44	71	152	134	81	104	96	98	118	154	96	151
	육조	103	69	60	111	71	50	66	104	68	67	63	49	48	90	71	72	172

		중종																
		21	22	23	24	25	26	27	28	29	30	31	32	33	34	35	36	37
수명	議政府	2	1	1	1	2	1	3	0	0	1	0	1	5	6	1	2	0
	六曹	11	3	43	11	11	6	8	11	10	5	11	17	9	16	9	20	15
계문	의	7	28	42	15	36	19	12	34	25	21	16	21	14	22	3	10	5
	육	29	13	105	38	41	11	13	36	33	6	26	16	10	14	13	20	26
의의	의	48	32	81	42	57	28	21	47	47	54	59	72	50	113	64	67	89
	육	4	9	45	11	15	5	9	11	12	18	5	18	16	17	17	24	43
합계	의정부	57	61	124	58	95	48	36	81	72	76	75	94	69	141	68	79	94
	육조	44	25	193	60	67	22	30	58	55	29	42	51	35	47	39	64	84

		중종			인종			명종									
		38	39	계	즉	1	계	즉	1	2	3	4	5	6	7	8	9
수명	議政府	0	3	94	0	1	1	5	6	3	1	2	3	1	0	1	1
	六曹	7	32	512	0	7	7	3	5	4	8	5	1	6	5	13	10
계문	의	6	28	944	6	48	54	55	53	34	16	10	9	71	19	20	15
	육	10	47	1207	3	75	78	52	37	14	23	6	9	18	24	10	15
의의	의	60	94	2550	6	34	40	39	36	33	23	19	14	21	15	32	30
	육	20	44	878	4	30	34	20	14	13	7	5	5	23	5	14	16
합계	의정부	66	125	3588	12	83	95	99	95	70	40	31	26	93	34	53	46
	육조	37	123	2597	7	112	119	75	56	31	38	16	15	47	34	37	41

		명종														선조	
		10	11	12	13	14	15	16	17	18	19	20	21	22	계	즉	1
수명	議政府	4	2	0	1	1	0	2	0	0	1	1	0	1	36	0	1
	六曹	9	7	11	9	10	7	7	7	14	13	8	18	5	185	0	4
계문	의	17	13	21	5	9	4	5	2	6	3	28	8	4	427	7	6
	육	19	18	36	11	12	8	4	12	16	9	17	13	7	390	3	4
의의	의	39	31	37	27	23	11	13	9	15	10	16	14	9	516	2	5
	육	15	14	18	6	13	8	7	7	5	3	6	9	4	237	1	0
합계	의정부	60	46	58	33	33	15	20	11	21	14	45	22	14	979	9	12
	육조	43	39	65	26	35	23	18	26	35	25	31	40	16	812	4	8

		선조																	
		2	3	4	5	6	7	8	9	10	11	12	13	14	15	16	17	18	19
수명	議政府	0	1	0	0	0	1	0	2	1	0	0	0	0	0	4	0	0	0
	六曹	1	1	3	4	6	8	1	1	0	1	0	7	2	0	1	0	3	0
계문	의	1	7	1	1	5	9	31	3	3	2	1	2	4	0	2	1	1	0
	육	3	2	3	7	17	12	21	5	2	4	0	5	6	0	1	0	2	3
의의	의	1	4	3	3	14	11	13	3	8	3	1	3	7	0	5	4	1	1
	육	0	0	2	1	12	3	4	1	2	0	0	4	3	0	4	1	1	0
합계	의정부	2	12	4	4	19	21	44	8	12	5	2	5	11	0	11	5	2	1
	육조	4	3	8	12	35	23	26	7	4	5	0	16	11	0	6	1	6	7

		선조						합계
		20	21	22	23	24	계	
수명	議政府	0	0	0	1	0	11	212
	六曹	3	4	2	3	7	66	512
계문	의	2	9	14	3	0	115	1,785
	육	3	7	14	1	3	128	1,207
의의	의	2	7	10	3	5	119	3,822
	육	3	4	6	1	1	54	878
합계	의정부	4	16	24	7	5	245	5,819
	육조	9	15	22	5	11	248	2,597

이 표에 나타난 의정부·육조의 활동경향은 실제적인 의정부·육조의 기능발휘와 다소의 차이는 있겠지만 대체적인 성향

만은 추측할 수 있을 것으로 보인다. 이 표의 의정부와 육조의 정치활동을 육조직계제 · 의정부서사제의 운영, 외척과 사림의 대두 등과 관련하여 연산군 1 ~ 12년, 중종 1 ~ 10년, 중종 11 ~ 28년, 중종 29년 ~ 인종 1년, 명종 1 ~ 19년, 명종 20년 ~ 선조 24년의 6시기로 구분하여[560] 살펴보면 다음과 같다.

연산군 1 ~ 12년 · 중종 1 ~ 10년 · 중종 11 ~ 28년 · 중종 29년 ~ 인종 1년 · 명종 1 ~ 19년에는 의정부활동이 55 ~ 59%로 육조활동 41 ~ 45%를 10% 정도 능가하면서 중심이 되고 육조활동도 활발하였으며, 명종 20년 ~ 선조 24년에는 의정부와 육조활동이 49%와 51%로 비슷하였다.[561] 그러나 소극적인 활동인 수명활동을 제외하고 적극적인 계문 · 의의활동만을 본다면 연산군 1년 ~ 명종 19년은 물론 명종 20년 ~ 선조 24년에 있어서도 의정부활동이 60 ~ 65%와 57%로 육조활동 35 ~ 40%와 43%를 압도하였다.[562]

---

560) 시기구분의 구체적인 내용은 앞 280쪽 참조.

561) 의정부와 육조활동의 비중을 구체적으로 보면 각각 연산군 1 ~ 12년에는 55%와 45%, 중종 1 ~ 10년에는 56%와 44%, 중종 11 ~ 28년에는 57%와 43%, 중종 29년 ~ 인종 1년에는 59%와 41%, 명종 1 ~ 19년에는 55%와 45%, 명종 20년 ~ 선조 24년에는 49%와 51%였다(시기별 활동수는 뒤 〈표 45 ~ 50〉 참조).

562) 각 시기별 계문 · 의의활동은 다음의 표와 같았다(앞 〈표 44〉에서 발췌, 수명 · 계문 · 활동의 성격은 앞 참조).

		연산군 1~12년	중종 1~10	중종 11~28	중종 29 ~인종 1	명종1 1~19	명종 20 ~선조24	계
의정부	수	841	858	1,666	1,034	864	313	5,606
	%	61	60	61	65	60	63	62
육조	수	531	578	1,052	657	571	182	3,481
	%	39	40	39	35	40	37	38
수		1,372	1,436	2,718	1,601	1,435	495	9,087

이를 볼 때 의정부의 권력은 의정부서사제가 운영된 시기는 물론 육조직계제가 운영되거나 외척이 대두된 시기 등 조선중기를 통하여 육조활동을 능가하면서 국정운영에 큰 영향력을 발휘하였다고 하겠다. 의정부활동이 조선초기에 의정부서사제가 실시된 시기에는 의정부가 육조활동을 압도하면서 국정운영을 주도하였고, 육조직계제가 실시된 시기에는 육조의 국정주도에 따라 그 활동이 침체되고 정치적 영향력이 쇠퇴하였음과는[563] 달리 의정부서사제가 운영된 중종 11 ~ 28년경은 물론 육조직계제가 운영된 연산군 1 ~ 중종 10년 · 중종 29년 ~ 선조 24년(명종 즉위 ~ 19년에는 외척이 대두)에 있어서도 의의활동을 중심으로 육조를 간접으로 지휘하면서 국정운영을 주도하거나 국정전반에 큰 영향력을 발휘하였다고 하겠다.

2. 議政府의 國政指揮

앞에서 살핀 바와 같이 조선중기의 의정부활동은 정치운영과 관련되어 연산군 1 ~ 12년 등 6시기로 구분되면서 전개되었다. 여기서는 이와 관련하여 의정부의 활동과 국정지휘상을 6시기로 구분하여 살펴 본다.

---

563) 의정부는 의정부서사제가 실시된 태종 5 ~ 13년과 세종 18년 ~ 단종 3년에는 641건과 3,172건으로서 육조의 240건과 1,819건을 압도하였으나 육조직계제가 실시된 태종 14년 ~ 세종 17년과 세조 1년 ~ 성종 25년에는 1,233건과 2,819건으로서 육조의 4,131건과 5,754건에 압도당하였다. 그러나 가장 적극적인 정사참여형태인 의의활동에 있어서는 모든 시기에 걸쳐 의정부가 육조를 압도하였다(뒤 〈표 54〉).

1) 燕山君 1 ~ 12년

연산군 1 ~ 12년의 의정부활동분야를 보면 다음의 표와 같이 의정부는 형정 · 군사 · 의례와 복제 · 인사 · 외교 · 제도와 입법 · 경제와 전제 · 진제와 구료 · 교육과 과거 및 풍속 등 · 시무조진 등의 국정전반에 걸쳐 활동하였음을 볼 수 있다. 그러나 그 활동수를 볼 때 형정(258/911건 28%) · 인사(23%) · 군사(12)가 중심을 이루고 있으며, 진제와 구료(7%) · 의례와 복제(6) · 외교활동(5)도 상당하였다. 연도별로는 1 · 9년에 인사가 37 · 33%였고, 군사가 5 · 6년에 35 · 69%였고, 형정이 10 ~ 12년에 50 ~ 63%를 점하는 등으로 부각되었다. 이것은 야인이 함길도 삼수군과 평

〈표 45〉 연산군 즉위 ~ 12년 의정부 활동분야[564)]

	연산군 즉위 ~ 12년													
	즉위	1	2	3	4	5	6	7	8	9	10	11	12	계
刑政 · 奴婢		5	24	17	11	14	16	9	29	19	89	18	7	258
軍事		1	13	10	11	33	68	6	9	7	3	1	0	112
儀禮 · 服制	1	10	7	4	1	5	6	0	3	1	15	4	1	58
人事		15	20	29	10	17	23	9	36	29	14	3	2	207
外交		3	10	11	1	1	5	0	7	8	1	0	0	47
制度 · 立法		0	8	4	5	2	3	1	2	1	3	1	0	30
經濟 · 田制		0	3	5	0	6	7	5	15	6	0	1	0	48
賑濟 · 救療		2	7	9	1	5	13	3	9	13	0	0	1	63
敎育 · 科擧 · 風俗 등		1	0	3	2	2	3	0	5	0	4	1	0	21
時務條陳		1	0	0	1	1	0	0	2	0	0	0	0	5
기타		3	2	1	0	7	5	7	15	4	12	4	3	63
합계	1	41	94	93	43	93	99	40	132	88	141	33	14	912

564) 『조선왕조실록』 연산군 즉위 ~ 12년조에서 종합.

안도 강계군에 대거 침입하고, 갑자사화로 인한 논죄에서 기인된 것 이었다.[565] 여기에서 형정·인사·군사는 가장 중요한 국사이고, 진제 등·의례 등·외교도 현안사이거나 중요한 국사였음에서 의정부가 국정에 끼친 영향이 지대하였다고 하겠다.

2) 중종 1 ~ 10년

중종 1 ~ 10년의 의정부활동분야를 보면 다음의 표와 같이 의정부는 형정·군사·의례와 복제·인사·외교·제도와 입법·

〈표 46〉 중종 1 ~ 10년 의정부 활동분야[566]

	(중종 1 ~ 10)										
	1	2	3	4	5	6	7	8	9	10	계
刑政·奴婢	18	38	14	13	18	11	14	15	4	15	160
軍事	3	8	6	14	30	7	15	6	5	9	103
儀禮·服制	5	0	3	3	4	3	0	3	2	4	27
人事	45	61	35	29	30	17	15	19	17	13	281
外交	5	3	8	6	6	9	12	4	3	3	59
制度·立法	16	4	4	3	10	3	3	2	1	6	52
經濟·田制	2	2	1	9	5	2	2	2	3	4	32
賑濟·救療	6	5	3	3	3	3	5	7	2	1	38
教育·科擧·風俗 등	5	6	1	4	4	2	5	2	1	2	32
時務條陳	1	0	2	3	1	0	1	1	2	3	14
기타	16	13	2	7	8	4	9	13	4	11	87
합계	122	140	79	94	119	61	81	74	44	71	885

565) 『조선왕조실록』 연산군 5 ~ 6년, 10 ~ 12년조에서 종합. 이 중 갑자사화의 전말은 申解淳, 1978, 「官僚間의 對立과 分裂」, 『한국사』 12, 국사편찬위원회, 174 ~ 176쪽 참조.

566) 『조선왕조실록』 중종 1 ~ 10년조에서 종합.

경제와 전제·진제와 구료·교육과 과거 및 풍속 등·시무조진 등의 국정전반에 걸쳐 활동하였음을 볼 수 있다. 그런데 그 활동수를 보면 인사(32%)·형정(18)·군사(12)가 중심이 되고 있으며, 외교(7)·제도·경제4)·교육 등(4) 분야도 활발하였다. 연도별로는 인사는 모든 시기에 활발하고 특히 1 ~ 4년에는 31 ~ 44%나 되었는데 이것은 중종반정을 주도한 박원종·유순정·성희안이 의정으로서 문·무반의 인사를 주도한 것에서 기인된 것 이었다.[567] 또 형정이 2년에 38%, 군사가 5년에 25%, 제도가 1년에 13%나 되었는데, 이것은 윤1월 朴耕 등 옥사·4월 柳子光 부자 논죄·8월 李顆 등 옥사와 이로 인한 甄城君 惇 사사, 연산군조에 폐지되고 피폐된 경연복설·4학수리 등 유학진흥도모, 4월 三浦倭亂 등에서 기인된 것이었다.[568] 여기에서 인사·형정·군사는 가장 중요한 국사였고, 외교·제도·경제·진제·교육 등도 중요한 국사이거나 현안이 된 정사였음에서 의정부가 국정에 끼친 영향이 지대하였음을 알 수 있다.

3) 중종 11 ~ 28년

중종 11 ~ 28년의 의정부활동분야를 보면 다음의 표와 같이 의정부는 형정·군사·의례와 복제·인사·외교·제도와 입법·경제와 전제·진제와 구료·교육과 과거 및 풍속 등·시무조진 등의 국정전반에 걸쳐 활동하였음을 볼 수 있다. 그런데 그 활동수를 보면 형정(24%)·인사(20)·군사(10)가 중심이 되면서 외

567) 『중종실록』 1 ~ 4년조에서 종합(구체적인 출전은 뒤 325쪽 주653)·654) 참조).

568) 『중종실록』 1·2·5년조에서 종합.

교(9) · 의례(8) · 제도(5) · 진제활동(5) 도 활발하였다. 연도별로는 인사가 13년과 14년에 43%와 39%나 되었고, 형정은 15 ~ 28년의 모든 시기에 부각되었으며, 외교와 진제는 16 · 18 · 20년과 12년에 활동이 많았다. 이것은 賢良科 실시, 己卯士禍 · 辛巳獄事 · 柳世昌과 尹湯聘獄事 · 灼鼠之變과 이로 인한 敬嬪 朴氏와 福城君 嵋 유배 · 成世昌과 沈貞 논죄 · 경빈박씨와 복성군 사사, 명 武宗 붕어 · 대마도와의 교섭, 평안 · 황해도의 흉년 등에서 기인된 것이었다.[569] 여기에서 형정 · 인사 · 군사는 가장 중요한 국사였고, 외교 · 의례 · 제도 · 진제 등도 중요하거나 현안이 된 정사였음에서 의정부가 국정에 끼친 영향이 지대하였음을 알 수 있다.

〈표 47〉 중종 11 ~ 28년 의정부 활동분야[570]

	중종 11 ~ 28																	
	11	12	13	14	15	16	17	18	19	20	22	23	24	25	26	27	28	계
刑政 · 奴婢	21	17	9	8	29	25	36	35	29	32	25	36	16	23	18	7	31	413
軍事	20	6	7	5	15	3	24	38	15	17	2	18	4	2	0	1	2	182
儀禮 · 服制	16	12	5	2	8	6	9	6	5	15	5	12	4	18	4	4	0	134
人事	34	31	35	38	11	21	12	29	13	17	12	18	6	18	15	7	13	344
外交	8	7	1	2	4	25	11	23	9	20	2	11	13	3	2	3	7	152
制度 · 立法	16	10	6	17	5	0	8	2	4	6	2	1	2	1	0	1	2	86
經濟 · 田制	8	2	2	1	2	3	1	2	3	10	1	5	2	0	0	3	5	54
賑濟 · 救療	9	17	1	5	8	5	5	5	1	16	3	1	3	5	0	1	4	91
教育 · 科擧 · 風俗 등	12	10	2	3	4	2	3	4	6	7	0	5	1	0	1	3	5	74
時務條陳	1	2	4	1	0	0	0	2	1	1	0	1	0	1	0	0	0	14
기타	7	20	9	12	10	8	9	8	10	10	9	16	6	24	8	6	13	190
합계	152	134	81	104	96	98	118	154	96	151	61	124	57	95	48	36	82	1,744

569) 『중종실록』 12 ~ 28년조에서 종합.
570) 『중종실록』 11 ~ 28년조에서 종합.

4) 중종 29년 ~ 인종 1년

중종 29년 ~ 인종 1년의 의정부활동분야를 보면 다음의 표와 같이 의정부는 형정·군사·의례와 복제·인사·외교·제도와 입법·경제와 전제·진제와 구료·교육과 과거 및 풍속 등·시무조진 등의 국정전반에 걸쳐 활동하였음을 볼 수 있다. 그런데 그 활동수를 보면 형정(18%)·외교(16)·인사(15)·군사(9)가 중심이 되고 있으며, 의례(7)·교육(6) 등도 활발하였다. 연도별로는 형정은 모든 시기에 부각되었고, 군사는 중종 30·31·36 ~ 39년, 인사는 중종 30 ~ 35년·인종 1년, 외교는 중종 34·35년에 활동이 많았는데, 이것은 이 시기 의정부(의정)의 형정·군사·인사논의 참여의 증대와 명에의 宗系辨正과 관련된 사행파견·명사지대 등에서 기인된 것이었다.[571] 여기에서 형정·외교·인사·군사는 가장 중요한 국사였고, 의례·교육 등도 중요한 국사였음에서 의정부가 국정에 끼친 영향이 지대하였음을 알 수 있다.

---

571) 『조선왕조실록』 중종29년 ~ 인종 1년조에서 종합. 이 중 종계변정은 명의 『태조실록』과 『대명회전』에 "태조 이성계가 고려의 권신인 李仁任의 후손이다" 라고 기록된 것을 바로잡은 것이다. 이 작업은 1394년(태조 3) 이래 조선왕조의 최대 현안이 되었고, 1529년(중종 24)에 『대명회전』이 중찬됨을 기회로 명에 이를 개정하여 줄것을 요청하고, 이 때에 이를 위해 주청사로 權橃을 보내었다. 그 후 지속적인 주청을 통해 1584년(선조 17) 주청사 黃廷彧이 귀국시에 중찬된 『대명회전』에 개정된 내용의 등본을 가지고 옴으로서 종계변정이 확인되었다. 그 후 선조 23년에 그에 유공한 인사가 광국공신에 책록되었다.

〈표 48〉 중종 29년 ~ 인종 1년 의정부 활동분야[572)]

	(중종)												인종			합계
	29	30	31	32	33	34	35	36	37	38	39	계	즉위	1	계	
刑政·奴婢	28	24	9	24	15	21	9	19	6	15	23	193	0	7	7	200
軍事	1	12	14	3	3	11	4	11	12	12	16	99	0	3	3	102
儀禮·服制	14	2	0	8	2	13	6	1	2	5	13	66	3	10	13	79
人事	10	15	17	18	15	12	17	6	11	8	13	142	4	16	20	162
外交	7	5	10	18	3	38	10	11	31	12	11	156	0	8	8	164
制度·立法	1	3	3	1	3	2	3	5	4	5	2	32	0	1	1	33
經濟·田制	0	1	1	5	2	2	3	3	7	0	2	26	0	0	0	26
賑濟·救療	1	1	0	0	2	11	0	3	5	1	1	25	0	1	1	26
教育·科擧·風俗 등	4	5	8	2	9	10	4	4	9	5	4	64	0	0	0	64
時務條陳	0	0	0	0	2	2	1	6	1	1	1	14	0	0	0	14
기타	6	8	13	15	13	19	11	10	6	2	39	142	5	37	42	184
합계	72	76	75	94	69	141	68	79	94	66	125	9590	12	83	95	1,054

5) 명종즉위 ~ 19년

명종 즉위 ~ 19년의 의정부활동분야를 보면 다음의 표와 같이 의정부는 형정·인사·군사·부역·축성·진제·시무조진·교육·과거·풍속·입법·의례·사행·통교·경제·국도경영·불사 등의 국정전반에 걸쳐 활동하였음을 볼 수 있다. 그러나 그 활동수를 볼 때 형정(18%)·인사(17)·군사(11)·외교(9)가 중심이 되고 있으며, 의례(4)·교육(4)도 상당하였다. 연도별로는 형정과 인사는 즉위·1년, 군사는 9·10년에 활발하였는데, 이것은 전자는 명종즉위와 乙巳士禍, 후자는 備邊司의 設局·達梁浦 倭變 등에서 기인된 것이었다.[573)] 여기에서 형정·인사·

572) 『조선왕조실록』 중종 29년 ~ 인종 1년조에서 종합.

573) 『명종실록』 즉위·1·9·10년조에서 종합. 이 중 을사사화의 전말은 禹

군사·외교는 가장 중요한 국사였음에서 의정부가 국정에 끼친 영향이 지대하였음을 알 수 있다.

〈표 49〉 명종 즉위 ~ 19년 의정부 활동분야[574)]

	(명종1 ~ 19)																				
	즉위	1	2	3	4	5	6	7	8	9	10	11	12	13	14	15	16	17	18	19	계
刑政·奴婢	42	22	15	13	8	6	8	2	4	8	7	4	2	4	1	1	2	1	4	2	158
軍事	4	6	2	1	6	3	6	6	7	10	18	4	3	5	8	1	1	1	1	3	96
儀禮·服制	9	6	3	0	0	0	0	0	1	1	0	0	7	1	0	3	2	0	1	0	34
人事	17	27	9	7	3	2	9	3	12	9	7	9	5	10	7	4	4	2	5	1	152
外交	4	8	7	1	1	1	2	6	6	3	8	9	11	7	2	2	0	2	1	1	82
制度·立法	1	0	1	0	0	2	3	0	5	0	1	6	2	1	0	0	1	0	0	0	23
經濟·田制	0	0	1	2	1	0	5	0	1	0	4	0	1	0	0	0	0	0	0	2	17
賑濟·救療	0	2	4	5	0	0	3	1	0	3	2	0	0	0	3	1	0	0	0	0	24
敎育·科擧·風俗 등	4	4	2	0	4	2	2	1	1	2	1	2	4	1	1	0	3	1	1	1	37
時務條陳	2	1	2	0	0	0	0	0	2	0	0	0	2	1	1	0	0	0	0	0	9
기타	16	19	24	11	8	10	55	15	14	10	12	12	20	3	10	3	7	4	8	4	266
합계	99	95	70	40	31	26	93	34	53	46	60	46	58	33	33	15	20	11	21	14	898

6) 명종 20년 ~ 선조 24년

명종 20년 ~ 선조 24년의 의정부활동분야를 보면 조선왕조실록의 사료적 한계로 인해 선조대의 경우에는 그 기록된 활동이 미약하여 그 실상을 정확히 알기 어렵다. 그러나 그 활동을 보면 다음의 표와 같이 의정부는 형정·군사·의례와 복제·인사·외교·제도와 입법·경제와 전제·진제와 구료·교육과 과

仁秀, 1987, 「朝鮮 明宗朝 衛社功臣의 性分과 動向」, 『대구사학』 33, 50 ~ 55쪽 참조.

574) 『조선왕조실록』 명종 즉위 ~ 19년조에서 종합.

거 및 풍속 등 · 시무조진 등의 국정전반에 걸쳐 활동하였음을 볼 수 있다. 그런데 그 활동수를 보면 인사(37%)가 중심이 되면서 형정(10) · 의례(7) · 외교(5)의 순서였다. 연도별로는 인사는 명종 21년 ~ 선조 24년의 모든 시기에 가장 비중이 높았고, 형정 · 의례는 명종 20년에 활발하였다. 인사가 이처럼 비중이 높은 것은 가장 중요한 국사이기도 하였지만 『선조실록』의 사료적 한계에서 기인되었고,[575] 형정 · 의례는 4월에 윤원형 등을 지휘하면서 정치를 조종하였던 문정왕후 홍서로 인한 국상과 그에 수반된 승 普雨 · 尹元衡 등의 논죄에서 기인된 것이었다.[576] 이러한 활동경향은 비록 파악된 활동수가 총 326건(명종대를 제외한 선조대는 245건으로 연평균 10건)에 불과한 문제가 있기는 하지만 명종 20년 이전의 경향과 비슷하다. 이점에서 이를 일반화하여도 무리가 없다고 본다. 이렇게 볼 때 가장 중요한 국사인 인사 · 형정이 중심이 되고 의례 · 입법 · 진제 · 교육 등 모든 국사가 망라되었음에서 의정부가 국정에 끼친 영향이 지대하였음을 알 수 있다.

575) 『선조실록』은 광해군 1 ~ 8년에 걸쳐 춘추관 영사인 영의정 奇自獻과 감사인 좌의정 李恒福의 지휘하에 지사 · 동지사 · 편수관 · 기주관 · 기사관 223명이 선조 41년의 기사를 221권으로 정리하였다. 이 중 임진왜란 이전 24년은 왜란으로 인한 각종 문서의 소실로 25권에 불과하다(『선조실록』 목차 · 수찬관조에서 종합).

576) 『명종실록』 20년조에서 종합.

〈표 50〉 명종 20년 ~ 선조 24년 의정부 활동분야[577)]

	명종 20 ~ 선조 24														
	명종 20	21	22	선조 즉위	1	2	3	4	5	6	7	8	9	10	11
刑政·奴婢	16	4	0	1	0	0	0	0	0	0	0	0	0	0	0
軍事	2	4	0	0	0	0	0	0	0	1	1	0	0	0	0
儀禮·服制	7	3	2	0	2	2	0	0	1	0	0	3	0	1	0
人事	1	5	2	0	6	0	9	2	3	11	9	7	2	5	1
外交	1	0	3	0	1	0	0	0	0	0	1	1	0	0	0
制度·立法	0	2	0	2	0	0	1	0	0	1	0	1	0	0	1
經濟·田制	0	0	0	0	0	0	0	0	0	0	2	0	0	0	1
賑濟·救療	0	0	0	3	0	0	1	0	0	0	0	0	0	0	0
教育·科擧·風俗 등	0	1	0	1	1	0	0	1	0	0	0	1	0	0	0
時務條陳	0	2	0	0	0	0	0	0	0	0	2	0	0	1	0
기타	18	1	7	2	2	0	1	1	0	6	6	31	6	5	2
합계	45	22	14	9	12	2	12	4	4	19	21	44	8	12	5

	(선조)													
	12	13	14	15	16	17	18	19	20	21	22	23	24	계
刑政·奴婢	1	1	1	0	1	0	2	0	1	0	2	1	0	31
軍事	0	0	0	0	3	0	0	0	1	0	1	0	0	13
儀禮·服制	1	0	0	0	0	0	0	0	0	0	1	0	0	23
人事	0	3	2	0	7	5	0	0	1	13	18	4	3	119
外交	0	0	0	0	0	0	0	1	0	2	2	1	2	15
制度·立法	0	0	1	0	0	0	0	0	0	0	0	0	0	9
經濟·田制	0	0	0	0	0	0	0	0	0	0	0	0	0	3
賑濟·救療	0	0	2	0	0	0	0	0	0	0	0	0	0	6
教育·科擧·風俗 등	0	0	0	0	0	0	0	0	0	0	0	0	0	5
時務條陳	0	0	0	0	0	0	0	0	0	0	0	0	0	5
기타	0	1	5	0	0	0	0	0	1	1	0	1	0	97
합계	2	5	11	0	11	5	2	1	4	16	24	7	5	326

577) 『조선왕조실록』 명종 20년 ~ 선조 24년조에서 종합.

이러한 의정부 활동분야의 경향은 연대별로 보아도 비슷하였다.[578] 또 조선초기에는 의정부서사제 실시기와 육조직계제 실시기에는 모두 형정·군사·인사가 중심이 되면서 형정〉군사〉인사의 순서였음과 달리 의정부서사제가 실시된 중종 11 ~ 28년에는 형정·군사·인사가 중심이 되면서 형정〉인사〉군사의 순서였지만 육조직계제가 실시된 연산군 1년 ~ 중종 10년과 중종 29년 ~ 선조 24년에는 형정·군사·인사가 중심이 되면서 인사〉형정〉군사의 순서였다.[579]

이를 볼 때 조선중기 의정부활동분야는 육조직계제가 실시된 연산군 1년 ~ 중종 10년·중종 29년 ~ 명종 22년에는 대개 인사·형정·군사분야를 중심으로 외교·의례분야도 활발하였고, 의정부서사제가 실시된 중종 11 ~ 28년에는 형정·인사·군사분야를 중심으로 외교·의례등·진제등 분야도 활발하였다. 그런데 조선중기 의정부정치활동의 중심이 된 형정·인사와 군

---

578) 예컨대 인사분야는 다음과 같이 하였다(『조선왕조실록』 연산군 1년 ~ 명종 22년조에서 종합. 선조대 제외). 형정 등 분야는 생략한다.

연산군대				
1년	1선		11	3선
2	20		12	2
3	29			
4	10			
5	17			
6	23			
7	9			
8	36			
9	29			
10	14			

중종대							
1년	4건	11	3건	21	13건	31	1건
2	61	12	31	22	12	32	18
3	35	13	35	23	18	33	15
4	29	14	38	24	6	34	12
5	30	15	11	25	18	35	17
6	17	16	21	26	15	36	6
7	15	17	12	27	7	37	11
8	19	18	29	28	13	38	8
9	17	19	13	29	10	39	13
10	13	20	17	30	15		

인종대	
즉위년	4건
1	16

명종대					
즉	1건	10	7건	20	1건
1	27	11	9	21	5
2	9	12	5	22	2
3	7	13	10		
4	3	14	7		
5	2	15	4		
6	9	16	4		
7	3	17	2		
8	12	18	5		
9	9	19	1		

579) 조선초기의 경우 형정 등은 18(13 ~ 21)%였고, 인사는 11(4 ~ 22)%였고, 군사는 14(13~ 15)%였고, 외교는 9(3~ 11)%였고, 의례 등은 9(5 ~ 12)%였고, 제도 등은 8(5 ~ 10)%였으며, 경제는 7(4 ~ 15)%였다(앞 〈표 34〉에서 발췌).

사, 외교, 의례, 진제 등은 당시의 가장 중요하고 현안이 된 국사였다.

이상에서 조선중기 의정부는 의정부나 육조가 중심이 된 국정운영체제, 공신이나 권신대두 등에 구애되지 않고 가장 중요한 국사인 인사·군사·형정을 중심으로 모든 정치분야에서 활동하였다고 하겠다. 참고로 조선중기 의정부의 활동분야를 위에서 살핀 5시기로 정리하여 제시하면 다음의 표와 같다.

〈표 51〉 조선중기 의정부 정치활동 시기·분야별 종합580)

	육조직계제 운영기										의정부 서사제		합계		
	연산군 1~12		중종 1~10		중종29 ~인종1		명종 1~22		계		중종 11~ 28년경				
	수	연평균	수	평균	수	평균	수	평균	수	평균	수	평균	수	평균	%
형정등	258	22	160	16	200	17	178	8	796	15	413	23	1,209	17	22
인사	207	17	281	28	162	14	160	7	810	15	344	19	1,154	16	21
군사	112	9	104	10	102	8	102	5	419	8	182	10	601	8	11
외교	47	4	59	6	164	14	86	4	356	7	152	8	508	7	9
의례등	58	5	28	3	79	7	46	2	210	4	134	7	344	5	6
진제등	63	5	38	4	26	2	24	1	151	3	91	5	242	3	4
교육등	21	2	32	3	64	5	38	2	155	3	74	4	229	3	4
제도등	30	3	53	5	33	3	25	1	140	3	86	5	226	3	4
경제등	48	4	32	3	26	2	17	1	123	2	64	3	187	3	3
시무조	5	1	14	1	14	1	11	1	44	1	14	1	58	1	1
기타	63	5	89	9	184	11	292	13	626	12	190	10	816	11	15
합계	912	76	883	88	1,054	93	979	45	3,830	71	1,744	97	5,574	77	100

580) 『조선왕조실록』 연산군 1년 ~ 명종 22년조에서 종합. 선조 1 ~ 24년은 사료의 한계상 활동의 전모를 알 수 없어 제외한다.

제9장 朝鮮中期 議政府堂上官의 機能과 國政運營

제 1 절 議政府堂上官의 機能

1. 議政

1) 議政府의 指揮와 議政府公事의 主管

領·左·右議政(이하 3의정으로 약칭)은 의정부 장관으로서 左·右贊成과 左·右參贊의 보좌를 받고 舍人·檢詳을 지휘하면서 의정부를 지휘하고 의정부 공사를 최종적으로 결정하였으며, 좌·우찬성 이하가 처리한 제공사에 대하여 책임을 졌다.

이 때의 의정부 지휘와 의정부공사의 주관은 법제적으로는 3의정이 합의하여 결정하고 집행하도록 되었다. 그러나 실제로는 3의정의 성품·재식, 이들에 대한 국왕의 신임도, 의정재직자 등과 관련되어 대개는 3의정이 합의로서 결정하고 집행하였지만 成俊, 朴元宗, 柳順汀, 成希顔, 南袞·沈貞, 金安老, 李芑, 鄭順朋, 尹元衡, 沈通源 등이 의정으로 재직하던 시기에는 이들이 중심이 된 1 ~ 2의정이[581] 전단하였다.

---

581) 이들의 의정재직기간과 활동상은 뒤 5-2)-(2) 참조.

2) 國政運營 主導

3의정은 의정부의 "總百官 平庶政 理陰陽 經邦國"[582]의 기능, 의정부의 장관이고 재식·경륜을 구비하고 국왕의 신임이 깊은 자가 제수되는 최고위 관직인 지위, 국왕의 정치스타일 등과 관련되어 조선중기를 통하여 의정부가 중심이 된 국정운영기(議政府署事制, 중종 11 ~ 28년경)는 물론 국왕 - 육조가 중심이 된 국정운영기(六曹直啓制, 연산군 1 ~ 12년, 중종 29년 ~ 선조 24년)에도 육조를 지휘하면서나 국왕의 요청에 따라 대소국정논의에 참여하면서 그 결정·시행에 큰 영향력을 발휘하였다.[583]

---

582) 『경국대전』 권1, 이전 의정부.

583) 세조즉위와 함께 실시된 육조직계제가 중종 11년에 의정부서사제로 전환되었고, 중종 28년경에 다시 육조직계제로 전환되었다. 이 때의 의정부서사제가 어느 때에 다시 육조직계제로 전환되었는가는 불명하나 한충희는 『증보문헌비고』 기사, 『중종실록』 기사, 찬성·참찬의 기능약화 등을 들어 중종 29년경 이전에 육조직계제로 전환되었다고 보았고(한충희, 위 「조선전기 의정부권력구조연구」, 40 ~ 41쪽), 정홍준은 『조선왕조실록』 기사를 볼 때 선조 24년까지 의정부서사제가 지속되었다고 하였다(1996, 『조선중기 정치권력구조연구』, 고려대학교 민족문화연구소, 28쪽). 이와 관련되어 중종 11년 의정부서사제의 복구를 논의할 때 중종이 내린 전교에

> (전략) 祖宗朝(議政府)署事節目 予未詳也 且(經國)大典云 議政府 總百官 平庶政 理陰陽 經邦國 由是觀之 雖不別立(議政府)署事之法 依(經國)大典 政府治職可也 予嘗以此意 言于大臣 而近無檢察 六部(曹)之事 進退人物 相職廢弛 (중략) 自今三公 不可躬親細事 六部大事及各司新立法 受敎之事 先報政府 而勘定 則上自酌其可否而處之 甚合事體 六部公事 政府若不啓稟 而先退之 則自古所以有 廢端者也 (하략)(『중종실록』 권25, 11년 4월 병자, ( )필자 보).

라고 하였듯이 의정부기능이 포괄적으로 규정되었기에 의정부서사제는 물론 육조직계제가 실시될 때에도 그에 적응하여 기능을 발휘할 수 있었다. 곧 이어 의정부서사제가 실시되고 의정부는 六曹·漢城府·掌隷院의 細瑣事를 제외한 모든 정사를 보고 받아 검토한 후 보고하여 시행하고, 이·병조의 인사도 제수에 앞서 규핵하는 등 육조·백사를 지휘하면서 국정을 총관하게 되었다(위 책 권25, 11년 5월 신사·권26, 11

특히 신왕즉위초에는 국장, 이와 관련된 국정수행과 관련되어 의례이 院相制가 운영되면서 원상이 국왕의 위임을 받아 승정원에 상주하며 육조를 지휘하면서 국정운영을 총관하였다.[584] 원상에는 대개 의정이 임명되었다. 즉 연산군초는 6명 중 5명, 중종초는 4/4명, 인종초는 2/2명, 명종초는 5/10명, 선조초는 3/6명이 의정이었고, 그 외의 9명도 대개는 전임의정(2)이거나 찬성(6)이었다.[585] 이에서 원상제가 운영된 시기는 의정이 원상

년 6월 신해 是日始復署事).

그런데 중종 11년 이후의 『조선왕조실록』을 보면 조선초기(태종 5 ~ 13년 · 세종 18년 ~ 단종 3년)에 의정부가 육조를 지휘하면서 국정을 총관한 것(한충희, 1981, 「朝鮮初期 議政府硏究」 상, 『韓國史硏究』 31, 121 ~ 128 · 133 ~ 139쪽 참조)과는 달리 의정부는 서사권의 행사와 인사규핵이 미미하였고, 국왕의 요청에 따라 육조정사 · 현안사의 논의에 참여하면서 영향력을 발휘하는 경향이 현저하였다.

또 의정부서사제가 실시된 중종 11년 이후의 의정부 · 육조의 정치활동을 보면 의정부는 조선초기 의정부서사제가 실시되었을 때에는 육조의 정치활동을 압도하고 계문활동이 중심이 되면서 의의활동도 활발하였음과는 달리 연산군 1년 ~ 중종 10년의 활동경향과 차이가 없었고, 육조활동을 능가하기는 하나 의의활동이 중심이 되었고 계문활동은 육조 보다 도 미약하였다(한충희, 앞 「조선전기의 권력구조연구」, 42쪽 〈표 1〉, 뒤 참조).

이를 볼 때 중종 11년에 복구된 의정부서사제하의 의정부는 조선초기와는 달리 육조의 지휘 · 인사권에 대해 강력한 기능을 행사하지 못하였고, 당시의 정국운영과 관련되어 의정부서사제에 의해서라기 보다는 『경국대전』에 규정된 기능에 따라 신축적으로 기능을 발휘하였고, 이에 따라 의정부서사제는 그 의의를 상실한 것으로 추측된다. 아마도 이점에서 『조선왕조실록』에 의정부서사제가 혁파된 명확한 시기가 언급되지 않았다고 하겠고, 그 혁파시기를 두고 '중종 28년 이전'이나 '선조 25년 이전'이 제기되었다고 하겠다. 본고에서는 일단 '중종 28년 이전'에 혁거된 것으로 파악한다.

584) 『인종실록』 권2, 1년 7월 신유 仁宗薨逝 大妃(文定王后)傳于領左相日 大君(明宗)雖卽位 年在幼沖 如(世祖妃)貞熹王后攝成宗時例 凡公事 院相其議處決可也, 외. 성종초 원상의 구체적인 근무상황과 기능은 金甲周, 1973, 「院相制의 成立과 機能」, 『東國史學』 12, 60 ~ 70쪽 참조.

을 겸대하면서 국정을 총관하는 강력한 기능을 발휘하였다고 하겠다.

3) 의정추천(卜相)

조선중기의 의정은 의정이 결원되면 왕명을 받고 의정후보자를 논의하여 추천하였다. 이 제도가 시행된 정확한 시기는 알 수 없지만 중종 35년 복상을 논의할 때 "在祖宗朝 相職者有闕例卜相"[586] 라고 하였고, 단종 1년에 좌의정 金宗瑞가 鄭苯의 우의정제수를 주도하였음에서 문종대 이전(세종초)에 시행된 것으로 추측된다.[587] 조선중기에 있어서는 중종 8년에 복상이 확인되고,[588] 중종 11년에 이조가 추천하던 것을 의정이 추천하게 한 뒤에는 비록 중종이 재·삼복을 명하기도 하고[589] 의중의 인물을 추천하게 하여 제수하기도하나[590] 의정의 복상이 준행되었다.

이러한 복상은 "嘉靖十二年(중종 28) (金)安老旣柄國得志 沈貞竄已 張順孫韓效元金謹思 又後先入相 俱安老黨也"[591]라고 하

585) 원상운영기간, 원상제수자와 그 본직은 뒤 〈표 57〉 참조.

586) 『중종실록』 권93, 35년 4월 을해.

587) 조선초기의 왕권·정치운영상을 볼 때 문종대 이전(세종대?)에 실시되었고, 이후 세조의 즉위와 함께 중단되었다가 성종 7년 이후에 복구된 것으로 추측된다.

588) 『중종실록』 권103, 39년 6월 병신 史臣曰 人之將死其言也善 斯古人之所愼重 故大臣之病必卜相 古也在祖宗皆然 而今上朝(중종 8년 4월)成希顔薦鄭光弼之類是也 (하략, ( )필자보).

589) 위 책 권33, 13년 5월 갑진·권58, 22년 을미, 외.

590) 위 책 권33, 13년 5월 계축 (전략) 又以金克愊意啓曰 前日所卜大臣 凡四人 金詮南袞李繼孟安瑭也 若擬望則當擬三人 且侍從等前日啓曰 卜相當自上獨斷 今何以爲之 上曰此言果合予意 吏曹判書安瑭可合相位 以單望書啓 (동일 안당을 우의정에 제수), 외.

였듯이 黨與나 의중의 인물을 추천하는 것이 가능하게 하였고, 그 결과 권신의 전횡과 의정이 중심이 된 의정부의 운영과 의정부를 기능을 유지시키는 토대가 되었다.

4) 大小 國政論議 參與

조선중기 3의정은 의정부의 장관이고 정1품인 직질에 따라 국왕이 임석하여 대소 정사를 논의하는 각종 조정에 참여하여 의견을 개진하면서 그 결정에 큰 영향력을 발휘하였다. 날마다 국왕이 임석하여 조회를 하고 그 뒤에 정무를 논의하는 常參(朝參)에 참여하여 그 아문의 공사를 稟達하였고(의정부·육조·한성부 등 당상관), 매달 3·13일·23일에 국왕의 임석하에 賓廳에서 정책을 논의하고 결정하는 次對에 참여하였고(의정·판서 등), 수시로 현안·긴급사를 논의하는 引見에 참여하였으며(의정·판서 등), 그 외에 국왕의 요청에 따라 使臣·按覈御史 파견 등사를 논의하는 召見에 참여하였다(일부 재상).[592] 이때 차대·인견은 합의에 의하여, 상참·소견은 중의에 의하여 결정되고 시행되었다.[593] 즉, 의정이 중심이 된 재상은 국정운영의 중추가 된 관아운영을 주관하였고, 국왕이 임석하는 대소 정사 모임에 참여하여 그 조의 정사를 보고하고 지시를 받는 동시에 국가정책과 국정 전반에 대해 논의하고 결정하는 등 국정운영의 중추적 역할을 수행하였다.

그 외에도 의정은 국왕이 중요한 국사·현안사 등을 논의하

---

591) 『俛仰集』(宋純) 년보.

592) 한충희, 1998, 『朝鮮初期 六曹와 統治體系』, 啓明大學校出版部, 73 ~ 74쪽.

593) 金雲泰, 1981, 『全訂版 朝鮮王朝行政史』, 博英社, 227 ~ 230쪽.

기 위해 소수의 재상을 소집하는 應召에 참여하여 그 결정을 주도하였고, 국가의 중대사가 있을 때나 일상시에 수시로 상소하여 그 정사의 결정에 큰 영향력을 발휘하였다.

5) 重要 六曹政事指揮와 六曹屬衙門 政事指揮 · 官員褒貶

조선중기 3의정은 때때로 이·호·예·병조의 판사직을 겸대하면서 그 조의 중요 정사를 지휘하였다.[594]

3의정은 소수의 당상관이 중심이 된 국정운영, 이와 관련된 領事·都提調 이하 겸직의 六曹屬衙門(官) 지휘·포폄과 관련되어 조선초기와 같이 經筵·弘文館·藝文館·春秋館·觀象監領事, 春秋館監事, 世子侍講院師·傅, 承文院都提調를 의례직으로 겸직(例兼)하면서[595] 그 관아에 부여된 정사를 지휘하고 정3품 당하관 이하 관원을 포폄하고 추천하였다.[596]

---

594) 조선중기 판이조사 등을 겸대한 의정에는 다음과 같은 등이 있다(『조선왕조실록』)
판이조사; 우의정 柳順汀(중종 1년 10월 병진), 우의정 柳成龍(선조 24년 1월 병신), 외.
판병조사; 좌의정 柳順汀(중종 2년 1월 갑진), 우의정 成希顔(5년 4월 기해), 우의정 李芑(명종즉위년 10월 기해), 영의정 朴淳(선조 16년 7월 병술), 외.

595) 각 겸직을 예겸한 의정은 다음과 같다(『속대전』 권1, 이전 경관직 경연조 등에서 종합).

경연영사(3직)	- 영·좌·우의정,	세자시강원 사(1)	- 영의정,
홍문관영사(1)	- 의정,	부(1)	- 의정
예문관영사(1)	- 의정,	승문원 도제조(3)	- 영·좌·우의정
춘추관영사(1)	- 영의정,	관상감 영사(1)	- 영의정
감사(2)	- 좌·우의정,		

596) 한충희, 1983, 「朝鮮初期 六曹屬衙門의 行政體系에 대하여」, 『韓國學論集』 10, 377 ~ 378쪽, 金松姬, 1998, 『朝鮮初期 堂上官 兼職制研究』, 漢陽大學校出版部, 118 ~ 172쪽.

또 3의정은 왜변 등 국방사를 위해 운영된 築城司·備邊司都提調와 외방의 진휼사를 관장하기 위하여 운영된 賑恤廳堂上 등을 例兼하면서 그 일을 지휘하였고,[597] 수시로 정1 ~ 정2품관이 겸대하도록 된 奉常寺·司饔院·內醫院·軍器寺·軍資監·司譯院·修城禁火司·典艦司·宗廟署·社稷署都提調(이상 각1직, 정1)를 겸대하면서 그 아문의 정사를 지휘 및 속관을 포폄하였고,[598] 의금부판사(1직, 종1)·위관을 겸대하면서 조옥사를 주관하였으며,[599] 홍문관·예문관대제학과 성균관지사(각1직, 정2)를 겸대하면서 문한을 주관하였다.[600]

그 외에도 3의정은 지방에 변란이 있을 때에는 都元帥 등으로 파견되어 그 진압을 지휘하였고,[601] 明에 謝恩使·賀登極使

---

597) 『중종실록』 권28, 12년 5월 경자(축성사도체찰사, 3의정)·12년 6월 신미(비변사도제조, 3의정), 권97, 37년 1월 임진(진휼청당상, 領議政 尹殷輔), 외.

598) 『조선왕조실록』의 한계상 예겸직 이와는 거의 확인되지 않는다. 그러나 선조 27년에 우의정 鄭琢이 社稷署內醫院歸厚署都提調를 겸대하였음이 확인되고(『藥圃集』(정탁) 연보, 만력 22년 2월조) 도제조가 정1품관의 겸직이고 당시의 사관자를 고려할 때 그 상당수는 의정이 겸직했을 것으로 추측하여 파악한다..

599) 『중종실록』 권58, 24년 4월 경신(우의정 沈貞, 敬嬪朴氏獄事), 『松江集』(鄭澈) 연보 戊子(선조 22)十一月 特拜(鄭澈爲)右議政 仍察(鄭汝立獄事)委官之任, 외.

600) 『東園集』(金貴榮) 議政府左議政兼領經筵事監春秋館事弘文館大提學藝文館大提學知成均館事監觀象監事上洛府院君, 외. 弘文·藝文館大提學과 知成均館事를 겸대한 자는 文衡이라고 불리면서 『왕조실록』편찬·교육·과거·문신과시·문한관포폄·명사접대·경적편찬과 출판·외교사 등 경학·사학·시문을 주관하였는데, 문형은 일단 제수되면 그 후 관직에 구애없이 겸대하였던 만큼(사직하면 교체) 의정기능으로서 보다는 문형으로 파악하는 것이 합당할 듯하다(찬성과 참찬이 겸한 경우에도 같다. '문형'의 자격·기능은 朴天圭, 1972, 「文衡攷」, 『史學志』 6, 68 ~ 84쪽 참조).

601) 『중종실록』 권11, 5년 4월 기해·5월 갑신(좌의정 柳順汀), 외.

등으로 파견되는가하면[602] 國葬都監都提調가 되어 그에 부여된 외교사와 도감사를 수행하였다.[603]

2. 贊成, 參贊

1) 本職活動

贊成과 參贊은 二宰와 三宰로서 의정을 보좌하면서 의정부의 정사논의에 참여하도록 되었다. 그러나 조선중기에는 의정부정사의 논의·운영이 3의정을 중심으로 수행되었기에[604] 찬성·참찬은 이재와 삼재로서의 기능 즉, 의정부정사의 논의·운영에 배제되고 의정보좌 기능을 제대로 발휘하지 못하였다.

그렇지만 종1품과 정2품의 직질, 고위관료가 중심이 된 국정운영, 재식·경륜이 있고 국왕의 신임을 받는 자가 판서와 교차되어 제수되고 이를 거쳐 의정과[605] 찬성으로 진출하는 등과 관련하여 조선중기를 통해 대소국정을 논의하는 常參·次對·引見·召見·應召에 참여하여 의견을 개진하는 등으로 국정에 영향력을 발휘하였다.[606]

---

602) 위 책 권5, 3년 4월 병술(左議政 朴元宗, 중종고명 사은사)·권41, 16년 4월 갑진(右議政 李惟淸, 세종즉위 하등극사), 외.

603) 『연산군일기』 권1, 즉위년 12월 신사(산릉간심사 左議政 盧思愼, 右議政 愼承善 등 5명)·권2, 1년 1월 을류(산릉도감도제조 좌의정 노사신), 외.

604) 『중종실록』 권96, 36년 11월 을축(앞 주537) 참조).

605) 찬성으로서 우의정에 승직된 비율이 42% 정도이지만 중종 35년에 좌참찬 김안국의 의정의망을 두고 중종이 "雖可合議政 而不經二相 金安國於單望注擬於二相"(『중종실록』 권93, 35년 9월 을류) 이라고 하면서 좌찬성에 제수한 것은 찬성이 우의정에 승직하는 중요한 관직이었음을 잘 보여준다고 하겠다.

606) 상참 등의 참가관원과 논의정사는 앞 305쪽 참조.

2) 兼職活動

贊成 1인은 世子侍講院貳師를 예겸하면서 세자를 補導하였고,[607] 때대로 大司憲 등을 겸대하고 그 아문을 총치하였으며,[608] 院相이나[609] 判吏·禮·兵曹事를[610] 겸대하면서 국상중의 국정을 총관하거나 그 조의 중요 정사를 지휘하였다. 수시로 義禁府判事·知事, 經筵知事, 五衛都摠府都摠管 등을 겸대하고 그 아문을 지휘하였으며,[611] 六曹屬衙門과[612] 國葬都監[613]

607) 『경국대전』 권1, 이전 의정부.

608) 左贊成 韓致亨(연산군 1년 8월 기미), 외.

609) 원상을 겸대한 찬성·참찬은 뒤 〈표 57〉 참조.

610) 판이·예·병조사를 겸대한 찬성·참찬은 다음과 같은 등이 있다.
판이조사; 左贊成 金壽童(연산군 11년 9월 기축), 좌찬성 南袞(중종 14년 11월 경술), 좌찬성 金安老(중종 27년 7월 병자), 외.
판예조사; 右贊成 金勘(연산군 11년 9월 기축), 우찬성 李長坤(중종 14년 11월 임인), 우찬성 洪暹(명종 13년 6월 을해), 외.
판병조사; 右贊成 李長坤(중종 14년 12월 신유), 우찬성 李浚慶(명종 11년 윤11월), 외.

611) 이들을 겸대한 찬성·참찬은 다음과 같은 등이 있다.
의금부판사; 左贊成 韓致亨(연산군 1년 10월 무오), 좌찬성 尹殷輔(중종 28년 8월 갑신), 외.
지사; 左贊成 李蓀(중종 5년 1월 정축), 右參贊 金克成(『憂亭集(김극성)』 行狀). 외.
경연지사; 左贊成 閔齊仁(『立巖集(민제인)』 신도비명), 우참찬 申用漑(『二樂亭集(신용개)』 행장, 외.
동지사; 右參贊 朴說(중종 5년 1월 을묘), 외.
오위도총부; 右贊成 成俊(연산군 2년 10월 임자), 우참찬 朴淳(『명종실도총관록』 수찬관조), 외.

612) 弘文館 등 5館, 承文院 등 7院, 奉常寺 등 9寺, 軍資監 등 6監, 修城禁火司 등 4사, 昭格署 등 14서 등 40여아문에 총 70직 이상이 있었다(『경국대전』 권1, 이전 경관직 각사조에서 종합). 이 중 弘文·藝文館의 大提學·提學, 成均·春秋館의 知事·同知事, 世子侍講院 賓客·副賓客을 수시로 겸대하였고, 봉상시 등의 제조 60여직은 그 수와 당시의 정2 ~ 종1품 사관자를 고려할 때 찬성·참찬이 다수를 겸직했을 것이라고 추측된다.

613) 국장도감제조 - 左贊成 韓致亨, 산릉도감제조 - 左參贊 鄭文炯(『연산군일기』 권1, 총서 즉위년 12월 경진),외.

등 都監의 종1 ~ 종2품 각급 관직을 겸대하면서 속아문관을 포펌하고 속아문사를 지휘 및 도감사를 지휘하였다. 이 중 홍문·예문관대제학과 성균관지사를 겸대한[614] 찬성·참찬은 文衡으로 불리면서 문한과 문교사를 주관하였다. 또 明에 사신으로 파견되거나 都巡察使 등으로 파견되어 대명외교나 왜변 등의 진압에 기여하였다.[615]

제 2 절 議政府堂上官과 國政運營

1) 議政과 國政運營

3의정은 최고 정치기관인 의정부 장관인 지위, 의정부가 중심이 된 국정운영체제, 국왕의 국정운영 스타일 등과 관련하여 議政府署事制가 실시된 중종 11년 ~ 28년경에는[616] 육조를 간접적으로 지휘하면서 형정, 군사, 의례, 인사, 경제, 제도, 교육, 외교 등 모든 국정운영을 주도하였다. 六曹直啓制가 실시된 연산군 즉위년 ~ 중종 10년과 중종 29년 ~ 선조 24년에 있어서도

614) 우·좌참찬 홍귀달(『虛白亭集』(홍귀달) 연보), 右參贊·左贊成 申光漢(『企齋集』(신광한) 행장, 외.

615) 명에 사신이나 외방에 파견된 찬성·참찬에는 다음과 같은 등이 있다.
사은사 등; 右贊成 尙震(사은사, 중종 39, 『泛虛亭集』(상진) 행장), 右參贊 李繼孟(주청사, 중종 12년 5월 병술), 左贊成 鄭琢(사은사, 선조 22년 12월 임술),
도순찰사 등; 전라도도순찰사(우참찬 鄭光弼, 중종 5년 4월 기해), 함길도관찰사(우찬성 정광필, 중종 8년 4월 경자), 진휼청체찰사(우찬성 金應箕, 중종 6년 10월 신사), 전운사(좌찬성 김응기, 중종 2년).

616) 서사제 실시배경과 운영시기는 앞 주583) 참조

국왕이 중요 정사를 의정 등에게 상의하여 결정·집행하였고, 의정에 재식과 경륜이 있고 국왕의 신임을 받는 인물이 재직하였음과 관련되어 형정, 외교, 군사, 의례, 경제, 제도, 인사 등 모든 국정에 큰 영향력을 발휘하였다. 특히 韓致亨·成俊·愼守勤(연산군대), 朴元宗·柳順汀·成希顔(중종초), 鄭光弼·南袞·沈貞(중종중기), 金安老(중종후기), 李芑·鄭順朋(명종전기), 尹元衡·沈通源(명종후기), 李浚慶(명종말 ~ 선조초), 朴淳·盧守愼·李山海(선조전기) 등은 국정운영체계에 구애되지 않고 국정운영을 주도하거나 국정전반에 걸쳐 강력한 기능을 발휘하였다.

의정은 議政府署事制 실시기에는 육조(判書 이하)를 직접으로나 간접으로 지휘하면서 국정을 주도하였고, 六曹直啓制 실시기에는 수시로 判吏, 兵, 戶, 禮曹事를 겸하고 그 조의 判書 이하를 지휘하면서 이, 병, 호, 예조의 중요한 정사를 지휘하였다. 院相이 중심이 된 국정운영기인 연산군·인종·명종·선조초에는 원상을 겸대하였기에 승정원과 육조를 지휘하면서 국정운영에 큰 영향력을 발휘하였다.

3의정은 의정부의 장관이고 정1품인 직질에 따라 국왕이 임석하여 대소 정사를 논의하는 常參(朝參)에 참여하여 그 아문의 공사를 稟達하였고, 매달 3·13·23일에 국왕의 임석하에 賓廳에서 정책을 논의하고 결정하는 次對에 참여하였고, 수시로 현안·긴급사를 논의하는 引見·召見에 참여하여 그 결정을 주도하였다. 의정은 국왕이 중대 국사, 현안사 등을 논의하기 위해 소수의 재상을 소집하는 應召에 참여하여 그 결정을 주도하였다. 국가의 중대사가 있을 때나 일상시에 수시로 상소하여 그 정사의 결정에 큰 영향력을 발휘하였다.

의정은 소수의 당상관이 중심이 된 국정운영과 그 관계·관직, 개인적인 자질·국왕의 신임 등에 따라 經筵領事(영·좌·우의정)·承文院都提調 등을 例兼하면서 그 아문의 정사를 지휘하고 그 아문에 소속된 3품 이하 관원을 포폄하고 추천하였다. 또 수시로 정1품관이 겸한 奉常寺·司僕寺·軍器監 등의 도제조를 겸대하면서 그 아문의 정사를 지휘하고 그에 소속된 正 이하 관원을 포폄하고 추천하였다.

의정은 긴급한 對明外交, 변란, 야인·왜인 정벌, 변경민 위무, 옥사, 국상 등 현안사가 야기될 때에 賀登極使·謝恩使·進賀使, 都統使·都元帥·都體察使 등으로 파견되거나 國葬都監都提調와 義禁府判衛委官·委官 등을 겸직하고 그 일을 지휘하였다.

이처럼 의정은 국정운영의 중추가 된 의정부의 운영을 주관하였고, 국왕이 임석하는 대소 정사 모임에 참여하여 국가정책과 국정 전반에 대해 논의하고 결정하였으며, 국정을 분장한 육조를 직접적으로나 간접적으로 지휘하는 등 국정운영의 중추적 역할을 수행하였다.

2) 贊成·參贊과 國政運營

찬성·참찬은 의정부 차관(二宰)·차관보(三宰)로서 법제적으로 의정을 보좌하고 의정과 함께 의정부의 대소 정사를 논의하도록 되었지만, 조선초기와는 달리 의정부 의 운영이 3의정을 중심으로 진행되었기에 의정부의 운영에는 큰 영향력을 발휘하지 못하였다.

그러나 찬성·참찬은 의정 다음의 최고위 관직이고 국정을 분장한 육조의 장관인 행판서·판서와 교체되고 특히 찬성은 의정에 제수되기 위하여 거쳐야하는 관직이었다. 이와 관련되어 이들은 재식과 경륜을 겸비하고 국왕의 신임이 깊은 자가 제수되었다.

이와 관련되어 찬성·참찬은 議政府署事制 실시기는 물론 六曹直啓制 실시기에 수시로 判吏, 兵, 戶, 禮曹事를 겸하고 그 조의 判書 이하를 지휘하면서 이, 병, 호, 예조의 중요한 정사를 지휘하였다. 의정부의 차관·차관보이고 종1품과 정2품인 직질에 따라 국왕이 임석하여 대소 정사를 논의하는 상참(조참)·차대에 참여하였고, 수시로 현안·긴급사를 논의하는 인견·소견에 참여하여 그 결정을 영향력을 발휘하였다. 또 국왕이 중대 국사, 현안사 등을 논의하기 위해 소수의 재상을 소집하는 응소에 참여하여 그 결정에 영향력을 발휘하였고, 국가의 중대사가 있을 때나 일상시에 수시로 상소하여 그 정사의 결정에 큰 영향력을 발휘하였다.

찬성·참찬은 소수의 당상관이 중심이 된 국정운영과 그 관계·관직, 개인적인 자질·국왕의 신임 등에 따라 수시로 종1 ~ 종2품관이 겸한 弘文館 大提學·提學, 成均館 知事·同知事, 봉상시·사복시·군기감 등의 제조, 五衛都摠府 都摠管을 겸대하면서 그 아문의 정사를 지휘하고 그에 소속된 정3품 이하 관원의 포폄과 추천에 참여하였다.

찬성·참찬은 수시로 긴급한 대명외교, 변란, 야인·왜인 정벌, 변경민 위무, 옥사, 국상 등 현안사가 야기될 때에 수시로 謝恩使·奏聞使·聖節使, 體察使·巡察使·都巡問使, 의금부 판사·위관, 국장도감제조 등을 겸대하고 그 일을 주관하거나 도제조를 도와 그 일을 지휘하였다.

이처럼 찬성·참찬은 그 직질, 이와 관련된 재식·경륜과 국왕의 신임 등을 토대로 국왕이 임석하는 대소 정사 모임에 참여하여 국가정책과 국정 전반에 대해 논의하고 결정하고 각종 겸직활동을 통하여 국정운영 전반에 큰 영향력을 발휘하였다.

이상에서 조선중기의 의정은 의정부공사를 주관하고 의정부의 기능·최고 관직인 직질 등을 토대로 중요국정의 결정을 주도하고 육조정사에 관여하는 등으로서 국정운영을 주도하거나 국정운영에 큰 영향력을 발휘하였다. 찬성·참찬은 조선초기에 비하여는 기능이 쇠퇴하나 직질·재식 등을 토대로 국정논의에 활발히 참여하고 겸직활동 등을 통하여 국정운영에 큰 영향력을 발휘하였다. 즉 의정과 찬성·참찬은 조선중기를 통하여 의정부가 중심이 된 국정운영기(議政府署事制, 중종 11 ~ 28년경)는 물론 국왕 - 육조가 중심이 된 국정운영기(六曹直啓制, 연산군 1 ~ 12년, 중종 29년 ~ 선조 24년)를 통하여 육조를 지휘하면서나 국왕의 요청에 따라 대소국정논의에 참여하면서 그 결정·시행에 큰 영향력을 발휘하였다고 하겠다.

제10장 朝鮮中期 議政府堂上官과 議政府機能

제 1 절 議政府官員의 活動과 議政府機能

1. 議政의 活動과 議政府機能

조선중기의 의정부기능은 법제적인 기능, 국정운영체제, 국왕의 왕권과 국정운영 스타일, 의정의 품성·재식과 의정 등에 대한 국왕의 신임, 언론활동·사림의 대두 등과 관련되어 신축되면서 발휘되었다. 그러면 이러한 의정부 기능과 의정 등의 정치활동은 어떻게 관련되었겠는가? 여기에서는 의정부가 국정운영과 어떻게 관련되면서 기능을 발휘하였고, 의정 등이 이러한 의정부 기능과 어떻게 연관되었는가를 재직 중 강력한 기능을 발휘한 의정 등과 장기간 의정에 재직한 인물이 발휘한 기능을 중심으로 살펴 본다.

먼저 개인적인 자질·국왕의 신임·정변을 주도한 공훈이나 외척인 신분 등을 통하여 정치를 주도하거나 인사를 전횡하는 영향력을 발휘한 한치형 등 10여 의정의 활동상을 보면 다음과 같다.

① 韓致亨(연산군 2.9 우 ~ 4.7 좌 ~ 6.4 영 ~ 9.1)

한치형은 근면하고 공정한 근무, 종매인 인수대비의 신임을

토대로 장기간 의정에 재직하면서 연산군의 왕권·정치안정에 기여하였다.[617]

② 成俊(연산군 4.7 우 ~ 6.4 좌 ~ 9.1 영 ~ 10.4)

성준은 개인적인 자질과 연산군의 신임을 토대로 6년여에 걸쳐 우·좌·영의정에 재직하였다. 그의 정치적 영향력을 직접적으로 언급한 사료는 없지만 연산군의 실정에 영합하였고,[618] 외손인 韓亨允이 "성준의 권세를 믿고 위세를 부렸다"[619] 고 하였음에서 당시의 정치에 큰 영향력을 발휘한 것으로 추측된다.

③ 愼守勤(연산군 11.8 우 ~ 12.7 좌 ~ 12.9)

신수근은 연산군의 처남인 가계를 토대로 연산군의 총애를 받았다. 그는 이판시에 "用事弄叔하면서 인사를 전단하였다"[620] 고 하였고, 연산군말에는 그와 任士洪 등 척신이 중심이 된 정치가 운영되었음에서[621] 연산군말의 정치에 큰 영향력을 발휘하였다.

④ 朴元宗(중종 1.9 우 ~ 1.10 좌 ~ 4.윤9 영 ~ 5.3), 柳順汀(1.10 우 ~ 4. 윤9 좌 ~ 7.10 영 ~ 7.12), 成希顔(4.윤9 우 ~ 7.10 좌 ~ 8.윤4 영 ~ 8.7)

박원종·류순정·성희안은 중종반정을 주도한 공훈, 개인적인 자질, 이를 토대로 한 중종의 친신을 토대로 의정에 재직하면서 국정을 주도하였다.[622] 특히 박원종은 류순정·성희안을

---

617) 『연산군일기』 권46, 8년 10월 임인 졸기조는 지군사 永釕이고, 부가 정랑 질로서 좌의정 確의 동생인데, 확의 딸이 성종의 생모인 德宗妃 仁壽王后이다.

618) 『연산군일기』 권50, 9년 8월 계해.

619) 위 책 권38, 6년 8월 기미.

620) 위 책 권34, 5년 8월 계묘.

621) 申解淳, 1978, 「官僚間의 對立과 分裂」, 『한국사』 12, 174 ~ 176쪽.

압도하면서 인사를 전횡하였고,[623] 류순정·성희안도 박원종에는 미치지 못하지만 판이·병조사를 겸대하면서[624] 문·무반의 인사 등 이·병조의 운영에 큰 영향력을 발휘하였다.

⑤ 南袞(중종 14. 12 좌 ~ 18.4 영 ~ 22.2), 沈貞(22.1 우 ~ 22.10 좌 ~ 25.2)

남곤과 심정은 중종의 신임과 개인적인 자질, 조광조 등의 제거를 주도한 위세를 토대로 장기간 의정에 재직하면서 사신이 "專權橫恣"[625] 하였다고 하였듯이 당시의 정치를 주도하였다.

⑥ 金安老(중종 29. 1 우 ~ 30.3 좌 ~ 32.10)

김안로는 자부가 孝惠公主(부 중종, 인종 누이)인 왕실과의 인연, 개인적인 자질, 이를 토대로 한 중종의 신임을 배경으로 의정에 재직하면서 사신이 "權臣으로서 用事하였다"[626] 라고 하였듯이 당시의 정치를 주도하였다.

⑦ 李芑(인종 1.1 우 ~ 1.1, 명종 즉.8 우 ~ 즉.10 좌 ~ 3.5, 4.9 영 ~ 6.8), 鄭順朋(명종 즉.10 우 ~ 3.4)

이기·정순붕은 尹元衡과 밀착하여 尹任일파를 제거한 위세, 이와 관련된 문정왕후의 신임을 토대로 의정에 재직하면서 국정을 주도하였다.[627] 특히 이기는 판병조사를 겸대하면서 무반과 군관의 인사를 천단하는 등 병조의 기능을 제약하였다.[628]

622) 『중종실록』 1 ~ 8년조, 『연려실기술』 상신조에서 종합.
623) 위 책 권1, 권 1년 9월 정유·권4, 2년 12월 병자·권6, 3년 7월 경신, 외.
624) 위 책 권1, 1년 10월 병진·권2, 2년 1월 갑진(유), 권11, 5년 4월 기해(성), 외.
625) 위 책 권57, 21년 9월 병신·권86, 32년 12월 을미·94, 36년 4월 무오, 외.
626) 위 책 권85, 32년 10월 을사, 『명종실록』 권16, 9년 6월 무인.
627) 『명종실록』 권1, 즉위년 8월 임자·권5, 2년 5월 병인조, 외.
628) 위 책 권7, 3년 4월 갑자.

⑧ 尹元衡(명종 13.6 우 ~ 13.10, 18.1 영 ~ 20.8)

윤원형은 윤임일파의 제거를 주도한 공훈과 누이인 문정대비의 총애를 토대로 의정에 재직하면서 문반인사를 천단하는 등 국정을 주도하였다.[629]

⑨ 沈通源(명종 15.6 우 ~ 19.4 좌 ~ 21.1)

심통원은 종손녀가 명종비인 가계로 명종의 신임을 받았고, 명종이 그를 통하여 윤원형의 독주를 견제할려는 의도에 따라[630] 중용되었고, 의정 재직시에는 윤원형과 병립하면서 정치를 주도하였다.[631]

⑩ 李山海(22.11 우 ~ 22.2 좌 ~23.3 영 ~ 25.4)

이산해는 탁월한 재식과 국왕의 신임을 토대로 의정이 되었고, 북인의 영수로서 鄭澈을 중심한 서인 영수를 제거하고 정치를 주도하였다.[632]

다음으로 개인적인 자질·국왕의 신임 등을 토대로 장기간 의정에 재직하면서 당시의 정치에 큰 영향을 끼치거나 정국안정에 기여한 韓致亨 등 10여 의정의 활동상을 보면 다음과 같다.

⑪ 鄭光弼(중종 8.4 우 ~ 8.10 좌 ~ 11.4 영 ~ 14.2, 22.5 좌 ~ 22.10 영 ~ 28.5)

정광필은 탁월한 재직과 경륜, 중후한 인품, 이와 관련된 중종의 신임을 배경으로 장기간 의정에 재직하면서 사림의 등용·보호에 기여하고 중요국정의 결정에 큰 영향력을 발휘하였

---

629) 위 책 권3, 1년 2월 경자·권24, 13년 8월 기미, 외.

630) 위 책 권28, 17년 4월 무인. 부는 사인 順門이고 형이 영의정 連源인데, 연원의 아들 영돈령 鋼의 딸이 明宗妃 仁順王后이다.

631) 위 책 권26, 15년 6월 병오·9월 신유, 외.

632) 『중종실록』 24년 2월 ~ 12월조.

으며, 정국의 안정과 왕권의 안정에 크게 기여하였다.[633]

⑫ 李惟淸(중종 14.12 우 ~ 18.4 좌 ~ 22.5)

이유청은 학식이 짧아 정책의 입안과 결정에 기여하지는 못하였지만 검소하고 질박한 성품을 토대로 장기간 의정에 재직하면서 정국의 안정과 왕권의 안정에 기여하였다.[634]

⑬ 尹殷輔(중종 30.3 우 ~ 32.10 좌 ~ 32.11 영 ~ 39.7), 洪彦弼(중종 32.11 우 ~ 32.12 좌 ~ 인종 1.1, 명종 3.5 영 ~ 4.5), 尹仁鏡(중종 35.8 우 ~ 인종 1.1 좌 ~ 1.1 영 ~ 명종 3. 5 좌 ~ 3.12)

윤은보·홍언필·윤인경은 탁월한 재식·온화한 성품을 토대로 중종과 문정왕후의 신임을 받아 장기간 의정에 재직하면서 조정에 적극적으로 참여하지 않아 "徒知保位而已 時人謂之守文三公"[635]이라는 평가를 받기는 하였지만 金安老用事, 大小尹對立, 乙巳史禍로 인한 혼란의 와중에서 정국과 왕권의 안정에 기여하였다.[636]

⑭ 沈連源(명종 3.12 우 ~ 4.9 좌 ~ 6.8 영 ~ 13.5), 尙震(명종 4.9 우 ~ 6.8 좌 ~ 13.6 영 ~ 18.1), 尹漑(명종 6.9 ~ 우 ~ 13.6 좌 ~ 13.10)

심연원·상진·윤개는 탁월한 재식·순후한 성품, 문정왕후의 신임을 토대로 장기간 의정에 재직하면서 문정왕후·윤원형일파의 정국주도로 큰 정치력을 발휘하지는 못하였으나 을사사화 이후 경색된 정국과 왕권의 안정에 크게 기여하였다[637]

---

633) 『중종실록』 권89, 33년 12월 을사 졸기, 『연려실기술』, 『해동명신록』에서 종합.

634) 위 책 권72, 26년 11월 정축 졸기.

635) 『중종실록』 권101, 39년 1월 병인.

636) 『조선왕조실록』 중종 30년 ~ 명종 4년조에서 종합.

⑮ 李浚慶(명종 13.11 우 ~ 15.6 좌 ~ 19.4, 20.8 영 ~ 선조 3.10), 權轍(명종 21.1 우 ~ 선조 즉.10 좌 ~ 4.6 영 ~ 6.2, 6.5 영 ~ 6.9, 7.9 영 ~ 11.8)

이준경 · 권철은 탁월한 재식 · 경륜, 순근한 성품을 토대로 명종과 문정왕후의 신임을 받으면서 사림의 등용에 진력 및 윤원형일파의 전횡을 견제하면서 명종후기의 정국과 왕권의 안정에 크게 기여하였다. 이준경은 선조대에는 선종의 옹립을 주도하고 선조의 깊은 신임을 받았고, 이를 토대로 정국을 주도하면서 기묘 · 을사사화와 정미 · 기유옥사[638] 피죄인의 신원과 등용을 실현하는 등 정국의 안정과 왕권의 안정에 크게 기여하였다.[639] 권철은 첨예한 동서인의 대립기에 정국과 왕권의 안정에 기여하였다.[640]

⑯ 朴淳(선조 5.7 우 ~ 6.2 좌 ~ 7.3, 12.2 영 ~ 18.1), 盧守愼(선조 6.2 우 ~ 12.1 좌 ~ 14.9, 16.10 우 ~ 18.5 영 ~ 20.4, 20.5 영 ~ 20.6)

박순 · 노수신은 탁월한 재식과 중후한 성품, 선조의 극진한 존경과 신임을 토대로 장기간 의정에 재직하면서 동서인의 대

---

637) 『명종실록』 권24, 13년 6월을미 영중추부사 심연원졸기, 권30, 19년 윤2월 정유 영중추부사 상진졸기, 권23, 21년 3월 계축 윤개졸기, 외. 이 중 상진은 임꺽정난의 진압과 사림등용에 진력하였다.

638) 『선조실록』 권4, 3년 4월 정미. 정미사옥은 명종 2년에 양재역 벽에 "문정왕후와 이기가 국가를 망치게 될 것이다" 라는 글을 붙인 것에서 기인되어 鳳城君 李岏 · 宋麟壽 · 李若氷이 사사되고 李彦迪 등 30여명이 국변 등에 안치 · 유배된 사건이고, 기유옥사는 李洪胤이 부 이약빙의 원사를 토로한 일에서 기인되어 이홍윤 · 康惟善 등 30여명이 사형되고 피죄된 사건이다(『명종실록』 2년 · 4년조, 『연려실기술』 을사사화 부 정미벽서지옥 · 기유이홍윤지옥에서 종합).

639) 『조선왕조실록』 명종 13년 ~ 선조 3년조, 『연려실기술』 명종조 상신조에서 종합.

640) 위 책 명종 21년 ~ 선조 11년조, 『연려실기술』 명종조 상신조에서 종합.

립으로 혼란된 조정과 왕권의 안정에 기여하였다.[641]

2. 贊成·參贊의 活動과 議政府機能

위에서 언급된 韓致亨, 朴元宗, 南袞, 沈貞, 金安老, 李芑, 尹元衡, 沈通源 등은 각자의 자질·공훈·국왕의 신임 등을 토대로 贊成이나 參贊에 재직할 때에도 당시의 정치를 주도하는 위세를 부리거나 정치에 큰 영향력을 발휘하였다.[642]

그 외에 任士洪, 洪景舟, 李沆, 金克愊, 尹任, 李樑 등은 개인적인 자질과 당시의 정치를 주도하거나 용사한 尹元衡 등의 측근으로서나 국왕의 신임을 토대로 찬성이나 참찬에 재직할 때에 당시의 정치에 큰 영향력을 발휘하였다.[643]

---

641) 『선조실록』 5 ~ 20년조, 『연려실기술』 선조조 상신조에서 종합.

642) 한치형 등의 찬성·참찬재직기간은 다음과 같다(『조선왕조실록』에서 종합, 그 영향력 발휘 배경은 앞 315 ~ 319쪽 참조).
한치형 - 성종 24. 11 좌찬성 ~ 연산군 2.9.
박원종 - 중종 1.9 좌참찬 ~ 1.9.
남곤 - 중종 14.11 좌찬성 ~ 14.12.
심정 - 중종 16.5 좌참찬 ~ 17.11 우찬성 ~ 18.4.
김안로 - 중종 29.7 좌찬성 ~ 29.11.
이기 - 중종 30.6 우참찬 ~ 36.9, 37.8 우찬성 ~ 38.12 좌 ~ 39.1.
정순붕 - 중종 38.7 우참찬 ~ 39.6.
윤원형 - 명종 4.5 우참찬 ~ 5.5, 6.8 우 ~ 6.8, 6.9 좌찬성 ~ 8.2, 8.6 좌 ~ 9.2.
심통원 - 13.12 우찬성 ~ 14.3 좌 ~ 15.1

643) 임사홍 등의 기능발휘 토대와 찬성·참찬재직기간은 다음과 같다(『조선왕조실록』에서 종합).
임사홍 - 갑자사화주도·연산군신임, 연산군 12.7 좌참찬 ~ 중종 1.9.
신윤무 - 중종옹립공훈, 중종 4.1 우참찬 ~ 4.12 좌 ~ 5.7 우 ~ 7.6.
홍경주 - 기묘사화주도·중종신임, 중종 5.7 좌참찬 ~ 8.5. 9.10 좌찬성 ~ 10.4, 15.4 좌 ~ 16.3.
이항 - 윤원형당여, 중종 18.5 좌참찬 ~ 19.1, 19.11 우 ~ 21.9 좌 ~

이를 볼 때 의정인 성준 등은 의정으로 재직하면서 당시의 정치를 주도하거나 정치에 큰 영향력을 발휘하였고, 정광필 등은 장기간 의정으로 재직하면서 정국과 왕권의 안정에 기여하였으며, 한치형·박원종 등은 찬성이나 참찬으로 재직하면서 당시의 정치에 큰 영향력을 발휘하였다고 하겠다. 따라서 성준 등과 정광필 등이 의정으로 재직한 시기에는 의정부의 기능을 강화시키면서 정치를 주도하거나 의정부가 최고 정치기관으로서 존속되면서 정국과 왕권을 안정시키는 토대가 되었다고 하겠다.

제 2 절　議政의 在職期間과 議政府機能

조선중기에는 이극배 등 70명이 영, 좌, 우의정으로 재직하였다. 먼저 이들의 의정재직기간을 의정·왕대별로 보면 다음의 표와 같이 1년 미만 13명, 1 ~ 3년 20명, 3 ~ 5년 16명, 5 ~ 10년 15명, 10년 이상 5명 등 49명이 5년 미만, 20명이 5년 이상에 걸쳐 재직하였으며, 평균재직기간은 4.2년이었다.

다음으로 이들 의정재직자의 재직기간을 왕대별과 의정별로 보자. 왕대별 평균 재직기간은 위의 표와 같이 연산군대에는 2.4년이었고, 중종대는 4.6년이었고, 인종대는 1.3년이었고, 명

22.1, 22.9 우찬성 ~ 22.5, 22.6 좌 ~ 26.6.

김극핍 - 윤원형당여, 중종 15.2 우참찬 ~15.7, 17.11 좌 ~ 18.1, 19.11 좌 ~ 20.9, 22.5 우찬성 ~ 23.7 좌 ~ 23.9, 24.8 우 ~ 24.11 좌 ~ 25.6.

윤임 - 인종외숙·중종신임, 30.3 우참찬 ~ 30.3, 33.5 우찬성 ~ 34.2 좌 ~ 34.2 우 ~ 34.6.

이량 - 명종신임, 명종 17.8 우참찬 ~ 17.9.

종대는 3.0년이었고, 선조전기에는 3.9년이었다. 이를 볼 때 왕대별 평균재직기간은 중종대가 가장 길고 인종대가 가장 짧다.

〈표 52〉 조선중기 의정 재직기간 (단위는 년.월)644)

성명	연산군				중종				인종				계	공신*
	영	좌	우	계	영	좌	우	계	영	좌	우	계		
李克培	0.4			0.4									0.4	좌·리3
盧思愼		0.4	0.7	0.11									0.11	익·리3
愼承善	1.6	0.7	0.4	2.5									2.5	익·리3
鄭佸		0.1	0.7	0.8									0.8	
魚世謙		2.5	0.4	2.9									2.9	익3
鄭文炯			0.7	0.7									0.7	
韓致亨	2.9	1.9	1.10	6.4									6.4	리3
成俊	1.3	2.9	1.9	5.7									5.7	
李克均		1.3	2.9	4.0									4.0	
柳洵	2.4	0.1	1.3	3.8	4.7			4.7					8.3	정2
許琮			0.1	0.1									0.1	
朴崇質		1.1	1.2	2.3									2.3	
姜龜孫			0.2	0.2									0.2	
愼守勤		0.2	1.0	1.2									1.2	
金壽童			0.2	0.2	2.4	0.1		2.5					2.7	정2
朴元宗					0.6	3.0	0.1	3.7					3.7	정1
柳順汀					0.2	3.1	3.0	6.3					6.3	정1
成希顔					0.3	0.5	3.1	3.9					3.9	정1
宋軼					1.0	0.6	0.6	2.0					2.0	정3
鄭光弼					8.5	2.11	0.6	12.1					12.0	
金應箕						1.9	2.6	4.3					4.3	

* 좌는 佐翼功臣, 익은 翊戴功臣, 리는 佐理功臣, 정은 靖國功臣, 위는 衛社功臣, 평은 平亂功臣, 광은 光國功臣이고, 숫자는 공신등급이다(책록시기는 뒤 주645) 참조).

644) 『조선왕조실록』 연산군 즉위 ~ 선조 24, 禹仁秀, 1987, 「朝鮮 明宗朝 衛社功臣의 性分과 動向」, 『대구사학』 33, 56 ~ 57쪽 〈표 1〉에서 종합.

성명	중종				인종				명종				계	공신
	영	좌	우	계	영	좌	우	계	영	좌	우	계		
申用漑		1.9	1.9	3.6									3.6	
安瑭		0.1	1.6	1.7									1.7	
金詮	3.0		0.1	3.1									3.1	
南袞	3.10	3.4		7.2									7.2	
李惟淸		4.1	3.8	7.9									7.9	
權鈞			3.9	3.9									3.9	정4
沈貞		2.4	0.9	3.1									3.1	정3
李荇		1.4	2.4	3.8									3.8	
張順孫	1.6	1.6	0.10	3.11									3.10	
韓效元	0.1	1.6	1.6	3.1									3.1	
金謹思	2.8	0.4	1.5	4.5									4.5	
金安老		2.7	0.4	2.11									2.11	
尹殷輔	6.8	0.1	2.7	9.4									9.4	
柳溥		0.1	0.1	0.2									0.2	
洪彦弼	0.11	7.1	0.1	8.1									8.1	
金克成			2.6	2.6									2.6	정4
尹仁鏡			4.0	4.0	0.6	0.1	0.5	2.3	1.8	0.7		2.3	7.3	위2
李芑							0.1	0.1	2.11	2.7	0.2	5.8	5.9	정4, 위2
柳灌						0.7	0.1	0.8					0.8	
成世昌							0.7	0.7		0.2		0.2	0.9	
鄭順朋											3.6	3.6	3.6	위1
黃憲										0.9	0.5	1.2	1.2	위3(추)
沈連源									6.9	1.11	0.9	9.5	9.5	위3(추)
尙震									14.7	6.10	1.10	13.4	13.4	
尹元衡									2.7		0.4	2.11	2.11	위2
尹漑										0.4	6.9	7.1	7.1	위3
安玹										1.4	0.1	1.5	1.5	
李浚慶									2.2	3.10	1.7	6.7		
沈通源										1.9	3.10	5.7	5.7	
李蓂										1.9	1.9	3.6	3.6	
權轍											1.9	1.9		

성명	선조				계	공신
	영	좌	우	계		
李浚慶	3.0			3.0	10.7	
權轍	5.11	3.8		9.7	11.5	
閔箕			0.4	0.4	0.4	
洪暹	0.6	2.11	3.0	6.5	6.5	
吳謙			0.1	0.1	0.1	
李鐸	0.6	0.2	1.1	1.9	1.9	
朴淳	5.11	1.1	0.6	7.6	7.6	
盧守愼	2.0	2.8	7.6	12.2	12.2	
姜士尙			2.9	2.9	2.9	
鄭惟吉		2.4	1.10	4.2	4.2	
金貴榮		1.9	0.1	1.10	1.10	평2
鄭之衍			1.9	1.9	1.9	
柳㙉	0.9	0.3	1.6	2.3	2.3	평2
李山海	2.1	1.1	0.3	3.5	3.5	광3, 평2
鄭彦信			0.9	0.9	0.9	
鄭澈		0.11	0.4	1.3	1.3	광3
沈守慶			0.2	0.2	0.2	
柳成龍		1.2	0.9	1.11	1.11	광3
李陽元			1.2	1.2	1.2	광3

의정별로는 영의정이 2.7(39명/97년)년이었고, 좌의정이 1.7(58명)년이었으며, 우의정이 1.4(68명)년이었다. 또 재직 왕대별로 보면 1대가 62명, 2대가 6명(성종대를 포함하면 9명), 3대가 1명인 등 대부분이 1대에 재직하였다. 의정별재직자는 영의정 1명, 우의정 13명, 영·좌의정 1명, 영·우의정 1명, 좌·우의정 25명, 영·좌·우의정 27명 등 55명이 영·좌·우의정, 좌·우의정 등에 중복해서 재직하였다.

또 의정에 제수된 공신을 보면 연산군대에는 33%(5/15명)였고, 중종대에는 36%(9/25)였고, 인종대에는 25%(1/4)였고, 명종대에는 50%(7/14)였으며, 선조대에는 32%(6/19)였다. 그런데 이들 공신인 의정의 재직기간을 보면 공신의 책록시기와[645] 관련되어 연산군·중종·명종대는 모두가 전반기였고, 선조대는 후반기였다.

그러면 이러한 의정재직기간·공신인 의정의 점하는 비중이 의정부권한 및 활동과는 어떻게 연관되었겠는가? 이를 살피기 위해 〈표 43〉의 의정부·육조활동과 〈표 51〉의 의정역임자의 재직기간·공신 비중을 서로 비교하여 보면 다음의 표와 같다.

〈표 53〉 조선중기 의정부 정치활동과 의정재직기간·공신책록자 대비[646]

			연산군대	중종대	인종대	명종대	선조1~24년	합계
의정평균재직기간(연)	역임자		15명/31.1년	26/102	4/2.4	14/65	19/62	70/213
	기간		2.6	2.6	0.8	3.0	2.6	2.7
공신비율			33%	36%	25%	50%	32%	
의정부·육조 활동대비	의	수	911	3,588	95	979	245	5,539
		%	54.6	58	44	54.7	49.7	56
	육	수	757	2,597	119	812	248	4,294
		%	45.4	42	46	45.3	50.3	44
	합계		1,668	6,185	214	1,791	493	9,833

645) 공신이 책록된 사유와 시기는 다음과 같다(『조선왕조실록』 세조 1년 ~ 선조 23년조)
佐翼功臣 - 세조즉위(세조 1년)
翊戴功臣 - 예종즉위(예종 즉위)
佐理功臣 - 성종즉위(성종 2)
靖國功臣 - 중종반정(중종 1)
衛社功臣 - 명종즉위(명종 즉위)
光國功臣 - 종계변무(선조 23)
平亂功臣 - 정여립난토벌(선조 23)

646) 앞 〈표 51〉과 〈표 54〉에서 종합.

의정재직기간과 의정부·육조의 정치활동경향을 보면 위의 표와 같이 의정부 활동수는 인종대가 가장 활발하고 중종, 연산군, 명종, 선조대의 순서였다. 의정 재직 평균 연수는 명종대가 가장 길었고, 다음이 연산군·중종·선조전기였으며, 인종대가 가장 짧았다. 공신비율은 명종대가 가장 높고 중종, 연산군, 선조, 인종대의 순서였다. 이점에서 의정의 재직기간·공신비율과 의정부기능은 직접적으로는 연관되지 않았다고 하겠다.

그런데 국왕재위기간과 재직의정수를 보면 각각 연산군대에는 12년 - 15명, 중종대는 39년 - 25명, 명종대는 22년 - 14명, 선조대는 24년 - 19명이었다. 5년 이상 장기간 재직자는 각각 연산군대에는 2명, 중종대는 6명, 명종대는 6명, 선조대는 4명이었고, 그 중 중종대의 정광필·윤은보·홍언필과 명종대의 심연원·상진(12.0년) 및 선조대의 권철·노수신은 8년 이상에 걸쳐 재직하였다(이준경은 명종·선조대에 걸쳐 10.7년).[647] 또 영, 좌, 우의정의 직전관직과 체직관직을 보면 대부분이 의정에 제수되었다가 좌의정에 승직하고 다시 영의정에 승직한 후 졸하거나 부원군 등에 체직되었다.

또 공신비율과 의정부활동을 보면 연산군·중종·명종대에는 공신의 대부분이 국왕재위 전반기에 활동하였고, 선조대의 경우는 공신책록시기가 왕 23년이고 인종대는 재위기간이 1년에 불과하였다. 이를 볼 때 공신의 비율이 높았던 명종대는 물론 중종초·연산군전반에는 의정부활동이 활발하였다.

그 외에 조선중기 의정부기능을 보면 왕권·의정부의 국정통

647) 앞 〈표 51〉에서 종합.

령기능, 의정부서사제·육조직계제, 원상제, 공신대두, 척신·권신대두, 국왕의 자질·통치스타일, 삼사의 과감한 언론활동, 사림의 대두 등과 관련되어 국정운영을 주도하거나 국정전반에 강력한 기능을 발휘하였다. 즉 의정부는 중종 11 ~ 28년에는 육조를 직접으로 지휘하거나 대소국정논의에 활발하게 참여하면서 국정운영을 주도하였고, 연산군 1년 12월 ~ 12년·중종 3년 6월 ~ 39년·인종 즉위년 12월 ~ 1년·명종 3년 6월 ~ 22년·선조 즉위년 12월 ~ 24년 등의 시기에는 육조를 간접으로 지휘하거나 대소 국정논의에 활발하게 참여하면서 국정운영에 큰 영향력을 발휘하였다.[648]

이를 볼 때 조선중기 의정의 재직기간과 의정부기능·정치활동은 직접적으로는 연관되지 않았지만, 우의정에 제수된 후 좌, 영의정에 순차적으로 승직 및 평균 재위기간이 2.7년이나 되고 5 ~ 10년 이상에 걸친 재직자가 20여명이나 되고 각 왕대에 골고루 분포되었으며, 공신이 의정으로 재직한 시기는 의정부활동이 활발하였다. 따라서 장기간에 걸친 의정의 재직과 공신인 의정의 활동은 의정부의 안정적인 운영과 국정 최고기관으로서의 기능을 발휘하는 토대가 되었다고 하겠다.

648) 한충희, 앞 「조선중기 의정부정치활동연구」, 198 ~211쪽.

제4부 朝鮮前期 議政府의 統治體系

제11장 朝鮮前期 議政府와 六曹

제12장 朝鮮前期 議政府와 政治機構

제11장 朝鮮前期 議政府와 六曹

제1절 議政府署事制와 六曹直啓制의 推移

1. 議政府署事制

조선전기 국정운영의 토대가 되는 관아는 議政에 참여하고, 서무를 집행하는 六曹였다. 그러면서도 이 육조의 관장과 관련되어 議政府가 육조를 지휘하면서 국정운영을 주도할 때에는 議政府署事制의 국정체계가 영위되었고, 국왕이 육조를 친히 장악하면서 국정을 영위할 때에는 六曹直啓制의 국정체계가 운영되었다.

조선전기의 국정운영체계는 태조 1년(1392) ~ 정종 2년(1400)에는 都評議使司가 육조를 지배하면서 정치, 군사, 외교, 재정 등 모든 국정을 총관하는 체제였다. 정종 2년에는 도평의사사가 의정부로 개편됨에 따라 의정부가 국정을 주도하는 의정부서사제가 운영되었으며, 태종 14년(1414)에 육조직계제로 전환되었다. 이후 세종 18년(1436)에 세종의 의정부대신의 정무협찬의 필요에서 의정부서사제가 복구되었으며, 세조 즉위(1455)와 함께 세조의 강력한 통치권행사에서 다시 육조직계제가 부활되었다. 그 후 중종 11년(1532)에 다시 의정부서사제로 변천되었다가 중종 29년에 육조직계제로 환원된 후 조선후기로 계승되었다.

의정부서사제는 정종 2년에 세자 靖安君 芳遠의 주도하에 도평의사사의 지나친 권력을 약화하고, 왕권을 강화시키기 위하여 도평의사사를 폐지하면서 그 정치기능은 의정부로, 군사기능은 삼군부로 각각 나누어 관장하게 하는 조치로 등장하였다. 그러나 이후 육조직계제가 실시되는 태종 14년까지의 정치운영을 보면 정종 2년 ~ 태종 5년에는 여전히 도평의사사 때의 국정체계가 운영되었고, 태종 5년 이후에야 조선적인 의정부제의 정립과 함께 본격적인 의정부서사제가 영위되었다.

정종 2년에 도평의사사가 의정부로 개편되기는 하나 태종 1년 6월까지는 그 상층구성원이 도평의사사 때의 문하부·삼사·예문춘추관·삼군부의 종2품관 이상이었음과[649]같이 도평의사사가 의정부로 명칭이 변개됨에 불과하였다. 따라서 육조는 각조별로 기능히 명확하게 규정되었지만 문반과 무반의 전선은 判尙瑞司事를 겸임한 문하좌·우정승이 관장하였고, 재정은 三司가 관장하였으며, 군사는 承樞府가 관장하는 등 직무분장이 모호하였다. 육조는 정3품 아문이기 때문에 의정부 당상인 문하좌·우정승, 문하찬성사, 참찬문하부사가 職次에 의하여 겸한 判事를 통하여 국왕에게 연결되면서 그 정사를 보고하고 하명받는 등 의정부의 지배를 받으면서 서무를 집행하였다.[650] 태

649) 앞 〈표 7〉 정종대 참조.

650) 문하좌정승이 판이조사, 문하우정승이 판병조사, 찬성사 2인이 판호조사와 판예조사, 참찬사 2명이 판형조사와 판공조사를 각각 겸대하였다

종 1년 7월로부터 태종 5년까지는 의정부구성원이 종래의 문하부·삼사·예문춘추관·삼군부의 2품관 이상에서 문하부의 2품관 이상만이 의정부 관원이 되는[651] 등 조선적인 의정부제로 개편되었다. 그러면서도 육조가 계속 정3품 아문에 머물렀기 때문에 그 이전의 '의정부 - 육조' 체제가 계승되었고, 육조 기능은 여전히 미약하였다.

태종 5년에 이르러 1월에 육조의 장관으로 정2품의 判書가 설치됨에 따라 육조는 정2품아문으로 격상되면서 대소 조정에 직접으로 참여하게 되었다. 동시에 종래까지 겸판상서사가 관장하였던 문, 무반의 인사권이 이, 병조로, 司平府에서[652] 관장하였던 재정권이 호조, 승추부에서 관장하였던 군사에 관한 권한이 병조로 각각 귀속되면서 육조가 완전히 서무를 분장하게 되었다.[653] 계속하여 태종 5년 3월에 각조에 3개씩의 屬司를 두는 六曹屬司制, 의정부 등 십여 당상아문을 제외한 90여 아문을 그 직장과 관련시켜 육조에 소속시킨 六曹屬衙門制가 성립됨으로써[654] 육조의 지위가 정립되었다. 태종 5년에 이와같이 육조의 지위가 정2품아문으로 격상되고 속사·속아문을 지휘하면서 서무를 확실히 관장하게 된 것은 태종의 왕권강화를 위한 의정부기능의 약화, 육조와 승정원의 지위·기능강화, 육조 중심의 국정운영 도모에서 있게 된 것이었다.

(한충희, 1985, 「조선초기 판이·병조사연구」, 『한국학논집』 11, 112쪽.

651) 『태종실록』 권1, 1년 7월 경자.

652) 사평부는 태종 1년 의부제의 정립 등 관제개정 때에 삼사가 개칭되면서 등장하였다. 위 책 권2, 태종 1년 7월 경자).

653) 위 책 권9, 5년 1월 임자.

654) 위 책 권9, 5년 3월 정유.

그리하여 태종 5년으로부터 태종 13년까지는 의정부가 계속하여 육조를 지휘하면서 국정을 주도하기는 하나 태종의 왕권강화를 위한 시위군의 강화, 공신·척족의 제거, 육조 중심의 국정운영 모색 등과 관련되어 점진적으로 기능이 약화되었다. 반면에 육조는 의정부의 지휘를 받으면서 국정을 분장하기는 하였지만, 서무분장이 명확해지고 그 조의 운영에 대한 독자성이 크게 증대되었다.

세종 18년에 이르러 다시 육조직계제가 폐지되고, 의정부서사제가 복구되면서 의정부가 육조를 지휘하면서 국정운영을 주도하게 되었다. 이 때에 의정부서사제가 실시되게 된 것은 세종의 건강이 육조직계제로 폭주하는 정사를 감당하기 어려웠고,[655] 의정부대신에 재식을 겸비한 黃喜 등이 재직하고 있었기 때문이었다.[656] 세종은 황희 등의 보좌에 힘입어 정무처결의 부담을 덜면서 국정을 재결할 수 있게 되었고, 養病에도 여유를 가지게 되었다.

세종 18년 이후의 의정부 기능은 세종 18년 ~ 문종 2년(1452)에는 세종의 신병, 세자인 문종의 代理聽政,[657] 문종의 병약[658] 등과 관련되어 점진적으로 강화되었다. 그러나 이 시기에는 세

---

655) 최승희, 1974, 「양반유교정치의 진전」, 『한국사』 9, 141쪽.

656) 대표적인 인물에는 황희·맹사성·허조·최윤덕 등이 있다. 이 중 황희의 재식과 경륜은 앞 233쪽 참조.

657) 문종의 대리청정 배경과 정사재결은 최승희, 1967, 「集賢殿研究」 하, 『역사학보』 33, 40 ~ 43쪽 참조.

658) 문종은 세종 27년부터 세종의 신변악화와 관련되어 서무를 재결하였지만, 세종 28년 5월과 세종 31년 11월 ~ 32년 윤1월에는 오히려 세자에게 서무를 재결시킨 세종이 정무를 보아야 할 정도로 중병을 앓았고, 세종 국상중에 건강을 해쳐 재위 2년만에 홍서하였다.

종의 의정부서사제 운영방침이 유지되면서 병약한 국왕의 정무 재결을 협찬하고 왕권과 의정부가 균형을 이루는 가운데 국정이 영위되었다. 그러다가 단종이 12세의 유년으로 즉위하고, 단종을 보호하면서 정무를 협찬하여야 할 母后와 외조부가 사거하였음[659] 등과 관련되어 제일 중요한 국사인 인사의 경우에 의정부대신이 국왕이 落點할 후보자의 이름 위에 '黃色의 點'을 찍어 올리면 국왕이 그 인물을 결재하는 소위 '黃標政事'[660]라고 일컬어진 극단적인 의정부 중심의 정치가 운영되었다. 그리하여 단종은 자리나 유지하는 국왕에 불과하게 되었다. 이러한 상황은 비록, 단종 1년(1453)에 왕숙인 首陽大君 李瑈에 의해 皇甫仁·金宗瑞 등 의정이 격살되었음에도 불구하고 개선되지 못하고 수양대군에 의해 그대로 답습되었다.

중종 11년(1516)에 세조 즉위와 함께 실시된 육조직계제가 다시 의정부서사제로 전환되었고, 이후 중종 28년경에 다시 육조직계제가 실시될 때까지 운영되었다. 이 시기의 의정부 기능은 조선초기에 의정부가 육조로부터 정사를 보고받아 심의하여 국왕에게 보고하고 국왕으로부터 하달된 정사를 육조에 내려 시행하는 등 의정부가 육조를 직접으로 지휘하면서 국정을 총관하였음과는 달리 주로 육조가 계문한 정사를 재론하거나 그 외의 대소 정사논의를 주도하는 등으로서 국정운영을 주도하거나 국정전반에 큰 영향력을 발휘하였다.

659) 顯德王后는 단종출산 직후에 홍서하였고, 외조인 權專은 세종 23년에 판한성부사로서 졸하였다.

660) 『단종실록』 권2, 단종 즉위년 7월 계사.

2. 六曹直啓制

六曹直啓制는 태종 14년(1414)에 이르러 태종 5년 이래로 태종이 직접으로 육조를 지휘하면서 국정을 운영하려는 노력이 결실되면서 처음으로 등장하였다.[661] 이 때의 육조직계제는 직접적으로 태종의 왕권강화 도모에서 기인되었지만 그 실시를 명한 태종의 전교에

> 우리나라의 제도는 모두 중국의 제도를 모방한 것이다. 마땅히 의정부의 공사는 육조에 분부하여 시행하는 것은 (명) 六部直奏制를 본받아야 한다. 경등은 (이를) 참작하고 결정하여 보고하라.[662]

고 한 바와 같이 명의 육부가 직접으로 황제에게 정사를 보고하고 지시를 받아 정무를 처리하는 六部直奏制에서 크게 영향되었다.

이후 세종 17년(1435)까지는 태종과 세종의 국정운영 방침, 승정원의 대두,[663] 의정부 대신 재직자 등의 변수에 따라 차이가 있지만 육조직계제가 계속되면서 육조 중심의 국정이 운영되었다. 반면에 의정부는 육조에 대한 지휘권을 상실하고 국왕의 지시에 따라 육조가 啓聞한 정사나 왜·야인과 관련된 현안

661) 그 실시배경과 과정은 한충희, 1980, 「조선초기 의정부연구」 상, 『한국사연구』 31, 125 ~ 128쪽 참조.

662) 『태종실록』 권27, 14년 4월 경신 我朝之制 皆倣中朝 宜以政府之事 分付六曹 以効六部之制 卿等參定以聞.

663) 그 기능은 한충희, 1987, 「조선초기 승정원연구」, 『한국사연구』 59, 69 ~ 71쪽 참조.

사 등의 擬議에 참여함으로써 육조정사에 관여하였다.

세조 1년(1455)에 다시 의정부서사제가 폐지되고 육조직계제가 부활되면서 국왕과 육조를 중심한 국정이 운영되게 되었다. 이 때에 육조직계제가 부활된 것은 세조는 능력이 출중하기도 하였지만 정변을 일으켜 왕권을 쟁취하였고, 육조직계제를 실시한 직후에 계속 의정부서사제를 고집하는 예조참판 河緯地 등 육조 당상에 대하여 세조가

> 의정부대신이 국정을 총관하는 제도는 임금이 죽은 제도이다. 너희들은 나를 죽었다고 생각하느냐. 또 내가 유충하여 서무를 재결할 능력이 없기에 국가통치의 권리를 신하에게 이양해야 된다고 생각하느냐.[664]

라고 한 바와 같이 세조의 강력한 친정의지와 단종대의 극단적인 의정부 중심의 국정운영에 대한 부정에서 연유된 것이었다.

세조대에 복구된 육조직계제가 이후 중종 11년(1516)에 다시 의정부서사제로 바뀔 때까지 계속되었다. 그러나 의정부와 육조 기능은 국왕의 정치방침, 원상제의 운영 등과 관련되어 신축을 보이면서 발휘되었다. 세조 1년으로부터 세조 12년까지는 육조직계제에 상응하는 육조 중심의 국정이 영위되었다. 세조 13년 ~ 성종 6년에는 세조 13년에 실시된 院相制가 예종의 홍서, 성종의 유년계위와 관련되어 계속되면서 정치를 주도하였다.[665] 성종 7 ~ 25년에도 육조직계제가 계속되기는 하나 성종

664) 『세조실록』 권1, 1년 8월 임자 聽於冢宰 君薨之制也 汝之我爲薨也 且以予爲幼沖不能裁決庶務 遂使權移於下乎.

이 대부분의 정사를 영돈령부사 이상 의정에게 논의하게 한 후[666] 시행하였기 때문에 육조의 독자적인 정무수행이 크게 제약되었다. 연산군대에는 왕 1년(1495) ~ 9년에는 성종대의 정치 분위기가 계승되었으나, 10년 이후에는 연산군의 전횡이 극에 다다르고 柳子光·任士洪 등의 왕측근이 발호하면서 육조는 물론 의정부의 기능발휘가 크게 제약되고 위축되었다. 중종 1년(1506) ~ 10년에는 朴元宗·柳順汀·成希顔 등의 중종반정을 주도한 정국공신 중심의 정치가 운영되었다. 이와 관련되어 의정부는 이들의 의정 재직을 토대로 육조를 지휘하거나 국정전반에 큰 영향력을 발휘하였다.

의정부서사제는 중종 28년경에 다시 육조직계제로 전환되었고, 이 육조직계제가 이후 선조 25년(1592) 비변사가 의정부에 대신하여 군국중사를 총령할 때까지 계승되었다. 이 시기의 정치는 비록 육조직계제에 의해 육조가 서무를 분장하면서 국정운영을 주도하도록 되었다. 그러나 그 실제의 정치운영을 보면 의정부의 법제적인 국정총령의 기능, 의정의 직질·재식·경륜, 이를 토대로 한 국왕의 신임 등과 관련되어 의정은 의의활동을 통해 육조의 정사에 광범하게 관여하고 그 외의 대소 정무논의의 참여 등을 통해 국정전반에 큰 영향력을 발휘하였다. 이에 따라 육조는 국정운영을 주도하기는 하나 직·간접으로 의정부의 관여와 지휘를 받는 경향을 띄게 되었다.

---

665) 金甲周, 1973, 「원상제의 성립과 기능」, 『동국사학』 12.
666) 『성종실록』 권79, 16년 5월 기묘, 『중종실록』 권19, 9년 1월 경인.

제 2 절 議政府의 六曹 關攝

1. 議政府의 六曹支配

의정부는 성립초인 정종 2년 ~ 태종 4년에는 의정부를 설치한 취지와 달리 도평의시시적인 직제·기능을 답습하였다. 육조는 정3품아문이었기 때문에 조정에 참여하지 못하였다. 이에서 의정부는 태조 1년 ~ 정종 2년의 도평의사사와 같이 육조를 예속하는 강력한 기능을 발휘하였을 것이라고 추측된다. 실제로도 의정부는 호조가 집행하는 楮貨法의 실시를 상계하고 국왕의 명을 받고 각도의 전지손실수를 규핵하였으며,[667] 예조가 집행하는 개성유후사의 종묘입묘사를 왕명을 받아 논의하여 그 결과를 예조에 하달하는[668] 등과 같이 육조가 집행하는 정사를 직접으로 상계·수명하고 다시 수명한 정사를 육조에 移關하는 등 육조를 지배하였고, 육조는 의정부의 지시를 받으면서 서무를 집행하였다.

2. 議政府의 六曹指揮

의정부는 태종 5 ~ 13년과 세종 18년 ~ 단종 3년에는 의정부 서사제의 운영에 따라 육조를 지휘하면서 국정운영을 주도하였다. 즉 의정부는 육조의 모든 대소정사를 보고받아 검토하여 국왕의 결재를 얻거나 독자적으로 결정한 후 육조에 내려 시행

667) 『태종실록』 권3, 2년 2월 을축, 좌동서 권3, 2년 2월 계해.
668) 위 책 권3, 태종 2년 1월 무자.

하게 하였다.[669] 그러면서도 의정부는 태종 5 ~ 7년에는 모든 육조의 정사를 보고받아 검토한 후 국왕의 결재를 받아야 할 정사는 상계하여 재가를 받아 육조에 내려 시행하게 하였고, 의정부가 자체적으로 처리해도 될 정사는 독자적으로 결정을 한 후 육조에 내려 시행하였다.

태종 8 ~ 13년에는 이미 집행한 예가 있는 정사를 제외한 육조의 정사를 보고 받아 위에서와 같은 과정을 거쳐 시행하되, 육조가 이미 집행한 예에 따라 처리한 정사도 잘못이 있으면 의정부가 다시 審察하여 처리하였다. 태종 8년의 이러한 정사 처리는 의정부가 육조지휘의 골격을 유지하면서도 의정부서사제의 실시로 인해 야기되는 업무의 폭주를 개선하면서 있게 된 것이었다.

그런데 이 때 위에서는 모든 육조업무가 의정부의 지휘를 받아 처리하게 되었지만, 세종 18년 ~ 단종 3년의 경우에는 이·병조의 제수, 병조의 용군, 형조의 사형수 이외의 형결은 그 조가 직계하여 수행하고 그 연후에 의정부에 보고하며, 그 일에 잘못이 있으면 의정부의 審駁에 따라 육조가 다시 상계하여 운영하는 시정책이 강구되었다.[670] 또 태종은 치세를 통해 병권 관장에 각별한 관심을 기울였고,[671] 세종에게 양위를 한 후에도 전선과 군정 등에 관한 정사는 친히 관장하였다.[672] 이에서 이·병조의 제수, 병조의 용군, 형조의 사형수 이외의 형결 등

669) 위 책 권15, 태종 8년 1월 임자, 외.
670) 『세종실록』 권72, 18년 4월 무신.
671) 『태종실록』 권18, 9년 8월 정묘, 외.
672) 위 책 권36, 18년 8월 정해·『세종실록』 권26, 6년 12월 임인.

정사는 법제적으로 그 조가 직계하면서 처리하도록 되었다고 하겠다.

태종 5 ~ 13년에 의정부가 이처럼 육조의 보고를 받고 육조에 지시를 하면서 육조정사를 지휘하였고,[673] 특히 '議政府據某曹呈啓'와 같은 형태로서 전개한 정사는, 세종 18년 ~ 단종 3년에는 의정부가 상계한 정사의 대부분을 점하였음과 달리 그 사례가 많지 못하였다. 그리고 의정부가 독자적으로 상계하고 왕명을 받은 정사를 보면 대개 육조직계제가 실시된 시기에 육조가 상계하고 수명한 정사와 같은 내용이었다.[674]

태종 5 ~ 13년에 의정부가 이와 같이 육조정사를 상계하고 수명 받은 것은 행정절차의 미숙성과도 관련되었겠지만, 의정부의 육조지휘가 세종 18년으로부터 단종대까지에 비하여 보다 직접적이고 강력하였음을 보이는 것이라고 추측된다. 즉, 의정부는 육조의 보고를 받아 상계하기도 하지만, 대부분은 독자적으로 육조정사 전반을 상계하고 수명하면서 육조를 지휘하였기 때문이라고 하겠다.

그리고 육조가 직계로서 처리하게 된 인사, 용군, 사형수 이외의 형결은 의정부에서도 직계하고 있다. 이에 이르러 의정부는 태종 8년에 이미 집행한 예가 있는 정사의 육조 자체 처리가 실현되기도 하였지만,[675] 여전히 정무가 폭주하면서 번다함을 면하지 못하였다.

---

673) 그 몇 예는 한충희, 1998, 『조선초기 육조와 통치체계』, 계명대학교출판부, 186 ~ 187쪽 참조.

674) 『태종실록』 권11, 6년 5월 임진 · 6년 3월 계묘 · 권10, 5년 11월 계축, 외.

675) 위 책 권15, 8년 1월 임자.

의정부는 세종 18년 ~ 단종 3년에는 세종 18년에 의정부서사제를 명하는 전교에 따라 육조가 직계로서 처리한 이·병조의 제수, 병조의 용군, 형조의 사형수 이외의 형결을 제외한 모든 육조의 정사를 보고받았고, 그 정사를 검토한 후 상계하여 결재를 받거나 독자적으로 결정하여 육조에 내려 시행하였다.[676] 그리고 육조가 직계한 정사도 육조의 보고를 받아 그 내용에 잘못이 있으면 그 교정한 내용을 육조로 하여금 다시 상계하여 처리하게 하였다.

그런데 의정부는 이, 병, 형조가 직계로서 처리하도록 된 제수, 용군, 사형수 이외의 형결에 있어서도 단종의 즉위교서에 따라 그 모두를 보고받아 처리함은 물론, 당상관 이상·대간·방어요충지의 변장과 수령은 이·병조와 논의하여 시행하는 등 육조 업무 전반을 지휘하였다.[677] 특히 인사에 있어서는 법제적으로는 이·병조와 함께 의논하여 처리하도록 되었지만 의정부가 위세를 떨치면서 국정을 총관하고 이·병조가 모든 제수사를 의정부의 지시를 받아 처리함에 따라 위에서 언급된 요직은 물론 당하 이하의 庶官과 임시직의 인사까지도 의정부가 정조를 지휘하면서 주관하였다.[678]

---

676) 『세종실록』 권72, 세종 18년 4월 무신 敎日 (중략) 今依太祖成憲 六曹各以所職 皆先稟於議政府 議政府商度可否 然後啓聞取旨 還下六曹施行 唯吏兵曹除授 兵曹用軍 刑曹死囚外刑決 仍令本曹直啓施行 隨卽報于政府 如有未當 政府從而審駁 更啓施行 如此則庶合 古者專任宰相之意. 이 하교 이후에 의정부가 육조의 보고를 받고 지시를 내리면서 수행한 정사의 몇 예는 한충희, 앞 책, 188쪽 주34) 참조.

677) 『단종실록』 권1, 즉위년 5월 경술 頒敎日 (중략) 古事政事皆出中書 인予幼沖 昧於施爲 凡所措置 悉與政府六曹擬議施行 前此六曹常行直啓公事 今皆報政府啓聞施行 堂上官以上及臺省 防禦緊關沿邊將帥與守令除授 皆與政府政曹同議施行 其餘三品以下除授 亦皆審駁之 (하략).

이러한 조선초기 의정부서사제 운영기 의정부의 6조지휘는 다음에 제시된 의정부와 육조의 정치활동 대비표에서 명확히 입증된다고 본다. 즉 의정부서사제가 실시된 태종 5 ~ 13년과 세종 18년 ~ 단종 3년에는 의정부가 총활동수에서 육조를 압도하였고(641〉240, 3,172〉1,819), 그 중에서도 적극적인 정치참여방

〈표 54〉 조선초기 의정부 · 육조 정치활동 대비[679]

			의정부서사운영기 육조직계운영기				
			태종 5 ~13년	세종 18 ~단종3	태종 14 ~세종17	세조 1 ~성종 25	비고(계)
수명	의정부	수	65	79	69	254	465
		%	10	3	5	9	12
	육조	수	27	737	647	2,001	3,412
		%	11	41	16	35	88
계문	의정부	수	351	1,892	279	372	2,894
		%	55	60	23	13	28
	육조	수	186	916	3,260	3,025	7,387
		%	78	50	79	53	72
의의	의정부	수	225	1,201	894	2,193	4,513
		%	35	38	73	78	80
	육조	수	27	166	224	728	1,145
		%	11	9	5	13	20
합계	의정부	수	641	3,172	1,233	2,819	7,865
		%	73	64	23	33	40
	육조	수	240	1,819	4,131	5,754	11,944
		%	27	36	77	67	60
	계	수	881	4,991	5,364	8,573	19,809
		%	100				

---

678) 위 책 권6, 1년 6월 계사 卽位之初 下敎 堂上官及臺諫政曹沿邊將帥與守令 政府同議 其餘庶官但審駁之而已 厥後兼判吏曹事許詡 畏政府 官無大小 皆稟政府指使 雖如權務渡丞之微者 非由政府 不得焉.

식이면서 육조의 정사를 직접적으로 지휘·관여한 육조의 정사를 보고받아 계문(傳聞)한 활동과 육조가 상계한 정사를 다시 논의하는 의의활동이 총활동의 60%와 38% - 98%를 점하였다. 이점에서 의정부서사제가 운영되었던 태종 5 ~ 13년·세종 18년 ~ 단종 3년에는 의정부가 육조를 지휘하면서 국정운영을 총관하고 주도하였다고 하겠다.

조선중기에 의정부서사제가 운영된 중종 11 ~ 28년에는 의정부가 六曹·漢城府·掌隷院의 細瑣事를 제외한 모든 정사를 보고 받아 검토한 후 보고하여 시행하고, 이·병조의 인사도 제수에 앞서 규핵하는 등 육조·백사를 지휘하면서 국정을 총관하게 되었다[680] 그러나 실제에 있어서는 조선초기에 의정부서사제가 운영되었던 시기와 달리 의정부서사제가 철저하게 운영되지 못하였다. 즉 의정부의 중심이 된 활동이 육조의 정사를 보고받아 계문한 활동 보다는 육조가 상계한 정사를 다시 논의하는 의의활동이 중심이 되는 등 의정부는 육조를 직접적으로 지휘하지 못하고 간접적으로 지휘하는 등 의정부는 조선초기와 달리 서사권을 행사하지 못하고 간접적으로 육조를 지휘하고 육조의 정사에 관여하였다.[681]

---

679) 한충희, 2005, 「朝鮮初期 國政運營體制와 國政運營」, 『朝鮮史研究』 15, 46 ~ 47쪽 〈표 4〉·49 ~ 50쪽 〈표 5〉에서 종합.

680) 『중종실록』 권25, 11년 4월 병자(앞 주 583)·11년 5월 신사·권26, 11년 6월 신해 是日始復署事.

681) 의정부는 총활동수는 육조를 능가하였고(1,744〉1,303), 계문활동은 육조 보다 적으나(502〈643), 의의활동은 육조를 압도하하였음에서(1,164〉378) 의정부서사제가 이행된 것으로 추측되기도 한다. 그러나 이러한 활동경향을 육조직계제가 실시된 그 외의 시기와 비교할 때 별 차이가 없다. 이점에서 이 시기의 의정부서사제는 철처히 시행되지 못하였다고 하겠다(조선중기 의정부서사제와 육조직계제 운영기의 활동경향은 뒤 〈표 55〉 참조).

이상에서 의정부서사제가 운영된 시기의 의정부는 조선초기에는 대개 모든 육조의 정사를 검토하여 국왕의 재결을 받거나 결정하여 시행하였고, 의정부 당상은 육조의 판사를 겸하면서 육조업무를 지휘하였으며, 국왕의 신임을 받는 의정은 육조공사에 크게 관여하였다. 그러나 부분적으로는 판서 재직자가 국왕의 신임을 통하여 그 조의 업무를 확고히 관장함에 따라 의정부의 육조에 대한 지휘기능이 약화되었고, 반면에 육조는 이러한 의정부의 지휘와 관섭으로 대개는 그 기능발휘가 위축되었다. 조선중기에는 의정부서사제가 부활되기는 하나 철저하게 실시되지 못하였고, 이에 따라 의정부는 서사권을 행사하지 못하고 의의활동을 통해 간접으로 육조를 지휘하고 육조 정사에 관여하였다.

3. 議政府의 六曹事 關與

태종 14년 ~ 세종 17년과 세조1년 ~ 성종 25년에는 육조직계제가 시행되면서 육조가 모든 정사를 직접으로 국왕에게 보고한 후 결재를 받아 시행하거나 독자적으로 처리하면서 국정운영을 주도하였다. 의정부는 이러한 국정운영체계와 관련하여 직접으로 육조업무에 간여할 수는 없었지만, 육조 업무에 대한 상소, 국왕의 지시에 따라 육조가 상계한 정사의의에 참여하는 형태로 육조업무에 관여하였다.

태종 14년 이후에 의정부가 참여한 육조정사는 태종 14년에 육조직계제의 실시를 명한 전교에 이은 사론에

> 처음에 왕이 의정부의 권력이 강력한 것을 염려하여 이를 개혁할 생각이 있었지만 신중히 하기 위하여 서두르지 않고 있다가 이 때에 와서 개혁하였다. 정부가 관장한 바는 오직 사대문서와 중죄수에 대한 재심뿐이었다. 지금 비록 의정부의 권력이 강력한 폐단은 제거되었다고는 하나 권력이 육조로 분산되어 통괄하지 못하게 되어 서정을 승품이 순조롭지 못하여 정사가 많이 방해되고 지채 되었다.[682]

라고 하였듯이 의정부는 법제적으로는 예조의 대명외교, 형조의 중죄수의 논결에만 간여할 뿐 그 외의 육조업무에 대해서는 직접적인 간여가 금지되었다.

그러나 태종 14년 ~ 세종 17년에 의정부(의정)가 수행한 활동을 보면 이와는 달리 형조정사인 양인남자와 공사천녀의 혼인사·난언사,[683] 호조정사인 진제사와 이조정사인 진제검찰관의 선발,[684] 병조의 정사인 함길도방어책[685] 등에 대해 상계하거나 논의에 참여하는 등 육조의 정사에 광범하게 참여하였다.

세조 1년 ~ 성종 25년에도 의정부는 법제적으로는 형조정사인 사형수논결 이외의 육조정사에는 간여할 수 없었다.[686] 그러나 이 시기 의정부의 활동을 보면 태종 14년 ~ 세종 17년과 같이 비록 활동경향의 차이는 있지만 문·무반인사, 전제, 외

682) 『태종실록』 권27, 14년 4월 경신 初上慮政府權重 思有以革之 鄭重未遽至是行之 政府所掌 唯事大文書覆按重囚而已 今雖革議政府權重之弊 然權分六曹 無所統一 庶事莫適稟承 事多礙滯.

683) 『세종실록』 권45, 11년 7월 기사·권19, 5년 1월 병술, 외.

684) 『세종실록』 권39, 10년 1월 무신, 외.

685) 『세종실록』 권19, 5년 2월 기사, 외.

686) 『세조실록』 권2, 세조 1년 8월 경술.

교·교육, 형정, 영선 등 육조사에 광범하게 관여하였다.

또 연산군 1년 ~ 중종 10년·중종 29년 ~ 선조 24년에 있어서도 육조직계제가 시행되면서 육조가 모든 정사를 직접으로 국왕에게 보고한 후 결재를 받아 시행하거나 독자적으로 처리하면서 국정운영을 주도하였다. 의정부는 이러한 국정운영체계와 관련하여 직접으로 육조업무에 간여할 수 없었지만, 육조업무에 대한 상소, 국왕의 지시에 따라 육조가 상계한 정사의 논의에 참여하는 등의 형태로 육조업무에 광범하게 관여하였다.[687]

이러한 육조직계제 운영기의 의정부의 6조사 관여는 앞의 〈표 54〉와 다음의 표에 제시된 의정부와 육조의 정치활동 대비표에서 명확히 입증된다고 본다. 즉 조선초기 태종 14년 ~ 세종 17년과 세조 1년 ~ 성종 25년에는 의정부는 총활동수가 육조에 압도되었고(1,233〈4,131, 2,819〈5,754건), 계문은 육조와 비교가 되지 못하였으며(279〈3,260, 372〈3,025건), 의의가 78%로 중심이 되면서 육조의 그것을 압도하였다(894〉224, 2,193〉728건).

조선중기에 있어서 연산군대에는 911건 중 수명활동이 70건 8%였고, 계문활동이 245건 27%였으며, 의의활동이 562건 62%였다. 중종 1 ~ 10년에는 1,573건 중 수명이 27건 3%였고, 계문이 271건 31%였으며, 의의가 617건 70%였다. 중종 29년 ~ 인종 1년에는 수명이 1,779건 중 20건 2%였고, 계문이 225건 21%였으며, 의의가 809건 77%였다. 명종대에는 1,811건 중 수명이 36건 4%였고, 계문이 427건 44%였으며, 의의가 516건 53%였다. 이

---

687) 활동분야와 활동실제는 앞 〈표 44〉 참조.

시기를 합해서는 수명이 3,795건(연평균 67.7건) 중 153건(1.5) 4%였고, 계문이 1,168건(20.9) 31%였으며, 의의가 2,504건(64.7) 66%였다.

議政府署事制가 실시된 중종 11 ~ 28년경에는 1,747(연평균 96.9)건 중 수명이 48건(2.7) 3%였고, 계문이 502건(27.9) 29%였으며, 의의가 1,164건(64.7) 67%였다.

연산군 1년 ~ 명종 22년을 통해서는 5,573(연평균 74.9)건 중

〈표 55〉 조선중기 의정부 · 육조 정치활동 대비[688]

			육조직계제 운영기					의정부서사제 운영기	합계
			연산군 1~12	중종 1~10	중종29 ~ 인종1	명종 1~22	계	중종 11~28경	
수명	의정부	수	70	27	20	36	153	48	201
		%	24	3	2	4	4	3	4
	육조	수	226	79	158	185	648	282	930
		%	76	12	22	23	22	22	22
계문	의정부	수	245	271	225	427	1,168	502	1,670
		%	43	31	21	44	31	29	30
	육조	수	322	343	299	390	1,354	643	1,997
		%	57	50	41	48	45	49	47
의의	의정부	수	563	617	809	516	2,505	1,164	3,669
		%	73	70	77	53	66	67	66
	육조	수	209	266	268	237	989	378	1,367
		%	27	39	37	29	33	29	32
합계	의정부	수	912	885	1,054	979	3,830	1,744	5,574
		%	55	56	59	54	56	57	56
	육조	수	757	688	725	812	2,991	1,303	4,294
		%	45	44	41	46	44	43	44
	계	수	1,669	1,573	1,779	1,811	6,821	3,047	9,868
		%	100						100

수명활동이 201건(2.7) 4%였고, 계문활동이 1,670건(22.6) 30%였으며, 의의활동이 3,668건(49.6) 66%였다. 또 이러한 활동 경향은 연도별로 보아도 비슷하였다.[689]

이 중 조선초기(태종 14년 ~ 세종 17년 · 세조 1년 ~ 성종 25)의 경향과 조선중기(연산군 1년 ~ 중종 10년 · 중종 29년 ~ 선조 24년)의 활동경향이 달랐다. 이것은 조선중기에는 조선초기와 달리 왕권, 외척 · 사림의 대두, 의정 등 원로대신의 정사논의참여 증대 등과 관련되어 의정부서사제와 육조직계제 모두 철저하게 운영되지 못한 것에서 기인된 것으로 추측된다.

이를 볼 때 조선중기 의정부활동유형은 육조직계제가 실시된 연산군 1년 ~ 중종 10년 · 중종 29년 ~ 명종 22년은 의의활동을 중심으로 계문 · 수명활동을 전개하였다. 의정부서사제가 실시된 중종 11 ~ 28년에도 조선초기 의정부서사제가 운영되었던 시기에는 계문활동이 중심이 되면서 의의 · 수명활동이 전개되었음과는 달리 육조직계제가 실시되었을 때와 같이 의의활동이 중심이 되면서 계문 · 수명활동이 전개되었다.[690]

---

688) 한충희, 2005, 「朝鮮初期 國政運營體制와 國政運營」, 『朝鮮史硏究』 15, 46 ~ 47쪽 〈표 4〉 · 49 ~ 50쪽 〈표 5〉에서 종합.

689) 예컨대 의의활동은 다음과 같이 하였다(『조선왕조실록』 연산군 1년 ~ 명종 22년조에서 종합. 선조대 제외). 수명 · 계문활동은 생략한다.

연산군대				
1년	59%	11	67%
2	82	12	67
3	72		64
4	51		
5	63		
6	51		
7	40		
8	67		
9	67		
10	73		

중종대							
1년	49%	11	72%	21	84%	31	79%
2	56	12	63	22	52	32	77
3	52	13	74	23	65	33	72
4	78	14	67	24	72	34	80
5	65	15	76	25	60	35	94
6	75	16	69	26	58	36	84
7	81	17	75	27	58	37	95
8	98	18	75	28	58	38	91
9	68	19	70	29	75	39	75
10	80	20	66	30	71		

인종대	
즉위년	50%
1	41

명종대					
즉	39%	10	65%	20	36%
1	38	11	67	21	64
2	47	12	64	22	64
3	58	13	82		
4	61	14	70		
5	54	15	73		
6	23	16	65		
7	44	17	82		
8	60	18	71		
9	65	19	71		

한편 이시기 육조의 정치활동경향을 보면 위의 표와 같이 육조직계제가 운영된 연산군 1년 ~ 중종 10년·중종 29년 ~ 명종 22년에는 물론 의정부서사제가 운영된 중종 11 ~ 28년에도 계문활동이 45%로 내외로 가장 활발하고 의의와 수명이 30%와 20% 내외였다. 그 활동경향별로 활동건수를 의정부와 비교하여 보면 모든 시기를 통해 수명은 의정부의 그것을 압도하고(930/12.6〉201/2.1건) 계문은 의정부 보다 다소 많았으나(1,997/30〉1,670/22.6), 의의는 의정부의 1/3에 불과하였다(1,367/18.5〈3,668/49.6). 이점에서 조선중기 육조의 정치활동은 육조직계제가 실시된 시기는 물론 의정부서사제가 실시된 시기를 통해 계문활동이 중심이 되었다고 하겠다.

이상에서 조선전기 의정부활동경향은 육조직계제와 의정부서사제가 운영되었을 때 모두 의의활동이 중심이 되면서 계문·수명활동을 전개하였고, 이점에서 조선중기의 의정부는 의정부서사제가 운영된 중종 11 ~ 28년경에도 육조를 직접적으로 지휘하면서 국정을 총관하게 되었음과 달리 의의를 통해 간접적으로 육조를 지휘함에 그쳤다고, 즉 의정부서사제가 강력하게 실시되지 못하였다고 하겠다.

---

690) 조선초기 의정부서사제가 실시된 시기의 경우 계문과 의의활동이 태종 5 ~ 13년에는 351건 55%와 225건 35%, 세종 18년 ~ 단종 3년에는 1,837건 59%와 1,173건 38%였으며, 육조직계제가 실시된 태종 14년 ~ 세종 17년에는 279건 235와 894건 73%, 세조 1년 ~ 성종 25년에는 425건 15%와 2,219건 77%였다(위 논문, 36 ~ 50쪽 〈표 1 ~ 5〉에서 종합).

제12장 朝鮮前期 議政府와 政治機構

제 1 절 議政府와 院相

1. 朝鮮初期

원상제는 세조 13년 7월 처음으로 실시되어 성종 7년 5월까지 운영되었고,[691] 이후의 역대를 통하여 계승되면서 국왕 즉위초에는 예외없이 원상제가 실시되었다. 원상은 시기별로 다소의 차이가 있지만 승정원과 육조를 지휘하면서 국정을 총관하였다.

성종 즉위에는 六曹直啓制가 운영되었지만, 성종의 유년즉위로 인해 세조비 정희왕후 윤씨가 섭정하였고, 다음의 표와 같이 韓明澮 등 세조조 이래의 8 ~ 11명의 원로대신이 원상이 되어 육조와 승정원을 지휘하면서 성종과 세조비 윤씨를 보좌하면서 국정을 총관하였다.

따라서 의정부는 명목뿐인 최고 국정기관에 불과하게 되었다. 그러나 그 장관인 의정은 재식과 경륜이 탁월하고 국왕의 신임이 깊은 인물이 최종적으로 진출하는 최고위 관직이고, 이

691) 김갑주, 1973, 「원상제의 성립과 기능」, 『동국사학』 12.

〈표 56〉 성종 즉위년 ~ 7년 원상(= 는 원상 · 의정, – 는 원상)[692]

	즉위	1년	2	5	6	7년 5월	제수배경
申叔舟	⟶	⟶	10, 영	⟶	6, 졸		역 영의정
韓明澮	⟶	⟶		5, 좌⟶	⟶	4⟶	〃
具致寬	⟶	9졸					〃
崔恒	⟶	⟶	10 좌⟹	4, 졸			〃
洪允成	(영)⟹	⟹	4⟶	⟶	9졸		역 우의정
曺錫文	⟶	⟶	⟶	⟶	⟶	4, 좌⟹	역 영의정
金質	⟶	⟶	⟶	⟶	⟶	⟶	역 우의정
金國光	(우)⟹	4좌⟹	8⟶	⟶	⟶	⟶	역 좌찬성
尹子雲	(좌)⟹	4영⟹	10⟶	⟶	⟶	⟶	우의정제수
成奉祖			10 우⟹	8 ― 9,졸			〃
鄭麟趾		12⟶	⟶	⟶	⟶	⟶	역 영의정
鄭昌孫		12⟶	⟶	⟶	7, 영⟹	⟹	〃
尹士昕					7, 우⟹	⟹	우의정제수
계	9	9(~9) 10(12~)	11(10~)	11(~4) 9((~),	8(9~), 8(~7), 9(~9)	8	

와 관련되어 대부분의 의정이 원상을 겸대하였기에 다소나마 의정부의 기능을 강화시켰을 것이라고 추측된다. 이 때 의정으로서 원상을 겸대하고 발휘한 기능이 의정으로서의 기능발휘인가? 원상으로서 발휘한 기능인가? 에 대해서는 이를 명확히 기록한 내용이 없지만 양면성을 띄지 않았을 까고 생각된다. 그러나 이 경우에 원상은 구애되지 않고 의정에 제수되었으나 의정은 모두 원상이 될 수 있었다.[693] 또 원상은 그 모두가 졸하거나 원상제가 혁파되는 성종 7년 5월까지[694] 계속 겸대하였듯

692) 위 논문, 59쪽 〈院相構成員의 經歷表〉에서 종합.

693) 원상인 申叔舟 등 7명은 모두 의정에 제수되었으나, 우의정에 제수된 韓伯倫은 원상을 겸대하지 못하였다(〈표 56〉).

694) 『성종실록』 권67, 7년 5월 신유.

이 의정과 달리 임기가 없었다.

이러한 의정의 원상겸직과 활동은 이 시기에는 육조직계제의 실시와 함께 의정부기능이 약화되었지만, 의정부가 최고 정무기관으로서의 지위를 유지하고 그 기능을 행사하는 한 토대가 되었다고 하겠다.

2. 朝鮮中期

연산군 이후의 조선중기에도 다음의 표와 같이 즉위초에 원상제가 실시되었다. 이 때 원상은 국상중인 국왕의 위임을 받아 육조와 승정원을 지휘하면서 국정을 총관하였다. 의정부는 법제적으로 원상이 중심이 된 국정운영, 육조직계제의 실시로 인한 육조정사의 직접적인 관여가 금지되었다. 그러나 연산군대에는 6명 중 5명이 의정이고 1명이 전임 의정이었으며, 중종·인종대에는 모두가 의정이었고, 명종·선조대에는 대부분이 의정이 중심이 된 찬성·참찬인 등 원상의 대부분이 의정이 중심이 된 의정부당상관이었다. 이에서 의정 등의 원상활동을 주도하였다고 하겠다.

이를 볼 때 성종 즉위 ~ 7년의 의정은 의정으로서 보다는 원상으로서 국정에 참여하였고, 이 활동과 관련하여 의정부의 기능을 강화시키지는 못하지만 법제적으로 규정된 최고 국정관아의 지위를 지속시킬 수 있었다고 하겠다. 조선중기에는 의정이 원상활동을 주도하면서 의정부의 기능을 강화시키는 한 계기가 되었다고 하겠다.

〈표 57〉 조선중기 원상 운영기간과 겸직자[695]

		겸직기간	본직	비고(운영기간)			겸직기간	본직	비고
연산군	李克培	즉위.~1.6	영의정·부원군	즉위~1.11	명종	成世昌	즉.~3.5	우·좌의정, 판중	즉위~3.5
	盧思愼	즉.~1.11	좌·영의정			洪彦弼	〃	영중추(전의정)	
	愼承善	〃	우·좌·영의정			李彦迪	즉.~즉.9	좌찬성	
	尹弼商	〃	부원군(전의정)			權橃	즉.~즉. 10	우찬성	
	鄭佸	1.3~1.10	지중, 우의정			李芑	즉.~3.5	우·좌의정	
	魚世謙	1.10~1.11	우의정			鄭順朋	즉.9~3.5	우의정	
중종	柳洵	즉.~3.5	영의정	즉위~3.5		許磁	〃	우·좌찬성, 판중	
	金壽童	〃	좌의정·부원군			林百齡	즉.11~ 1.9	우찬성	
	朴元宗	1.9~3.5	우·좌·영의정		선조	李浚慶	즉.~즉. 11	영의정	즉위9.~11.
	柳順汀	1.10~3.5	우의정			李蓂	〃	좌의정	
인종	洪彦弼	즉.~1.1	좌의정	즉위~1.1		權轍	〃	우의정	
	尹仁鏡	〃	우의정			洪暹	〃	좌찬성	
명종	尹仁鏡	즉.~3.5	좌·영의정	즉위~3.5		吳謙	〃	우찬성	
	柳灌	즉.~즉.8	우의정			閔箕	〃	우참찬	

제 2 절 議政府와 承政院·三司

1. 議政府와 承政院

조선전기의 의정부는 최고 정치기관으로서 국정을 주도하거나 국정에 큰 영향을 끼쳤고, 승정원은 육조사를 분방하고 시사 등 때에 왕과 백사·백관의 중간에서 상달되고 하달되는 정사를 매개하였다. 이점에서 의정부정치활동은 승정원의 활동과

695) 한충희, 앞 「조선전기(태조~선조 24년)의 권력구조연구」, 87쪽 주348)에서 전재.

밀접히 관련되었을 것으로 추측된다. 그러면 양자의 국정운영을 둘러싼 실제의 관계는 어떠하였겠는가?

조선전기 의정부와 승정원의 정치활동경향을 보면 다음의 표와 같이 의정부가 국정운영을 주도하도록 된 의정부서사제 실시기에는 태종 5 ~ 13년에는 의정부는 계문활동이 중심이 되고는 있으나 의의활동도 활발하였고, 승정원은 수명활동이 중심이 되었으나 의의활동도 활발하였다. 세종 18년 ~ 단종 3년에는 의정부는 계문활동이 중심이 되고는 있으나 의의활동도 활발하였고, 승정원은 수명활동이 중심이 되었으나 의의·계문활동도 활발하였다. 중종 11 ~ 28년에는 의정부는 의의활동이 중

〈표 58〉 조선전기 의정부·승정원 정치활동 대비[696]

			수명		계문		의의		계		비고
			횟수	%	횟수	%	횟수	%	횟수	%	(연평균)
의정부서사기	태종5~13년	의정부	65	10	351	55	225	35	641	100	71건
		승정원	147	54	28	10	100	36	275	100	31
	세종18~단종3	의정부	79	3	1,892	60	1,201	38	3,172		159
		승정원	654	50	293	22	359	28	1,306		69
	중종11~28	의정부	48	3	502	29	1,164	67	1,744		108
		승정원	806	57	499	35	112	8	1,417		83
	계	의정부	192	3	2,745	50	2,590	47	5,527	100	118
		승정원	1,607	54	820	27	571	19	2,998	100	53
육조직계제	태종14~세종17	의정부	69	5	279	23	894	73	1,233	100	56
		승정원	1,077	60	289	16	422	24	1,788	100	81
	세조1~중종10	의정부	351	8	888	19	3,372	73	4,615		76
		승정원	2,325	46	1,698	34	1,036	20	5,059		84
	중종29 ~ 명종22	의정부	56	3	652	32	1,325	65	2,033		60
		승정원	1,067	71	479	21	150	7	2,236		68
	계	의정부	476	6	1,819	23	5,591	71	7,886	100	66
		승정원	4,469	52	2,466	29	1,608	19	8,543	100	73

심이 되고는 있으나 계문활동도 활발하였고, 승정원은 수명활동이 중심이 되고는 있으나 계문활동도 활발하였다. 의정부서사제가 운영된 시기를 통해서는 의정부는 계문·의의활동이 중심이 되었고, 승정원은 수명활동이 중심이 되고는 있으나 계문활동도 활발하였다.

육조직계제가 운영되면서 의정부의 기능발휘가 쇠퇴하였던 시기에는 태종 14년 ~ 세종 17년에는 의정부는 의의활동이 압도하였고, 승정원은 수명활동이 중심이 되었으나 의의·계문활동도 활발하였다. 세조 1년 ~ 중종 10년에는 의정부는 의의활동이 중심이 되고는 있으나 계문활동도 활발하였고, 승정원은 수명활동이 중심이 되고는 있으나 계문·의의활동도 활발하였다. 중종 29년 ~ 명종 22년에는 의정부는 의의활동이 중심이 되고는 있으나 계문활동도 활발하였고, 승정원은 수명활동이 압도하고는 있으나 계문활동도 활발하였다. 육조직계제가 운영된 시기를 합해서는 의정부는 의의활동이 압도하지만 계문활동도 활발하였고, 승정원은 수명활동이 중심이 되고는 있으나 계문·의의활동도 활발하였다.

그리고 각시기의 연평균활동수를 보면 각각 의정부와 승정원은 68(태종5~13)←56(태종14~세종17)→159(세종18~단종3)←76(세조1 ~중종10)→108(중종11~28)←60(중종29~명종22)건과 31→81←69→84.3←83.4←69건으로 분포되었다. 즉 의정부서사제 운영기에는 의정부활동이 승정원활동을 압도하고, 육조직계제 운영기에는 승정원활동이 의정부활동 보다 다소 많았듯이 의정부 기능

696) 위 논문, 64쪽 〈표 2〉에서 전재.

이 강력하였을 때는 승정원활동이 위축되었고, 의정부기능이 쇠퇴하였을 때는 승정원활동이 신장되었다. 이점에서 의정부활동과 승정원활동은 직접적인 관계가 없었던 것으로 추측된다.

그러나 특정한 시기에 있어서는 의정·승지에 재직한 인물의 정치역량, 국왕의 정치운영경향 등과 관련되어 의정부가 승정원기능을 제약하기도 하였고, 승정원에 의해 의정부의 기능발휘가 제약되기도 하였다. 후자의 예로서는 국왕의 신임이 깊었던 黃喜(태종 5년 12월 ~ 9년 8월)·元肅(세종1.12~2.12)·尹弼商(세조13.4~13.8)이 도승지로 재직하면서 의정부나 의정의 기능발휘를 제약한 등이 있다(도승지 재직기간).[697]

이상에서 조선전기의 의정부는 국정총관의 기능, 의정 등의 직질·국왕의 신임과 관련되어 승정원의 협조를 받으면서 그에 부여된 기능을 발휘하였다고 하겠다.

2. 議政府와 三司

조선전기의 의정부는 최고 정치기관으로서 국정을 주도하거나 국정에 큰 영향을 끼쳤고, 사헌부·사간원·홍문관(집현전)은 삼사로 통칭되면서 언론을 통해 왕권을 규제하고 백관을 규찰하면서 선정과 통치기강의 확립을 도모하였던 만큼 양자의 활동은 밀접히 관련되었을 것으로 추측된다. 그러면 양자의 국정운영을 둘러싼 실제의 관계는 어떠하였겠는가?

조선초기 의정부와 대간의 연평균 활동수를 보면 다음의 표

697) 한충희, 앞 「조선초기 승정원연구」, 93 ~ 96쪽.

와 같이 의정부가 국정운영을 주도하도록 된 의정부서사제 실시기에는 태종 5 ~ 13년에는 68건과 49건이었고, 세종 18년 ~ 단종 3년에는 167건과 72건이었다. 육조직계제가 운영되면서 의정부의 기능발휘가 다소 쇠퇴하였던 시기에는 태종 14년 ~ 세종 17년에는 56건과 51건이었고, 세조 1년 ~ 성종 9년에는 43건과 86건이었다. 그런데 동기 대간의 활동 중 의정부·의정을 포함한 관아·백관활동을 크게 제약한 탄핵활동이[698] 전체활동에서 점하는 비중을 보면 각각 태종 5 ~ 13년에는 70%(312/443건), 태종 14년 ~ 세종 17년에는 69%(781건), 세종 18년 ~ 단종 3년에는 38%(549), 세조 1년 ~ 성종 9년에는 55%(1,138)였다. 이를 볼 때 의정부는 의정부서사제가 운영된 시기는 물론 육조직계제가 실시된 시기에도 대간의 탄핵활동 등 언론활동으로 인해 그 기능발휘가 제약되었을 것으로 추측된다.

태조 1년 ~ 성종 9년에 의정부·의정활동과 관련되었다고 추측된 탄핵활동을 왕대별로 보면 문종·단종대 83(총 256)회 32%로부터 ~ 태종대 581(875)회 66%로 언론활동 중 가장 비율이 높고 활발하였다.[699] 그런데 의정부·의정이 탄핵된 실제를

---

698) 의정 이하 모든 관원은 대간의 탄핵을 받으면 바로 직사의 수행이 중지되었고, 다시 제수절차를 거친 후에야 업무에 복귀할 수 있었다. 이때 탄핵은 명백한 과오를 범했을 때는 물론 풍문에 의해서도 행해졌다.

699) 태종 1년 ~ 성종9년에 총언론활동 중 탄핵활동이 점하는 비중은 다음과 같다(최승희, 앞 책, 242 ~ 309쪽 〈부표〉 중 〈표 10-2〉, 〈표 14-2〉, 〈표 20-2〉, 〈표 25〉, 〈표 28-2〉에서 종합).

	언론총활동수	탄핵활동수	비율	비고		총활동수	탄핵활동수	비율	비고
태종	875회	581회	66%		세조	447회	277회	62%	
세종	1,862	932	50		예종·성종 초	1,578	822	52	
문종·단종	256	83	32						

〈표 59〉 조선초기 의정부 · 삼사 정치활동 대비[700]

				수명		계문		의의		계		비고
				횟수	%	횟수	%	횟수	%	횟수	%	(연평균)
의정부서사기	태종5~13년	의정부		65	10	351	55	225	35	641	100	71
		대간	사헌부							219		
			사간원							149		
			대산							75		
			계							443		49
	세종18 ~ 단종3	의정부		79	3	1,890	60	1,199	38	3,168		159
		대간	사헌부							761		
			사간원							432		
			대간							138		
			계							1,431		72
육조직계제	태종14 ~세종17	의정부		69	5	279	23	894	73	1,233		56
		대간	사헌부							629		
			사간원							329		
			대간							169		
			계							1,127		51
	세조1~ 성종9	의정부		139	15	252	27	532	58	923		43
		대간	사헌부							1,158		
			사간원							633		
			대간							272		
			계							2,063		86

보면 단종대에는 의정부와 김종서가 그 인사 등의 전횡과 관련하여 여러차례 탄핵되었지만 문종의 고명에 의한 의정부의 단종의 보필 · 국정전단에서 의정부는 물론 김종서도 탄핵에 구애되지 않음은 물론 오히려 대간을 핍박하기까지 하였다.[701] 그

700) 앞 〈표 27〉과 최승희, 1976, 『조선초기 언관 · 언론연구』, 서울대학교출판부, 242쪽 〈 표 1〉 · 252쪽 〈표 10〉 · 265~266쪽 〈표 14〉 · 289~290쪽 〈표 20〉 · 297~298쪽 〈표 25〉 · 302쪽 〈표 28〉에서 종합.

반면에 성종초는 대간의 탄핵활동이 증가하면서 많은 수의 고위관료와 공신이 탄핵되었는데, 이 중 성종 7년 4월에 좌의정 겸원상이고 국구이며 대표적인 공신으로서[702] 당시의 정치를 주도하던 한명회가 대왕대비(세조비 정희왕후 윤씨)의 수렴청정철회와 성종친정을 두고 의례적으로 반대한 일로 대간의 집요한 탄핵을 받고 좌의정에서 파직된 후 上黨府院君에 제수되었음에서[703] 대간의 활동으로 의정부(의정)의 기능발휘가 제약되었을 것이라고 생각된다.[704] 그 외의 시기에 있어서는 의정부·의정을 탄핵한 사례가 많지 못하였고, 또 그 경우에도 세종 20년 영의정부사 황희가 대간으로부터 거생 하위지가 '舍利閣을 보수하는 것이 옳지 않다고 말하면서 대간이 책임을 다하지 못한 잘못을 극력 지적한' 對策文으로 대간이 모두 사직하고, 이와 관련되어 간관이 "영의정 황희가 나라와 운명을 같이 해야 할 정승의 자리에 있으면서 이에 대하여 전에는 한 마디

701) 위 책, 137 ~ 140쪽.

702) 한명회는 세조의 집권과 즉위를 주도하고 정난1등공신(단종 1년)과 좌익1등공신(세조 1)에 책록되고 세조대를 통하여 3의정을 역임하였으며, 세조 14년 9월에 원상이 되어 국정을 총관하였다. 예종 ~ 성종초에는 원상으로서 예종·성종의 즉위와 왕권안정에 기여한 공로로 다시 익대1등공신(예종 즉위)과 좌리1등공신(성종 2)에 책록되고, 예종대에 영의정을 역임하고 성종 4년 5월부터 좌의정에 재직하였으며, 두 딸이 연이어 예종비(章順王后)와 성종비(恭惠王后)가 되었다(『조선왕조실록』 단종 1년 ~ 성종 7년조에서 종합),

703) 『성종실록』 권63, 7년 1월 무오, 권65, 7년 3월 갑진·을사, 권66, 7년 4월 을해, 외.

704) 성종초를 포함한 성종대 대간의 탄핵활동은 鄭杜熙, 1994, 『朝鮮時代의 臺諫研究』, 일조각, 54 ~ 63쪽 참조(성종대를 통한 대간의 탄핵활동수는 참의·부사 이상 고위 관직자가 1,991회이고 그 외의 하위 관직자가 1,289회였다).

도 하지 않다가 시험관으로 나온 날에 과거보는 선비(하위지)의 책문을 보고는 훌륭하다고 칭친하면서 윗자리에 놓았으니 심문하여 그 사유를 밝혀야 한다"라고 탄핵되었지만 황희는 불문에 부쳐지고 대간이 좌천되었음과 같이[705] 의정은 의정부의 기능, 그 직질, 개개인의 재식·경륜 등으로 인한 국왕의 신임을 통하여 불문에 부쳐지는 등 그 직무의 행사에 큰 제약을 받지 않았다. 반면에 의정부·의정은 국왕의 언론탄압으로 대간 활동이 위축되가나 대간이 언론활동으로 인해 수금되거나 파직될 때 우용하거나 복직을 청하는[706] 등 대간의 언론활동을 보장하기 위하여 노력하였다.

성종 7년 이후에는 성종 7 ~ 25년에는 세조비 윤씨의 섭정이 종결되고 원상제가 혁거되면서 성종의 친정이 행해졌다. 이에 따라 원상제가 실시되기 이전의 육조가 중심이 된 국정이 운영(육조직계제)가 복구되었다. 그러나 실제의 운영을 보면 육조직계제가 지속되기는 하나 성종의 왕권강화·정치안정을 위한 홍문관의 설치·언론의 우용, 의정 등 원로대신의 활용 등과 관련되어 훈구대신·육조의 기능이 위축되거나 의정부(의정)의 기능이 강화되었다.

성종 7 ~ 12년에는 성종의 왕권강화도모 및 이와 관련된 언론우용에 따라 훈구대신과 육조는 기능발휘가 약화되고 위축되었지만 의정부는 국왕이 육조의 중요국사를 의정과 논의한 후 결정·시행함에 따라 의의활동을 중심으로 기능이 강화되었다.

---

705) 『세종실록』 권81, 20년 4월 을축·정묘.
706) 최승희, 위 책 122 ~ 123쪽(『태종실록』 권23, 12년 3월 을미 ~ 을사), 좌동서 128쪽(『세종실록』 권33, 8년 9월 무술 ~ 임인), 외.

13 ~ 25년에는 이전의 기풍이 계속되면서 왕권이 강화되었고, 성종은 더욱 활발해진 언관활동과 그 고론화에 대해 왕 24년 경연 뒤에 우의정 許琮을 탄핵한 대간과 허종 간에 전개된 논쟁에 대해

> 만약에 재상이 사소한 일로 인해 간사하고 음험하며 교활하다는 이름을 얻게 된다면 이것이 어찌 옳겠는가? 근일에 대간이 긴요하지 않은 일로 반드시 관철시키기를 도모하고, 재상이 한마디 실언을 하면 즉시 추국하기를 청하는 것이 이미 습성이 되어 반드시 후에 폐단을 야기 할 것 인대 어찌 대간의 언론을 급하게 모두 가납하는 것이 옳겠는가?[707)]

라고 하였듯이 대간의 과격한 언론활동을 경계하면서 의정 등 재상을 옹호하였기에 직사의 수행에 큰 제약을 받지 않았으며, 이런 경향이 조선중기를 통해 계승되었다. 그러나 때때로 즉, 趙光祖가 중용된 중종 11 ~ 14년과 金安老의 집권을 전후한 시기 등에는 대간의 탄핵활동으로 복상에 의한 의정제수가 제약되고 의정이 체직되는 등 의정부의 기능발휘가 위축되고 다소 제약되었다.

이상에서 조선전기의 의정부는 대간의 탄핵 등 언론활동으로 인해 때때로 그 기능이 위축되고 제약되기도 하였지만, 대부분의 시기에는 의정부의 기능·의정의 직질 등과 관련된 국왕의 신임을 토대로 부와 의정에게 부여된 기능을 행사하였다.

---

707) 『성종실록』 권284, 24년 11월 갑오 若因宰相一時之事 加以奸邪陰狡之名 是豈可乎 近日臺諫 以不緊之事 期於必聽 宰相一有失言 則輒請推鞫 是習已成 必生後獘 豈可以臺諫之言 遽皆聽之乎.

제 3 절 議政府와 漢城府 · 六曹屬衙門 · 道

1. 議政府와 漢城府

한성부는 그 직장인 “경도의 호구, 토지, 도로, 교량, 포결, 부채, 투구, 주순, 검시”[708] 등의 업무를 국왕에게 직계하고 국왕의 지시를 받아 수행하도록 되었다.[709] 즉 장관인 判尹(정2, 1직)이 左 · 右尹(종2, 각1) 이하의 관원을 지휘하면서[710] 의정부나 육조의 간섭없이 독자적으로 정사를 처리하도록 되었다.

그러나 한성부 내의 “戶口, 獄訟, 坐更 · 捕盜 · 巡察, 過年한 남녀의 혼인, 禁火, 檢屍, 道路 · 溝渠 · 교량의 보수” 등의 정사는 한성부의 직장으로 규정된 동시에 서무를 분장하고 집행한 육조의 정사와 밀접히 관련되었기에 육조와 협력하면서 처리하였다.[711] 또 한성부는 부내의 호적뿐만 아니라 호조와 함께 전국의 호적 1부를 각각 보관하였기에[712] 호구대장 등사는 호조 등 육조 및 8도와 연관이 있게 되었다.

그런데 국정운영체계상 의정부서사제가 운영된 태종 5 ~ 13

---

708) 『경국대전』 권1, 이전 경관직 한성부 掌京都 口帳 · 市廛 · 家舍 · 田土 · 四山 · 道路 · 橋梁 · 溝渠 · 逋缺 · 負債鬪歐 · 晝巡 · 檢屍 · 車輛 · 故失牛馬烙契等事.

709) 『태종실록』 권13, 7년 5월 갑진 漢城府上 都城事宜數條 允之 (하략), 『문종실록』 권9, 1년 9월 병인 漢城府尹金銚啓 本府之任 本爲糾察奸暴肅淸王都也 (하략), 외.

710) 그 외의 관원에는 庶尹(1직, 종4), 判官(2, 종5), 參軍(3, 정7, 1 通禮院引儀兼)이 있었다(『경국대전』 권1, 이전 경관직 한성부조).

711) 호구성적(호조, 『세종실록』 권34, 8년 12월 경신, 외), 형결(형조, 『태종실록』 권25, 13년 4월 임술, 외), 좌갱 · 포도 · 순찰 · 금화(병조), 과년한 남녀의 혼인(호조), 금화 · 검시(형조), 도로 · 구거 · 교량의 수보(공조), 외

712) 『태종실록』 권27, 14년 4월 을사.

년과 세종 18년 ~ 단종 3년에는 의정부가 육조의 정사를 보고받아 계문하고 국왕이 재결한 정사를 육조에 내려 시행하도록 되었다. 이점에서 조선초기 의정부서사제운영기에는 의정부가 한성부의 정사에도 관여하였을 것으로 추측된다. 실제로도 의정부는 "호조 등과 함께 한성부의 호구성적에 관한 일을 논의하여 상계하였다"[713] 고 한 예에서와 같이 한성부의 정사에 관여하였다. 또 국정운영과 관련되어 한성부의 현안·중요사도 육조 등의 정사와 같이 종2품 이상관이 참여하는 시사 등에서 논의되었기에 의정부 당상관은 그 결정에 영향력을 발휘하였다. 이점에서 의정부는 의정부서사제가 운영된 시기는 물론 그 외의 시기에 있어서도 한성부의 정사에도 관여하였고, 그 정사의 결정에 영향력을 발휘하였다고 하겠다.

따라서 한성부는 대개는 국왕에게 직계하고 수명하면서 독자적으로 부정을 수행하였지만, 부분적으로는 그 대부분의 업무가 육조와 관련되고 또 의정부서사제운영기에는 육조가 의정부의 지휘를 받아 조정을 수행하였음과 관련되어 육조나 의정부와 협력하여 수행하였다고 하겠다.

2. 議政府와 六曹屬衙門

육조속아문제는 태종 5년에 태종의 육조·소수 당상관 중심의 체계·효율적인 국정운영 도모에 따라 의정부 등 십수 1 ~ 정3품 당상아문을 국왕에게 직계하고 수명하면서 그 정사를 수행

713) 『세종실록』 권34, 8년 12월 경신, 외.

하는 직계아문, 그 외의 80여 정3품 당하아문 이하를 육조·1 ~ 2품관이 겸대한 도제조·제조의 지휘를 받아 정사를 수행하는 육조속아문으로 구분하면서 비롯되었다.[714] 이 제도는 이후 관제개변 등과 관련되어 부분적으로 조정되면서 조선말까지 계승되었다.[715]

이 육조속아문의 관원에는 1 ~ 정2품 당상관이 겸한 도제조·제조·부제조 등과 정3품 正 등 이하의 녹관이 있었고, 겸관에는 1 ~ 2품 관직자가 당연직으로 겸하는 예겸직과 일반 겸직이 있었다. 이 중 의정부 당상관인 의정·찬성은 조선전기를 통해 경연 등 10여관아의 영사 등을 예겸하면서[716] 그 관아의 정사와 전임관의 인사에 관여하는 등 영향력을 발휘하였다. 여기에서는 이점과 관련하여 의정 등이 영사 등을 예겸한 경연 등을 중심으로 살펴본다.

1) 議政府와 經筵·世子侍講院

경연은 국왕에게 經史를 進講하고 治國의 道를 논하는 관아이고, 세자시강원은 세자의 講學과 侍衛를 맡은 관아였다. 의정은 經筵領事(3의정)를 예겸하고 경연에 참가하여 경연을 지휘하였다. 의정은 세자시강원의 師(영의정)·傅(좌, 우의정 중 1

---

714) 한충희, 1983, 「조선초기 육조속아문의 행정체계에 대하여」, 『한국학논집』 10, 364 ~ 365쪽(각조 속아문은 『경국대전』 이·호·예·병·형·공전 모두 참조).

715) 『경국대전』·『대전회통』 권1 ~ 권6 서. 그 중 태종 5년 성립으로부터 『경국대전』에 이르기까지의 변천과 운영은 한충희, 위 논문, 365 ~ 385쪽 참조.

716) 앞 97쪽 참조.

인)를 예겸하고 찬성은 세자시강원의 貳師(좌, 우찬성 중 1인)를 예겸하면서 경연에 참석하고 경연활동을 지휘하였다.

특히 성종 16년 이후에는 경연에서는 경연이 끝난 후에 현안사 등 정치전반을 논의하였던 만큼[717] 의정의 기능을 강화하는 한 계기가 되었다. 또 세자가 국왕으로 즉위하기 직전에 사·부·이사로 재직한 의정 등은 이와 관련되어 세자와 인적관계가 조성되어 세자의 즉위 이후에 계속 정치력을 발휘하고 유지하기도 하였다.

2) 議政府와 藝文館·春秋館·承文院·觀象監, 기타 아문

예문관은 교지작성 등 문한을 담당하였고, 춘추관은 그 때 그 때의 정사를 기록하였고, 승문원은 대명외교를 관장하였으며, 관상감은 천문·지리·역수 등을 관장하였다. 의정은 예문·춘추관의 영사를 예겸하고, 승문원·관상감의 도제조를 예겸하면서 그 관아정사를 지휘하고 속조당상관·제조와 함께 正이하를 포폄하고 추천하였다.

또 의정은 영사·도제조를 예겸한 경연·승문원 등 이외의 육조속아문에 있어서도 수시로 도제조를 겸대하면서 그 아문의 정사를 지휘하고 정 이하를 포폄하고 추천하였고, 찬성·참찬도 의금부 판사·지사, 경연 지사·동지사, 제시·감 제조를 겸대하면서 그 아문의 정사와 인사에 관여하였다. 그 외에도 조선전기에는 현안사를 집중적으로 처리하기 위해 수시로 都監·所·廳·色 등 임시아문을 설치하여 운영하였는데[718] 의정·찬

---

717) 권연웅, 1982, 「조선 성종조의 경연」, 『한국문화의 제문제』, 국제문화재단, 78 ~ 87쪽.

성 · 참찬은 의정부의 기능 · 직질과 관련하여 도제조 이하를 겸대하면서 그 아문에 부여된 정사를 지휘하는 등의 영향력을 발휘하였다.

3. 議政府와 道

도에는 觀察使가 주재하면서 중앙정부의 지휘를 받아 지역내 府尹 이하 수령을 지휘 · 감독하였고, 정치 · 군사 · 경제 · 형정 등의 제 정무를 처리하였다.[719] 이 때 관찰사는 상례사는 관찰사가 중심이 되어 처리하였지만, 각종의 보고나 왕명을 받아 시행해야 할 정사는 首領官인 都事를 상경시키거나 국왕에게 應召되어 지시를 받고, 승정원 통하여 국왕에게 보고하고 지시를 받으며, 도평의사사나 의정부 또는 육조에 보고하고 지시를 받는 등으로서 도정을 수행하였다.[720] 이러한 도정의 수행과 관련된 조선초기 행정체계를 도표로 재정리하여 제시하면 다음과 같다.

〈도 1〉 조선전기 도와 중앙 행정체계

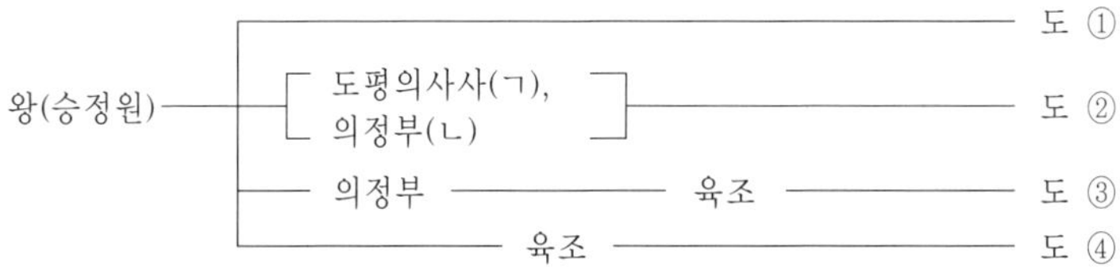

718) 그 아문에는 功臣 · 冊封 · 國葬都監, 儀禮詳定 · 貢法上程所, 嘉禮 · 六典修撰色, 實錄廳 등이 있다(한충희, 2006, 『조선초기의 정치제도와 정치』, 계명대학교출판부, 315 ~ 323쪽 참조).
719) 장병인, 1978, 「조선초기의 관찰사」, 『한국사론』 4, 132 ~ 138 · 158 ~ 184쪽.
720) 한충희, 앞 『조선초기 육조와 통치체계』, 221 ~ 222쪽.

도와 중앙정부간에 운영된 이러한 행정체계는 왕권, 의정부 기능, 국왕의 국정운영경향, 정사의 성격 등과 관련되어 다소의 차이는 있지만 대개 다음에 제시된 예와 같이 ①의 체계는 세종 18년 ~ 단종 3년 등의 시기에 변경의 긴급한 정사보고, ②는 태조 1년 ~ 태종 13년, ③은 정종 2년 ~ 태종 13년·세종 18년 ~ 단종 3년, ④는 태종 14년 ~ 세종 17년과 세조대 이후에는 시기에 운영되었다.

① 「세종실록』 권86, 21년 9월 임신 咸吉道都節制使 封書于承政院曰 凡察奏請之事 及箇滿知慶興郡事金壽延 請勿遞 下吏曹 (하략).

② -ㄱ) 『태조실록』 권3, 2년 1월 을해, 권4, 2년 9월 병오 命都評議使司 移牒慶尙全羅道按廉使 發役徒 赴新都. ㄴ) 『태종실록』 권3, 2년 5월 기축 江原道都觀察使朴誾 報議政府 請發倉賑饑. 권9, 5년 6월 임술 命議政府 令戶曹及各道監司 議中外可以減省之費 以聞.

③ -ㄱ) 『세종실록』 권103, 26년 3월 정미 議政府據戶曹呈啓 平安咸吉江原黃海等各道 失農尤甚 (중략) 如有救荒疎虞 以致飢死者 所在守令 隨卽推覈決罪 從之, ㄴ) 권99, 25년 2월 신묘 議政府據刑曹呈啓 近來盜賊興行 弭盜之方 不可不嚴 (중략) 京中五部漢城府 外方監司守令 相加檢擧 從之.

④ -ㄱ) 『세종실록』 권12, 3년 5월 임술 平安道都觀察使金漸 以成川都護府使李晊辭狀 移牒吏曹曰 (하략), 『태종실록』 권36, 18년 8월 경진 戶曹啓 漕轉事宜 戶曹據忠淸道都觀察使報 以啓曰 (하략). ㄴ) 『세종실록』 권67, 17년 1월 경자 吏曹啓 州郡竝合 各執所見 沿革相仍 郡縣猥多 人材難得 其各道各官 可并可汰者 令監司審定以聞 從之, 권102, 25년

11월 계축 下教 戶曹 我國損實之法 (중략) 若各官禾穀 大有不同 則分各官等第 啓聞 下議政府六曹施行 唯爾戶曹 曉諭中外.

이와 관련하여 의정부는 정종 2년 ~ 태종 13년에는 그 사례가 많지 않지만 직접으로 도로부터 정사를 보고받고 도에 정사를 하달하였다.[721] 세종 18년 ~ 단종 3년에 있어서는 의정부서사제의 부활로 인한 육조의 경외공사 수행에 대하여

잘고 적은 일상적인 정사는 계속해서 육조가 전례에 따라 시행하고 또 육조가 경외에서 보고받은 정사는 단지 본문에 의거하여 전보할 뿐 가부의 의견을 제시하지 아니하니 합당하지 못하다. 지금으로부터는 그 해당하는 조에 명하여 의정부에 보고하고 의정부는 곧바로 가부를 헤아려서 보고하게 하라. 그 변경의 완급과 기밀에 관계된 정사는 해당 조로 하여금 보고하고 그 뒤에 의정부에 통보하라.[722]

라고 하였듯이 도가 육조에 보고한 정사는 의정부에 보고되어 검토된 후 국왕에게 보고되었다. 또 의정부와 도간에 하달되고 상달된 정사를 보면 육조와 그것에 비하여 사례는 적지만 주요한 도정이 망라되었다.

조선중기의 의정부는 도로부터 보고받고 직접으로 지시한 정

---

721) 위 ②-ㄴ) 참조.

722) 『세종실록』 권72, 18년 4월 신유 細銷常行公事 仍爲六曹依前例施行 且六曹於京外所稟公事 但據本文轉報 而無所可否未便 今後令該曹議政報府本府則商度以聞 其邊境緩急及干機之事 許令該曹啓聞後報府 (종지).

사는 없고, 도가 육조에 보고한 정사를 다시 논의할 때 이에 참여하여 그 결정에 영향을 발휘하였다. 따라서 조선중기의 의정부는 조선초기와는 달리 의의활동을 통해 도정에 간접적으로 영향력을 발휘하였다고 하겠다.

이상에서 조선전기 의정부는 의정·찬성·참찬 등이 예겸하거나 수시로 겸대한 영사·사·도제조·제조 등의 겸직을 통하여 하였고, 육조를 지휘하면서 국정을 총관한 국정운영체계 및 의정의 직질 등을 토대로 도정에 직, 간접으로 관여하는 등 육조속아문과 도의 정사에 영향력을 발휘하였다고 하겠다.

결론 - 朝鮮 議政府의 官衙的 性格과 政治的 役割

조선의 議政府는 1400년(정종 2)에 설치되어 1907년(순종 융희 1) 혁파되기까지 정치운영과 관련되어 실제기능의 발휘는 차이가 있었지만 최고의 정치기관으로 존속되었다. 지금까지의 고찰을 요약하면서 조선전기 의정부의 관아적 성격과 정치에 끼친 역할을 제시하면 다음과 같다.

1. 정종 2년에 성립된 의정부는 여말선초의 都評議使司를 개편하면서 성립되었지만, 실제적인 기원이 된 것은 고려의 문하부와 周官의 三公制였다. 議政府의 기능과 직제는 처음에는 도평의사사의 기능과 門下府·三司·藝文春秋館의 합좌제를 계승하였으나, 곧 의정부 단독기관이 되고 주관·송 문하부의 기능을 융합하면서 조선의 독자적인 정치기구로 발전되었다.

2. 의정부 성립의 결정적인 계기가 된 것은 왕권의 강화와 이에 관련된 도평의사사가 관장한 정치·군사권의 분리였다. 정종 2년 4월에 성립된 의정부직제는 태종·세종·세조의 왕권 및 의정부(육조) 기능과 관련되어 1466년(세조 12)까지 10여 차에 걸쳐 변천되면서 領·左·右議政(각1, 정1), 左·右贊成(각1, 종1), 左·右參贊(각1, 정2), 舍人(2, 정4), 檢詳(1, 정5), 司錄(2, 정8)으

로 정립되었다가 『경국대전』(1485, 성종 16)에 법제화되면서 정립되었다. 의정부의 법제적인 기능은 1401년(태종 1) 문하부가 혁파되면서 의정부직제가 개변될 때에 都評議使司의 최고 국정·의결기관으로서의 기능, 문하부의 '백규서무'와 상서성의 '총령백관' 및 周官 三公의 직장인 '論道經邦·燮理陰陽'이 융합되어 '백관을 총령하고(總百官) 서정을 고르게 하고(平庶政) 음양을 다스리고(理陰陽) 나라를 경륜한다(經邦國)'로 규정되었다. 이 기능은 통괄적이기기 때문에 이후 議政府署事制 운영기나 六曹直啓制 운영 때에 구애되지 않고 그대로 적용될 수 있었다.

3. 『경국대전』에 규정된 의정부의 기능과 직제는 이후 아문이 혁거되는 조선말까지 단지 司錄 2직이 1직으로 감소됨에 그쳤다. 그러나 그 기능은 임진왜란을 계기로 備邊司가 상설아문이 되고 군국중사를 총령함에 따라 국정총관의 기능을 상실하고 중죄수의 심의와 의례 등을 관장하는 것으로 한정되었다. 또 이와 관련되어 의정은 상시로 제수되었지만 찬성·참찬은 물론 사인·검상·사록도 장기간 제수되지 않거나 수시로 궐직되면서 그 기능과 관직적 지위가 하락하였다. 그럼에도 불구하고 조선후기의 의정부는 최고 정치기관으로 존속되었는데, 이것은 의정부의 법제적인 기능이 포괄적으로 규정되어 실제기능의 강약에 적응되면서 운영될 수 있었기 때문이기도 하지만 의정이 최고위 관직으로서 備邊司都提調를 겸대하고 비변사의 운영을 지휘한 것에서 크게 연유되었다.

4. 조선초기 의정부 당상관인 의정·찬성·참찬은 의정부의 국정총령의 기능·직질과 관련되어 가문이 좋고 인품·학식·경륜이 탁월하고 국왕의 신임이 깊은 인물이 제수되어 국정을 총

관하거나 국정전반에 큰 영향력을 발휘하였다. 의정 등은 이를 토대로 각각 의정은 정1품, 찬성은 종1품, 참찬은 정2품직에서 가장 우월한 관직적 지위를 누리면서 국정운영의 중심이 된 관직이 되었다. 당하관인 사인·검상은 의정부의 기능을 토대로 文官으로 제수되고 임기가 차면 가자되면서 체직(검상은 사인이 결원되면 근무기간에 구애되지 않고 승직)되도록 규정되었다. 사인·검상은 이를 토대로 그 대부분이 무난히 종2품관 이상에까지 승진하는 등 사인은 정4품, 검상은 정5품직에서 가장 우월한 관직적 지위를 누리면서 모든 관인이 선망하는 관직이 되었다.

5. 조선초기 의정부의 정치활동은 受命·啓聞·擬議活動으로 구분되고, 그 활동은 인사·군사·외교·경제·의례·교육·형정·풍속·진제 등 국정의 모든 분야에 망라되었다. 의정부는 이러한 활동을 통하여 議政府署事制가 실시되면서 의정부가 국정의 중심이 되었던 정종 2년 ~ 태종 13년·세종 18년 ~ 단종 3년에는 계문·의의활동을 중심으로 육조를 지휘하면서 국정을 총관하였다. 六曹直啓制가 실시되면서 육조가 국정의 중심이 되었던 태종 14 ~ 세종 17년·세조 1 ~ 12년·성종 7 ~ 25년에는 의의활동을 중심으로 육조를 간접적으로 지휘하면서나 각종 정사논의 참여를 통해 국정에 큰 영향력을 발휘하였다. 院相이 국정을 주도하였던 세조 13년 ~ 성종 6년에는 수명·계문·의의활동과 원상을 겸대한 의정·찬성 등의 활동을 통하여 국정에 큰 영향력을 발휘하였다.

6. 조선초기 의정 등 당상관은 최고의 정치기관으로 국정을 총관하도록 규정된 의정부 의정부의 장관과 차관, 최고위 직질이고 재식·경륜이 탁월하고 국왕의 깊은 신임을 받은 등과 관

련하여 의정부공사를 총관하거나 주도하였다. 의정부가 국정을 주도하도록 된 의정부서사제 실시기에는 육조를 지휘하면서 국정을 총관하였고, 육조가 국정을 주도한 육조직계제 실시기에도 왕의 요청에 따라 육조정사 등 대소 국정논의에 활발하게 참여하면서 국정운영에 큰 영향력을 발휘하였다.

7. 조선초기 의정부 당상관은 최고 정치기구인 의정부의 장관과 차관, 최고위 직질이고 재식·경륜이 탁월하고 국왕의 깊은 신임을 받은 인물이 제수되었기에 의정부가 국정을 주도한 의정부서사제 실시기에는 육조를 지휘하고 국정을 총관하는 등으로 의정부의 법제적인 기능을 행사하고 그 기능을 강화하였다. 육조가 국정을 주도한 육조직계제 실시기에도 대소 국정논의에 활발하게 참여하여 육조를 간접으로로 지휘하는 등 국정 전반에 큰 영향력을 발휘하면서 의정부의 기능을 유지하였다.

8. 조선중기 의정부 당상관인 의정·찬성·참찬은 의정부의 기능·직질과 관련되어 가문이 좋고 인품·학식·경륜이 탁월하고 국왕의 신임이 깊은 인물이 제수되어 국정을 지휘하거나 국정전반에 큰 영향력을 발휘하였다. 의정 등은 이를 토대로 의정과 찬성은 정1품직과 종1품직에서, 참찬은 정2품직에서 판서와 함께 각각 가장 우월한 관직적 지위를 누리면서 국정운영의 중심적인 관직이 되었다. 당하관인 사인·검상은 의정부의 기능을 토대로 문관으로 제수되고 임기가차면 가자 되면서 체직(검상은 사인이 결원되면 근무기간에 구애되지 않고 승직)되도록 규정되었다. 사인과 검상은 이를 토대로 사인은 정4품, 검상은 정랑과 함께 정5품직에서 각각 가장 우월한 관직적 지위를 누리면서 모든 관인이 선망하는 관직이 되었다.

9. 조선중기 의정부의 정치활동은 수명 · 계문 · 의의활동으로 구분되고, 그 활동은 인사 · 군사 · 외교 · 경제 · 의례 · 교육 · 형정 · 풍속 · 진제 등 국정의 모든 분야에 망라되었다. 의정부는 이러한 활동을 통하여 의정부서사제가 실시되면서 의정부가 국정을 총관하도록 되었던 중종 11 ~ 28년경에는 육조를 지휘하거나 대소정사논의에 활발하게 참여하면서 국정을 주도하거나 국정에 큰 영향력을 발휘하였다. 육조직계제가 실시되면서 육조가 국정의 중심이 되었던 연산군 1년 ~ 중종 10년 · 중종 29년경 ~ 인종 1년 · 명종 1년 ~ 선조 24년에도 의정 등은 의정부의 기능 · 그 직질과 관련되어 대소국정논의에 참여하고 국왕이 의정 등의 자문을 받아 중대사를 결정하는 등과 관련되어 육조사에 관여하는 등 국정전반에 큰 영향력을 발휘하였다. 중종비 文定王后와 尹元衡 등이 정치를 주도하였던 명종 1 ~ 19년에 있어서도 이러한 의정부의 기능발휘는 큰 차이가 없었다.

10. 조선중기 의정부 당상관은 최고의 정치기관으로 국정을 총관하도록 규정된 의정부 기능, 의정부의 장관과 차관, 최고위 직질이고 재식 · 경륜이 탁월하고 국왕의 깊은 신임을 받은 등과 관련하여 의정부공사를 총관하거나 주도하였다. 의정부가 국정을 주도하도록 된 의정부서사제 실시기에는 육조를 간접으로 지휘하면서 국정을 총관하였고, 육조가 국정을 주도한 육조직계제 실시기에도 왕의 요청에 따라 육조정사 등 대소 국정논의에 활발하게 참여하면서 국정운영에 큰 영향력을 발휘하였다.

11. 조선중기 의정부 당상관은 최고 정치기구인 의정부의 장관과 차관, 최고위 직질이고 재식 · 경륜이 탁월하고 국왕의 깊은 신임을 받은 인물이 제수되었기에 의정부가 국정을 주도한

의정부서사제 실시기에는 육조를 지휘하고 국정을 총관하는 등으로 의정부의 법제적인 기능을 행사하고 그 기능을 강화하였다. 육조가 국정을 주도한 육조직계제 실시기에도 대소 국정논의에 활발하게 참여하여 육조를 간접으로로 지휘하는 등 국정전반에 큰 영향력을 발휘하면서 의정부의 기능을 유지하였다.

12. 조선전기 의정부는 법제적인 최고 정치기관인 지위 · 기능, 왕권, 정치정세 등을 토대로 의정부서사제 운영기인 정종 2년 ~ 태종 13년 · 세종 18년 ~ 단종 3년 · 중종 11 ~ 28년에는 육조를 통섭하거나 지휘하면서 국정운영을 총관하였다. 육조직계제운영기인 태종 14년 ~ 세종 17년 · 세조 1년 ~ 중종 10년 · 중종 29년 ~ 선조 24년에는 判吏 · 兵曹事 등을 겸하면서나 국정논의의 참여를 통하여 육조를 지휘 및 육조정사에 관여하면서 국정전반에 큰 영향력을 발휘하였다.

13. 조선전기 의정부는 법제적인 최고 정치기관인 지위 · 기능, 왕권, 소수의 당상관이 중심이 된 국정운영, 정치정세 등을 토대로 院相 · 領事 · 都提調 등을 겸대하면서 정사논의에 참여하였다. 또 한성부와 도의 정사에 관여하였으며, 삼사의 비판 · 견제와 승정원의 간섭을 배제하고 국정을 총관 · 지휘하거나 최고 정치그구로서의 기능을 행사하였다.

14. 조선전기(정종 2년 ~ 선조 24년) 의정부는 최고의 정치기관으로 규정되었고, 장관인 의정은 재식과 경륜을 구비하고 국왕의 신임이 깊은 자가 최종적으로 진출하는 관직이고 찬성(종1)과 참찬(정2)도 재식과 경륜이 있고 국왕의 신임이 있는 판서가 체직되면서나 승진하면서 제수되는 등 종1품과 정2품에서 가장 지위가 높은 관직이었다. 이에 따라 의정부(의정 이하

당상관)는 의정부가 국정을 총관하도록 된 의정부서사제 운영기는 국정을 총관하면서 명실상부한 최고 정치기관이 되었고, 육조가 국정을 주도한 육조직계제 운영기나 외척이 국정을 주도한 시기에도 최고 정치기관으로서의 지위를 유지하고 기능을 발휘하였다.

요컨대 조선전기 의정부와 의정부 당상관은 의정부의 기능·직질과 관련되어 가문이 좋고 인품·학식·경륜이 탁월하고 국왕의 신임이 깊은 인물이 제수되어 명실상부한 최고 정치기관으로서의 기능을 발휘하거나 국정전반에 큰 영향력을 발휘하면서 최고 정치기관으로 존속되었다. 조선전기의 왕대별 정치주도기관, 국정운영행정체계, 의정부와 육조의 정치활동경향을 도표나 표로 정리하여 제시하면 다음과 같다.

〈표 60〉 조선전기 왕대별 정치주도기관(= 주도, - 유력)

	태조	정종	태종		세종	세조	
	1년	2	5	14	18	1	13
도평의사사	═						
의정부		—	—		═	—	—
육조			—	═	—	═	—
원상							═
승정원			—	—	—	—	—

	성종	중종		명종		선조	비고
	7년	11	29	즉위	20	24	
의정부		═	—	—	—	—	
육조	═		═			═	
승정원	—	—	—	—	—	—	
외척				═			

〈도 2〉 조선전기 국정운영행정체계

	도평의사사주도기	의정부주도기	육조주도기	원상주도기
태조1년~ 정종1년	왕 - 도평의사사 - 6조, 도			
정종2년~ 태종4년		왕 - 의정부 - 6조, 도		
태종5년~ 태종13년		왕 - 의정부 - 6조 - 도		
태종14년~ 세종17년			왕 - 육조 - 도 의정부	
세종18년~ 단종3년		왕 - 의정부 - 6조 - 도		
세조1년~ 12년			왕 - 육조 - 도 의정부	
세조13년~ 성종6년				왕 - 원상 - 6조 - 도 의정부
성종7년~ 연산군12			왕 - 6조 - 도 의정부	

	의정부주도기	육조주도기	기타 (공신, 척족주도기)	기타
중종1년~ 10년			왕 - 공신 - 6조 - 도 의정부	
중종11년~ 28년	왕 - 의정부 - 6조 - 도			
중종29년~ 인종1년		왕 - 6조 - 도 의정부		
명종1년~ 19년			왕 - 외척 - 6조 - 도 의정부	
명종20년~ 선조24년		왕 - 6조 - 도 의정부		

부록; 朝鮮前期 議政府堂上官과 朝鮮初期 議政府堂下官在職者一覽表

〈별표 1〉 조선전기 의정역임자[723)]

성명	생몰년	본관	출사로	직전관직	재직기간	체직관직	가계(1부,2조)	공신책록*, 기타
趙 浚	1345~ 1405	평양	음·문 (공민23)	좌정승 판문하 영의정 좌정승	정종1.12(판문하)~ 태종3.7(영)~ 4.6(좌)~ 5.1(영)~5.6	영의정 좌정승 영의정 졸	1판서德裕, 2찬성璉	개·정1
李 和	1348~ 1408	전주	군사	영삼사사	정종2.4(판)~태종1.12	의안공	1桓祖, 2度祖, 서형太祖	개·정1, 좌2
李居易	1348~ 1412	청주	문 (고려말)	참찬문하 부원군 판문하 좌정승	정종2.4(판문하)~ 5,2.9(판)~ 2.11(좌)~태종1.3, 2.4(영)~3.9.	부원군 좌정승 부원군 영사평부사	1상서挺, 2군李璥	정·좌1
閔 霽	1339~ 1423	여흥	문 (공민6)	여흥백 우정승	정종2.4(우)~ 2.9(좌)~2.11.	좌정승 여흥백	1군抃, 2밀직頔	
河 崙	1377~ 1416	진주	문 (공민14)	판삼군부사 부원군 부원군 부원군 좌정승	정2.9(우)~태종1.3, 태2.10(좌)~4.6, 5.1(좌)~7.7, 12.8(좌)~ 14.4(영)~16.3	부원군 부원군 부원군 영의정 치사	1부사允麟, 2녹사侍源	정·좌1

* 개는 開國功臣, 정은 定社功臣, 좌는 佐命功臣, 난은 靖難功臣, 익은 佐翼功臣, 적은 敵愾功臣, 대는 翊戴功臣, 리는 佐理功臣, 국은 靖國功臣, 위는 衛社功臣; 광은 光國功臣, 평은 平難功臣이고, 숫자는 책록등급이다(〈별표 2, 3〉도 같다).

723) 『조선왕조실록』 태조 7년 ~ 선조 25년조, 『국조인물고』, 『국조문과방목』, 『청주한씨대동보』 등에서 종합(〈별표 2, 3〉도 같다).

성명	생몰년	본관	출사로	직전관직	재직기간	체직관직	가계(1부,2조)	공신책록, 기타
成石璘	1338~ 1414	창령	문 (공민6)	문하찬성사 부원군 영의정 우정승 좌정승 부원군	태종즉.4(좌)~9,2. 10(영)~ 3.4(우)~ 7.7(좌)~ 12.8(영)~13.10, 15.10(영)~16.5	부원군 우정승 좌정승 영의정 부원군 부원군	1시중汝完, 2총랑君義	좌3
金士衡	1348~ 1414	안동	음	부원군	태1.3(좌)~2.10	영사평부사	1부지밀직蒧, 2원낭중永煦	개 · 정1
李　舒	1332~ 1410	洪州	문 (공민6)	찬성사 우정승	태1.윤3(우)~ 1.7(영)~2.4	영의정 부원군	1제학起宗, 2판사永芬	개3
李　茂	1355~ 1409	단양	문 (공민왕)	판삼군부사 부원군	태1.7(우)~3.7, 7.7(우)~9.7	영승추부사 부원군	1판서居敬, 2직제학元幹	정 · 좌1
趙英武	?~1414	한양	군사	판승추부사 영삼군부사	태5.1(우)~7.7, 9.8(우)~13.11	파직 부원군	1판서世珍, 2참찬문하珣厚	개3, 정 · 좌1
南　在	1351~ 1419	의령	문 (공민20)	부원군 우정승 판의정 부원군 부원군	태13.11(우)~ 14.4(판의정)~ 14.6(좌)~15.6, 15.11(우)~12, 16.5(영)~17.4	판의정 좌의정 부원군 부원군 부원군	1밀직부사乙蕃, 2군사天老	개1
李　稷	1362~ 1431	성주	문 (우왕3)	부원군 판의정 부원군 영의정	태14.4(판)~ 14.6(우)~15.5, 세종6.9(영)~ 8.5(좌)~9.1	우의정 파직 좌의정 부원군	1평리仁敏, 2문하시랑褒	개3, 좌4
柳　亮	1355~ 1416	문화	음 · 문 (우2)	부원군	태15.6(우)~15.11	부원군	1밀직繼祖, 2판사甫發	좌4
柳廷顯	1355~ 1426	문화	음(?)	찬성 좌의정 영돈령부사	태16.5(좌)~ 16.11(영)~18.6, 18.12(영)~세종6.9	영의정 영돈령부사 영돈령	1군鎭, 2찬성墩	
朴　訔	1370~ 1422	반남	문 (창왕1)	판도총제 우의정	태16.5(우)~ 16.11(좌)~세종3.12	좌의정 부원군	1판시사尙衷, 2밀직부사秀	좌3
韓尙敬	1360~ 1423	청주	음 · 문 (우왕8)	군 우의정	태16.11(우)~ 18.6(영)~세종즉.9	영의정 부원군	1제학修, 2군公義	
李　原	1368~ 1429	고성	문 (우11)	찬성 우의정	태18.6(우)~ 세3.12(좌)~(8.3)	좌의정 파직	1밀직부사崗, 2시중嵒	좌4
沈　溫	?~1418	청송	문 (우12)	찬성	태18.9(영)~세즉.12	사사	1정승德符, 2부원군龍	
鄭　擢	1363~ 1423	청주	음 · 문 (우8)	부원군	세종3.12(우)~5.10	졸	1정당문학樞, 2대제학誧	개1, 정2
柳　寬	1346~ 1433	문화	문 (공민21)	찬성	세6.6(우)~8.1	치사	1판관安澤, 2평리湜	
趙　涓	1374~ 1423	한양	음 · 문 (우12)	부원군	세8.1(우)~8.9	부원군	1부원군仁壁, 2군暾	

성명	생몰년	본관	출사로	직전관직	재직기간	체직관직	가계(1부,2조)	공신책록, 기타
黃 喜	1363~ 1452	장수	음·문 (공양왕1)	종1이판 우의정 모상 좌의정	세8.5(우)~ 9.1(좌)~9.7, 9.7(좌)~ 13.9(영)~31.10	좌의정 모상 영의정 치사	1판강릉부사 君瑞	
孟思誠	1360~ 1438	新昌	문 (우12)	판도총제 우의정	세9.1(우)~ 13.9(좌)~17.2	좌의정 치사	1副令希道, 2상서裕	
權 軫	1357~ 1435	안동	문 (우3)	이판	세종13.9(우)~17.4	치사	1규정希正, 2낭장用中	
崔潤德	1376~ 1445	通川	음·무 (태종2)	도절제사 우의정	세15.5(우)~ 17.2(좌)~18.7	좌의정 영중추부사	1참판승추雲海, 2大將軍祿	
盧 閈	1376~ 1443	교하	음 (공양3)	찬성	세17.2(우)~19.7	파직	1大護軍鈞, 2정승頙	
許 稠	1369~ 1439	하양	문 (공양2)	판중추부사 우의정	세20.5(우)~ 21.6(좌)~21.12	좌의정 치사	1개성윤貴龍, 2정랑允昌	
申 槩	1374~ 1446	평산	문 (태조5)	좌찬성 우의정	세21.6(우)~ 27.1(좌)~28.1	좌의정 졸	1종부령晏, 2판관諿	
河 演	1376~ 1453	진주	문 (태조5)	좌찬성 우의정 좌의정	세27.1(우)~ 29.6(좌)~ 31.10(영)~문종1.11	좌의정 영의정 치사	1부윤自宗, 2대사헌允源	
皇甫仁	?~1453	영천	음·문 (태종14)	좌찬성 우의정 좌의정	세29.6(우)~ 31.10(좌)~ 문1.11(영)~단종1.10	좌의정 영의정 피화	1지중추琳, 2목사晏	
南 智	1401~1 453	의령	음	판중추 우의정	세31.10(우)~ 문1.11(좌)~2.12	좌의정 영중추	1의랑景文, 2의정在	
金宗瑞	1383~ 1453	순천	문 (태종5)	좌찬성 우의정	문1.11(우)~ 단종즉.12(좌)~1.10	좌의정 피화	1錘, 2台泳	
鄭 芬	?~1453	진주	문 (태종16)	좌찬성	단즉.12(우)~1.10	피화	1판총제以吾, 2찬성臣重	
李 瑈	~ 1468	전주	왕자	대군	단1.10(영)~3.윤6	등위	1世宗,2太宗	난1
鄭麟趾	1396~ 1478	하동	문 (태종14)	판중추 좌의정	단1.10(좌)~ 세조1.윤6(영)~4.12	영의정 부원군	1현감興仁, 2종부령乙貴	난1, 익· 리2, 대3
韓 確	1403~ 1456	청주	음 (태종17)	좌찬성 우의정	단1.10(우)~ 세1.윤6(좌)~세2.9	좌의정 졸	1군사永矴, 2녹사寧	난·익1
李思哲	?~1456	전주	기·문 (세종14)	좌찬성 우의정	세1.윤6(우)~ 2.10(좌)~2.12	좌의정 졸	1蘭,2대군天桂	난1, 익2
鄭昌孫	1402~ 1487	동래	문 (세종8)	우찬성 우의정 상중 부원군 부원군	세2.10(우)~ 3.2(좌)~3.7, 4.12(영)~5.11, 7.4(영)~8.5 성종6.7~16.3	좌의정 조상 부원군 부원군 부원군	1판서欽之, 2부윤符	익·대3, 리2

성명	생몰년	본관	출사로	직전관직	재직기간	체직관직	가계(1부,2조)	공신책록, 기타
姜孟卿	1401~ 1461	진주	문 (세종11)	좌찬성 우의정 좌의정	세3.2(우)~ 4.12(좌)~ 5.11(영)~7.4	좌의정 영의정 졸	1현감友德, 2대사헌淮伯	익3
申叔舟	1417~ 1475	고령	문 (세종21)	좌찬성 우의정 좌의정 부원군	세4.12(우)~ 5.11(좌)~ 8.5(영)~12.4, 성종2.10(영)~6.7	좌의정 영의정 부원군 졸	1참판檣, 2참의包翅	난2, 익·대 ·리1
李仁孫	1395~ 1463	廣州	문 (태종17)	우찬성	세5.11(우)~5.11	치사	1의랑之直, 2판사集	
權　覽	1416~ 1465	안동	문 (문종즉)	좌찬성 우의정	세5.11(우)~ 8.5(좌)~9.9	좌의정 부원군	1찬성踶, 2찬성近	난·익1
韓明澮	1415~ 1487	청주	음 (문종2)	부원군 우의정 부원군 부원군 부원군	세8.5(우)~ 9.8(좌)~10.1, 12.10(영)~13.4, 예종즉.11(영)~1.8, 성종4.5(좌)~7.4.	좌의정 부원군 부원군 부원군 부원군	1감찰起, 2정당문학尙質	난·익 ·대· 리1
具致寬	1406~ 1470	능성	문 (세종16)	부원군 우의정	세9.9(우)~ 10.2(좌)~ 12.4(영)~12.10	좌의정 영의정 부원군	1목사楊, 2부윤成老	익3, 리2
黃守身	1407~ 1467	장수	음 (세종10?)	부원군 우의정 좌의정 우의정	세10.2(우)~ 12.4(좌)~ 12.10(우)~ 13.4(영)~13.5	좌의정 우의정 영의정 군	1의정喜, 2판강릉君瑞	익3
朴元亨	1411~ 1469	竹山	문 (세종16)	우찬성 부원군 좌의정	세12.4(우)~12.10, 14.3(좌)~ 예종즉.12(영)~1.1	군 영의정 졸	1참의翱, 2판한성永忠	익3, 대2
沈　澮	1418~ 1493	청송	음 (문종즉)	부원군 좌의정 부원군	세12.10(좌)~ 13.5(영)~13.9, 성종7.8(좌)~10.8	영의정 영중추 부원군	1의정溫, 2시중德符	대·리2
崔　恒	1409~ 1474	朔寧	문 (세종16)	좌찬성 우의정 좌의정 부원군	세13.4(우)~ 13.5(좌)~ 13.9(영)~13.12, 성종2.3(좌)~5.4	우의정 영의정 군 졸	1사예士柔, 2潤文	난·리1, 익2
曺錫文	1413~ 1477	창령	문 (세종16)	좌찬성 좌의정 부원군	세13.9(좌)~ 13.12(영)~14.7, 성종7.4(좌)~7.8.	영의정 부원군 부원군	1감사沆, 2副使敬修	익·대3, 적·리1
洪允成	1425~ 1475	懷仁	?·문 (문종즉)	정1군 군 좌의정	세13.5(우)~13.9, 예종1.윤2(좌)~ 1.8(영)~성종1.4	군 영의정 군	1齊斗, 2容	난2, 익3, 리1
康　純	?~1468	信川	?	지중추	세13.9(우)~14.7	군		적1
洪達孫	1415~ 1472	남양	군사	부원군	세13.12(좌)~14.3	군	1부사治從, 2義老	난1, 익2

성명	생몰년	본관	출사로	직전관직	재직기간	체직관직	가계(1부,2조)	공신책록, 기타
李 浚	?~	전주	종친	정1군	세14.7(영)~예종즉. 12.	군	1대군璆, 2世宗	적1
金 礩	1422~ 1478	안동	음·문 (세종32)	정1군 우의정 부원군	세14.7(우)~ 14.12(좌)~예1.윤2, 성종5.8(우)~6.7	군 부원군 부원군	1동지중추宗淑, 2밀직부사陞	익3, 리2
尹士昐	1401~ 1471	파평	음 (세종8)	종1지중추	예종즉. 12(우)~1.윤2	판중추	1판중추璠, 2판서承禮	
尹子雲	1416~ 1478	茂長	문 (세종26)	좌찬성 우의정 좌의정 부원군	예종1.윤2(우)~ 1.8(좌)~ 성종1.4(영)~2.10, 7.8(우)~9.5	좌의정 영의정 부원군 졸	1부정景淵, 2중추淮	익3, 리1
金國光	1415~ 1480	광산	문 (세종23)	좌찬성 우의정	예1.8(우)~ 성1.4(좌)~2.1, 9.6(우)~9.6	좌의정 부원군 사직	1감찰鐵山, 2검열問	적2, 리1
韓伯倫	1427~ 1474	청주	음	정1군	성종1.4(우)~2.10	부원군	1감사昌, 2군사季復	대3, 리2
成奉祖	1401~ 1474	창령	음	영중추	성2.10(우)~5.8	부원군	1동중揜, 2판서石珚	리3
尹士昕	1401~ 1471	파평	음	영중추	성6.7(우)~7.8	부원군	1판중璠, 2판서承禮	리2
尹弼商	1427~ 1504	파평	문 (문종즉)	영중추 우의정 좌의정	성9.11(우)~ 10.8(좌)~ 16.3(영)~24.11	좌의정 영의정 부원군	1군수坰, 2부윤希齊	적1, 리4
洪 應	1428~ 1492	남양	음·문 (문1)	영중추 우의정	성10.8(우)~ 16.3(좌)~23.4	좌의정 졸	1부윤深, 2庫使輔德	대·리3
李克培	1422~ 1495	廣州	문 (세종29)	부원군 부원군	성16.3(우)~18.9, 24.11(영)~연산1.6	부원군 부원군	1의정仁孫, 2참의之直	익·리3
盧思愼	1427~ 1498	交河	문 (단종1)	영중추 우의정 좌의정	성18.9(우)~ 23.5(좌)~ 연1.3(영)~1.10	좌의정 영의정 부원군	1지돈령物載, 2의정閈	익·리3
許 琮	1433~ 1494	양천	문 (세조4)	부원군	성23.5(우)~25.2	졸	1군수蓀, 2부사扉	적1, 리4
尹 壕	1424~ 1496	파평	음·문 (성종3)	영돈령	성25.4(우)~25.10	영돈령	1첨지중추三山, 2군坤	
愼承善	1436~ 1502	거창	음·문 (세조12)	종1군 우의정 좌의정	성25.11(우)~ 연1.3(좌)~ 1.10(영)~3.4	좌의정 영의정 부원군	1감사詮, 2도사以衷	대·리3
鄭 佸	1435~ 1495	동래	음·문 (세조11)	지중추 우의정	연산군1.3(우)~ 1.10(좌)~1.10	좌의정 졸	1의정昌孫, 2형판欽之	
魚世謙	1430~ 1500	함종	문(세2)	우찬성 우의정	1.10(우)~ 2.2(좌)~4.7	좌의정 파직	1판중추孝瞻, 2직제학變甲	
鄭文炯	1427~ 1501	봉화	문 (세종29)	판중추	2.2(우)~2.9	영중추	1현감來, 2형판津	

성명	생몰년	본관	출사로	직전관직	재직기간	체직관직	가계(1부,2조)	공신책록, 기타
韓致亨	1434~1502	청주	음	좌찬성 우의정 좌의정	2.9(우)~ 4.7(좌)~ 6.4(영)~9.1	좌의정 영의정 졸	1정랑硃, 2군사永矴	리3
成　俊	1436~1504	창령	문 (세조4)	우찬성 우의정 좌의정	4.7(우)~ 6.4(좌)~ 9.1(영)~10.4	좌의정 영의정 유배	1참판順祖, 2판중揜	
李克均	1437~1504	廣州	문(세2)	좌찬성 우의정	연산군6.4(우)~9.1 (좌)~10.4	좌의정 유배	1의정仁孫, 2참의之直	
柳　洵	1441~1517	문화	문 (세조8)	우찬성 우의정 좌의정 부원군	9.1(우)~ 10.4(좌)~ 10.윤4(영)~중종4.윤9, 9.10(영)~11.4	좌의정 영의정 부원군 부원군	1세마思恭, 2판관淙	국2, 평1
許　琛	1444~1505	양천	음·문 (성종6)	참찬	연산군10.4(우)~10. 윤4	졸	1군수蓀, 2부사扉	
朴崇質	?~1507	반남	문(세2)	역좌찬성 (모상) 우의정	10.윤4(우)~ 11.6(좌)~12.7	좌의정 사직	1부윤萱, 2의정訔	
姜龜孫	1450~1505	진주	음·문 (성종10)	좌찬성	11.6(우)~11.8	사직	1찬성希孟, 2감찰順德	
愼守勤	1450~1506	거창	음	종1군 우의정	11.8(우)~ 12.7(좌)~1.9	좌의정 피화	1의정承善, 2감 사詮, 매연산비	
金壽童	1457~1512	안동	문 (성종8)	우찬성 우의정 부원군	12.7(우)~ 중종1.9(좌)~1.10, 5.3(영)~7.7	좌의정 부원군 졸	1동중磧, 2동중宗淑	국2
朴元宗	1467~1510	순천	음·무 (성17)	좌참찬 우의정 좌의정	중종1.9(우)~ 1.10(좌)~ 4.윤9(영)~5.3	좌의정 영의정 부원군	1판중仲善, 2지돈去疎	국1
柳順汀	1459~1512	진주	문 (성18)	겸병판 우의정 좌의정	1.10(우)~ 4.윤9(좌)~ 7.10(영)~7.12	좌의정 영의정 졸	1목사壤, 2지돈侅	국·평1
成希顏	1461~1513	창령	문 (성16)	겸이판 우의정 좌의정	4.윤9(우)~ 7.10(좌)~ 8.윤4(영)~8.7	좌의정 영의정 졸	1판관瓚, 2직장孝淵	국1
宋　軼	1454~1520	여산	문 (성8)	겸이판 우의정 좌의정	7.10(우)~ 8.4(좌)~ 8.10(영)~9.10	좌의정 영의정 부원군	1도정恭孫, 2부사萬達	국3
鄭光弼	1462~1538	동래	문 (성23)	우찬성 우의정 좌의정 역영의정 좌의정	8.4(우)~ 8.10(좌)~ 11.4(영)~14.2, 22.5(좌)~ 22.10(영)~28.5	좌의정 영의정 영중추 영의정 영중추	1참찬蘭宗, 2직제학賜	
金應箕	1455~1519	선산	문 (성8)	영중추 우의정	8.10(우)~ 11.4(좌)~13.1	좌의정 영중추	1대사헌之慶, 2현감地	

성명	생몰년	본관	출사로	직전관직	재직기간	체직관직	가계(1부,2조)	공신책록, 기타
申用漑	1463~1519	고령	문(성19)	좌찬성 우의정	11.4(우)~ 13.1(좌)~14.11.	좌의정 졸	1감사㴐, 2의정叔舟	
安 瑭	1460~1521	순흥	문(성12)	이판 우의정	13.5(우)~ 14.11(좌)~14.12	좌의정 영중추	1사예敦厚, 2한성윤璟	평3
金 詮	1458~1523	연안	문(성20)	우찬성 역우의정	14.11(우)~14.12, 15.2(영)~18.2	판중추 졸	1지중友臣, 2寺尹傒	
南 袞	1471~1527	의령	문(성25)	좌찬성 좌의정	중종14.12(좌)~ 18.4(영)~22.2	영의정 판중추(사직)	1군수致信, 2사간瑾	
李惟淸	1459~1531	한산	문(성17)	좌참찬 우의정	14.12(우)~ 18.4(좌)~22.5	좌의정 군	1참찬塡, 2감사蓄	평2
權 鈞	1464~1526	안동	문(성22)	부원군	18.윤4(우)~22.1	졸	1현감迴武, 2지사彌	국4
沈 貞	1471~1531	풍산	문(연산7)	부원군 우의정	22.1(우)~ 22.10(좌)~25.2	좌의정 부원군	1군膺, 2목사寘	국2
李 荇	1478~1534	덕수	문(연1)	좌찬성 우의정	22.10(우)~ 25.2(좌)~26.6	좌의정 판중추	1사간宜茂, 2군사抽	
張順孫	1457~1534	인동	문(성종16)	이판 우의정 좌의정	26.1(우)~ 26.11(좌)~ 28.5(영)~29.11	좌의정 영의정 사직(병)	1현감重智, 2사정敬源	
韓效元	1468~1534	청주	문(성21)	좌찬성 우의정 좌의정	26.11(우)~ 28.5(좌)~ 29.11(영)~29.12	좌의정 영의정 졸	1정僧, 2정長孫	
金謹思	1466~1539	연안	문(성종25)	좌찬성 우의정 좌의정	28.6(우)~ 29.11(좌)~ 30.3(영)~32.11	좌의정 영의정 파직	1부사勉, 2부사元臣	
金安老	1481~1537	연안	문(중종1)	좌찬성 우의정	29.11(우)~ 30.3(좌)~32.10	좌의정 파직	1참의訢, 2지중友臣	
尹殷輔	1468~1544	해평	문(성종25)	좌찬성 우의정 좌의정	30.3(우)~ 32.10(좌)~ 32.11(영)~39.7	좌의정 영의정 졸	1첨정萱, 2장령㳝	
柳 溥	?~1544	진주	문(연산7)	좌찬성 우의정	32.10(우)~ 32.11(좌)~32.12	좌의정 판중추	1부사添汀,2목사壤,숙부順汀	
洪彦弼	1476~1549	남양	문(중종2)	호판 우의정 영의정 역영의정	32.11(우)~ 32.12(좌)~ 인종1.1(영)~1.1, 명종3.5(영)~4.1	좌의정 영의정 영중추 졸	1승지泂, 2수사貴海	위2
金克成	1474~1540	光州	문(연산4)	좌찬성	32.10(우)~35.4	졸	1孟權	국4
尹仁鏡	1476~1548	파평	문(중종1)	우찬성 우의정 좌의정 영의정	35.8(우)~ 인종1.1(좌)~ 1.1(영)~ 명종3.5(좌)~3.12	좌의정 영의정 좌의정 졸	1부사정㫬, 2부사繼興	위2

성명	생몰년	본관	출사로	직전관직	재직기간	체직관직	가계(1부,2조)	공신책록, 기타
李 芑	1476~ 1552	덕수	문 (연산7)	병판 역우의정 우의정 부원군	인종1.1(우)~1.1, 즉.8(우)~ 즉.10(좌)~명종3.5, 4.9(영)~6.8.	판중추 좌의정 부원군 부원군	1사간宜茂, 2군사抽	위1
柳 灌	1484~ 1545	문화	문 (중종2)	평안관 우의정	인종1.1(우)~ 1.1(좌)~명종즉.8	좌의정 파직	1장령廷秀, 2현감霍	
成世昌	1481~ 1548	창령	음·문 (중2)	좌찬성 우의정	인종1.1(우)~ 명종즉.8(좌)~즉.10	좌의정 판중추	1판서俔, 2판한성念祖	
鄭順朋	1484~ 1548	온양	문 (연산10)	공판	명종즉.10(우)~3.4	졸	1헌납鐸, 2지평忠基	위1
黃 憲	1502~ 1574	紆州	문 (중종16)	병판 우의정	3.7(우)~ 3.12(좌)~4.9	좌의정 파직	1胤祖, 2	국3
沈連源	1491~ 1558	청송	문 (중17)	좌찬성 우의정 좌의정	3.12(우)~ 4.9(좌)~ 6.8(영)~13.5	좌의정 영의정 부원군	1사인順門, 2판관湲	
尙 震	1493~ 1564	목천	문 (중14)	이판 우의정 좌의정	4.9(우)~ 6.8(좌)~ 13.6(영)~18.1	좌의정 영의정 영중추	1찰방甫, 2우후孝淸	
尹元衡	?~1565	파평	문 (중28)	병판 우의정	13.6(우)~13.10, 18.1(영)~20.8	영중추 파직	1부원군之任, 2판관頊	위2
尹 漑	1494~ 1566	파평	문 (중11)	이판 우의정	6.9(우)~ 13.6(좌)~13.10	좌의정 부원군	1현감季孫, 2龜蒙	
安 玹	1501~ 1560	순흥	문 (중16)	판중추 우의정	13.10(우)~ 13.11(좌)~15.3	좌의정 졸	1舜弼,2부사珹	
李浚慶	1499~ 1572	廣州	문 (중26)	좌찬성 우의정 좌의정	13.11(우)~ 15.6(좌)~19.4, 20.8(영)~선조3.10	좌의정 판중추 영중추	1부수찬守貞, 2판중世佐	
沈通源	1499~?	청송	문 (중32)	이판 우의정	명종15.6(우)~ 19.4(좌)~21.1	좌의정 영중추	1사인順門, 2판관湲,형連源	
李 蓂	1496~ 1572	예안	문 (중23)	좌찬성 우의정	19.4(우)~ 21.1(좌)~선조즉.10	좌의정 영중추	1현감輔幹, 2참군愼	
權 轍	1503~ 1578	안동	문 (중29)	병판 우의정 좌의정 역영의정 역영의정	명종21.1(우)~ 선조즉.10(좌)~ 4.6(영)~6.2, 6.5(영)~6.9, 7.9(영)~11.8	좌의정 영의정 영중추 면직 졸	1부사勣, 2군수僑	
閔 箕	1504~ 1568	여흥	문 (중34)	우참찬	선조즉위.10(우)~ 1.2	졸	1현령世瑠, 2참의孝孫	
洪 暹	1504~ 1585	남양	문 (중26)	좌찬성 우의정 역좌의정 역영의정 좌의정	1.5(우)~ 4.5(좌)~6.2, 7.4(영)~7.9, 9.11(좌)~ 12.1(영)~12.2	좌의정 영중추 영중추 영의정 영중추	1의정彦弼, 2승지泂	

성명	생몰년	본관	출사로	직전관직	재직기간	체직관직	가계(1부,2조)	공신책록, 기타
吳 謙	1496~ 1582	나주	문 (중27)	좌찬성구향	4.5(우)~4.5	사직	1부사世勳, 2참판自治	
李 鐸	1508~ 1576	전의	문 (중30)	우찬성 영중추 역영의정	4.5(우)~5.6, 6.9(영)~7.3, 7.4(좌)~7.6	영중추 치사 판중추	1군수昌亨, 2현감孟禧	
朴 淳	1523~ 1589	충주	문 (명종8)	좌찬성 우의정 좌의정	선조5.7(우)~ 6.2(좌)~7.3, 12.2(영)~18.1	좌의정 판중추 면직	1부윤祐, 2智興	
盧守愼	1515~ 1590	光州	문 (중종38)	이판 우의정 탈상 우의정 복직	6.2(우)~ 12.1(좌)~14.9, 16.10(우)~ 18.5(영)~20.4, 20.5(영)~20.6	좌의정 모상 영의정 면직 판중추	1별제鴻, 2倉守琊	
姜士尙	1519~ 1581	진주	문 (명종1)	이판	12.1(우)~14.10.	면직	1사인溫, 2별제永叔	
鄭惟吉	1515~ 1588	동래	문 (중종33)	병판 우의정	16.8(우)~ 18.5(좌)~20.9	좌의정 졸	1부사福謙, 2의정光弼	
金貴榮	1519~ 1593	상주	문 (명종2)	이판 우의정	14.10(우)~ 14.11(좌)~16.8	좌의정 판중추	1應武, 2목사士元	평2
鄭之衍	1527~ 1583	동래	음·문 (선조2)	이판	14.11(우)~16.8	졸	1정랑惟仁, 2주부勞謙	
柳 坱	1531~ 1589	문화	문 (명종8)	판한성 역우의정 좌의정	18.5(우)~20.11, 21.12(좌)~ 22.2(영)~22.11	면직 영의정 졸	1현감禮善, 2演	평2
李山海	1538~ 1609	한산	문 (명16)	이판 우의정 좌의정	21.11(우)~ 22.2(좌)~23.3 (영)~25.4	좌의정 영의정 파직	1정之蕃, 2판관穉	평2, 광3
鄭彦信	1527~ 1591	동래	문 (명21)	병판	22.2(우)~22.11	면직	1좌랑振,2	
鄭 澈	1536~ 1593	연일	문 (명17)	예판퇴거	22.11(우)~ 23.3(좌)~24.2	좌의정 영돈령	1동돈령惟沉, 2참봉潙	평2, 광3
沈守慶	1516~ 1599	풍산	문 (명1)	관찰사	23.3(우)~23.5	사직	1직제학思遜, 2의정貞	
柳成龍	1542~ 1607	풍산	문 (명21)	이판 우의정	23.5(우)~ 24.2(좌)~25.5	좌의정 부원군	1감사仲郢, 2군수公綽	광3
李陽元	1533~ 1592	전주	문 (명11)	좌찬성	24.2(우)~25.5	졸	1副令鶴丁, 2군千壽	광3

〈별표 2〉 조선전기 찬성역임자

성명	생몰년	본관	출사로	직전관직	재직기간	체직관직	가계(1부,2조)	최고관직, 공신책록,기타
李之蘭	?~1402	靑州	군사	도병마사	태조7.9~태종1.1	군	1여진천호雅遠	찬성사, 개1, 정2, 좌3
趙英武	?~1414	한양	군사	역참찬	정종2.9~태종1.7	판승추부사	1판서世珍, 2참찬珣厚	정승, 개3, 정·좌1
李 舒	1332~1410	洪州	문 (공민6)	판승령부사	태종1.1~윤3	우정승	1제학起宗, 2판시사永芬	정승, 개3
郭 樞	?~1405	청주	음?	예대제학	1.윤3~5.7	졸	1평장사琛, 2부사延俊	찬성
李 佇	?~?	청주	기타	정1후	2.7~4.6	파직	1의정居易, 2상서挻장인太祖	정1군, 정·좌1
李良祐	?~1417	전주	군사	정1후	2.12~4.6	부원군	1대군元桂, 2桓祖	부원군, 정2
南 在	1351~1419	의령	문 (공민20)	개성유후 병판 이판 역이판	4.6~5.2, 6.윤7~6.8, 8.2~10, 9.3~(11.10)	병판 이판 병판 군	1밀직부사乙蕃, 2군사天老	의정, 개1
權 近	1352~1409	안동	문 (공민18)	참찬	5.1~5.12	모상	1검교정승僖, 2시중皐	찬성, 좌4
李 淑	1373~1406	전주	군사	종1군	5.12~6.윤7	군	1대군和,2桓祖	찬성, 좌3
趙 溫	1347~1417	한양	군사	병판	6.8~(8.6)	군	1부원군仁璧, 군暾	부원군, 개· 정2, 좌4
李 稷	1362~1431	성주	음·문 (우왕3)	도순문사	7.10~8.2	이판	1문하평리仁敏, 2찬성사褒	의정, 개3, 좌4
尹 柢	?~1412	칠원	기타	참찬	8.10~9.8	이판	불명	찬성, 좌3
李天祐	?~1417	전주	군사	종1군 병판 도총제 이판	8.12~9.3, 9.8~8, 9.9~13.4, 13.10~14.1	병판 도총제 이판 부원군	1대군元桂, 2桓祖	부원군, 정·좌2
柳 亮	1355~1382	문화	음·문 (우왕2)	부원군	13.4~13.10	부원군	1밀직사繼祖, 2판사甫發	의정, 좌4
李叔蕃	1373~1440	안성	문 (태조2)	참찬	14.1~15.5	부원군	1시중坰, 2정당문학思正	부원군, 정2, 좌1
柳廷顯	1355~1426	문화	음?	참찬	14.4~15.1, 15.5~16.5	참찬 좌의정	1군鎭, 2찬성사墩	의정
偰眉壽	1360~1415	경주	문 (우왕2)	역예판	14.8~15.3	졸	1元숭문감승伯僚遜, 2哲篤	찬성
朴 信	1362~1444	운봉	문 (우11)	병판	16.5~17.6	파직	1부사之誼, 2 2품?桂芳	찬성

성명	생몰년	본관	출사로	직전관직	재직기간	체직관직	가계(1부,2조)	최고관직, 공신책록, 기타
金漢老	1367~?	光州	음·문 (우9)	판도총제	16.11~17.4	판한성	1子贇, 서양령대군	찬성
鄭 矩	1350~1418	동래	문 (우3)	참찬	17.6~6	사직(병)	1감찰대부良生, 2대사헌瑚	찬성
李 原	1368~1429	고성	문 (우왕11)	판도총제	17.9~18.6	우의정	1밀직부사崗, 2시중嵒	의정, 좌4
崔 迤	1356~1426	강릉	음	종1개성유후	18.6~세종2.3	경기관	1군有璉, 2安沼	찬성
沈 溫	?~1418	청송	문 (우왕12)	이판	(태18.8)~9.	영의정	1정승德符, 2龍	의정
鄭 易	?~1425	해주	음·문 (우9)	호판	세종1.8~2.4	불명	1判禮儀司事允珪, 2소윤琄, 서孝寧大君	부원군
李從茂	1360~1425	장수	기타 (우7)	종1군	(1.8)~8	군	1寺尹吉祥, 2도원수乙珍	부원군, 라4
趙 涓	1374~1429	한양	음·문 (우왕12)	부원군	2.2~3.12	부원군	1부원군仁璧, 2군暾	의정
柳 寬	1346~1433	문화	문 (공민21)	종1대제학	2.4~6.6	우의정	1판관安澤, 2첨의평리湜	의정
孟思誠	1360~1438	신창	문 (우12)	이판	3.12~4.10	불명	1副令希道, 2상서裕	의정
黃 喜	1363~1452	장수	음·문 (공양1)	판도총제	6.6~8.2	이판	1판강릉부사君瑞, 2均庇	의정
權 軫	1357~1435	안동	문 (우왕3)	형판	8.2~12.1	이판	1사헌규정希正, 2낭장用中	의정
許 稠	1369~1439	하양	문 (공양2)	판도총제	12.1~14.6	이판	1부윤貴龍, 2도관정랑允昌	의정
盧 閈	1376~1443	교하	음 (공양3)	판한성	14.6~17.2	우의정	1대효군鈞, 2군稙	의성
河敬復	1377~1438	진주	무 (태조1)	판중추	(17.6)~18.12	도절제사	1부정承海, 2寺事乙桴	의정
安 純	1371~1440	순흥	문 (우왕14)	종1호판	18.4~19.6	판중추	1부원군景恭, 2판문하부사宗源	찬성
申 槩	1374~1446	평산	문 (태조2)	참찬	(18.7)~21.6	우의정	1종부령晏, 2전서諿	의정
李孟畇	1371~1440	한산	문 (우왕11)	예대제학 우찬성	19.10(우)~21.6(좌)~(22.8)	좌찬성 병사	1밀직種德, 2시중穡	찬성
成 抑	1386~1448	창령	음	공판	21.6(우)~(24.3)	판중추	1판서石珚, 2시중汝完	찬성
河 演	1376~1453	진주	문 (태조5)	좌참찬 우찬성	22.5(우)~23.9(좌)~27.1	좌찬성 우의정	1부윤自宗, 2대사헌允源	의정

성명	생몰년	본관	출사로	직전관직	재직기간	체직관직	가계(1부,2조)	최고관직, 공신책록,기타
崔士康	1385~ 1443	전주	음	우참찬	23.9(우)~23.5	졸	1참찬有慶, 2전서宰	찬성
皇甫仁	?~1453	영천	음 · 문 (태종14)	좌참찬	27.2(좌)~29.6	우의정	1지중추琳, 2목사安	의정
權　踶	1387~ 1445	안동	음 · 문 (태종14)	좌참찬	27.2(우)~27.4	졸	1찬성近, 2검교정승僖	찬성
金宗瑞	1383~ 1453	순천	문 (태5)	예판 우찬성	(28.3,우)~ 문종1(좌)~1.10.	좌찬성 우의정	1도총제錘, 2台泳	의정
朴從愚	?~1464	운봉	기타	종1도절제사	29.1(좌)~29.3	이판	1찬성信, 2부사之誼, 장인太宗	부원군, 난1
鄭　苯	?~1453	진주	음 · 문 (태16)	좌참찬 우찬성	(문종즉.7,우)~ 1.10(좌)~단종즉.12	좌찬성 우의정	1판도총제以吾, 2찬성사臣重	의정
李　穰	?~1453	전주	기타	판중추	문1.10(우)~단종1.10	피화	1완천군淑, 2대군和	찬성
韓　確	1403~ 1456	청주	기타	판중추	문2.12(좌)~단1.10	우의정	1군사永矴, 2녹사寧	의정, 난 · 익1
李思哲	?~1456	전주	문 (세14)	종1우참찬	단1.11(좌)~세조1.6	우의정	1蘭, 2天桂	의정, 난1, 익2
李季疇	1401~ 1455	한산	음 (태종16)	좌참찬 우찬성	(세1.윤6,우)~ 1.윤6(좌)~1.12	좌찬성 졸	1지중추種善, 2시중穡	찬성, 익2
鄭昌孫	1402~ 1487	동래	문 (세종8)	이판	1.윤6(우)~2.10	우의정	1판서欽之, 2무윤符	의정, 익 · 대3, 리2
尹師路	1422~ 1463	파평	기타 (부마)	종1군	2.1(좌)~2.10	영중추	1참의垠, 부윤希齊	부원군, 익1
姜孟卿	1410~ 1461	진주	문 (세종11)	좌참찬	2.10(좌)~3.2	우의정	1지현사友德, 2대사헌淮伯	의정, 익3
申叔舟	1417~ 1475	고령	문 (세종20)	판중추 우찬성	2.10(우)~ 3.7(좌)~4.12	좌찬성 우의정	1참판檣, 2참의包翅	의정, 난2, 익 · 대 · 리1
黃守身	1407~ 1467	장수	음 (세종10?)	우참찬 우찬성	3.7(우)~ 4.12(좌)~(8.5)	좌찬성 부원군	1의정喜, 2판강릉부사君瑞	의정, 익3
權　覽	1416~ 1465	안동	문 (문종즉)	판중추 우찬성	4.12(우)~ 5(좌)~5.11	좌찬성 우의정	1찬성踶, 2찬성近	의정, 난 · 익1
李仁孫	1395~ 1463	廣州	문 (태종17)	종1지중	5.11(우)~5.11	우의정	1참의之直, 2판시사集	의정
具致寬	1406~ 1470	능성	문 (세종16)	종1이판	7.6(우)~7.8.	부원군	1목사楊, 2부윤成老	의정, 익3, 리2
李承孫	?~1463	영천	문 (세종2)	종1좌참찬	9.9(우)~9.9.	졸	1斗萬, 2陽實	찬성
成奉祖	1401~ 1474	창령	음 (?)	좌참찬	9.10(우)~14.8	영중추	1동중揜, 2판서石珚	의정, 리3
尹士昐	1401~ 1471	파평	음 (세종8)	판중추	10.7(좌)~12.4	지중추	1판중磻, 2전서承禮	의정

성명	생몰년	본관	출사로	직전관직	재직기간	체직관직	가계(1부,2조)	최고관직, 공신책록,기타
朴元亨	1411~ 1469	죽산	문 (세16)	예판	10.7(우)~12.4	우의정	1참의翶, 2판한성永忠	의정, 익3, 대2
崔　恒	1409~ 1474	삭령	문 (세16)	종1좌참찬	12.4(좌)~(13.5)	우의정	1사예士柔, 2潤文	의정, 난·리1, 익2
曺錫文	1413~ 1477	창령	문 (세16)	군 우찬성	12.4(우)~ 13.4(좌)~13.9	좌찬성 좌의정	1감사沆, 2副使敬修	의정, 익·대3, 적·리1
尹子雲	1416~ 1478	무장	음·문 (세종26)	좌참찬 우찬성	13.4(우)~ 13.7(좌)~예종1.윤2	좌찬성 우의정	1부정景淵, 2중추사淮	의성, 익3, 리1
金國光	1415~ 1480	光州	문 (세23)	종1우참찬 우찬성	세13.8(우)~ 예즉.9(좌)~1.8	좌찬성 우의정	1감찰鐵山, 2검열問	의정, 적2, 리1
韓繼美	1420~ 1471	청주	음 (세20)	종1도절제사 우찬성	세13.9(우)~ 예1.8(좌)~성종1.8	좌찬성 판돈령	1감사惠, 2의정尙敬	영중추, 익·대3, 리2
盧思愼	1427~ 1498	교하	문 (단종1)	우참찬 우찬성	예1.8(우)~ 성1.8(좌)~7.8	좌찬성 영중추	1지돈物載, 2의정閈	의정, 익·리3
尹弼商	1427~ 1504	파평	문 (세32)	우참찬 군	성1.8(우)~(8.3), (8.8,좌)~9.6	군 영중추	1군수坰, 2판한성希齊	의정, 적1·리3
韓繼禧	1423~ 1382	청주	문 (세종29)	종1군 종1군	2.3(좌)~? 9.11(좌)~13.8	군 군	1감사惠, 2의정尙敬	정1군, 대3, 리2
徐居正	1420~ 1488	대구	음 (세26)	종1좌참찬 군	7.8(우)~8.4, 14.3(좌)~16.7	군 졸	1목사彌性, 2전서義	찬성, 리3
洪　應	1428~ 1492	남양	문 (문종1)	종1이판 우찬성	8.윤2(우)~ 9.6(좌)~9.11	좌찬성 영중추	1부윤深, 2庫使德輔	의정, 대·리3
魚有沼	1434~ 1489	충주	음 (문종1)	종1병판	9.6(우)~11.1	유배	1동중得海, 2목사重淵	정1군, 적1
姜希孟	1424~ 1483	진주	문 (세29)	종1이팡 우칸성	10.10(우)~ 13.8(자)~14.2	좌찬성 졸	1지돈碩德, 2대사헌淮伯	찬성, 대·리3
許　琮	1433~ 1494	양천	문 (세조4)	종1호판 군	13.8(우)~11, 14.1(우)~18.7	군 군	1군수蓀, 2부사扉	의정, 적1·리4
李　坡	1434~ 1486	한산	문 (문종1)	종1좌참찬 우찬성	16.윤4(우)~ 7(좌)~17.2	좌찬성 졸	1영중추季甸, 2지중種善	찬성
鄭　佸	1435~ 1495	동래	음·문 (세조11)	병판	16.7(우)~20.3	지중추	1의정昌孫, 2판서欽之	의정
李鐵堅	1435~ 1496	경주	음·무 (세조6)	종1판한성	17.3(좌)~22.5), (22.6,좌)~24.11	군 군	1참판延孫, 2판관昇	찬성, 리4
孫舜孝	1426~ 1497	평해	문 (단종1)	경상관	18.2(우)~21.11	판중추	1군수密, 2낭장有禮	찬성
魚世謙	1430~ 1500	함종	문 (세조2)	종1판한성 종1군	21.11(우)~(23.3) 연산군1.5(우)~1.10	조상 우의정	1판중孝瞻, 2지사간變甲	의정, 대3

성명	생몰년	본관	출사로	직전관직	재직기간	체직관직	가계(1부,2조)	최고관직, 공신책록,기타
鄭文炯	1427~ 1501	봉화	문 (세종29)	우참찬 우찬성	23.3(우)~ 연산군1.3(좌)~1.5	좌찬성 판중추	1현감來, 2판서津	의정
韓致亨	1434~ 1502	청주	음 (세조1)	종1병판	성24.11(좌)~ 연2.9	우의정	1정랑질, 2군사永矴, 장인讓寧大君	의정, 리3
李克墩	1435~ 1503	廣州	문 (세3)	행이판 우찬성	연산1.10(우)~ 2.10(좌)~4.7	좌찬성 파직	1의정仁孫, 2참의之直	찬성, 리4
成　俊	1436~ 1504	창령	문 (세4)	병판	2.10(우)~4.7	우의정	1참판順祖, 2지중揜	의정
李克均	1437~ 1504	廣州	문 (세2)	판중추	4.7(좌)~6.4	우의정	1의정仁孫, 2참의之直	의정
柳　輊	?~?	문화	문 (단종1)	좌참찬	4.7(우)~4.12	군	1현령自湄, 2현감洽	찬성, 리4
朴　楗	1434~ 1509	밀양	문 (단1)	좌참찬 우찬성 좌찬성	4.12(우)~ 6.4(좌)~ 8.5(우)~8.8	좌찬성 우찬성 우의정	1군仲孫, 2정자功問	의정, 국3
愼守勤	1450~ 1506	거창	음 (성종15)	판돈령	6.4(우)~8.8	군	1의정承善, 2감사詮	의정
柳　洵	1441~ 1517	문화	문 (세조8)	호판	8.8(우)~9.1	우의정	1세마思恭, 2판관淙	의정, 국2, 평1
盧公弼	1445~ 1516	교하	문 (세12)	호판 우찬성 판돈령	9.1(우)~ 9.2(좌)~10.4, 중1.10(우)~2.윤1	좌찬성 유배 영돈령	1의정思愼, 2지돈物載	영중추
姜龜孫	1450~ 1505	진주	음·문 (성종10)	병판 우찬성	10.4(우)~ 10.5(좌)~11.9	좌찬성 우의정	1찬성希孟, 2감찰順德	의정
李季仝	1450~ 1506	평창	음·무 (성1)	병판	10.5(우)~11.9	판중추	1교永瑞, 2돈령승판宗美	영중추
金壽童	1457~ 1512	안동	문 (성8)	모상 (역이판)	11.9(좌)~12.7	우의정	1동중磧, 2동중宗淑	의정, 국2
金　勘	1466~ 1509	연안	문 (성20)	예판	11.9(우)~12.7	부원군	1안동부사元臣, 2동중修	부원군, 국2
申　浚	1444~ 1509	고령	음·문 (성1)	좌참찬	12.7(좌)~중종1.10	부원군	1의정叔舟, 2참판檣	부원군, 국3
鄭眉壽	1456~ 1512	해주	음	우참찬	12.7(우)~중1.10	부원군	1문종부마悰, 2참판忠敬	부원군, 국3
朴安性	?~?	죽산	문 (세조5)	역판서 좌찬성 우찬성	중종1.10(좌)~ 2.1(우)~ 2.3(좌)~3.7	우찬성 좌찬성 영중추	1의정元亨, 2녹사肇開	영중추
宋　軼	1454~ 1520	여산	문 (성종8)	예판 우찬성	2.3(우)~ 3.7(좌)~3.12	좌찬성 정1군	1도정思恭, 2부사萬達	의정, 국3

성명	생몰년	본관	출사로	직전관직	재직기간	체직관직	가계(1부,2조)	최고관직, 공신책록,기타
李 蓀	1439~ 1520	廣州	음 · 문 (성1)	좌참찬 우찬성 역우찬성	3.7(우)~ 4.6(좌)~4.?, 8.11(좌)~9.10	좌찬성 ? 판중추	1병사守哲,	부원군, 국3
權 鈞	1464~ 1526	안동	문 (성22)	형판 군	3.12좌~4.6, 15.1(좌)~15.1	군 병판	1현감迴, 2지사彌	의정, 국4
鄭光弼	1462~ 1538	동래	문 (성23)	함길관	8.4(우)~8.4	우의정	1참찬蘭宗, 2직세악賜	의정
申用漑	1463~ 1519	고령	문 (성19)	병판 병판	8.10(우)~10.2 11.1(좌)~11.4	병판 우의정	1감사㴐, 2의정叔舟	의정
洪景舟	?~1521	남양	문 (연산7)	공판 판중추	9.10(좌)~10.4 15.4(좌)~16.3	? 이판	1지중任, 2목사淀	찬성, 국1, 평2
張順孫	1457~ 1534	인동	문 (성종16)	좌참찬 우찬성 병판	10.2(우)~ 10.4(좌)~11.1 18.4(우)~18.윤4	좌찬성 호판 판중추	1군수重智	의정
金 詮	1458~ 1523	연안	문 (성20)	예판 우찬성	10.4(우)~ 11.4(좌)~13.3	좌찬성 퇴거	1지중友臣, 1내자윤俵	의정
朴 說	1464~ 1517	밀양	문 (성20)	대사헌 이판	11.4(우)~11.9 11.10(좌)~12.1	이판 판중추	1첨정思東	찬성
南 袞	1471~ 1527	의령	문 (성25)	이판 대사헌 이판 이판	12.8(우)~12.8 12.10(우)~12.윤12 13.6(좌)~14.4 14.11(좌)~14.12	대사헌 이판 예판 좌의정	1군수致信, 2사간瑾	의정
崔淑生	1457~ 1520	경주	문 (성23)	우참찬 우참찬	12.윤12(우)~13.1, 13.7(우)~14.2	불명 판중추	1첨정鐵重, 2부정渚	찬성
李繼孟	1458~ 1523	전의	문 (성20)	불명 병판 역좌찬성 사직 좌찬성 우찬성	13.1(우)~13.6, 14.6(좌)~14.11, 14.12(좌)~15.1, 15.1(좌)~ 15.4(우)~ 16.6(좌)~18.2	이판 ? 사직 우찬성 좌찬성 졸	1동중穎, 2현감人種	찬성
李長坤	1474~ 1519	벽진	문 (연산5)	이판	14.2(우)~15.4	파직	1참군承彦, 2군수好謙	찬성
高荊山	1453~ 1528	횡성	문 (성종14)	병판	16.6(우)~16.12	호판	1思信	찬성
沈 貞	1471~ 1531	풍산	문 (연산7)	좌참찬	17.11(우)~18.4	군	1군膺, 2목사濱	의정, 국2
李 荇	1478~ 1534	덕수	문 (연1)	좌참찬 이판 이판	18.8(우)~19.6 19.8(좌)~19.11 (22.2)(좌)~22.10	이판 이판 우의정	1사간宜茂, 2군사抽	의정
洪 淑	1464~ 1538	남양	문 (연2)	병판 예판 이판	19.11(우)~20.1,22.10 (좌)~23.7,24.8 (좌)~24.11	이판 이판 판중추	1貴演, 2동중益生	찬성, 평3

성명	생몰년	본관	출사로	직전관직	재직기간	체직관직	가계(1부,2조)	최고관직, 공신책록,기타
李 沆	?~?	성주	문 (연4)	좌참찬 예판	22.1(우)~22.5,25.6 (좌)~26.6	예판 ?	1世仁, 2참의璧	찬성
金克愊	1472~ 1530	광산	문 (연9)	호판 우찬성 ? 우찬성	22.5(우)~ 23.7(좌)~23.9,24.8 (우)~ 24.11(좌)~25.6	좌찬성 대사헌 좌찬성 ?	1참찬謙光, 2감찰鐵山	찬성
許 硡	1471~ 1529	양천	문 (연9)	예판	23.7(우)~24.8	평안관	1의정琛, 2군수蓀	찬성, 위1
金克成	1474~ 1540	光州	문 (연4)	대사헌 군 군	24.11(우)~25.7,26.6 (좌)~26.11,32.12 (좌)~32.12	병판 유배 우의정	1孟權	의정, 국4
金 璫	1465~ 1532	경주	문 (연1)	좌참찬 호판	25.11(우)~25.12 26.11(좌)~27.1	피핵체 졸	1목사泰卿	찬성
韓效元	1468~ 1534	청주	문 (성21)	우참찬 이판	25.12(우)~26.1,26.11 (좌)~26.11	이판 우의정	1정曾, 2정長孫	의정
尹殷輔	1468~ 1544	해평	문 (성25)	좌참찬 우찬성 좌찬성 호판 호판	26.6(우)~ 26.11(좌)~ 26.11(우)~27.9,28.8 (좌)~29.7,29.11 (좌)~30.3	좌찬성 우찬성 병판 호판 우의정	1첨정萱, 2장령洒	의정
金謹思	1466~ 1539	연안	문 (성25)	이판	27.12(좌)~28.6	우의정	1부사勉, 2부사元臣	의정
金安老	1481~ 1537	연안	문 (중종1)	겸이판	29.7(좌)~29.11	우의정	1참의訢, 2지중友臣	의정
洪彦弼	1476~ 1549	남양	문 (중2)	경기관	29.12(우)~30.1	파직	1승지泂, 2수사貴海	의정, 위2
柳 溥	?~1544	진주	문 (연산7)	우참찬 우찬성	30.1(우)~ 30.11(좌)~32.10	좌찬성 우의정	1부사添汀, 2목사壤, 숙부順汀	의정
黃士祐	1486~ 1536	창원	문 (중종4)	병판	30.11(우)~31.1	이판	1希聖	찬성
沈彦慶	1487~ 1540	삼척	문 (중11)	이판 예판 우찬성	31.1(우)~32.8,32.10 (우)~ 32.10(좌)~32.11	예판 좌찬성 파직	1좌랑濬, 2文柱	찬성
蘇世讓	1486~ 1562	진주	문 (중4)	이판 우찬성 이판	32.10(우)~ 33.5(좌)~34.2,34.2 (좌)~35.11	좌찬성 이판 이판	1도사自坡, 2판관效軾	찬성
尹 任	1487~ 1545	파평	무과	한성판윤 우찬성 좌찬성	33.5(우)~ 34.2(좌)~ 34.2(우)~34.6	좌찬성 우찬성 공판	1부원군汝弼, 2참판甫	찬성
曺繼商	1466~ 1543	창령	문 (연산2)	호판	34.2(우)~34.2	졸	1부사九敍, 2참의變隆	찬성, 국2

성명	생몰년	본관	출사로	직전관직	재직기간	체직관직	가계(1부,2조)	최고관직, 공신책록, 기타
尹仁鏡	1476~ 1548	파평	문 (중종1)	호판 이판 이판	34.6(우)~34.윤7, 34.윤7(우)~34.1235.4 (우)~35.8	이판 병판 우의정	1부사정煦, 2부사繼興	의정, 위2
梁　淵	?~1542	남원	문 (중19)	이판	34.12(좌)~35.4,36.5 (우)~37.7	판중추	1현감琥, 2찬성誠之	찬성
柳　灌	1484~ 1545	문화	문 (중2)	이판 병판 우찬성	35.4(우)~35.4,35.11 (우)~ 36.5(좌)~38.12	병판 좌찬성 평안관	1장령廷秀, 2현감滓	이정
金安國	1478~ 1543	의성	문 (연산9)	좌참찬 우찬성	35.8(우)~ 35.11(좌)~36.5	좌찬성 병판	1참봉璉, 2부사益齡	찬성
李　芑	1476~ 1552	덕수	문 (연7)	병판 우찬성	37.8(우)~ 38.12(좌)~39.1	좌찬성 우의정	1사간宜茂, 2군사抽	의정, 위1
尙　震	1493~ 1564	목천	문 (중종14)	병판 병판	39.2(우)~39.8, 명종3.7(우)~4.1	지돈령 이판	1찰방甫, 2우후孝淸	의정
成世昌	1481~ 1548	창령	음 · 문 (중2)	호판 우찬성	39.8(우)~ 인종1.1(좌)~1.1	좌찬성 우의정	1판서俔, 2판한성念祖	의정
李彦迪	1491~ 1553	여주	문(중9)	지중추 우찬성	인1.1(우)~ 1.1(좌)~1.12	좌찬성 귀향	1蕃, 2참군壽會	찬성, 위3
柳仁淑	1485~ 1545	진주	문 (중10)	공판	1.1(우)~1.5	이판	1사간文通, 2참판宗植	찬성
權　橃	1478~ 1548	안동	문 (중2)	좌참찬	1.5(우)~명종즉.8	병판	1士彬, 2호군琨	찬성
林百齡	?~1546	선산	문 (중14)	이판	명즉.11(우)~1.9	?	1遇亨, 2현감秀	찬성, 위1
許　磁	1496~ 1551	양천	문 (중18)	좌참찬 우찬성	즉.9(우)~ 1.8(좌)~1.9	좌찬성 판중추	1庫令瑗, 2군수薰	찬성, 위1
丁玉亨	1486 1549	나주	문(중8)	?	1.9(좌)~2.10	졸	1찬판壽崗, 2교리子伋	잔성, 위3
崔輔漢	?~1546	수원	문 (중19)	이판	1.9(우)~2.3	졸	1潤明, 2有恒	찬성, 위2
閔齊仁	1493~ 1549	여흥	문 (중15)	지중추 우찬성	2.3(우)~ 2.10(좌)~3.7	좌찬성 유배	1전적龜孫, 2정랑粹	찬성, 위2
黃　憲	1502~ 1574	紆州	문 (중16)	?	2.10(우)~3.4	병판	1胤祖	의정, 국3
沈連源	1491~ 1558	청송	문 (중17)	예판 우찬성	3.4(우)~ 3.7(좌)~3.12	좌찬성 우의정	1사인順門, 2판관湲	의정
金光準	?~1553	상주	문 (중19)	우참찬 좌찬성 병판	4.1(좌)~ 4.9(우)~6.9, 8.2(우)~8.6	우찬성 병판 판돈령	1사직융, 2정守末	찬성, 위2
李　薇	1484~?	덕수	문 (중10)	예판	4.1(우)~4.9	지중추	1응교宜茂, 2군사抽	찬성

성명	생몰년	본관	출사로	직전관직	재직기간	체직관직	가계(1부,2조)	최고관직, 공신책록,기타
申光漢	1484~ 1555	고령	문 (중10)	판돈령 좌찬성 우찬성 좌찬성	4.9(좌)~ 6.9(우)~ 8.2(좌)~ 8.6(우)~8.12	우찬성 좌찬성 우찬성 판중추	1정泂, 2의정叔舟	부원군, 위3
尹元衡	?~1565	파평	음·문 (중28)	복상 (역병판)	6.9(좌)~8.2,8.6 (좌)~9.2	? 병판	1부원군之任, 2판관頊	의정, 위2
安 玹	1501~ 1560	순흥	문 (중16)	이판 판돈령	9.9(우)~(10.11),11.5 (좌)~13.1	? 판돈령	1舜弼, 2부사珹	의정
李浚慶	1499~ 1572	廣州	문 (중26)	지중추 우찬성	10.10(우)~ 13.6(좌)~13.11	좌찬성 우의정	1부수찬守貞, 2판중世佐	의정
洪 暹	1504~ 1585	남양	문 (중26)	예판 우찬성 예판 예판 예판	13.6(우)~ 13.11(좌)~14.3,15.1 (좌)~15.10,19.10 (좌)~22.1,22.3(좌) ~선조1.5	좌찬성 이판 사직 예판 우의정	1의정彦弼, 2승지泂	의정
曺光遠	1492~ 1573	창령	문 (중23)	지중추	13.11(우)~13.2	파직	1찬성繼商, 2부사九敍	찬성
沈通源	1499~?	청송	문 (중32)	예판 우찬성	13.12(우)~ 14.3(좌)~15.1	좌찬성 이판	1사인順門, 2판관湲	의정
李 蓂	1496~ 1572	예안	문 (중23)	좌참찬 우찬성 지중추	14.3(우)~ 16.윤5 (좌)~18.3,18.12 (좌)~19.7	좌찬성 지중추 우의정	1현감輔幹, 2참군愼	의정
金明胤	1493~ 1572	光州	문(중 14*,19)	이판	15.10(좌)~16.윤5	판돈령	1찬성克愊, 2참찬謙光	찬성, 현량과
丁應斗	1508~ 1572	나주	문 (중29)	병판 병판 병판	16.윤5(우)~17.1, 18.3(좌)~18.3,19.7 (좌)~19.10	병판 ? ?	1찬성玉亨, 2참판壽崗	찬성
元繼儉	?~?	원주	문 (중28)	?	17.1(우)~17.2	지중추	1사직順祖, 2병사仲秬	찬성
權 轍	1503~ 1578	안동	문 (중29)	형판 우찬성 이판	17.2(우)~ 18.3(좌)~18.12,19.7 (우)~21.1	좌찬성 ? 우의정	1부사勣, 2군수僑	의정
吳 謙	1496~ 1582	나주	문 (중27)	호판 이판 ?	19.2(우)~19.7,21.1 (우)~선조1.1, 선1.5(좌)~3.12	병판 병판 귀향	1부사世勳, 2참판自治	의정
李 滉	1501~ 1570	진보	문 (중29)	퇴거 판중	선1.1(우)~1.4, (2.12,우)~2.12	판중추 이판	1埴, 2繼陽	찬성
李 鐸	1508~ 1576	전의	문 (중30)	이판	1.4(우)~1.5	이판	1군수昌亨, 2현감孟禧	의정
朴忠元	1507~ 1581	밀양	문 (중26)	이판	4.6(우)~4.7	?	1별좌藻	찬성

성명	생몰년	본관	출사로	직전관직	재직기간	체직관직	가계(1부,2조)	최고관직, 공신책록,기타
朴　淳	1523~ 1589	충주	문 (명종8)	이판 우찬성	4.7(우)~5.4,5.5 (좌)~5.7	체직 우의정	1부윤祐, 2智興	의정
鄭大年	1507~ 1578	동래	문 (중종27)	? 퇴거	4.12(우)~6.3, (8.7,우)~8.7	퇴거 이판	1대교荃, 2사직亨耘	찬성
鄭惟吉	1515~ 1588	동래	문 (중33)	이판 판돈령	6.3(우)~7.7, 9.2(우)~10.1	형판 병판	1부사福謙, 2의정光弼	의정
鄭宗榮	1513~ 1589	초계	문 (중38)	역이판	13.3(우)~13.4	면직	1현감淑, 2병사允謙	찬성
金貴榮	1519~ 1593	상주	문 (명종2)	호판	13.윤4(우)~14.6	이판	1應武, 2목사士元	의정, 평2
李　珥	1536~ 1584	덕수	문 (명19)	우참찬	15.9(우)~(16.1)	병판	1찰방元秀, 2蔵	찬성
鄭彦信	1527~ 1591	동래	문 (명21)	병판	21.2(우)~(21.11)	병판	1좌랑振	의정
兪　泓	1524~ 1594	기계	문 (명8)	예판	21.2(좌)~23.9	이판	1綰, 2판서汝霖	의정, 평2, 광1
崔　滉	1529~ 1603	해주	문 (명21)	대사헌	23.2(좌)~23.5, (25.5)(우)~?	이판	1군수汝舟, 2정瓊	찬성, 평 · 광3
李陽元	1533~ 1592	전주	문 (명11)	이판 우찬성	23.5(우)~ 23.9(좌)~24.2	좌찬성 우의정	1副令鶴丁, 2군千壽	의정, 광3
尹根壽	1537~ 1616	해평	문 (명13)	예판	(24.6,우)~24.6	파직	1정忭, 2사용希琳,형斗壽	의정, 광1
鄭　琢	1526~ 1605	청주	문 (명13)	?	(24.12,우)~(25.5)	?	1以忠, 2僑	의정

〈별표 3〉 조선전기 참찬역임자

성명	생몰년	본관	출사로	직전관직	재직기간	체직관직	가계(1부,2조)	최고관직, 공신책록,기타
張思吉	?~1418		군사	역정2	태조7.9~(정종2.6)	군	1만호烈	부원군, 개1, 정2
李茂	1355~ 1409	단양	문 (공민왕)	역정2	태7.9~정2.5	도순문사	1판서居敬, 2제학元幹	의정, 정·좌1
趙英武	?~1414	한양	군사	참지문하	정1.5~2.4	도순문사	1판서世珍, 2참찬珣厚	의정, 개3, 정·좌1
趙 溫	1347~ 1417	한양	군사	지문하	(정2.4)~2.7	파직	1부원군仁璧, 2군暾	부원군, 개·정2, 좌4
權 近	1352~ 1409	안동	문 (공민18)	정당문학 ? ?	정2.7~2.11, 태종1.12~2.7, 2.10~5.1	? ? 찬성	1검교정승僖, 2시중皐	찬성, 좌4
趙 璞	1356~ 1408	평양	문 (우왕8)	경상관 판한성 도순문사	정2.11~12, 태3.4~3.4, (7.6)~7.6	삼사좌사 사평좌사 파직	1전의령思謙, 2삼사左尹忠臣	참찬, 개·정1, 좌4
李 稷	1362~ 1431	성주	음·문 (우3)	삼사우사 역지의정	정2.11~12, 태1.12~12.	지의정 유배	1문하평리仁敏, 2찬성褒	의정, 개3, 좌4
崔有慶	1343~ 1413	전주	음?	판한성 ?	태종1.12~3.8 6.윤7~7.3	판한성 사직	1감찰대부宰, 2전서得枰	참찬
李文和	1358~ 1414	仁州	음·문 (우7)	경상관 역판서	2.7~2.11, 14.2~14.6.	사평우사 졸	1판서深, 2중서사인益歲	참찬
李 彬	?~1410	불명	불	사평좌사	4.3~4.6	참판사평	불(피화)	참찬
盧 嵩	1337~ 1414	光州	문 (공민14)	참판승추 역참찬	4.6~4.10, 11.3~11.11	참판사평 검교정승	1지평俊卿, 2대호군亶	검교의정
李叔蕃	1373~ 1440	안성	문 (태조2)	전지의정 군 병판	4.10~(6.윤7), 10.9~11.2, 13.10~14.1.	군 군 찬성사	1시중坰, 2정당문학思正	부원군, 정2, 좌1
尹 柢	?~1412	漆原	군사	군 병판	5.4~7.3, 7.12~8.10.	병판 찬성	불명	찬성, 좌3
辛克禮	?~1407	영산	음?	군	6.4~6.윤7	군	1정승貴, 2판윤富	참찬, 정2, 좌1
柳 亮	1355~ 1416	문화	음·문 (우왕2)	형판 이판	6.윤7~7.12, 9.8~(12.6)	병판 군	1밀직사繼祖, 1판사甫發	의정, 좌4
李貴齡	1345~ 1439	연안	음	병판	7.3~8.12	병판	1전서元發, 2淸恭	검교의정
金希善	?~1408	불명	불	형판	7.8~7.12	호판	1天理	참찬
柳龍生	?~1434	진주	음?	공판 판승령부사	7.12~(8.9), 8.10~9.3	판승령 호판	1찬성淵	참찬
柳 敞	?~1421	강릉	문 (공민20)	종1군	10.4~9	군	1天鳳,2松栢	부원군, 개2

성명	생몰년	본관	출사로	직전관직	재직기간	체직관직	가계(1부,2조)	최고관직, 공신책록,기타
延嗣宗	?~1434	곡산	군사	도절제사 군	(10.4)~(11.1), 17.6~세종1.3	군 판도총제	1대장군丹瑞	부원군, 좌4
金漢老	1367~?	光州	음·문 (우9)	판공안부사	태종10.10~11.5	군	1子贇, 서양령대군	찬성
金承霔	1354~ 1424	순천	음 (우왕6)	정2군	11.5~13.5	도순문사	1목사惟精, 2판밀직洞	부원군, 좌4
鄭 擢	1363~ 1423	청주	음·문 (우8)	정2군	11.11~(12.3)	지의정	1성낭문학樞, 2대제학誧	의정, 개1, 정2
柳廷顯	1355~ 1426	문화	음?	이판 병판	13.4~13.10, 14.1~4,15.1~5.	병판 동판의정	1군鎭, 2찬성사墩	의정
韓尙敬	1360~ 1423	청주	음·문 (우8)	호판	13.6~10	이판	1밀직제학修, 2군公義	의정
朴 訔	1370~ 1422	반남	문 (창왕1)	정2군	13.11~14.2	군	1판시사尙衷, 2밀직秀	의정, 좌3
柳 寬	1346~ 1433	문화	문 (공민21)	정2대사헌	15.5~11.	검교찬성	1판관安澤, 2첨의평리湜	의정
黃 喜	1363~ 1452	장수	음·문 (공양1)	역이판 경시서제조	15.11~12, (세종5.3)~7.	호판 강원관	1판강릉부사君瑞, 2均庇	의정
崔 迤	1356~ 1426	강릉	음	도순문사	태종15.12~12	판도총제	1군有璉, 2安沼	찬성
李和英	?~1424	靑州	음	도총제	15.12~17.4	판도총제	1찬성之蘭, 2여진천호雅遠	판도총제
李 原	1368~ 1429	고성	문 (우왕11)	정2대사헌	16.4~5.	병판	1밀직부사岡, 2시중嵒	의정, 좌4
尹 向	1374~ 1418	파평	음	정2황해관 찰사	16.5~17.윤5	병판	1문하평리承順, 2군陟	참찬
閔汝翼	1360~ 1431	여흥	문 (우6)	공판	16.6~18.5	판한성	1군玹, 2찬성사祥正	부원군, 개3
鄭 矩	1350~ 1418	동래	문 (우3)	공판	16.11~17.6	찬성	1감찰대부良生, 2대사헌瑚	찬성
李從茂	1360~ 1425	장수	기타 (우7)	역정2	17.4~9	판도총제	1寺尹吉祥, 2도원수乙珍	부원군, 좌4
沈 溫	?~1418	청송	문 (우왕12)	판한성	(17.5)~6.	이판	1정승德符, 2龍	의정
成發道	?~1418	창령	음	공판	17.6~12.	사직(병)	1의정石璘, 2시중汝完	참찬
尹 坤	?~1422	파평	문 (불명)	정2군	17.9~세종즉.12	평안관	1문하평리承順, 2군陟	종1군, 좌3
金 漸	?~?	전주	불	?	태17.12~세종1.3	형판	불	참찬
朴子靑	1357~ 1423	영해	내시출신	도총제	태18.8~10	판도총제	불	판총제

성명	생몰년	본관	출사로	직전관직	재직기간	체직관직	가계(1부,2조)	최고관직, 공신책록,기타
卞季良	1369~ 1430	밀양	문 (우왕11)	예판	태18.10~세종8.6	판도총제	1검교판중추玉蘭, 2상호군原	판총제
崔潤德	1376~ 1445	통천	음·무 (태종2)	도총제 도총제	세종1.3~3.7, 7.7~9.1	공판 판도총제	1참판승추雲海, 2대장군祿	의정
許　稠	1369~ 1439	하양	문 (공양2)	예판 이판	3.7~4.9, 8.2~9.9	이판 이판	1부윤貴龍, 2도관정랑允昌	의정
卓　愼	1367~ 1426	光州	문 (창왕1)	종2예문제학	4.9~8.1	졸	1좌간의대부光茂, 2제학文位	참찬
金汝知	1370~ 1425	연안	문 (창왕1)	예판	5.5~5.12	사직(병)	1밀직제학濤, 2제학光厚	참찬
安　純	1371~ 1440	순흥	문 (우왕14)	정2함길관찰사	5.12~6.6	호판	1부원군景恭, 2판문하부사宗源	찬성
李之剛	1363~ 1427	廣州	문 (우8)	호판	6.6~(7.윤7)	도총제	1판시사集, 2생원唐	찬성, 개1, 정2, 좌3
李　隨	1374~ 1430	봉산	천·문 (태종14)	도총제	8.11~11.6	도총제	불명	참찬
曺備衡	1376~ 1440	창령	무 (태종2)	공판	9.1~9.3	파직	1益修 2寺事遇禧	참찬
河敬復	1377~ 1438	진주	무 (태조1)	정2도절제사	9.3~10.1	사직	1부정承海, 2寺事乙桴	의정
李孟畇	1371~ 1440	한산	문 (우왕11)	병판 예대제학	9.3~10.윤4, 12.7~16.12	이판 판한성	1밀직種德, 2시중穡	찬성
盧　閈	1376~ 1443	교하	음 (공양3)	형판	10.4~13.3	판한성	1대호군鈞, 2군稙	의정
吳　陞	1364~ 1444	동복	음·문 (우9)	공판 중추사	12.6~13.10, 16.8~18.4	대사헌 찬성	1仲和, 2찬성사僐	판중추
成　抑	1386~ 1448	창령	음	도총제	13.10~17.3	공판	1판서石珚, 2시중汝完	찬성
趙啓生	?~1438	양주	문 (창왕즉)	공판	17.3~20.9	졸	1정誼, 2별장仁弼	참찬
申　槩	1374~ 1446	평산	문 (태조2)	형판	18.4~(18.7)	찬성	1종부령晏, 2전서諿	의정
河　演	1376~ 1453	진주	문 (태조5)	형판 이판	18.11~18.12, 21.7~23.9	예판 우찬성	1부윤自宗, 2대사헌允源	의정
崔士康	1385~ 1443	전주	음	병판	18.12~23.9	?	1참찬有慶, 2전서宰	찬성
崔　府	1370~ 1452	전주	문 (공양2)	공판	22.5(좌)~22.8	이판	불명	참찬
皇甫仁	?~1453	영천	음·문 (태종14)	병판	22.8(좌)~27.2	좌찬성	1지중추琳, 2목사安	의정

성명	생몰년	본관	출사로	직전관직	재직기간	체직관직	가계(1부,2조)	최고관직, 공신책록,기타
尹 璠	1384~ 1448	파평	음	대사헌	22.10(우)~23.5	공판	1전서承禮, 2군陟	판중추
李叔畤	1390~ 1446	한산	음 (태조4)	공판 우참찬	23.5(우)~ 27.1(좌)~28.5	좌참찬 졸	1첨서밀직種學, 2시중穡	참찬
權 踶	1387~ 1445	안동	음·문 (태종14)	정2동지중 추	(25.6,좌)~27.2	우찬성	1찬성近, 2검교정승僖	찬성
鄭麟趾	1396~ 1478	하동	문 (태14)	예대제학 공판	27.1(우)~28.4, 문종즉.7(좌)~7	예판 공판	1현김興仁, 2종부령乙貴	의정, 난1, 익·리2, 대3
鄭甲孫	?~1451	동래	문 (태17)	판한성 우참찬	세28.4(우)~ 문즉.7(좌)~1.6	좌참찬 졸	1판서欽之, 2부윤符	참찬
鄭 苯	?~1453	진주	음·문 (태16)	호판	세28.5(좌)~ (문즉.7)	우찬성	1판도총제以吾, 2찬성사臣重	의정
李堅基	1384~ 1455	성주	음·문 (세종1)	이판	문종즉.7(우)~ 단종즉.7	호판	1총제穗, 2첨의평리仁敏	참찬
安崇善	1392~ 1452	순흥	음·문 (세종2)	지중추 우참찬	문즉.11(우)~ 1.7(좌)~2.4	좌참찬 졸	1판중추純, 2부원군景恭	참찬
許 詡	?~1453	하양	음·문 (세종8)	형판 우참찬	1.7(우)~ 2.12(좌)~단1.11	좌참찬 피화	1의정稠, 2상호군貴龍	참찬
尹 烔	1391~ 1453	파평	음·문 (세종2)	호판	단즉.7(좌)~12	예대제학	1부윤珪, 2전서承禮	참찬, 익2
李思哲	?~1456	전주	문 (세14)	이판	즉.12(우)~1.11	좌찬성	1蘭, 2天桂	의정, 난1, 익2
李季疄	1401~ 1455	한산	음 (태종16)	형판	1.10(좌)~ (세조1.윤6)	우찬성	1지중추種善, 2시중穡	찬성, 익2
姜孟卿	1410~ 1461	진주	문 (세종11)	판한성 우참찬	단2.8(우)~ 12(좌)~세2.10	좌참찬 좌찬성	1지현사友德, 2대사헌淮伯	의정, 익3
黃守身	1407~ 1467	장수	음(세 종10?)	정2경상관 찰사	세1.윤6(우)~3.7	우찬성	1의정喜, 2판강릉부사君瑞	의정, 익3
朴仲孫	1412~ 1466	밀양	문 (세17)	예판	세3.1(우)~5.9	모상	1정자功問, 2부사剛生	참찬, 난1
成奉祖	1401~ 1474	창령	음	형판 이판 우참찬	3.7(우)~4.12, 5.7(우)~ 9.9(좌)~9.10	이판 좌참찬 우찬성	1동중揜, 2판서石珚	의정, 리3
李承孫	?~1463	영천	문 (세종2)	종1판한성	5.11(좌)~9.9	우찬성	1斗萬, 2陽實	찬성
崔 恒	1409~ 1474	삭령	문 (세16)	종1지중 우참찬	9.9(우)~ (10.7,좌)~12.4	좌참찬 좌찬성	1사예士柔, 2潤文	의정, 난·리1, 익2
尹子雲	1416~ 1478	무장	음·문 (세종26)	병판 우참찬	11(우)~ 12.4(좌)~13.4	좌참찬 우찬성	1부정景淵, 2중추사淮	의정, 익3, 리1
金 礩	1422~ 1478	안동	음·문 (세종32)	병판 종1우참찬	12.4(우)~ 13.4(좌)~(14.2)	좌참찬 경상관	1동중宗淑, 2밀직부사陞	의정, 익3, 리2

성명	생몰년	본관	출사로	직전관직	재직기간	체직관직	가계(1부,2조)	최고관직, 공신책록,기타
金國光	1415~ 1480	光州	문 (세23)	종1병판	(13.7,우)~13.8	우찬성	1감찰鐵山, 2검열間	의정, 적2, 리1
金　漑	?~1484	안산	음 (세4)	종1지중	13.7(좌)~8	피핵	1군定卿, 2목사星慶	참찬
尹弼商	1427~ 1504	파평	문 (세32)	정2도승지	13.8(우)~ 성종1.8	우찬성	1군수坰, 2판한성希齊	의정, 적1, 리4
柳　洙	1415~ 1481	문화	음	역정2	세13.10(좌)~ 예종1.7	군	1지중殷之 2찬성曼洙	참찬, 난2
李克培	1422~ 1495	廣州	문 (세29)	정2평안관 찰사	예1.2(우)~성1.7, 1.8(좌)~5.7	병판 종1병판	1의정仁孫, 2참의之直	의정, 익 · 리3
盧思愼	1427~ 1498	교하	문 (단종1)	호판	예1.7(우)~8	우찬성	1지돈物載, 2의정閈	의정, 익 · 리3
任元濬	1423~ 1500	풍천	음 · 문 (세조2)	종1예판 우참찬	예1.8(우)~ 성1.1(숭정좌)~2.3	좌참찬 군	1扁, 2巨卿	종1군, 리3
洪　應	1428~ 1492	남양	문 (문종1)	이판	예1.12(우)~성1.	모상	1부윤深, 2庫使德輔	의정, 대 · 리3
黃孝源	1414~ 1481	상주	문 (세종26)	종1군	성1.3(우)~(1.8)	군	1정자士幹, 2河信	종1군, 익3
徐居正	1420~ 1488	대구	음 (세26)	호판 군	1.8(우)~2.10, 6.2(좌)~7.8	? 우찬성	1목사彌性, 2전서義	찬성, 리3
咸禹治	1408~ 1479	강릉	음	형판 우참찬	2.10(우)~ 4.(좌)~6.1	좌참찬 종1군	1군傅霖, 2제학承度	종1군, 리4
魚有沼	1434~ 1489	충주	음 (문종1)	종1평안도 순문사	6.1(우)~8.윤2	병판	1동중得海, 2목사重淵	종1군, 적1
許　琮	1433~ 1494	양천	문 (세조4)	종1예판 우참찬	8.11(우)~ 9.4(좌)~(11.9)	좌참찬 조모상	1군수蓀, 2부사扉	의정, 적1, 리4
李克增	1431~ 1494	廣州	음 · 문 (세조2)	정2전라관 병판 병판 우참찬	9.4(우)~10.8, 13.5(우)~14.6, 14.12(우)~ 15.5(좌)~15.6	병판 병판 좌참찬 종1병판	1의정仁孫, 2참의之直	종1군, 대2, 리3
權　瑊	1423~ 1487	안동	음 (세종26)	판중추	9.9(좌)~13.6	종1군	1중부克和	종1군, 대3, 리1
魚世恭	1432~ 1486	함종	문 (세조2)	병판	10.8(우)~11.12	형판	1판중孝瞻, 2지사간變甲	참찬, 적2
玄碩圭	1430~ 1480	창원	문 (세조6)	정2평안관	11.7(우)~11	졸	1소윤孝生, 2元義	참찬
李　塤	1429~ 1481	한산	음 (세종21)	종1군 우참찬	11.12(우)~ 11.12(좌)~12.5	좌참찬 졸	1감사蓄, 2목사叔野, 장인孝寧大君	종1좌참찬, 리4
李承召	1422~ 1484	양성	문 (세29)	이판 종1군	11.12(우)~12.11. 13.12(좌)~14.5	이판 지중추	1薀, 2목사思謹	종1군, 리4
李鐵堅	1435~ 1496	경주	음 · 무 (세조6)	종1군	12.5(좌)~12.9	경상관	1참판延孫, 2판관昇	찬성, 리4

성명	생몰년	본관	출사로	직전관직	재직기간	체직관직	가계(1부,2조)	최고관직, 공신책록, 기타
韓致禮	1441~1499	청주	음	군 종1군	12.9(좌)~12, 14.6(좌)~16.3	군 판중추	1의정確, 2군사永矴	부원군, 리4
柳 輕	?~?	문화	(단종1)	병판	12.11(우)~13.5	동지중추	1현령自湄, 2현감洽	참찬
韓致亨	1434~1502	청주	음 (세조1)	호판	12.12(좌)~(15.7)	군	1정랑硤, 2군사永矴, 장인讓寧大君	의정, 리3
成 任	1421~1484	창령	음·문 (세종29)	역정2	13.6(좌)~12.	지중추	1지중念祖, 2판중揜	참찬
金謙光	1419~1490	光山	문 (단종1)	지중추 우참찬	14.5(우)~ 16.6(좌)~20.12	좌참찬 군	1감찰鐵山, 2검열問형의정國光	참찬, 리3
李 坡	1434~1486	한산	문 (문종1)	종1호판	16.3(좌)~16.윤4	우찬성	1영중추季甸, 2지중種善	찬성
孫舜孝	1426~1497	평해	문 (단종1)	병판	16.윤4(좌)~16.11	지중추	1군수密, 2낭장有禮	찬성
鄭蘭宗	1433~1489	동래	문 (세조2)	정2평안도절제사 호판	16.6(우)~17.2, 19.9(우)~20.2	이판 졸	1목사賜, 2현감龜峆	참찬, 리4
李崇元	1428~1491	연안	문 (단종1)	이판 우참찬	16.12(우)~ 19.9(좌)~29.12	좌참찬 형판	1참판補丁, 2伯謙	참찬, 리3
愼承善	1436~1502	거창	음·문 (세조12)	병판	18.9(좌)~19.9	종1판한성	1감사詮, 2도사以衷	의정
鄭文炯	1427~1501	봉화	문 (세종29)	형판 호판	20.2(우)~21.1, 22.6(우)~23.3	이판 우찬성	1현감來, 2판서津	의정
魚世謙	1430~1500	함종	문 (세조2)	정2군	20.12(좌)~21.4	종1판한성	1판중孝瞻, 2지사간變甲	의정
成 俊	1436~1504	창령	문 (세5)	이판	21.1(우)~22.1	도절제사	1삼반順祖, 2판중揜	의정
李克均	1437~1504	廣州	문 (세2)	지중추 이판	21.4(좌)~22.4, 22.6(좌)~24.8	이판 종1경상관	1의정仁孫, 2참의之直, 제克均, 형俊	의정
李克墩	1435~1503	廣州	음·문 (세3)	병판	22.4(좌)~6	호판	1의정仁孫, 2참의之直	찬성, 리4
成 健	1438~1495	창령	음·문 (세14)	형판	22.4(우)~6	이판	1참판順祖, 2판중추揜	참찬
尹孝孫	1431~1503	남원	문 (단종1)	형판 역우참찬 좌참찬 우참찬	24.8(우)~연산4.7 7.9(좌)~ 8.5(우)~ 9.2(좌)~9.5	파직 우참찬 좌참찬 졸	1군수處寬, 2감무希	종1참찬
柳 輊	?~?	문화	문 (단종1)	역좌참찬	1.5(좌)~4.7	우찬성	1현령自湄, 2현감洽	찬성, 리4

성명	생몰년	본관	출사로	직전관직	재직기간	체직관직	가계(1부,2조)	최고관직, 공신책록,기타
朴　楗	1434~ 1509	밀양	문 (단1)	지중추?	4.7(좌)~4.12	우찬성	1군仲孫, 2정자功問	의정, 국3
盧公弼	1445~ 1516	교하	문 (세조12)	형판	4.7(우)~4.10	?	1의정思愼, 2지돈物載	영중추
洪貴達	1438~ 1504	부계	문 (세6)	공판 우참찬	4.10(우)~ 4.12(좌)~6.7	좌참찬 파직	1孝孫, 2得禹	참찬
申　浚	1449~ 1509	고령	음,문 (성종1)	군 우참찬 좌참찬 우참찬	4.12(우)~ 7.5(좌)~ 9.2(우)~ 10.3(좌)~12.7	좌참찬 우참찬 좌참찬 좌찬성	1의정叔舟, 2참판檣	부원군, 국3
柳　洵	1441~ 1517	문화	문 (세조8)	형판	6.7(좌)~7.5	호판	1세마思恭, 2판관淙	의정, 국2, 평1
李季仝	1450~ 1506	평창	음,무 (성종1)	병판	7.6(우)~7.9	?		영중추
鄭眉壽	1456~ 1512	해주	음	공판	10.4(우)~12.7	우찬성	1문종부마悰, 2참판忠敬	부원군, 국3
任士洪	1445~ 1506	풍천	문 (세조11)	이판	12.7(좌)~중종1.9	복주	1찬성元濬, 2肩	참찬
閔孝曾	?~1513	여흥	문 (성종7)	한성판윤 우참찬	12.7(우)~ 중종1.9(좌)~2.3	좌참찬 군?	1한림悟, 2현감好禮	종1군, 국3, 평2
朴元宗	1467~ 1510	순천	음,무 (성종17)	역경기관	중종1.9(좌)~1.9	우의정	1판중仲善, 2지돈去疎	의정, 국1
李　蓀	1439~ 1520	廣州	음,문 (성1)	병판 ?	1.9(우)~2.2,2.3 (우)~3.7	? 우찬성	1병사守哲, 2주부遇生	부원군, 국3
金應箕	1455~ 1519	선선	문 (성8)	공판	2.2(우)~2.3	예판	1대사헌之慶, 2현감地	의정,
權　鈞	1464~ 1526	안동	문 (성22)	공판	2.3(좌)~3.7	형판	1현감迴, 2지사彌	의정, 국4
李　諿	1438~ 1509	성주	음,문 (성10)	이판 판한성 우참찬	3.7(좌)~3.11,4.1(우)~ 4.1(좌)~4.6	판한성 좌참찬 졸	1태종부마正寧, 2판윤師厚	찬성
張順孫	1457~ 1534	인동	문 (성16)	? ? 호판?	3.7(우)~3.12,4.6 (우)~4.6,9.5(좌)~10.2	형판 호판 우찬성	1군수重智, 2사정敬源	의정
申用漑	1463~ 1519	고령	문 (성19)	예판 좌참찬	3.11(좌)~ 3.12(우)~4.1	우참찬 이판	1감사㴐, 2의정叔舟	의정
尹金孫	?~?	파평	문 (성22)	형판? 좌참찬 대사헌 우참찬 군 형판 군	3.12(좌)~ 4.1(우)~4.12, 7.10(우)~ 8.5(좌)~8.5,8.8 (좌)~9.5,12.4 (좌)~13.1 13.10(좌)~14.1	우참찬 ? 좌참찬 군 함길관 군 퇴거	1정之崗, 2참판岑	찬성, 국4

성명	생몰년	본관	출사로	직전관직	재직기간	체직관직	가계(1부,2조)	최고관직, 공신책록,기타
辛允武	?~1513	영월	?	공판 우참찬 좌참찬	4.6(우)~ 4.12(좌)~ 5.7(우)~7.6	좌참찬 우참찬 병판	1판서叔琚, 2감사永孫	참찬, 국1
朴 說	1464~ 1517	밀양	문 (성20)	대사헌 이판 이판 ?	4.12(우)~5.3,8.6(우)~8.8,10.4(좌)~10.6,10.12(좌)~11.2	예판 대사헌 예판 대사헌	1첨정思東,2	찬성
鄭光弼	1462~ 1538	동래	문 (성23)	대사헌 병판	5.4(우)~5.6,7.6(우)~7.9	병판 함길관	1참찬蘭宗, 2직제학賜	의정
洪景舟	?~1521	남양	문 (연산7)	호판	5.7(좌)~8.5	?	1지중任, 2목사淀	찬성, 국1, 평2
金 詮	1458~ 1523	연안	문 (성종20)	지중추	7.9(우)~7.10	이판	1지중友臣, 2내자윤俙	의정
李自健	1455~ 1524	성산	문 (성14)	지중추 형판	8.8(우)~8.10,11.4(좌)~11.10	예판 ?	1湊	참찬
洪 淑	1464~ 1538	남양	문 (연산2)	예판 경상관? 지중	8.10(우)~9.10, 11.8(우)~11.9,12.2(우)~12.4	? 지중추 지중추	1貴演, 2동중益生	찬성, 평3
李繼孟	1458~ 1523	전의	문 (성종20)	호판 형판 예판 ? 좌참찬	9.10(우)~10.4, 10.10(좌)~10.11, 11.2(좌)~11.4, 11.10(좌)~ 12.4(우)~12.5	형판 예판 호판 우참찬	1同正穎, 2현감大種	찬성
南 袞	1471~ 1527	의령	문 (성25)	지중추 대사헌	10.4(우)~11.8, 11.9(우)~11.10	대사헌 이판	1군수致信, 2사간瑾	의정
宋千熹	?~1520	여산	문 (성20)	이참판?	11.10(우)~12.2	퇴거	1克昌	참찬
柳聃年	?~1526	문화	무과	공판 ? 공판 퇴거 평안관 비변사당상 병판	12.5(우)~12.8, 13.3(우)~13.3, 13.4(좌)~13.5, 15.1(좌)~16.5, 18.2(좌)~18.윤4 19.3(좌)~19.11, 20.9(좌)~21.1	? 함길관 병판 평안관 지중 병판 사직	증조의정寬	참찬
崔淑生	1457~ 1520	경주	문 (성23)	대사헌 형판	12.8(우)~윤12. 13.3(우)~13.7	우찬성 우찬성	1첨정鐵重, 2부정渻	찬성
高荊山	1453~ 1528	횡성	문 (성14)	대사헌	13.1(좌)~13.4	?	1思信	찬성
李惟清	1459~ 1531	한산	문 (성17)	공판 형판 ?	13.3(우)~13.3, 14.3(우)~14.4, (14.11,좌)~14.12	형판 ? 우의정	1참찬塤, 2감사蓄	의정, 평2

성명	생몰년	본관	출사로	직전관직	재직기간	체직관직	가계(1부,2조)	최고관직, 공신책록,기타
趙元紀	1457~ 1533	한양	문 (연산1)	공판 우참찬 ? 지중추 우참찬 지중추	13.7(우)~14.1(좌) ~(14.11), 24.4(우)~?, 26.4(우)~ 26.6(좌)~27.7, 28.6(좌)~28.10	좌참찬 ? ? 좌참찬 형판 졸	1정랑衷孫	참찬
金安國	1478~ 1543	의성	문 (연9)	공판 예판 우참찬 지중추	14.1(우)~14.4, 33.7(우)~ 33.10(좌)~34.4, 34.6(좌)~35.8	전라관 좌참찬 지중추 우찬성	1참봉璉, 2부사益寧	찬성
李 耔	1480~ 1533	한산	문 (연10)	형판	14.4(우)~14.11	파직	1대사간禮堅, 2첨중亨增	참찬
韓世桓	1470~ 1522	청주	문 (연1)	경상관	14.12(좌)~15.1	호판	1첨정運, 2첨정致元	참찬
金克愊	1472~ 1530	관산	문 (연9)	관찰사 형판 이판?	15.2(우)~15.7, 17.11(좌)~18.1, 19.11(좌)~20.9	형판 대사헌 ?	1참찬謙光, 2감찰鐵山	찬성
李 荇	1478~ 1534	덕수	문 (연1)	공판 우참찬	16.1(우)~ 18.윤4(좌)~18.5	좌참찬 우찬성	1사간宜茂, 2군사抽	의정
沈 貞	1471~ 1531	풍산	문 (연7)	역이판	16.5(좌)~17.11	우찬성	1군膺, 2목사濱	의정, 국2
金克成	1474~ 1540	光州	문 (연4)	예판 복직	18.윤4(우)~(18.8), 32.11(좌)~32.12	이판 우의정	1孟權, 2감찰仲老	의정, 국4
李 沆	?~1637	성주	무과	이판 대사헌 우참찬	18.5(좌)~19.3, 19.11(우)~ 21.9(좌)~22.1	대사헌 좌참찬 우찬성	1世仁, 2참의璧	찬성
孫仲暾	1463~ 1529	경주	문 (성종20)	공판? ? ?	21.8(좌)~21.11, 22.10(우)~23.1, 23.8(우)~24.2	판한성 이판 졸	1군昭, 2참의士晟	참찬
安潤德	1457~ 1535	廣州	문 (성14)	호판	22.1(좌)~24.5	사직	1승지彭老, 2현감從生	참찬
韓效元	1468~ 1534	청주	문 (성21)	대사헌 성절사 대사헌	22.5(우)~22.5, 24.5(우)~24.7, 25.10(우)~25.12	호판 대사헌 우찬성	1정曾,2정長孫	의정
申公濟	1469~ 1536	고령	문 (연산1)	역이판 호판	23.4(우)~23.8, 26.6(우)~26.9	평안관 평안관	1여절교위洪, 2수사松舟, 종조叔舟	참찬
金 璫	1465~ 1532	경주	문 (연1)	?	25.7(좌)~25.11	우찬성	1부사泰卿,2	찬성
朴 壕	1567~ 1592	무안	문 (연8)	형판 형판 판한성	25.12(우)~26.4, 27.7(좌)~27.8, 27.12(우)~28.1	대사헌 호판 졸	1臨卿,2顒	참찬

성명	생몰년	본관	출사로	직전관직	재직기간	체직관직	가계(1부,2조)	최고관직, 공신책록,기타
尹殷輔	1468~ 1544	해평	문 (성종25)	판한성	26.4(좌)~26.6	우찬성	1첨정萱, 2장령沔	의정
曺潤孫	?~?	창령	무과 (연산8)	? 공판 공판 ?	27.4(우)~27.4, 30.4(좌)~31.10 32.7(좌)~32.10, 33.10(우)~34.2	? 함길관 병판 ?	1대사한淑沂, 2천호顔中	찬성
孫 澍	?~1539	평해	문 (성종23)	예판 우참찬 좌참찬 우참찬 좌참찬 우참찬 좌참찬 우참찬 좌참찬	27.4(우)~ 27.8(좌)~ 27.9(우)~ 27.12(좌)~ 28.6(우)~ 29.4(좌)~ 30.1(우)~ 30.2(좌)~ 30.4(우)~30.6	좌참찬 우참찬 좌참찬 우참찬 좌참찬 우참찬 좌참찬 우참찬 지중추	1찬성舜孝, 2군수密	참찬
洪彦弼	1476~ 1549	남양	문 (중종2)	대사헌 형판	27.9(좌)~27.11, 28.10(좌)~29.4	호판 경기관	1승지泂, 2수사貴海	의정, 위2
柳 溥	?~1544	진주	문 (연산7)	공판	29.4(우)~30.1	우찬성	1부사添汀, 2목사壤, 숙부順汀	의정
金麟孫	1479~ 1552	경주	문 (중종4)	예판 병판? 병판 공판 예판	30.2(우)~30.3, 30.6(우)~31.8, 31.10(좌)~32.2, 32.9(우)~ 32.10(좌)~32.11	병판 병판 형판 예판 평안관	1현감璣,2	참찬
尹 任	1487~ 1545	파평	무과	?	30.3(우)~30.3	?	1부원군汝弼, 2참판甫	찬성
尹仁鏡	1476~ 1548	파평	문 (중종1)	병판	30.3(우)~30.4	예판	1부사정煦, 2무사繼興	의정, 위2
許 洽		양천	문 (중8)	공판 우참찬	31.9(우)~ 32.4(좌)~32.7	좌참찬 ?	1동돈礭, 2의정琮	참찬
權 輗	1495~ 1549	안동	문 (중11)	대사헌 이판	32.4(우)~32.7, 32.10(우)~32.11	이판 호판	1哲經	참찬
曺繼商	1466~ 1543	창령	문 (연산2)	복권 호판	32.11(우)~32.12 33.5(좌)~33.7	호판 호판	1부사九敍, 2참의變隆	찬성, 국2
沈彦光	1487~?	삼척	문 (중종8)	호판	32.11(우)~32.12	파직	1좌랑濬, 2文柱,형彦慶	참찬
成世昌	1481~ 1548	창령	음,문 (중2)	공판 이판 대사헌 우참찬 형판	33.1(우)~33.7, 34.윤7(우)~34.10, 35.9(좌)~ 35.11(우)~35.12, 37.9(우)~37.11	형판 대사헌 우참찬 예판 예판	1판서俔, 2판한성念祖	의정

성명	생몰년	본관	출사로	직전관직	재직기간	체직관직	가계(1부,2조)	최고관직, 공신책록,기타
柳 灌	1484~ 1545	문화	문 (중2)	공판 대사헌	34.2(우)~34.6, 34.6(우)~34.윤7	대사헌 이판	1장령廷秀, 2현감霔	의정
丁玉亨	1486~ 1549	나주	문 (중8)	형판 예판 병판?	34.10(우)~35.4, 35.12(좌)~36.2, 인종1.5(좌)~명종즉.8	? 지돈령 형판	1참판壽崗, 2교리子伋	참찬, 위3
梁 淵	?~ 1542	남원	문 (중19)	병판	중34.12(좌)~35.4	이판	1현감琥, 찬성誠之	찬성
李龜齡	1482~ 1542	전의	음,문 (중9)	예판	35.4(우)~35.11	병판	1감사德崇, 2감사愼孝	참찬
權 橃	1478~ 1548	안동	문 (중2)	한성판윤 ? 예판	35.11(좌)~35.12 36.2(좌)~36.5, 36.11(좌)~인종1.5	? 예판 우찬성	1士彬, 2호군琨	찬성
宋 欽	1459~ 1547	신평	문 (성종13)	?	35.12(우)~36.6	사직	1참봉司元, 2處殷	참찬
李 芑	1476~ 1552	덕수	문 (연7)	지중추	36.6(우)~36.9	형판	1사간宜茂, 2군사抽	의정, 위1
李彦迪	1491~ 1553	여주	문 (중종9)	한성판윤 이판 예판	36.9(우)~37.2, 37.5(우)~37.8, 37.11(좌)~38.7	이판 예판 경상관	1蕃, 2참군壽會	찬성, 위3
鄭順朋	1484~ 1548	온양	문 (연산10)	호판 형판	38.7(우)~39.6, 인종1.2(우)~명종즉.8	대사헌 공판	1헌납鐸, 2지평忠基	의정, 위1
黃 憲	1502~ 1574	紆州	문 (중종16)	판한성	중39.6(우)~39.8	피핵체	1胤祖,2璘	의정
許 磁	1496~ 1551	양천	문 (중18)	판한성	39.8(우)~인종1.1	지중추	1庫令瑗, 2군수薰	찬성, 위1
申光漢	1484~ 1555	고령	문 (중5)	이판 우참찬	(명종즉.10)(우)~ 1.1(좌)~1.8	좌참찬 예판	1정泂, 2의정叔舟	부원군, 위3
尙 震	1493~ 1564	목천	문 (중14)	이판	명종1.1(우)~1.9	병판	1찰방甫, 2우후孝淸	의정
任 權	1486~ 1557	풍천	문 (중8)	공판 우참찬	1.9(우)~ 3.1(좌)~8.5	좌참찬 ?	1판서由謙, 2군수漢	참찬
沈連源	1491~ 1558	청송	문 (중17)	?	2.19(좌)~3.1	예판	1사인順門, 2판관湲	의정
金光準	?~1553	상주	문 (중19)	이판	3.1(우)~4.1	좌찬성	1사직溅, 2정守末	찬성, 위2
尹元衡	?~1565	파평	문 (중28)	? 이판	4.5(우)~5.5, 6.8(우)~6.8	지중추 병판	1부원군之任, 2판관頊	의정, 위2
朴守良	1491~ 1554	태인	문 (중9)	? 전라관	5.5(우)~6.8, 7.9(우)~8.1	전라관 판한성	1宗元	행참찬

성명	생몰년	본관	출사로	직전관직	재직기간	체직관직	가계(1부,2조)	최고관직, 공신책록,기타
安 玹	1501~1560	순흥	문(중16)	병판	6.8(우)~7.9	호판	1舜弼, 2부사珹	의정
宋世珩	?~1553	여산	문(중27)	이판	8.1(우)~8.3	이판	1군수演孫, 2서령復利	참찬
鄭士龍	1491~1570	동래	문(중4)	예판	8.3(우)~8.9	예판	1부사光輔, 2참찬蘭宗	판중추
申 瑛	1499~1559	평산	문(중18)	판한성	8.5(좌)~11.5	지중	1令世卿, 2주부自繼	찬성
金明胤	1493~?	光州	문(중14*,19)	형판	11.5(우)~13.3	파직	1찬성克愊, 2참찬謙光	찬성, 현량과
曺光遠	1492~1573	창령	문(중23)	형판 형판	12.8(좌)~12.9, 14.4(좌)~15.10	호판 판중추	1찬성繼商, 2부사九敍	판중추
趙士秀	1502~1558	한양	문(중26)	지중추	13.3(좌)13.10	졸	1참봉邦佐, 2현감壽堅	참찬
李 蓂	1496~1572	예안	문(중23)	호판 좌참찬 우참찬	12.9(좌)~ 13.3(우)~ 14.2(좌)~14.3	우참찬 좌참찬 우찬성	1현감輔幹, 2참군愼	의정
沈光彦	1490~1568	청송	문(중20)	형판 ? 우참찬	14.2(우)~15.5	? 좌참찬 ?	1濱, 2병사安仁	참찬
元繼儉	?~?	원주	문(중28)	형판	15.5(우)~15.7	예판	1사직順祖, 2병사仲秬	찬성
尹春年	1514~1567	파평	문(중38)	이판?	15.7(우)~15.9	?	1참판安仁, 2사의琳	참찬
鄭惟吉	1515~1588	동래	문(중33)	지중추 예판	15.9(우)~15.10, 17.4(우)~17.8	예판 이판	1부사福謙, 2의정光弼	의정
宋麟壽	1487~1547	은진	문(중16)	? ? 대사헌 예판 공판	15.10(좌)~17.9, 18.2(좌)~18.3, 18.12(좌)~21.1, 22.1(좌)~선조4.6, 선6.12(좌)~7.2	? 예판 형판 경상관 호판	1참봉世良, 2부사汝諧	참찬
蔡世英	1490~1568	평강	문(중12)	호판 ?	명15.10(우)~17.4 17.9(우)~18.1	? ?	1첨정涓, 2감찰潭	참찬
李 樑	1520~1571	전주	문(명종7)	예판	17.8(우)~17.9	공판	1현령對	참찬
吳 謙	1496~1582	나주	문(중27)	예판 우참찬	17.9(우)~ 17.9(좌)~18.2	좌참찬 호판	1부사世勳, 2참판自治	의정
趙彦秀	1497~1574	양주	문(중30)	판한성 ? 공판	18.1(우)~18.3, (20.4)(우)~21.1, 21.2(우)~22.5	? 공판 지중추	1참봉邦佐, 2현감壽堅	참찬
李夢亮	1499~1564	경주	문(중23)	형판 판한성	18.3(우)~18.7, 19.7(우)~19.10	파직 졸	1禮臣, 2판관成茂	참찬

성명	생몰년	본관	출사로	직전관직	재직기간	체직관직	가계(1부,2조)	최고관직, 공신책록,기타
愼希復	1493~ 1565	거창	기,문 (명종6)	개성유수	18.7(우)~19.7	사직	1현감敦禮, 2현령承命	참찬
閔　箕	1504~ 1568	여흥	문 (중종34)	지중추	22.5(우)~선조즉.10	우의정	1현령世瑠, 2참의孝孫	의정
宋　純	1493~ 1583	신평	문 (중종14)	한성판윤	선조2.2(우)~4.12	사직	1판서泰山, 2福川	참찬
朴忠元	1507~ 1581	밀양	문 (중26)	형판 ? 우참찬	4.12(우)~5.12, 9.2(좌)~(9.7)	공판 좌참찬 이판	1별좌藻	찬성
元　混	1505~ 1588	원주	문 (중20)	형판 우참찬	(6.2)(우)~ 6.7(좌)~6.12	좌참찬 ?	1有倫	판중
成世章	1506~ 1583	창령	문 (중35)	예판	6.7(우)~6.9	호판	1감찰希文, 2좌랑玩	참찬
姜士尙	1519~ 1581	진주	문 (명종1)	이판	9.8(우)~9.8	형판	1사인溫, 2별제永叔	의정
白仁傑	1497~ 1579	수원	문 (중32)	퇴거	11.8(우)~(12.)	지중추	1왕자사부益堅, 2부정思粹	찬성
沈守慶	1516~ 1599	풍산	문 (명종1)	?	(14.10)(좌)~16.6	병판	1첨사思遜, 2의정貞	의정
李文馨	1510~ 1582	전의	문 (중35)	역이판	(14.10)(우)~15.5	사직	1寶, 2도사義錫	참찬
李　珥	1536~ 1584	덕수	문 (명종19)	호판	15.5(우)~15.9	우찬성	1찰방元秀, 2蕆	찬성
鄭　琢	1526~ 1605	청주	문 (명13)	병판	(22.11)(좌)~ (24.12)	우찬성	1以忠, 2지사僑	의정
金命元	1534~ 1602	경주	문 (명16)	형판?	22.12(우)~24.2	조상	1대사헌萬鈞, 2지평引齡	의정, 평3
韓　準	1542~ 1601	청주	문 (명21)	군?	24.2(우)~24.12	호판	1도정守慶, 2副尉鎭	참찬, 평2
李　軸	1538~ 1614	전주	문 (선조9)	형판	24.12(우)~	군	1군希男, 2군嗣祖	부원군, 평1

〈별표 4〉 조선초기 사인(경력) 역임자[724]

성명	생몰년	본관	출사로	직전관직	재직기간	체직관직	가계(1부,2조)	최고관직, 기타
申 商	1372~1435	殷豊	문(공양왕3)	역시어사	?~태종3년7월	의랑		승정예판
李 薈	?~?	태안	문(우왕8)	의정부검상	태종3.7.~(4.10.)	형조의랑?	1卿, 2英秀	좌사간
徐 選	1367~1433	이천	문(태조2)	의도사	3.7.~(4.10.)	형조의랑?	1밀직達, 2판사璡	형판
李之剛	1363~1427	廣州	음(?)	?	(4.10)~(5.5)	장령?	1판사集, 2생원唐	참찬
崔 府	1370~1452	전주	문(공양왕1)	?	(4.10)~6.8.	집의	?	이판
許 遲	1380~1434	?	불명	장령	5.6~(8.10)	?	?	이판
李明德	1375~1444	공주	문(태조5)	역장령	(8.5.)~(10.1)	집의	1전서曄, 2시랑堣	판중추
柳思訥	1376~1440	문화	문(태조2)	장령	(7.6)~9.3.	집의	1정臨, 2군사安澤	판한성
申 槩	1374~1446	평산	문(태조5)	이정랑겸검상	9.3.~10.4	파	1종부령晏, 2판관諿	좌의정
趙啓生	?~1438	양주	문(창왕1)	역장령	(10.3)~11.7.	예직계학	1정誼, 2별장仁弼	좌참찬
金孝孫	1373~1429	의성	문(태조2)	장령	10.4~(13.4)	집의	1存誠, 2燕日	예참판
洪汝方	?~1438	남양	문(태종1)	이정랑	11.7.~(14.2)	집의	1판서吉旼, 2普賢	이판
李 迹	?~?	여흥	문(태종1)	역3품?	?~14.1.	피핵	1대제학行, 2판목사天白	공참판
許 揆	?~?	?	?	검상관	14.3.~?	?	?	(목사)
趙瑞老	1382~1445	배천	음·문(태종5)	역이정랑	(14.6)~(16.2)	사재감정	1참찬胖, 2참찬世卿	지신사
李希老	?~?	?	?	불명	(15.5)~?	?	?	(사인)
鄭 村	?~?	?	문(공양2)	역장령	?~16.5	피핵	?	제학

724) 『조선왕조실록』, 『국조인물고』 등에서종합. 재직기간에 있어( )는 이전을 의미하고, 직전·체직관직의행·수/관계/역은 해관직의 職秩에 비해 1품이 높거나 낮은 행·수직제수와 2품(이상)의 차이가 나는 행·수직제수 및 직전의 관직은 불명하나 1~3년 전에 확인된 관직이다. 〈별표 5〉도 같다.

성명	생몰년	본관	출사로	직전관직	재직기간	체직관직	가계(1부,2조)	최고관직, 기타
金 赭	?~1429	언양	문 (태종8)	역장령	16.?~18.?	응교?	1관찰사受益, 2대도호부사可器	좌대언
郭存中	?~1428	청주	문 (태조5)	역장령	?~17.10.	파	1軾, 2天生	이참판
沈道源	1375~ 1439	순천	문 (태조5)	역경력	(17.2)~(세종2.12)	집의?	1대제학孝生, 2지주사立仁	호판
權 提	1388~ 1445	안동	음·문 (태종14)	사예?	(태종18.1)~18.4.	파	1찬성近, 2검교정승僖	우찬성
吳先敬	?~?	해주	문 (정종1)	역소윤	(세종1.5)~?	?	1전서光庭, 2승孝冲	(사인)
鄭 旅	?~?	해주	문 (태종8)	역정랑	(4.8)~(5.8)	봉상시윤	1崗, 2장령乙卿,	(봉상윤)
柳季聞	1383~ 1445	문화	문 (태종8)	이정랑	4.~5.	판사재감사 겸지형조사	1의정寬, 2판관安澤	형판
權孟孫	1390~ 1456	예천	문 (태종8)	장령	(4.10)~4.10	장령	1목사詳, 2부사君保	이판
李 敉	?~?	?	문 (태종8)	전농소윤	(5.3.)~(7.)	사성?	?	(사성)
辛引孫	1384~ 1445	영산	문 (태종8)	내섬소윤	(6.5.)~?	?	1도총제有定, 2군富	형판
金宗瑞	1383~ 1453	순천	문 (태종5)	이정랑	(9.1.)~9.7.	집의	1수, 2台泳	좌의정
楊 秩	?~?	청주	문 (태종5)	행찰방	(9.1.)~9.7.	장령	불명	(사인)
鄭 苯	?~1453	진주	문 (태종16)	병정랑	(10.5)~(10.12)	예빈소윤	1판총제以吾, 2찬성臣重	우의정
李 審	1379~?	여흥	문 (태종8)	봉상소윤	(10.4)~12.10	집의	1부윤皐, 2사온정允芳	이참판
成念祖	1400~ 1450	창령	문 (세종1)	통덕장령	(12.5)~13.3	수장령	1동지중추揜, 2예판石珚	판한성
趙瑞康	/~1444	배천	문 (태종14)	역장령 집의	(13.6)~13.10. (15.5)`15.6	집의 우사간	1지문하胖, 2참찬世卿	이참판
尹 炯	1391~ 1453	파평	음·문 (세종2)	종부소윤	(13.6)~14.7.	지사간	1부윤珪, 2전서承禮	좌참찬
金復恒	?~?	상주	문 (정종1)	역장령	?~14.7.	피죄파	1판사遂, 2지후致歇	(지사간)
趙瑞安	?~1457	배천	문 (세종1)	병정랑 ?	?~10.10. (21.2)~22.4	피국 집의	1지문하胖, 2참찬世卿	지중추
李承孫	?~1463	영천	문 (세종2)	병정랑	15.~?	?	1斗萬, 2陽實	우찬성

성명	생몰년	본관	출사로	직전관직	재직기간	체직관직	가계(1부,2조)	최고관직, 기타
李長孫	?~?	廣州	음·문 (태종11)	병정랑	15.?~?	?	1참의之直, 2판사集	(사인)
鄭 陟	1390~ 1475	진주	문 (태종14)	전농소윤	(16.7)~(18.2)	지승문사	1주리舌, 2주리子淳	지중추
許 詡	?~1453	하양	음·문 (세종8)	역지평	(17.6)~?	?	1의정稠, 2상호군貴龍	좌참찬
李宜洽	?~1450	전의	음·문 (세종11)	역경경력	(22.5)~(23.11)	집의	1부사作, 2부원군思安	중추부사
李仁孫	1395~ 1463	廣州	문 (태종17)	역지평	(22.6)~?	?	1의랑之直, 2판사集	우의정
李稽孫	?~?	?	?	불명	23.~?	?	?	(사인)
牟 恂	/~?	진주	문 (태종17)	검상	(25.3.)~25.7.	대마부사	1첨정世澤, 2평장사時靈	지사간
姜孟卿	1401~ 1461	진주	문 (세종11)	봉직랑	25.7.~29.12.	수지승문원사	1현감友德, 2대사헌淮伯	영의정
金文起	/~1456	김령	문 (세종8)	경창소윤	(26.3)~(26.7)	봉상윤	1사직觀, 2호판順	공판
鄭 賜	1400~ 1453	동래	문 (세종2)	검상	(27.12)~28.10	수집의	1현감龜齡, 2판사詣	예직제학
朴仲孫	1412~ 1466	밀양	문 (세18)	검상	(30.11)~31.1.	수집의	1정자功問, 2부사剛生	좌참찬
鄭 軾	1407~ 1467	나주	문 (세종14)	검상	31.~(단종1.5)	지사간?	1自新, 2군수有	지중추
金吉通	1409~1 473	청풍	문 (세종14)	검상	(32.9)~문종1.	수지승문원사	1孝禮,2興茂	숭정호판
羅洪緖	/~?	수성	음·문 (세종17)	장령	(문종2.11)~ 단종2.1.	우사간	1소윤衡之, 2목사有典	통정황해관
李禮長	1405~ 1456	전의	문 (세종14)	?	(단종1.10)~1.11.	겸지병조	1부윤士寬, 2중추貞幹	병참의
黃孝源	1414~ 1481	상주	문 (세종26)	이정랑겸검상	(1.10)~(세조1.9.)	사복윤	1정자士幹, 2河信	숭정우참찬
元孝然	?~1466	원주	문 (세종14)	검상	1.11.~2.8.	좌사간	1정랑滉, 2낭장憲	예판
曺孝門	?~1462	창령	문 (세종26)	우헌납	2.8.~(세조2.1)	사재감정	1瑰, 2副使敬修	예참판
李克堪	1423~ 1465	廣州	문 (세종26)	조봉응교	세조1.~(2.9.)	대호군	1의정仁孫, 2참의之直	형판
李孝長	/~1463	전의	음·문 (세종29)	검상	(1.12.)~(3.)	판군기사	1부윤士寬, 2중추貞幹	판군기사
金 필	?~?	영광	문 (세종29)	직수문전	?~(4.3.)	집의	1敬義, 2전서台用	충청관

성명	생몰년	본관	출사로	직전관직	재직기간	체직관직	가계(1부,2조)	최고관직, 기타
李 翊	?~?	경주	음·문 (문종1)	성균직강	(3.5.)~(5.12.)	좌보덕	1참판寧商, 2판부사孺	이참의
李季專	1414~ 1484	성주	문 (세종29)	검상	5.6~6.4.	예직계학	1審之, 2希慶	이참판
閔順孫	?~?	여흥	문 (세종29)	검상	(5.11)~?	?	1지평字和, 2부원군汝翼	(보덕)
安寬厚	1417~?	순흥	문 (세29)	예정랑	(7.3.)~(7.9.)	예직제학	1한성윤璟, 2목사從約	황관
鄭文炯	1427~ 1501	봉화	문 (세종29)	예정랑	(6.4.)~(8.10)	보덕	1현감來, 2형판津	우의정
權 綸	1415~?	안동	음·문 (세종29)	예정랑	(7.7.)~9.3.	행집의	1판사崇禮, 2찬성치사衷	통정강원관
朴 楗	1434~ 1509	밀양	문 (단종1)	검상	8.6.~11.4.	우부승지	1군仲孫, 2정자功問	밀산부원군
李崇元	1428~ 1491	연안	문 (단종1)	부지통례문 사겸검상	?~11.5.	집의	1참판補丁, 2伯謙	좌참찬
成允文	?~?	창령	음·문 (세조3)	역정랑	?~12.1.	사간	1도사善, 2翼之	형참판
金永堅	?~?	김해	문 (단종2)	?	(12.3.)~?	상례?	1교리震孫, 2정언孝芬	이참판
李克增	1431~ 1494	廣州	음·문 (세조2)	직강겸검상	(12.)~(13.)	정략장군 부호군	1의정仁孫, 2참의之直	숭정병판
尹孝孫	1431~ 1503	남원	문 (단종1)	검상	?~(13.10)	훈련부정	1군수處寬, 2감무希	숭정좌참찬
李恕長	1423~ 1484	전의	음·문 (세조3)	검상	(13.5)~13.9.	절충대호군	1부윤士寬, 2중추貞幹	숭정좌참찬
李吉甫	?~1483	용인	문 (세조3)	병정랑	(13.12.)~성종1.4	통훈사간	1통정부사孝儉, 2주부守領	경기관
成 俶	?~1504	창령	음·문 (세조11)	?	(예종1.5.)~ 성종1.	통훈참교	1감사順祖, 2지중추揜	황관
玄碩圭	1430~ 1480	창원	문 (단종2)	역경력	(성종2.4)~3.12	통훈집의	1소윤孝生, 2元義	우참찬
柳自濱	?~?	진주	문 (세조8)	?	(3.3.)~(6.3.)	군기부정?	1陽植, 2도순문사依	(군기부정)
李 則	1438~ 1496	고성	문 (세8)	행검상	(6.9.)~7.	주문사검찰관	1소윤垤, 2의정原	지중추
裵孟厚	?~?	김해	문 (세8)	통훈제용첨정	(6.3.)~6.11.	일본통신사	1보, 2주부有興	이참의
金礪石	1445~ 1493	광산	문 (세11)	검상	7.~9.	집의	1부사洙, 2좌랑達孫	형판

성명	생몰년	본관	출사로	직전관직	재직기간	체직관직	가계(1부,2조)	최고관직, 기타
安 瑚	1437~1502	순흥	음·문 (세12)	행검상	(10.8.)~11.	사간	1전주부윤知歸, 2판사玖	대사간
姜居孝	?~?	진주	문 (예종1)	역지평	(13.2.)~15.4.	집의	1정랑愼, 2장령宗德	(통훈집의)
曺碩輔	?~?	창령	문 (예1)	중직장령	(13.5)~(15.10)	사재부정?	1참의變安, 2부제학尙治	(사재부정)
李 堪	?~?	경주	문 (세조12)	통훈전부?	(14.9)~(17.3)	조상	1사직吉安, 2감무侗	대사간
李復善	?~1504	光州	음·문 (성종5)	이정랑?	(18.7)~?	봉상부정	1헌납始元, 2제학先濟	대사간
鄭錫堅	?~1500	해주	문 (성5)	수사예	(21.9.)~(22.9)	수집의	1由恭, 2서령希參	이참판
李粹彦	1458~1496	廣州	문 (성7)	봉열검상	(24.)~연산1.6.	집의	1찬성蓀, 2병사守哲	(집의)
閔師騫	?~?	여흥	문 (성8)	봉정검상	(24.7.)~25.4.	집의	1상호군解, 2현감好問	충청관

〈별표 5〉 조선초기 검상 역임자

성명*	생몰년	본관	출사로	직전관직	재직기간	체직관직	가계(1부,2조)	최고관직, 기타
이 회	?~?	태안	문 (태종9)	?	?~태종3년7월	사인	1卿, 2英秀	좌사간
元 肅	?~1425	원주	문 (태1)	병정랑?	태종11년~?	?	1道, 2大器	이참판
허 규	?~?	?	?	역병정랑	(12.3.)~(14.3.)	사인	?	(사인)
朴剛生	?~?	밀양	문 (공양2)	?	(12.)~?	파	1전서忱, 2판서思敬	通政 안변부사
모 순	?~?	진주	문 (태종17)	장령	세종22.3~(25.3.)	사인	1첨정世澤, 2평장사時靈	(집의)
정 사	1400~1453	동래	문 (세종2)	강원경력	?~(27.12.)	사인	1현감龜齡, 2판사詣	(예직제학)
박중손	1412~1466	밀양	문 (세18)	장령	(27.)~(30.11)	사인	1정자功問, 2부사剛生	좌참찬
정 식	1407~1467	나주	문 (세14)	광흥창사	28.12~31.	사인	1自新, 2군수有	지중추
김길통	1409~1473	청풍	문 (세14)	사예	30.?~32.	사인	1孝禮, 2興茂	행호판
具致寬	1406~1470	능성	문 (세종16)	성균사예	문종2.~?	사복소윤	1목사楊, 2부윤成老	좌의정
황효원	1414~1481	상주	문 (세26)	이정랑	(단종1.7)~(1.10)	사인	1정자士幹, 2河信	행우참찬
원효연	?~1466	원주	문 (세14)	역장령	?~단종1.11.	사인	1정랑滉, 2낭장憲	예판
이극감	1423~1465	廣州	문 (세26)	집현수찬	1.10~1.11.	지평	1의정仁孫, 2참의之直	형판
金之慶	1419~1485	선산	문 (세20)	수경창소윤	(2.5.)~(2.)	지사간	1地, 2揚普	호참판
이효장	?~1463	전의	음·문 (세29)	奉列승문부교리	(세조1.7)~2.7	사인	1부윤士寬, 2중추貞幹	판군기감사
金 瑋	?~?	?	?	역현감	(1.12.)~?	?	?	(검상)
李季専	1414~1484	성주	문 (세29)	예정랑	?~5.6.	사인	1審之, 2希慶	이참판
민순손	?~?	여흥	문 (세29)	역도사	(4.12)~(5.11)	사인	1지평字和, 2부원군汝翼	(보덕)
정문형	1427~1501	봉화	문 (세29)	승문교리	(5.12)~(6.4.)	사인	1현감來, 2형판津	우의정
李文炯	?~1460	경주	음·문 (세29)	역종3품	(6.3.)~6.8.	집의	1관찰사嘻, 2대언擔	이참판

성명*	생몰년	본관	출사로	직전관직	재직기간	체직관직	가계(1부,2조)	최고관직, 기타
朴 楗	1434~ 1509	밀양	문 (단종1)	역이정랑	?~8.6.	사인	1군仲孫, 2정자功問	부원군
윤효손	1431~ 1503	남원	문 (단1)	사예	(8.12.)~?	사인	1군수處寬, 2감무希	행좌참찬
이숭원	1428~ 1491	연안	문 (단1)	세자문학	?~?	사인	1참판補丁, 2伯謙	좌참찬
이극증	1431~ 1494	廣州	음 · 문 (세조2)	직강	(9.7.)~(12.)	사인	1의정仁孫, 2참의之直	행병판
이서장	1423~ 1484	전의	음 · 문 (세3)	사섬소윤	?~(13.5.)	사인	1부윤士寬, 2중추貞幹	이참판
李克基	?~1489	廣州	문 (단종1)	종부소윤	12.7.~14.	사섬부정	1관찰사禮孫, 1참의之直	공참판
朴繼姓	?~?	?	문 (단1)	역군수	(14.9)~(예종1)	훈련부정	1呂孫	통 정 황 해 관
許 迪	?~?	양천	음 · 문 (문종1)	?	(성종2.3)~(3.3)	성균사예	1부정綿, 2부윤侅	통훈장령
이 칙	1438~ 1496	우봉	문 (세조8)	행이정랑	(2.12.)~5.	사인	1소윤侹, 2의정原	지중추
김여석	1445~ 1493	광산	문 (세11)	정랑	4.~7.	사인	1부사洙, 2좌랑達孫	형판
李 坪	?~?	안악	음 · 문 (세14)	역지평	(8.11)~?	?	1九寬, 2신	충관
안 호	1437~ 1502	순흥	음 · 문 (세12)	행이정랑	?~(10.8.)	사인	1전주부윤知歸, 2판사玖	대사간
南潤宗	?~?	의령	문 (세12)	역행지평	14.~?	?	1蓀, 2직제학季瑛	(검상)
曺 偉	1454~ 1503	창령	문 (성종5)	역군수	?~22.5.	행장령	1현감繼門, 2산원深	호참판
李 均	1452~	한산	문 (성8)	홍문교리	(22.7)~24.윤5.	朝散집의	1집의季町, 2지중種善	대사간
이수언	1458~ 1496	廣州	문 (성11)	通德사예	?~23.	사인	1찬성蓀, 2병사守哲	(집의)
민사건	?~?	여흥	문 (성8)	장령?	(24.1)~(24.7.)	사인	1상호군解, 2현감好問	충청관
李承健	1452~ 1502	우봉	문 (성11)	장령	(24.8)~25.7.	수집의	1감사圻, 2감사吉培	호참판

參考文獻

1. 원전자료

『三國史記』
『高麗史』
『太祖實錄』
『定宗實錄』
『太宗實錄』
『世宗實錄』
『文宗實錄』
『端宗實錄』
『世祖實錄』
『睿宗實錄』
『成宗實錄』
『燕山君日記』
『中宗實錄』
『仁宗實錄』
『明宗實錄』
『宣祖實錄』
『光海君日記』
『仁祖實錄』
『顯宗實錄』
『肅宗實錄』
『高純宗實錄』
『備邊司謄錄』
『議政府謄錄』
『東國通志』(朴周鍾)
『企齋集』(申光漢)
『訥齋集』(梁誠之)
『東園集』(金貴榮)
『俛仰集』(宋純)
『白沙集』(李恒福)
『泛虛亭集』(尙震)

『保閑齋集』(申叔舟)
『三灘集』(李承召)
『象村集』(申欽)
『西坰集』(柳根)
『西厓集』(柳成龍)
『松江集』(鄭澈)
『拭疣集』(金守溫)
『鵝溪集』(李山海)
『顔樂堂集』(金安老)
『藥圃集』(鄭琢)
『梧里集』(李元翼)
『容齋集』(李荇)
『愚伏集』(鄭經世)
『憂亭集』(金克成)
『二樂亭集』(申用漑)
『立巖集』(閔齊仁)
『 松集』(沈喜壽)
『樗軒集』(李石亨)
『虛白亭集』(洪貴達)
『朝鮮經國典』(鄭道傳)
『國朝文科榜目』
『高麗禮部試登科錄』
『國朝人物考』
『增補文獻備考』
『燃藜室記述』 別集
『經國大典』
『續大典』
『大典通編』
『大典會通』
『典故大方』
『萬姓大同譜』
『青邱氏譜』
『萬家譜』
『安東權氏大同譜』
『淸州韓氏 제6교 大同族譜』
『史記』
『晉書』
『新唐書』
『宋史』
『元史』
『明史』
『文獻通考』
『通志』
『淵鑑類函』
『九通分類總纂』(汪鍾霖 찬)

2. 저서

金炳佑, 2006,『大院君의 統治定策』, 혜안.

金宇基, 2001,『朝鮮中期 戚臣政治研究』, 집문당

金雲泰, 1981,『全訂 版朝鮮王朝行政史』근세편, 박영사

金松姬, 1998,『朝鮮初期 堂上官兼職制研究 - 東班京官職과 臨時職을 중심으로-』, 한양대학교출판부.

盧重國, 1988,『百濟政治史研究』, 일조각.

潘允洪, 2003,『朝鮮時代 備邊司研究』, 경인문화사.

邊太燮, 1971,『高麗政治制度史研究』, 일조각.

柳永益, 1990,『甲午更張研究』, 일조각.

李秉烋, 1984,『朝鮮前期 畿湖士林派研究』, 일조각

李在喆, 2001,『朝鮮後期 備邊司研究』, 집문당.

鄭杜熙, 1983,『朝鮮初期 政治支配勢力研究』, 일조각.

정두희, 1994,『朝鮮時代의 臺諫研究』, 일조각

정홍준, 1996,『조선중기 정치권력구조연구』, 고려대학교민족문화연구소

崔承熙, 1976,『朝鮮初期 言官·言論研究』, 서울대학교출판부.

崔異敦, 1994,『朝鮮中期 士林政治構造研究』, 일조각

韓永愚, 1973,『鄭道傳思想의 研究』, 서울대학교한국문화연구소

韓春順, 2006,『明宗代 勳戚政治研究』, 혜안

韓忠熙, 1998,『朝鮮初期 六曹와 統治體系』, 계명대학교출판부.

한충희, 2006,『朝鮮初期의 政治制度와 政治』, 계명대학교출판부

한충희, 2007,『朝鮮初期 官衙研究』, 국학자료원

한충희, 2008,『朝鮮初期 官職과 政治』, 계명대학교출판부

姜文奎, 1987,『中國歷代政制考』, 國立編譯官.

3. 논문

고영진, 1995, 「조선사회의 정치 · 사상적 변화와 시기구분」, 『역사와 현실』 15.

權延雄, 1982, 「朝鮮 成宗朝의 經筵」, 『韓國文化의 諸問題』, 國際文化財團.

金甲周, 1973, 「院相制의 成立과 機能」, 『東國史學』 12.

金成俊, 1962, 「太宗代의 外戚除去에 대하여」, 『歷史學報』 17 · 18 합호

김성준, 1964, 「宗親府考」, 『史學硏究』 18.

金泳謨, 1964, 「李朝 三議政의 社會的 背景」, 『韓國社會學』 1.

金潤坤, 1964, 「麗末鮮初의 尙瑞司」, 『역사학보』 25.

김필동, 1992, 「갑오경장 이전 朝鮮의 近代的 官制改革의 추이와 새로운 官僚機構의 성격」, 『한국사회사학사논문집』 33, 문학과지성사.

盧重國, 1979, 「高句麗國相考」 상, 『韓國學報』 16.

朴秉濠, 1995, 「경국대전의 편찬과 계승」, 『한국사』 22, 국사편찬위원회.

朴天圭, 1972, 「文衡考」, 『史學志』 6.

邊太燮, 1962, 「高麗都堂考」, 『高麗政治制度史硏究』, 일조각.

신용하, 1999, 「개화파의 형성과 활동」, 『한국사』 38, 국사편찬위원회.

申解淳, 1978, 「관료간의 대립과 분열」, 『한국사』 12.

申瀅植, 1998, 「(통일신라)중앙 통치조직의 정비」, 『한국사』 9.

禹仁秀, 1987, 「朝鮮 明宗朝 衛社功臣의 性分과 動向」, 『대구사학』 33.

윤병석, 1999, 「국권의 제약」, 『한국사』 42,
李光麟, 1967, 「提調制度研究」, 『東方學志』 8.
李基白, 1974, 「新羅 執事部의 成立」, 『新羅政治社會史研究』, 일조각.
이기백, 1974, 「上大等考」, 위 책.
李相佰, 1964, 「賤者隨母考」, 『震壇學報』 25-27합호.
李成茂, 1973, 「15世紀 兩班論」, 『창작과비평』 8-2.
李樹健, 1969, 「朝鮮 太宗朝에 있어서의 對奴婢施策」, 『대구사학』 1.
李泰鎭, 1985, 「15世紀 後半期의 '鉅族'과 名族意識」, 『韓國史論』 3.
李鉉淙, 1974, 「여진관계」, 『한국사』 9, 국사편찬위원회.
張炳仁, 1978, 「朝鮮初期의 觀察使」, 『한국사론』 4.
朱甫暾, 1997, 「(신라)중앙 통치조직」, 『한국사』 7, 국사편찬위원회.
車文燮, 1964, 「鮮初의 內禁衛에 대하여」, 『사학연구』 18.
차문섭, 1974, 「군사조직」, 『한국사』 10, 국사편찬위원회.
千寬宇, 1962, 「朝鮮初期 五衛의 形成 - 五衛考 제1부 -」, 『역사학보』 17 · 18.
崔承熙, 1967, 1968, 「集賢殿研究」 상, 하, 『역사학보』 32, 33.
최승희, 1974, 「양반 유교정치의 진전」, 『한국사』 9, 국사편찬위원회.
최승희, 1991, 「太宗朝의 王權과 政治運營體系」, 『국사관논총』 31.
최승희, 1994, 「世宗朝의 王權과 國政運營體系」, 『한국사연구』 87.
최승희, 1997, 「太祖의 王權과 政治運營」, 『진단학보』 64.
최승희, 2001, 「成宗朝의 國政運營과 王權」, 『조선사연구』 10

한규철, 1996, 「중앙 통치조직」, 『한국사』 10.
韓永愚, 1969, 「태종·세종대의 대사전시책」, 『한국사연구』 3.
한영우, 1973, 「왕권의 확립과 제도의 완성」, 『한국사』 9, 국사편찬위원회.
韓忠熙, 1980, 1981, 「朝鮮初期 議政府研究」 상, 하, 『한국사연구』 31,32.
한충희, 1981, 「朝鮮初期 六曹研究 - 制度의 確立과 實際機能을 중심으로」, 『대구사학』 20·21.
한충희, 1983, 「朝鮮初期 六曹屬衙門의 行政體系에 대하여」, 『(계명대)한국학논집』 10.
한충희, 1984, 「朝鮮初期 判六曹事研究」, 『제27회 전국역사학대회 발표요지』.
한충희, 1985, 「朝鮮初期 判吏·兵曹事研究」, 『한국학논집』 11.
한충희, 1987, 「朝鮮初期 承政院研究」, 『한국사연구』 59.
한충희, 1987, 「朝鮮初期 六曹研究添補 - 六曹와 統治機構와의 관계를 중심으로-」, 『대구사학』 33.
한충희, 1989, 「의정부등록해제」, 『의정부등록』, 보경문화사.
한충희, 1990, 「朝鮮初期 議政府舍人·檢詳의 官人的 地位 - 舍人·檢詳의 歷官과 그 機能의 分析을 중심으로-」, 『(경북대)역사교육논집』 13·14.
한충희, 1990, 「朝鮮初期 六曹正郎·佐郎의 官職的 地位 - 그 歷官과 機能의 分析을 중심으로-」, 『한국학논집』 17.
한충희, 1991, 「朝鮮前期(태조~선조24년) 權力構造研究 - 議政府·六曹·承政院을 중심으로-」, 『국사관논총』 30.
한충희, 1992, 「朝鮮 中宗5年 ~ 宣祖24年(成立期)의 備邊司에

대하여」, 『西巖趙恒來教授華甲紀念 韓國私學論叢』, 논총간행위원회.

한충희, 1994, 「관직과 관계」, 『한국사』 23, 국사편찬위원회.

한충희, 1994, 「정치구조의 정비와 정치기구」, 『한국사』23, 국사편찬위원회.

한충희, 1995, 「왕권의 확립과 제도의 완성」, 『한국사』 22, 국사편찬위원회.

한충희, 1995, 「朝鮮初期 蔭敍의 實際와 役割 - 樞要職歷任者와 鉅族出身仕官者의 歷官傾向과 通婚圈을 중심으로-」, 『한국사연구』 91.

한충희, 1996, 「朝鮮初期 六曹參議研究」, 『한국학논집』 23.

한충희, 1997, 「朝鮮前期(태조~선조24년) 權力構造研究 - 議政府·六曹·承政院을 중심으로-」, 『國史館論叢』 30.

한충희, 2001, 「朝鮮初期 六曹屬衙門研究 1 - 官員의 性分·官歷과 官職의 地位를 중심으로-」, 『조선사연구』 10.

한충희, 2001, 「朝鮮 太宗王權의 政治的 基盤研究」, 『대구사학』 63.

한충희, 2001, 「중앙 관부의 구성과 기능」, 『세종문화사대계』.3, 세종대왕기념사업회.

한충희, 2001, 「중앙 정치기구의 정비」, 위 책.

한충희, 2001, 「朝鮮初期 六曹屬衙門研究 2 - 官職의 整備를 중심으로 -」, 『계명사학』 12.

한충희, 2001, 「朝鮮 太宗王權의 政治的 基盤研究」, 『대구사학』 63.

한충희, 2002, 「朝鮮 成宗代 三司官員의 性分·官歷과 官職的

地位 1 - 堂上官과 正品職을중심으로-」, 『朝鮮의 政治와 社會』, 집문당.
한충희, 2002, 「朝鮮初期 官衙構造研究」, 『계명사학』 13.
한충희, 2004, 「朝鮮初期 官職構造研究」, 『대구사학』 75.
한충희, 2005, 「朝鮮初期 國政運營體制와 國政運營」, 『조선사연구』 14.
한충희, 2007, 「朝鮮初期 議政府堂上官研究」, 『대구사학』 87.
한충희, 2007, 「朝鮮初期 集賢殿官研究」, 『朝鮮史研究』 16.
한충희, 2007, 「朝鮮初期 京職文官 正1 ~ 從6品職의 官職地位」, 『계명사학』 18.
한충희, 2009, 「朝鮮 成宗代 議政府研究」, 『계명사학』 20.
한충희, 2010, 「朝鮮中期 議政府政治活動研究」, 『대구사학』 100.
한충희, 2010, 「朝鮮中期 議政府堂上官 研究」, 『한국학논집』 41.
한충희, 2011, 「朝鮮中·後期 議政府制의 變遷研究」, 『한국학논집』 43.
末松保和, 1954, 「朝鮮議政府攷」, 『朝鮮學報』 9.

Abstract

The State Council and the politics at the early age of Chosun

Chung-hee HAN*

At the Chosun dynasty, the State Council(議政府) was the highest level political organization from 1400(JeongJong 2th years) to 1907(Sunjong the 1st). Although the State Council originated from the Privy Council(Dopyungeuisasa : 都評議使司), it's practical origin was the Munhabu(門下府) and Samgongje(三公制) of the Koreo dynasty. It's function and organization derived from the function of the Dopyungeuisasa and the consensus system of the Munhabu and the Samsa. Soon after, it became the independent political institution.

The Council was formed under the reign of Jeongjong, just before Taejong seized power in 1400. It replaced an earlier institution called the "Privy Council," which had been dominated by Jeong Dojeon and other key figures behind the dynasty's

* Keimyung University

founding. It was led by three officials known as the High State Councillors. The Councilors were entrusted to deliberate over key problems of state, advising the king, and conveying royal decisions to the Six Ministries. It's function settled down as the system which continued to have the function to control all the government officials, to level general administrative affairs and to govern the country in 1401(Taejong 1st year). It's organization changed at ten times, it's result was legislated at the Kyungkukdaejeon(『經國大典』) as it's function and organization continued to survive.

At the early age of Joseon, the Dangsangkwan(堂上官) of the State Council commanded all government affairs and the all government officials were the successful examinee of the state examination among the aristocratic family, especially the descendants of officials over the Chamsangkwan. The State Council was the highest deliberative body of the Joseon Dynasty although it faded in importance after first centuries of rule. It was composed of twelve officials. The Chief State Councillor (Yeonguijeong, 領議政), Left State Councillor (Jwauijeong, 左議政), and Right State Councillor(Uuijeong, 右議政) were the highest ranking officials in the government (senior first rank). They were assisted by Left Minister(Jwachanseong, 左贊成) and Right Minister(Uichangseong, 右贊成), both of junior first rank, and seven lower ranking officials. They continued their influence by holding the two offices at the same time. But the Sain(舍人) and Kumsang(檢詳) who had played the intermediate role between the State Council and King and all high officials at the middle age had the role weakened greatly at the late age and were not operated continuously.

There are Yeongeuijeong, Jwaeuijeong and Ueuijeong as the minister and the Jeong first Grade official among the Dangsangkwan of the State Council and Jwachansung and Uchansung as the vice minister and the Jong first Grade official. The Euijeong, Chansung and Chancham who commanded the all government affairs and the all government officials and who take the post from the Jeong first Grade to the Jeong second Grade were the successful examinee of the state examination among the aristocratic family, especially the descendants of officials over the Chamsangkwan. The most of the EuiJeong, Chansung and Chancham were recruited at the posts as the vice officials(Jong first grade), chosen at the posts as Hangpansuh(Jong first grade), Pansuh(minister, Jeong second grade) at the State Council and promoted to the posts as YeongeuiJeong, JwaeuiJeong and UeuiJeong as the minister and the Jeong first Grade official at the same period. Chansung and Chancham being related to the function of the management of State Council, the Jwachansung and the Jwachamchan as well as the YeongeuiJeong, the UeuiJeong and the JwaeuiJeong are among the highest posts of Dongpum. The Uchansung and the Jwachansung occupy the posts just below Hangpansuh qand Pansuh at the age of the Joseon dynasty.

The political activity of the State Council was centered on the Sumyung(受命), Keimun(啓聞), euieui activity (擬議活動) comprising all spheres of state affairs. It led all general state affairs and influenced the affairs by commanding the Yukjo(Six Ministries, 六曹) directly and indirectly. The State Council and it's officials continued respectively as the highest level organization and officials by holding the legal functions after the early age of Joseon.

The power of State Council was inversely proportional to the king's power. Sometimes it directly controlled Six Ministries, the chief executive body of Joseon government, but primarily served in advisory role under stronger kings. State councillors served in several other positions including a tutor to the crown prince. It gradually declined in importance over the 500 years of Chosun's rule.

* Professor, Department of History, Keimyung University

▶ 찾아보기 ◀

저자 한 충 희
1947년 경북 김천에서 출생
계명대학교 학사 및 석사, 고려대학교 박사
현재 계명대학교 사학과 교수

대표논저
1998, 『朝鮮初期 六曹와 統治体系』, 계명대학교 출판부
2006, 『조선초기의 정치제도와 정치』, 계명대학교 출판부
2007, 『朝鮮初期 官衛硏究』, 국학자료원
2008, 『朝鮮初期 官職과 政治』, 계명대학교 출판부
1980, 1981, 『朝鮮初期 議政府硏究』, 『韓國史硏究』 31, 32 외

朝鮮前期(정종 2년 ~ 선조 24년)의
議政府와 政治

인쇄 | 2011년 6월 25일
발행 | 2011년 6월 30일
저 자 | 한충희
펴낸이 | 신일희
펴낸곳 | 계명대학교 출판부
704-701 대구시 달서구 신당동 1000번지
전화 053-580-6233 팩스 053-580-6235
등록 | 1970. 9. 1.(신고번호 제347-1998-1호)
ISBN 978-89-7585-570-2(93900)
값 23,000원